Ruppert: **Labor der Seele und der Emotionen**

sigma medienwissenschaft

Band 20

Rainer Ruppert

Labor der Seele und der Emotionen

Funktionen des Theaters im 18. und frühen 19. Jahrhundert

edition sigma

Umschlagillustration: Stich von Geyser aus dem Gothaer Theaterkalender auf das Jahr 1794 (Kupfer Nr. 3, unpag.). Die Bildunterschrift lautet: "Wissen Sie, wer gepfiffen hat?" - Kindermann gibt in seiner "Theatergeschichte der Goethezeit" (Wien 1948, S. 672) als Kommentar an: "Prinzipal Seipp rügt bei einer 'Minna'-Aufführung in Hermannstadt den Darsteller des Wirts, der extemporiert hatte, wegen mangelnder 'Ehrfurcht für Lessings Werke'." Worauf Kindermann seinen Kommentar stützt, läßt sich nicht rekonstruieren. - Der Kupfer gehört zu den wenigen zeitgenössischen Theater-Bildern, die einen Blick hinter die Kulissen und, wenn auch nur 'unscharf', auf das Publikum geben.

CIP-Titelaufnahme der Deutschen Bibliothek

Ruppert, Rainer:
Labor der Seele und der Emotionen : Funktionen des Theaters im 18. und frühen 19. Jahrhundert / Rainer Ruppert. - Berlin : Ed. Sigma, 1995
(Sigma-Medienwissenschaft ; Bd. 20)
Zugl.: Berlin, Freie Univ., Diss., 1995
ISBN 3-89404-914-6
NE: GT

Über sein medien- und sozialwissenschaftliches Programm informiert der Verlag Sie gern umfassend. Natürlich kostenlos und unverbindlich. Postkarte an:
edition sigma Karl-Marx-Str. 17 D-12043 Berlin Tel. (030) 623 23 63

Druck: WZB

Printed in Germany

Inhalt

"Die Deutschen sind ein spekulatives Volk, d. h. sie wollen dem Wesen von allem, womit sie sich beschäftigen, durch Nachdenken auf den Grund kommen. Eben deswegen sind sie nicht praktisch genug: denn um entschlossen und mit Fertigkeit zu handeln, muß man endlich einmal ausgelernt zu haben glauben und nicht immer zur Prüfung der Theorie seines Geschäfts zurückkehren; man muß sich sogar in einer gewissen Einseitigkeit des Begriffs festgesetzt haben." (August Wilhelm Schlegel, Vorlesungen über dramatische Kunst und Literatur, 1809)

Die Entstehung dieses Buchs wurde durch ein Promotionsstipendium der Freien Universität Berlin gefördert. Bei Volker, Ines und Peter möchte ich mich für Zuspruch, Geduld und Zuneigung bedanken.

I. Theatergeschichte als Funktionsgeschichte

Es gibt etliche Möglichkeiten, sich mit kulturellen Prozessen und Produkten der Vergangenheit, mit der Geschichte der Künste und Medien zu beschäftigen, etliche Möglichkeiten auch, Kulturgeschichte zu schreiben. Man kann sich - so sie überliefert sind - auf die Werke vergangener Epochen stürzen und sie nach aktualisierbaren Bedeutungen befragen, sie umgekehrt als Ausdruck und Widerspiegelung zeitgeschichtlicher Kämpfe, Erfahrungen und Utopien betrachten oder sie mit dem Interesse interpretieren, etwas über die Vorgeschichte und Entwicklung des eigenen Denkens, Verhaltens und Empfindens zu erfahren. Man kann den Bezug auf einzelne Werke auch ganz aufgeben und stattdessen die Genese und Ausdifferenzierung von Stoffen, Themen, Motiven, Formen, Materialständen, Darstellungsweisen und Diskursen untersuchen. Ebenso möglich ist es, die sozialen Bedingungen historischer Kulturverhältnisse zu erforschen. Wie haben Künstler - so man diesen modernen Begriff schon gebrauchen darf - gelebt, gearbeitet, sich reproduziert? Wie, unter welchen Bedingungen und von wem wurden kulturelle Produkte genutzt? Wie haben die ökonomischen, sozialen, politischen und ideologischen Rahmenbedingungen Kunstproduktion und -rezeption strukturiert? Anstelle dieses sozialgeschichtlichen Forschungsinteresses läßt sich wiederum ein personenzentriertes denken: denn auch in den Biographien von Künstlern und Kulturvermittlern zeichnet sich Verallgemeinerbares ab, auch auf dieser Basis läßt sich eine Kulturgeschichte schreiben. Man kann schließlich - ein letztes Beispiel - die Entwicklung der Institutionen, der Medien und Distributionsformen von Kunst und Kultur ins Zentrum stellen. Und selbstverständlich wird man diese unterschiedlichen Erkenntnisinteressen und die daraus konstruierten Gegenstände und Untersuchungsmaterialien durch die Mühlen der verschiedenen Interpretationsmethoden drehen. 'Welches Paradigma hätten'S denn gern?' Das psychologische oder das ökonomische, das semiotische oder das diskursanalytische, lieber vielleicht doch das strukturalistische oder das postmoderne? - Es gibt viele Möglichkeiten: 'Anything goes'.[1]

Es gehört zu den ungeschriebenen Regeln akademischer Diskurse, an dieser Stelle die Vorteile oder gar die zwingende Notwendigkeit des eigenen For-

---

1 'Anything goes' war der Schlachtruf des Methoden-Pluralismus, der sich in den Geistes- und Kulturwissenschaften ab Mitte der achtziger Jahre als neuer methodischer Konsens breitgemacht hat.

schungsinteresses und Gegenstandskonzepts im Vergleich zu anderen möglichen Zugängen zu behaupten oder 'nachzuweisen'. Ich erspare mir solche immer leicht peinlich wirkenden Argumentationsfiguren, deren einziger Sinn darin besteht, in prometheischem Gestus einen Platz vollständig leerzufegen, auf dem man das eigene Gebäude dann um so imposanter errichten kann. Ich umreiße stattdessen einfach, was mich in erster Linie an und in der Geschichte der Künste und Medien, an historischen kulturellen Formationen und künstlerischen Prozessen interessiert: Es ist die Frage, zu welchem Zweck (oder Zwecken) eine Gesellschaft (oder bestimmte Gruppen, Schichten oder Klassen in ihr) in einer bestimmten historischen Periode 'die' Kunst (oder einzelne Künste und Medien) entwickeln, gebrauchen und nutzen. Welchen gesellschaftlichen Stellenwert und welche soziale Bedeutung besitzt 'die' Kultur bzw. besitzen einzelne Künste (bzw. die Vorläufer dessen, was wir heute als gesellschaftliche Praxis Kunst bezeichnen) in einer bestimmten Gesellschaft? Welche gesellschaftlichen Funktionen und Aufgaben erfüllen Künste und Medien in einer spezifischen Periode? Welche Erlebnisqualitäten und Gratifikationspotentiale bieten sie den historischen Subjekten und welche ihrer Bedürfnisse und Interessen befriedigen sie? Oder noch kürzer: Wozu eigentlich gebraucht 'eine' Gesellschaft 'ihre' Kunst?

In der funktionszentrierten Kulturgeschichtsschreibung hat sich ein zugegebenermaßen äußerst grobes Raster von epochenspezifischen Funktionsbestimmungen der Künste durchgesetzt, das ungefähr so lautet: Im Spätmittelalter, der Renaissance und dem Barock dient die fast ausschließlich durch höfische Mäzene finanzierte Kunst in erster Linie dem Zeitvertreib, dem 'divertissement' des Feudaladels, und der Repräsentation fürstlichen Reichtums und absolutistischer Macht. Mit der Verbürgerlichung der europäischen Kultur im Verlauf des 18. Jahrhunderts vollzieht sich ein einschneidender Wechsel: die aufklärerische Kunst und Kultur dient nun der Diskursivierung und Vergesellschaftung bürgerlichen Denkens, Verhaltens und Empfindens, sie erfüllt mithin im weitesten Sinn konzeptiv-ideologische und ideologieformierende Funktionen. Mit der Durchsetzung der 'bürgerlich-autonomen Institution Kunst' (Peter Bürger) ab Anfang des 19. Jahrhunderts wird die Kunst mit programmatischer Verve aller lebenspraktisch-orientierenden Wirkungen und Funktionen entbunden, was natürlich nicht bedeutet, daß sie tatsächlich alle sozialen Funktionen eingebüßt hätte. Gerade vermittels ihrer vorgeblichen Autarkie und Autonomie dient sie nun dem Bürgertum als alternativer Erfahrungsraum zur Kompensation oder Verarbeitung, zur Distanzierung oder Überhöhung der gesellschaftlichen Praxis.[2]

---

2 Die historischen Avantgardebewegungen, die zu Beginn des 20. Jahrhunderts heftig gegen die Trennung von Kunst und Lebenspraxis kämpfen - und damit eine Form der Selbstkritik der bürgerlich-autonomen Institution Kunst darstellen - haben die Autonomie der Kunst gleichwohl nicht überwinden können. Siehe dazu P. Bürger 1974.

Zur groben Orientierung mag dieses Raster ganz nüzlich sein, im einzelnen betrachtet wirkt es unbefriedigend und problematisch: Denn erstens ist das 'epochale Funktionsschema' eine ausgesprochen monologische, wenn nicht gar monolythische Konstruktion. Es wäre demgegenüber jedoch zu fragen, ob die historischen Künste und Medien neben ihrem dominanten gesellschaftlichen Zweck nicht noch weitere Funktionen besitzen, die im hegemonialen Begriff keineswegs aufgehen. Bachtins Forschungen zur Populärkultur des Spätmittelalters beispielsweise, die deren soziale Funktion in der zeitweisen Aufhebung und Umkehrung feudaler Herrschaft sehen, weisen in eine solche 'polyfunktionale' oder mindestens doch 'bifunktionale' Richtung. Zweitens beziehen die epochalen Funktionsbestimmungen ihre Ergebnisse zumeist aus der Analyse von theoretisch-programmatischen Diskursen und Kunsttheorien. Für die konkrete, die alltägliche Nutzung kultureller Praxen durch die historischen Subjekte interessieren sie sich kaum, was auch an den damit verbundenen methodischen Schwierigkeiten und Quellenproblemen liegt. Man könnte aber vermuten, daß es signifikante Diskrepanzen zwischen den programmatischen Funktionsbestimmungen einerseits und den faktischen Funktionen der Künste andererseits gibt bzw. daß in der kulturellen Praxis Funktionen von Belang sind, die in den theoretischen Diskursen gar nicht reflektiert werden. Und drittens neigen die epochalen Funktionsbestimmungen dazu, alle zeitgenössischen Künste und Medien unter einem Paradigma zu verhandeln und dabei die Spezifik der unterschiedlichen Systeme und Medien zu ignorieren. Alle Kultur einer Epoche wird sozusagen 'über einen Kamm geschoren'. Es wäre demgegenüber jedoch zu fragen, ob unterschiedliche Künste nicht unterschiedliche Funktionen oder Teilfunktionen im Rahmen eines dominanten gesellschaftlichen Zwecks erfüllen können.

Im Kontext dieser funktionsgeschichtlichen Erkenntnisinteressen und Leerstellen sind meine Studien über das Theater des 18. Jahrhunderts anzusiedeln, hier haben sie ihren politischen, wissenschaftlichen - und eben auch ihren gegenwartsbezogenen Ort. Denn ich interessiere mich für Bedeutung und Funktion historischer Künste in der Wahrnehmung der Diskrepanz zu heutigen Funktionen und Funktionsbestimmungen der Künste und Medien. Und ich schreibe Funktionsanalysen, weil ich mich selbst in meinem individuellen Umgang mit Kunst zweckbestimmt verhalte: ich will von Kunst Orientierung oder Unterhaltung oder historische Erfahrung oder Irritation oder Utopisches; oder umgekehrt gesagt: für mich selbst ist Kunst nicht zweckfrei und funktionslos. Doch zuerst einmal zu unserem Gegenstand:

Ich beschäftige mich in diesem Buch mit dem deutschen Theater des 18. und frühen 19. Jahrhunderts; der Schwerpunkt der Untersuchung liegt dabei auf dem vergleichsweise kurzen Zeitraum von 1750 bis 1800. Es geht also, um es in den Termini des traditionellen Epochenkonzepts auszudrücken, um das "Theater der

Aufklärung und der Kunstperiode" (Goethezeit, Weimarer Klassik, etc.).[3] In keinem Abschnitt der deutschen Kulturgeschichte ist so intensiv, polemisch, euphorisch und vieldimensional über das Theater diskutiert worden wie in der zweiten Hälfte des 18. Jahrhunderts. Während zu Beginn des Jahrhunderts das Theater faktisch ein 'thema non gratum' war, schwillt ab den zwanziger Jahren langsam, aber unüberhörbar ein 'diskursives Gemurmel' an, um einen hübschen Ausdruck Michel Foucaults zu gebrauchen;[4] ab 1750 jedoch 'boomen' die Theater-Diskurse geradezu. In rascher Folge erscheinen nun etliche dramaturgische, theaterkritische und theatertheoretische Zeitschriften, die sich ausschließlich mit dem Medium beschäftigen - ein spezialisierter Zeitschriftentypus, den es vordem überhaupt nicht gab und den es später in dieser hohen Titelzahl nie wieder gegeben hat.[5] In Reden und Programmschriften wird das Theater als Instrument und Garant gesellschaftlichen wie individuellen Fortschritts gefeiert - mit einer Euphorie und Gewißheit, die uns heute, skeptischer geworden gegenüber den Wirkungsmöglichkeiten der Künste, geradezu befremden muß. Die Zahl neu geschriebener und neu übersetzter Dramen bzw. Spielmaterialien nimmt - insbesondere im letzten Drittel des Jahrhunderts - rapide zu. In zeitgenössischen Romanen ist das Theater ein bevorzugtes Sujet, weil es gleichermaßen als Handlungsrahmen für anrüchig-pikante Szenen wie für hehre politische und subjektzentrierte Utopien fungieren kann.[6] Die beiden wichtigsten deutschen Entwicklungsromane des 18. Jahrhunderts, Moritz' "Anton Reiser" und Goethes "Wilhelm Meisters Lehrjahre" etablieren das Theater gar als notwendigen Erfahrungsabschnitt im individuellen

---

3 Ich halte diese Epochenkonzepte gar nicht für falsch, ja ich verwende die Termini selbst, aber sie haben keinen weitergehenden heuristischen und analytischen Wert für meine Arbeit. Denn die traditionelle Theaterhistoriographie hat diese Epochenkonstruktionen aus der Geistes- und Literaturgeschichte übernommen, ohne über medienspezifische Periodisierungskriterien zu verfügen. In meinen Funktionsanalysen will ich solche medienspezifischen Periodisierungskriterien entwickeln. Das heißt aber, daß die Epochenkonstrukte "Theater der Aufklärung" bzw. "der Kunstperiode" für mich zuerst einmal 'leere Hüllen' sind, die es aufzufüllen gilt.

4 Ich will Foucaults Bedeutung für mein Denken nicht systematisch entfalten, weil mir seminaristische Referate eh bekannter Positionen ebenso öde wie entbehrlich scheinen. Ich will aber zumindest annotieren, was ich übergreifend gelernt habe: erstens zu fragen, wie die Diskurse über ein 'Objekt' jenseits der inhaltlichen Positionen beschaffen sind und mit welchen Interessen über einen Gegenstand gesprochen wird; zweitens zu begreifen, daß in der Struktur und Praxis des Sprechens ein 'Objekt' auch generiert wird. Diese 'Theorie der diskursiven Produktion' spielt insbesondere in Kapitel III eine Rolle.

5 Siehe dazu insgesamt Hill 1916. Hill hat für die zweite Hälfte des 18. Jahrhunderts - mit dem Schwerpunkt des letzten Jahrhundertdrittels - über 130 Theaterzeitschriften nachgewiesen, von denen freilich die meisten nur eine kurze 'Lebensdauer' hatten.

6 Siehe zum Theaterroman im 18. Jahrhundert Haider-Pregler 1980, S. 248 - 266 und Selbmann 1981.

Entwicklungsprozeß ihrer Protagonisten. Und nicht nur die Diskurse 'boomen', sondern auch die institutionelle Entwicklung und Ausdifferenzierung des Mediums selbst: bis zur Jahrhundertmitte nimmt die Anzahl der reisenden Gesellschaften deutlich zu, ihr Wirkungsgebiet vergrößert sich; zunehmend auch lassen sich die ehemals fahrenden Gesellschaften an einem Ort nieder, dessen begrenztes Publikum nun allein ausreichende Einnahmen verspricht.[7] Aus dem System des Reise-Theaters wird tendenziell das uns bekannte System des stehenden Theaters. Viele Theaterbauten und Spielorte in unterschiedlicher Trägerschaft werden in der zweiten Jahrhunderthälfte neu eröffnet. Um 1790 verzeichnet Frenzel rund 80 Orte im deutschen Sprachraum mit Theaterbauten und -sälen; an 20 davon - insbesondere natürlich in den Großstädten Wien und Berlin - existieren gar mehrere Spielstätten. Das dürfte, grob geschätzt, etwa eine Verdreifachung der Spielorte zwischen 1750 und 1790 bedeuten.[8] Schließlich erhöht sich auch insgesamt die Zahl der am Theater Beschäftigten beträchtlich. Allein die stetig anwachsenden Verzeichnisse der Theaterkünstler, die der "Gothaer Theaterkalender" jedes Jahr zwischen 1775 und 1800 publiziert, dokumentieren diese Entwicklung. Und nicht zuletzt nimmt auch die subjektiv-individuelle Sogwirkung des Theaters zu: theaterbegeisterte Bürgerkinder suchen zuhauf die Enge der bürgerlichen Welt mit der Freiheit und der öffentlichen Relevanz der Theaterexistenz zu vertauschen - ein Phänomen, das in den zeitgenössischen Veröffentlichungen immer wieder diskutiert wird. Prototypisch dafür ist die Biographie Ifflands, der als Siebzehnjähriger 1777 sein wohlbehütetes hannoversches Elternhaus heimlich verläßt, um bei Ekhof in Gotha Schauspieler zu werden. In den Romanen Goethes und Moritz' findet das 'Ausreiß-Syndrom' auch einen literarischen Niederschlag.

Man mag die genannten Phänomene in ihrem Stellenwert und ihrer Bedeutung unterschiedlich bewerten, insgesamt aber indizieren sie ein ebenso massives wie kulturgeschichtlich neu entstehendes gesellschaftliches Interesse am Theater, das sich zwischen 1720 und der Jahrhundertmitte langsam entwickelt, zwischen 1750 und dem Jahrhundertende seinen Höhepunkt erreicht und danach wieder abebbt.[9] Freilich sind schon bei dieser Feststellung zwei Einschränkungen zu machen. Das historisch so signifikante Medieninteresse bezieht sich nicht auf alle Theatertypen und -genres gleichermaßen: Oper, Ballett, Stegreiftheater sowie die spektakulären Theaterformen des Jahrmarkts und der Volksfeste sind dabei zwar nicht gänzlich

---

7 Siehe Frenzel 1984, S. 228 - 272

8 Ebd., S. 335 und 369 - 370

9 Natürlich gibt es im ganzen 19. Jahrhundert eine Vielzahl von Neugründungen, der institutionelle Boom also geht weiter. Aber die Theatereuphorie, die für den Zeitraum zwischen 1750 und 1800 kennzeichnend war, ist ziemlich abgeebbt. Theater und Theatererlebnis werden sozusagen normalisiert, entmystifiziert und alltäglich.

ausgeschlossen; schon deswegen, weil es eine klare institutionelle Trennung etwa zwischen Sprech- und Musiktheater noch gar nicht gibt. Dennoch focussiert sich das Medieninteresse der historischen Subjekte in erster Linie auf das Sprechtheater und auf 'regelmäßige', 'literarische' Spielvorlagen; jene zumeist neu geschriebenen Texte, die stofflich und thematisch die Interessen eines bestimmten Bevölkerungsteils nach konzeptiven und ideologischen Orientierungen - und nicht bloß nach Unterhaltung - befriedigen. Das verweist schon auf die zweite notwendige Präzisierung. Denn das 'boomende' Medieninteresse ist nicht eine Sache aller Mitglieder jener so merkwürdig-spannenden 'Übergangsgesellschaft' des 18. Jahrhunderts. Der Feudaladel nutzt und finanziert zwar Theaterbauten und -veranstaltungen (hauptsächlich natürlich Oper und Ballett als Formen des divertissement und der Repräsentation), verbindet aber damit im allgemeinen weder gesellschaftspolitische Reformambitionen noch diskursive Anstrengungen. Für Bauern und Landbevölkerung, die im 18. Jahrhundert noch etwa 80 Prozent der Population Deutschlands ausmachen, ist das Medium schon aus regionalen Zugangsgründen schlichtweg unerreichbar. Die eigentliche Kerngruppe der Theatereuphorie und der medialen Diskurse sind Gelehrte und Autoren, Professoren, Lehrer, Philosophen, Pastoren, Beamte im absolutistischen Staatsdienst, Offiziere, Kaufleute, Manufakturisten, mittelgroße Gewerbetreibende und Handwerker; jener zumeist städtische Bevölkerungsteil also, aus dem sich im Verlauf des Jahrhunderts - und unter den rückständigen Entwicklunsgbedingungen in Deutschland auch weit darüber hinaus - langsam 'bürgerliche' Schichten mit eigenständigen ökonomischen, sozialen und politischen Interessen in Abgrenzung sowohl vom Feudaladel wie von der agrarisch bestimmten Bevölkerungsmehrheit entwickeln. Für diese bürgerliche oder - besser gesagt - 'sich verbürgerlichende' Schicht wird das Theater zum 'Leitmedium', das in intensiver Weise genutzt wird und auf das hypertrophe Funktionsbestimmungen und gesellschaftspolitische Hoffnungen projeziert werden.

Warum evoziert das Theater so massives gesellschaftliches Interesse? Warum wird ein Medium, das als kulturelle Praxis vergleichsweise uralt und nicht an die Ausbildung der bürgerlichen Gesellschaft gebunden ist, in der zweiten Hälfte des 18. Jahrhunderts zum 'bürgerlichen Leitmedium'? Welche offenbar historisch neuen Interessen und Bedürfnisse seiner Mediennutzer befriedigt es? Welche historisch neuen Erlebnisqualitäten und Gratifikationserfahrungen vermittelt es seinen Rezipienten und Produzenten? Welche Formen und Strukturen des Mediengebrauchs waren im 18. Jahrhundert typisch? Oder zusammenfassend gesagt: Welche sozialen und gesellschaftlichen Funktionen erfüllt das Theater in der zweiten Hälfte des 18. Jahrhunderts? Das sind meine grundlegenden Fragen, von denen die einzelnen Analysen und Kapitel dieses Buchs explizit oder implizit immer wieder ausgehen. Ich stütze mich dabei in meinen Funktionsanalysen in erster Linie auf Mediendiskurse (programmatische, theoretische und dramaturgische Texte über das Theater) und auf Medienerlebnisse, wie sie in fiktionalen und (auto-) biographischen Texten fixiert sind. In der Interpretation dieser Diskurse und Redeformen lassen sich signifikante Formen des Medien-Gebrauchs bestimmen und zeittypische Muster und Strukturen des 'bürgerlichen Theatererlebnisses' beschreiben. Daraus wiederum leite ich Thesen, Vermutungen und Ideen über die gesellschaftlichen Funktionen des Mediums ab. Ich setze also - oder versuche es doch zumindest - auch im Hinblick auf das Untersuchungsmaterial an den Erfahrungen, Wünschen, Utopien, Erlebnissen, Bedürfnissen und Interessen der historischen Subjekte an.[10] In einer solchen Perspektive läßt sich dann zeigen, daß das Theater deswegen so bedeutsam wird und 'boomt', weil es 'polyfunktional' Interessen und Bedürfnisse der historischen Subjekte befriedigt, die erst mit den ökonomischen, sozialen und politischen Umwälzungen des 18. Jahrhunderts und der Konstitution bürgerlicher Schichten zwischen 1750 und 1800 entstanden sind.

Für die 'Beforschung' gesellschaftlicher Funktionen des Theaters im 18. Jahrhundert haben sich Literatur-, Theater- und Medienwissenschaft - abgesehen von wenigen Ausnahmen, die ich anschließend annotiere - im wesentlichen nicht interessiert. Das hat zuallererst wissenschaftsgeschichtliche und kunstideologische Ursachen: Bis Ende der sechziger Jahre war für den mainstream der kunst- und kulturwissenschaftlichen Disziplinen der autonomieästhetische Kunstbegriff die verbindliche ästhetische Norm. Kunst galt - in enthistorisierender und simplifizierender Adaption der kunsttheoretischen Positionen von Klassik und Romantik - als 'autonome' Praxis menschlicher Existenz in Abgrenzung von sozialen, politischen und ideologischen Praxen der Gesellschaft. Fragen nach dem Verhältnis von Kunst und Gesellschaft konnten im System dieses Kunstkonzepts nicht formuliert, geschweige denn zu theoretischen Reflexionen und forschungspraktischen Bemühungen weiterentwickelt werden.[11] Diese Bornierung brach ohne Zweifel mit der Politisierung der Universitäten und den unterschiedlichen Projekten einer sozialgeschichtlichen Fundierung der kunstwissenschaftlichen Disziplinen Ende der sechziger Jahre zusammen. Unbeschadet davon aber hat ein weiteres Relikt der Autonomieästhetik alle theoretischen Kämpfe überstanden und erfreut sich bis heute ungebrochener - wenn nicht gar zunehmender - Beliebt-

---

10 Das ist im übrigen für eine Funktionsgeschichte nicht zwingend. Man kann Aussagen über die Funktion von Kunst auch über andere Untersuchungsmaterialien organisieren.

11 Bis zum Ende der sechziger Jahre kommen fast alle sozialgeschichtlichen Kulturanalysen und Kulturgeschichten aus dem theoretisch-wissenschaftlichen 'Dunstkreis' der Sozialdemokratie, der KPD, der Gewerkschaften und - später - der Forschung der jungen DDR. Die 'bürgerliche und (west-)deutsche' Universität hat bis zu diesem Zeitpunkt zu einer Sozialgeschichte der Künste wenig beigetragen.

heit: das werk- oder produktfixierte Gegenstandsverständnis. Für die meisten Wissenschaftler war und ist Kunst immer noch identisch mit dem großen Werk, die Geschichte der Künste demzufolge immer noch eine Geschichte der 'großen Werke'. Diese Werkfixierung ignoriert nicht nur konstitutive Elemente kultureller Kommunikation - etwa Rezipienten und Nutzung, Materialität und Medialität etc. - oder behandelt sie als nebensächliche Anhängsel; was sich nicht 'im Werk selbst' abbildet, bleibt für diese Tradition außer Betracht. Vielmehr schließt sie, wenn mit der Analyse des großen Werks schon alles getan ist, die Rekonstruktion von Funktionen und Entwicklungsprozessen kultureller Systeme als Aufgabe und Möglichkeit von Kulturgeschichtsschreibung gleichsam per definitionem und ex ante aus. Oder anders gesagt: der werkfixierte Kunstbegriff, so er methodische und forschungspraktische Hegemonialität beansprucht, ist mit einem kommunikativen und prozessualen Kunstbegriff, wie er zwangsläufig jeder Funktionsgeschichte zugrundeliegt, prinzipiell unvereinbar.[12]

Diese Bornierungen haben zu der einigermaßen paradoxen Situation geführt, daß das Theater des 18. Jahrhunderts zu den quantitativ meistbeforschten Gegenständen der Kulturgeschichte gehört, dabei aber nur wenige funktionsgeschichtliche Darstellungen entstanden sind. Immerhin haben sich, so weit ich sehe, drei Erklärungsmuster zur gesellschaftlichen Funktion des Theaters herausgebildet: das erste definiert das Medium, in direkter Adaption der Funktionsdiskurse des 18. Jahrhunderts, als "Schule der Sitten" oder "moralische Anstalt", in der dem Publikum in der Art einer semipädagogischen Einrichtung die bürgerliche Moralphilosophie und Sittlichkeitslehre anhand exemplarischer Beispiele (der Helden bzw. der Stückhandlung) vermittelt werde. Hilde Haider-Pregler hat mit ihrem Standardwerk "Des sittlichen Bürgers Abendschule" (1980) den bis heute umfänglichsten und genauesten Beitrag dieser Richtung vorgelegt. In den medientheoretischen und -programmatischen Diskursen der Zeit ist das sittlich-moralische Theaterkonzept tatsächlich die mit Abstand wichtigste und häufigste Funktionsbestimmung. Freilich setzt auch genau hier meine Kritik an dieser Erklärungsvariante an. Denn aus der Dominanz des sittlich-moralischen Theaterkonzepts in den medientheoretischen Diskursen läßt sich noch lange nicht ableiten, daß diese Funktion auch in der Medienpraxis verwirklicht wäre und allein darin die gesellschaftliche Bedeutung des Mediums läge. Vielmehr sind für die diskursive Hegemonie des Topos "Theater als moralische Anstalt", wie ich in Kapitel II zeigen werde, medienlegitimierende Interessen verantwortlich. - Das zweite Erklärungsmodell hat Eckehard Catholy in seinem immer noch beeindrukkenden Buch "Karl Philipp Moritz und die Ursprünge der deutschen Theater-

12 Allerdings sind die Ergebnisse von Werkanalysen durchaus in Funktionsgeschichten einzubauen, weswegen dies das 'hegemoniale' Konzept von Kulturgeschichtsschreibung ist. Ich komme darauf am Ende dieses Kapitels zurück.

leidenschaft" (1962) entwickelt, dem ich im übrigen wichtige Anregungen für meine funktionsgeschichtlichen Fragestellungen verdanke. Catholy hat anhand von Karl Philipp Moritz' autobiographischem Roman "Anton Reiser" nach den sozialen Gründen[13] der Theatromanie der Bürgerkinder am Ende des 18. Jahrhunderts gefragt und dabei überzeugend nachweisen können, daß das Theater als 'Ersatzöffentlichkeit' für das bürgerlich-subjektive Bedürfnis nach gesellschaftlicher Anerkennung und Relevanz fungiert, welches in der sozialen Realität keine ihm adäquaten Aktionsräume zu finden vermag: "Das damalige Leben bot dem Bürger keinen Raum zur Erprobung und Bewährung der neuentdeckten Kräfte. Was ihm blieb, war der Weg zu dem Ort, von wo aus ihm das neue Lebensgefühl zuerst und am nachdrücklichsten gepredigt, ja vorgelebt wurde: Befreiung, Erweiterung und Lockerung konnte er als 'Handelnder' nur auf der Bühne selbst finden."[14] Die Bühne als Ersatz für das 'wirkliche Leben', in dem es für den Bürger noch keine politische Bedeutung und noch keine Vergesellschaftung seiner Subjektivität geben kann; der Beifall des Publikums als Ersatz für die Anerkennung der Gesellschaft.[15] Catholy faßt mit seinem Funktionsmodell einen wesentlichen Grund für die bürgerliche Theatereuphorie, den ich in diesem Buch nicht weiterverfolge, weil ich ihn für ausreichend und erschöpfend behandelt halte. Eine zureichende Erklärung für die gesellschaftlichen Funktionen des Theaters im 18. Jahrhundert bietet Catholy - was im übrigen auch nicht sein Anspruch war - nicht, weil sein Bezugsrahmen auf die reale oder zumindest imaginierte Praxis des Darstellens auf der Bühne beschränkt und damit für ein mediengeschichtliches Untersuchungsprojekt zu eng gesteckt ist.

Das sozialgeschichtlich fundierteste und wohl auch folgenreichste Funktionsmodell geht auf Jürgen Habermas' "Strukturwandel der Öffentlichkeit" (1962) zurück. Habermas begreift das Theater des 18. Jahrhunderts - neben Zeitschriften, Journalen, Deutschen Gesellschaften, Logen, Kaffeehäusern etc. - als eine der Institutionen bürgerlicher Öffentlichkeit, in der sich ein bürgerliches Publikum in Abgrenzung vom politischen System des Feudalabsolutismus versammelt, um sich über die gemeinsamen Lebensbedingungen und ideologischen Positionen diskursiv zu verständigen - eine Vorform oder Keimzelle einer dezidiert politischen Öffentlichkeit, welche sich in Deutschland erst im 19. Jahrhundert

---

13 Catholy weist - für meine Wahrnehmung immer ein wenig rechtfertigend und entschuldigend - darauf hin, daß es sich bei Moritz'/Reisers Theaterleidenschaft nicht um ein künstlerisches Interesse, sondern um ein sozialpsychologisches handelt. Das Theater hat, so Catholys Standardformulierung, eine 'Lebensfunktion' für Moritz/Reiser. Genau das aber ist wiederum ein deutliches Indiz für die wissenschaftsgeschichtliche Hegemonie des autonomieästhetischen Kunstbegriffs.

14 Catholy 1962, S. 5

15 Das ist im übrigen ja auch ein Motiv bei Wilhelm Meisters Entscheidung für das Theater.

konstituiert. Das Theater besäße damit eine vergesellschaftende und ideologieformierende Funktion für das Bürgertum. Habermas' Arbeit hat in der Theater- und Literaturwissenschaft eine enorme Resonanz gezeitigt: Kein Aufsatz und keine Theatergeschichte zum 18. Jahrhundert kommt seither ohne den dankbaren und zustimmenden Rekurs auf 'Das Theater als Forum der bürgerlichen Öffentlichkeit' mehr aus.[16] Und genaugenommen ist Habermas' Modell nach wie vor der einzige entwickelte sozialgeschichtliche Erklärungsansatz, über den die Theaterhistoriographie zum 18. Jahrhundert bis heute verfügt. Freilich scheint diese Dankbarkeit bei etlichen Wissenschaftlern auch davon motiviert, sich mit dem routinierten Verweis auf Habermas' Thesen einer sozialgeschichtlich affizierten Forschungsaufgabe selbst entziehen zu können, um derart schnell zum eigentlich Wichtigen, dem 'Ästhetischen' nämlich, zu gelangen. - Sei's drum: Trotz der fast durchweg positiven Rezeption Habermas' habe ich drei Einwände gegen sein Funktionsmodell, die ich in meinen Analysen aufgreifen werde: Erstens unterstellt Habermas die Existenz bürgerlicher Subjekte zu einem historischen Zeitpunkt, an dem es eher um die Frage gehen muß, wie und wodurch bürgerliche Subjekte, Haltungen, Ideologie etc. überhaupt produziert werden; Habermas' Modell ist, um es auf den Begriff zu bringen, ausgesprochen statisch, die produzierend-generierende Dimension der Medien und Öffentlichkeitsformen des 18. Jahrhunderts bleibt außen vor. Zweitens gibt es eine hochgradige Diskrepanz zwischen Habermas' geradezu idyllischem Bild von der Versammlung und diskursiven Verständigung des bürgerlichen Publikums einerseits und den Formen des Publikumsverhaltens, wie es sich aus zeitgenössischen Theaterberichten rekonstruieren läßt, andererseits. Was Habermas beschreibt, ist - um es vorsichtig zu formulieren - ziemlich inkompatibel mit der historischen Medienrealität; es ist so hochgradige Modellabstraktion, daß man die zumindest exklusive Geltung dieses Modells schon wieder in Zweifel ziehen kann. Und drittens besitzt Habermas weder Gespür noch Interesse für die spezifischen Funktionen und Möglichkeiten des Theaters. In seinem Modell dienen alle verschiedenen Institutionen der bürgerlichen Öffentlichkeit dem Gleichen. Wozu aber gibt es sie dann? Habermas beschreibt, zusammenfassend gesagt, eher die Programmatik des bürgerlichen Theaters des 18. Jahrhunderts als dessen Praxis. Die wiederum aber interessiert mich weit stärker.

Was meine Studien über methodische Einwände hinaus von den skizzierten Forschungspositionen unterscheidet, ist zusammengefaßt zweierlei: erstens beschreibe und entwickle ich andere gesellschaftliche Funktionen des Theaters bzw. akzentuiere (das betrifft insbesondere meine Differenz zu Habermas) die existenten Funktionshypothesen anders: Ich bin der Überzeugung, daß die wichtigsten

16 Siehe etwa jüngst Fischer-Lichte 1993, die ihren Abschnitt über das Theater des 18. Jahrhunderts unter genau diesen Titel stellt.

sozialen Funktionen des Theaters zwischen 1750 und 1800 bislang nicht oder nicht genau genug beschrieben wurden. Zweitens gehe ich - im Unterschied zu den jeweils 'monologischen' Erklärungsansätzen der Forschung - in dieser Arbeit von einem Nebeneinander oder einer Kombination verschiedener gesellschaftlicher Funktionen des Theaters im 18. Jahrhundert aus. Erst diese Kombination von Zweckbestimmungen - die 'Polyfunktionalität' des Mediums - macht seinen exorbitanten Stellenwert und das Phänomen der bürgerlichen Theatereuphorie insgesamt verständlich. In den einzelnen Kapiteln des Buchs setze ich mich mit jeweils einer Funktionsbestimmung bzw. einer Funktionspraxis auseinander, die insgesamt aber als Nebeneinander und weniger als historisches Nacheinander zu denken sind.

Wie der Großteil der Forschung beschäftige auch ich mich im ersten Analysekapitel mit dem dominanten zeitgenössischen Funktionskonzept, der Definition des Mediums als "Schule der Sitten" und "moralische Anstalt". Diese Funktionsbestimmung beherrscht den theatralen Diskurs von den zwanziger Jahren bis zum Ende des 18. Jahrhunderts in schier unzählbaren Variationen und ausgesprochen ermüdender Monotonie. Schillers berühmte Rede "Was kann eine gute stehende Schaubühne eigentlich wirken?" von 1784 faßt die Argumente und Reflexionsmuster des sittlich-moralischen Theaterkonzepts nahezu 'mustergültig' zusammen.[17] Als sozialer Inhalt des Funktionskonzepts läßt sich unschwer die Popularisierung und Vergesellschaftung der bürgerlichen Moralphilosophie identifizieren, die - als erstes eigenständiges 'bürgerliches' Denksystem - zunehmend hegemonialen Status gegenüber der feudalabsolutistischen Ideologie und Lebenspraxis beansprucht. In diesem ideologieformierenden und politischen Kontext erregt das Theater ein geradezu manisches Interesse bei den Aufklärern und bürgerlichen Ideologen, weil es im zeitgenössischen Medienverständnis außerordentliche Wirkungsqualitäten besitzt. Erst diese 'Entdeckung' einer vorgeblich einzigartigen Wirkungsmacht des Mediums vermag zu erklären, warum das Theater im Verlauf des 18. Jahrhunderts seinen Status als moralisch äußerst dubiose Einrichtung verliert und einen kulturellen Nobilitierungsprozeß durchläuft.

Das sittlich-moralische Funktionskonzept hat hochgradig programmatischen Charakter, es ist ein medientheoretisches Konstrukt. In der Medienpraxis selbst kommt ihm viel weniger Gewicht zu, als die Forschung gemeinhin annimmt. Die diskursive Macht, Stabilität und Dominanz des Topos 'moralische Anstalt' geht in erster Linie darauf zurück, daß er das Medium selbst wie den Theaterbesuch

17 Ich behaupte, daß es in der Tat ausreicht, Gottscheds Rede "Die Schauspiele und besonders die Tragödien sind aus einer wohlbestellten Republik nicht zu verbannen" (1729/36) und Schillers "Schaubühnen"-Rede zu lesen, um alle Denkfiguren des Konzepts kennenzulernen.

legitimiert und entproblematisiert - und damit gleichsam Raum schafft für andere Bedürfnisse und Interessen. Das sittlich-moralische Funktionskonzept ist also zuerst eine Legitimationsstrategie und eine programmatische Projektion, beschreibt jedoch weniger eine 'faktische' Funktion des Mediums. Für die historischen Subjekte dagegen sind - wie ich in den Kapiteln III bis VI zeige - andere Erlebnisqualitäten und Funktionen des Theaters viel wichtiger als die Popularisierung von Sittlichkeit und Moral.

Besonderen Stellenwert hat dabei die Entdeckung und Diskursivierung der 'bürgerlichen Innenwelt', jenes Bezirks der menschlichen Existenz, den wir heute als 'Seele' oder 'Psyche' bezeichnen. Das Interesse von Theaterleuten und Publikum focussiert sich in der zweiten Hälfte des 18. Jahrhunderts signifikant - wie man an Dramaturgien, Schauspielertheorien und Rezeptionsberichten nachweisen kann - auf das Innenleben der Dramenfiguren, der Schauspieler sowie der Zuschauer selbst. Medienspezifisch an dieser theatralen Diskursivierung des Inneren - ein Prozeß, der selbstredend auch in anderen Diskursformationen und gesellschaftlichen Praxen der Zeit vorangetrieben wird - ist die körpersprachliche und interaktive Veräußerlichung der Psyche durch den Schauspieler, die öffentliche Ausstellung des Inneren in der Theatersituation und die kollektive Einübung der Modelle von Emotionalität und Innerem durch die Zuschauer. Das Theater fungiert als ein Erlebnisraum, gleichsam als ein 'Labor der Seele und der Emotionalität' - und übt deswegen auf die sich verbürgerlichenden Schichten, für die Emotionalität, Subjektivität und Gefühle zum entscheidenden Differenzierungskriterium gegenüber der feudalen Ideologie avancieren, so außerordentliche Faszination aus. In einer zivilisationsgeschichtlichen Perspektive könnte man sagen: das Theater des 18. Jahrhunderts ist eine der diskursiven Produktionsinstanzen der bürgerlichen Innenwelt; es leistet einen medienspezifischen, funktional-produzierenden Beitrag zur Entdeckung und Vergesellschaftung jenes "unsichtbaren Dings, das Seele heißt"[18].

Das Theater des 18. Jahrhunderts ist - neben Zeitschriften und literarischen Diskursformen, Lesegesellschaften und Geheimbünden, Salons und Kaffeehäusern - eine Institution der bürgerlichen Öffentlichkeit, in der sich die ökonomisch produktiven Privatleute in Abgrenzung von der öffentlichen Gewalt des feudalabsolutistischen Staats über die ihnen gemeinsamen Lebensbedingungen diskursiv veständigen: über die neuen Formen des Warenverkehrs und der gesellschaftlichen Arbeit und über die neu entstehende bürgerliche Subjektivität. Dem Theater und seiner Öffentlichkeit kommt damit eine ideologieformierende und eine politische Funktion zu. Freilich ist diese Erklärung - von Habermas modellhaft entwickelt, von der sozialgeschichtlich inspirierten Kulturgeschichts-

18 So der Titel des Buchs von Werner Obermeit (1980), der den Prozeß der 'Entdeckung' der Psyche im 18. und frühen 19. Jahrhundert rekonstruiert.

schreibung tausendfach reproduziert - nur eine, gleichsam die 'historisch nach vorne' gerichtete Seite der Medaille. Denn gleichzeitig bietet das Theatererlebnis dem bürgerlichen Publikum die Möglichkeit, die sozialen Modernisierungsprozesse des 17. und 18. Jahrhunderts (die Intimisierung des öffentlichen Lebens, die Versachlichung des sozialen Verkehrs, die Zivilisierung des Verhaltens und die Disziplinierung der Körper), die 'Kosten des sozialen Wandels' seit der frühen Neuzeit kulturell zu bewältigen und zu bearbeiten. Dieser These gehe ich im Kapitel IV nach. Der 'Reiz der theatralen Öffentlichkeit' für das bürgerliche Publikum setzt sich dabei aus zwei Dimensionen zusammen. Die personale Versammlung der Zuschauer im Theater produziert eine kulturelle Gegenerfahrung zur intimisierten und versachlichten Existenz der unabhängigen Warenbesitzer. Das expressiv-spontane Publikumsverhalten eröffnet einen kulturellen Ausgleich zur Kontrolle des Verhaltens und zur Disziplinierung der Körper, die der Alltag den bürgerlichen Schichten immer stärker abverlangt. Das Theater des 18. Jahrhunderts befriedigt also das Bedürfnis nach ideologischer Orientierung in der neuen, sich verbürgerlichenden Welt ebenso wie das Bedürfnis nach einem kulturellen Ausgleich von den Belastungen eben dieser neuen Welt.

Für seine bürgerliche Kerngruppe ist das Theater des 18. Jahrhunderts immer auch und primär ein Medium der Unterhaltung in einer doppelten Dimension: es organisiert Entspannung und Ablenkung und trägt damit mittelbar zur Reproduktion der Arbeitsfähigkeit bei; und es stellt kommunikative Zusammenhänge zwischen seinen Nutzern her. Unterhaltung als eine spezifische Zweckbestimmung kultureller Kommunikation bildet sich kulturgeschichtlich erst im 17. und 18. Jahrhundert aus im Zusammenhang mit der Intensivierung und Rationalisierung von Arbeitsprozessen und der Entwicklung der bürgerlichen Gesellschaft. Im Unterschied zu heutigen ästhetischen Normen existiert in der aufklärerischen Kunsttheorie und -praxis kein grundsätzlicher Widerspruch zwischen Unterhaltungsbedürfnissen und -produkten einerseits und ästhetischen, sozialen, politischen und ideologischen Gehalten und Funktionen andererseits. Für unseren Untersuchungszusammenhang ist dabei von zentraler Bedeutung, welche medienspezifischen Unterhaltungsmaterialien und Attraktionswerte das Theater seinem bürgerlichen Publikum anzubieten hat. Gegenüber dem Entwicklungsstand der theatralen Unterhaltungsprozesse in der zweiten Hälfte des 18. Jahrhunderts zeichnet sich am Ende des Jahrhunderts eine fundamentale Veränderung ab. Sinnlich-bildliche Präsentationsmittel und spektakuläre Darstellungsformen überwuchern zusehends die Sinndimensionen und Ideologiebildungsprozesse und werden zum wesentlichen Reiz des bürgerlichen Theatererlebnisses.

Die klassisch-romantische Theaterarbeit vollzieht an der Wende vom 18. zum 19. Jahrhundert einen radikalen Bruch mit den Theaterkonzepten der Aufklärung.

Sie grenzt sich sowohl von den theoretisch-programmatischen Funktionsbestimmungen ab als auch von den zentralen Erlebnisqualitäten, die das bürgerliche Theater des 18. Jahrhunderts besaß. Das Theater hat jetzt nur noch und ausschließlich einen einzigen Zweck: es soll in einer dienenden und reproduzierenden Weise die hohe dramatische Weltliteratur zur sinnlichen Anschauung bringen; das Theater wird zum Institut der Literatur. Dieser tiefgreifende Funktionswechsel geht interessanterweise einher mit einer deutlichen Abschwächung der bürgerlichen Theaterleidenschaft; er markiert gleichzeitig den Ursprung einer literaturfixierten Theaterästhetik, die im späten 19. und im 20. Jahrhundert zu einer verbreiteten Praxisform, vor allem jedoch zur wichtigsten Funktionsbestimmung des bürgerlichen Theaters geworden ist. Der neue Stellenwert des Literarischen, wie er modellhaft in der klassisch-romantischen Theaterpraxis erprobt wird, hat eine Reform des Spielplans, die Entwicklung produktionsdramaturgischer Arbeitsformen und eine völlige Veränderung der Schauspieler-Arbeit zur Folge, die ich wegen ihrer Bedeutung für die Genese des bürgerlichen Theaters im einzelnen nachzeichne. Programmatisch behauptet das Literaturtheater der Kunstperiode von sich, keine gesellschaftlichen Funktionen mehr zu verfolgen und keine sozialen Inhalte mehr zu besitzen; aber auch diese vorgeblich nur der Kunst selbst verpflichtete Theaterarbeit hat selbstredend - wie generell jede Kunst, sie imaginiere sich noch so autonom - soziale Bedeutungen und Funktionen. - Die 'Literarisierung des Theaters' bringt nicht nur fundamentale Veränderungen der Theaterpraxis und des Mediengebrauchs mit sich; sie prägt auch als verfestigte ästhetische Norm zunehmend die Konzepte und das Gegenstandsverständnis von Literatur- und Theaterwissenschaft. Deren literaturfixierte Bornierungen und Kurzschlüsse, die die Ausbildung einer 'funktionalen' Kulturgeschichtsschreibung behindert haben, behandle ich in Kapitel VII.

Die Funktionsanalysen machen insgesamt plausibel - und das ist das strukturelle Ergebnis meiner Forschungsarbeit -, daß das Theater im 18. Jahrhundert verschiedene Funktionen gleichzeitig erfüllt, daß es ein ganzes Bündel von Interessen und Bedürfnissen befriedigt, die mit den zivilisationsgeschichtlichen Veränderungen des 17. und 18. Jahrhunderts und dem Übergang von der spätfeudalen zur bürgerlichen Gesellschaft entstanden sind. In dieser 'funktionalen Überdeterminierung' oder 'Polyfunktionalität' des Mediums sehe ich den entscheidenden Grund für die bürgerliche Theatereuphorie und den diskursiven wie institutionellen Boom, den das Theater durchläuft. - Gleichwohl haben die Funktionsanalysen dieses Buchs nur exemplarischen und fragmentarischen Charakter. Ich hatte weder den Anspruch noch das Interesse, alle gesellschaftlichen Funktionen des bürgerlichen Theaters in toto und in extenso zu behandeln. Offenkundig zum Beispiel ist, daß ich die explizit politischen Bedeutungen ('Theater als Fürstenschule', 'Theater als Gerichtshof' etc.) oder die subjektiv-lebenspraktische Sogwirkung des Mediums für die Bürgerkinder (Eckehard Catholy) ausspare. Wichtiger als die Verpflichtung auf Vollständigkeit war für mich ein methodisch-historiographisches Interesse: Ich wollte mit den Studien exemplarisch demonstrieren, daß funktionsgeschichtliche Fragen neue, überraschende und konsistente Ergebnisse zeitigen können und daß sich auf der Basis solcher Analysen eine 'Funktionsgeschichte' des Mediums, auch sie freilich mit fragmentarischem Charakter, (re-)konstruieren läßt.

Die Theatergeschichtsschreibung ist zur Zeit von großer Verunsicherung geprägt: keine Theatergeschichte, die ohne grundlegende Reflexion über die 'Bedingung der Möglichkeit' der eigenen Tätigkeit begänne[19], kein Kompendium über die Fachsituation, in der nicht die Krise der Theatergeschichtsschreibung beschworen würde.[20] Lamentiert wird da über ein völlig ungesichertes Gegenstandskonzept, über mangelnde methodische Standards und Vorarbeiten, ja über Sinn und Möglichkeit von Kulturgeschichtsschreibung überhaupt: "Was die Theatergeschichtsschreibung heute problematisch macht, ist die Einsicht in die Notwendigkeit, in großem Maßstab 'umzuschreiben', ohne daß universalgeschichtliche Leitlinien in verläßlicher Weise erkennbar wären und zur Verfügung stünden. (...) Für ein funkelnagelneues, umfassendes Konzept der Theatergeschichtsschreibung ist es angesichts dieser Sachlage, aber auch angesichts des Flusses, in dem sich die Methodendebatte aller historischen Disziplinen befindet, wahrscheinlich noch zu früh. Doch besteht die dringende Herausforderung, hinter der überall sich abzeichnenden 'Rückeroberung des historischen Denkens' nicht zurückzubleiben."[21] Vor allem aber - und das ist vielleicht das deutlichste Symptom einer Krise - hat die Theaterhistoriographie im Prinzip keine irgendwie relevante Forschungspraxis mehr vorzuweisen: großangelegte Forschungsprojekte[22] sind Ausnahmeerscheinungen, Forschungsarbeiten sind ausgesprochen rar. Es haftet diesem Wissenschaftsbereich etwas ausgesprochen Exotisches an.[23] - Vor diesem Hintergrund verstehe ich meine funktionsgeschichtlichen Forschungen auch als methodisches Plädoyer. Denn gegenüber den traditionellen Modellen der Theatergeschichtsschreibung besitzt eine Funktionsgeschichte wesentliche Vorteile, ja mehr noch: es ist das praktikabelste und zugleich reflektierteste Konzept, um Theatergeschichte - und im weiteren Sinn auch Kulturgeschichte - zu schreiben, und zwar aus drei Gründen:

---

19 Siehe etwa Fischer-Lichte 1993, S. 3 - 12

20 Siehe Bayerdörfer 1990

21 Ebd., S. 57 - 58

22 Das meines Wissens zur Zeit einzige größere Forschungsprojekt befaßt sich - unter Leitung von Henning Rischbieter am Institut für Theaterwissenschaft der FU Berlin - mit dem 'Theater des Dritten Reichs'.

23 Ich muß gestehen, daß ich auch meine eigene Arbeit derart wahrnehme.

Erstens: So alt wie die Disziplin Theaterwissenschaft ist das Lamento über die 'Transitorik' des Mediums. Während die anderen kunstwissenschaftlichen Disziplinen über 'materiale' Artefakte, über Werke aus den kulturellen Formationen der Vergangenheit verfügen - über die musikalische Partitur, über den Text, das Bild, die Skulptur etc. -, ist die transitorische Aufführung im Moment ihrer Produktion unwiderruflich verschwunden. Für eine werkfixierte Kulturgeschichtsschreibung kommt das einer Katastrophe gleich. Begreift man jedoch die Rekonstruktion von Zweckbestimmungen, Funktionen und Gebrauchsformen der Künste als Aufgabe der Kulturgeschichtsschreibung, löst sich das notorische Gegenstandsproblem der Theatergeschichtsschreibung auf. Freilich ist das mehr als nur eine Notlösung für die prekäre Theaterhistoriographie. Denn man kann sich ja mit guten Gründen grundsätzlich darüber streiten, ob es in der Kulturgeschichtsschreibung in erster Linie um Werke oder um (funktionale) Prozesse geht. Mit ihrer Werkfixierung sitzen die traditionellen Kunstwissenschaften, wie ich denke, einem Denkfehler auf, ja sie kultivieren ihn. Denn ohne die Rekonstruktion der Kommunikations- und Gebrauchsformen, in welche die Produktion und Rezeption der 'Artefakte' eingebunden waren, verstehe ich wenig von der historischen Bedeutung auch der Werke selbst; sie sind dann genaugenommen nichts anderes als tote Materie ohne Bedeutung.[24] - Die Funktionsgeschichte verhilft also dazu, das bornierte und obsolete Werkkonzept zu überwinden.

Zweitens: Wenn sich etwas aus den Fehlern der sozialgeschichtlichen und materialistischen Forschungstradition lernen läßt, dann soviel, daß die Deduktion von abstrakten Erklärungsmustern aus den Wissensformationen der Ökonomie, der Ideologiegeschichte, der Sozialgeschichte gegenüber den kulturellen Prozessen und Produkten relativ unscharf bleibt. Man konfirmiert gleichsam an der Kultur etwas, das man eh schon weiß; ein Prozeß, der im übrigen sehr vergnüglich und intellektuell durchaus herausfordernd sein kann. Demgegenüber verfährt eine Funktionsgeschichte induktiv und konkret: sie setzt an der kulturellen Alltags-Praxis an, rekonstruiert signifikante Gebrauchs- und Nutzungsformen der historischen Subjekte und versucht darüber, zu verallgemeinerbaren Aussagen über die gesellschaftlichen Funktionen der Künste und die Bedeutung der Kultur zu kommen. Ich halte ein solch induktives Verfahren nicht nur für ergiebiger (was ich denn an meinen Analysen zeigen muß); es nimmt vor allen

24 Jan Berg hat dieses Argument, das auf eine kommunikationstheoretische Fundierung aller kulturwissenschaftlichen und -geschichtlichen Disziplinen hinausläuft, ausführlich entwikkelt (siehe Berg 1982). Freilich scheint mir hier eine Präzisierung nötig. Von meiner Gegenwart aus sind 'historische' Artefakte keine 'tote Materie', denn ich selbst kommuniziere ja mit ihnen. Wenn ich allerdings ihre historischen Bedeutungen und Funktionen verstehen will, muß sich mein Blick vom Werk selbst auf die Prozesse und Strukturen richten, in welchen es stand.

Dingen methodische Vorschläge und Innovationen der historiographischen Diskussion auf, wie sie in den Konzepten der Annales-Schule oder der 'oral history' entfaltet wurden: die Konzentration auf den Alltag, die Mikrogeschichte, die Ebenen der 'individuellen Sinnbildungsprozesse'.

Drittens: Vor allem aber ist eine funktionszentrierte Theater- und Kulturgeschichtsschreibung ein hegemoniales Konzept, weil sich die Ergebnisse, Perspektiven und Modelle anderer Forschungstraditionen und Schulen hier mühelos integrieren lassen. Die Rekonstruktion epochenspezifischer Funktionen der Künste gibt einen allgemeinen Rahmen und ein Orientierungsschema ab, in dem die Werke, die Personen, die Institutionen, die Distributionsformen, die Materialstände, die Sozialgeschichte etc. gleichsam das Material der gesellschaftlich dominanten Zweckbestimmungen sind. Insbesondere löst sich in einer solchen 'Anordnung' die problematische Trennung zwischen Produktions- und Rezeptionsgeschichte auf, das unfruchtbare Nebeneinander von statischer Werkinterpretation und kultureller Prozessualität wird überwunden, eine Vermittlung zwischen Abstraktionsmodellen und mediengeschichtlicher Praxis wird erreicht. Insofern war mein Bezug auf das 'Anything goes' in der Kulturgeschichtsschreibung am Beginn dieses Kapitels natürlich ein ironisches Spiel. Ob aber eine Theatergeschichte als Funktionsgeschichte tatsächlich das hält, was ich verspreche - um das zu beurteilen, muß man sich der Mühe unterziehen, dieses Buch zu lesen.

Abschließend noch einige 'untersuchungspragmatische' Erläuterungen: ich schließe mich in meinen mediengeschichtlichen Diskursanalysen nicht einer bestimmten methodischen Schule an, gleichwohl sind drei methodische Grundsätze für mein Denken orientierend: erstens frage ich immer nach der Spezifik des Theaters in Abgrenzung von den anderen zeitgenössischen Künsten und Medien sowie nach dem Stellenwert des Theaters im Ensemble der Künste und Öffentlichkeitsformen. Welche medial besonderen Produkte und Erlebnisqualitäten bietet das Theater, so lautet meine 'anwendungsorientierte' Standardfrage. Zweitens arbeite ich immer mit einem 'kommunikativen' Theaterbegriff. Die kulturelle Verkehrsform Theater ist mehr als nur die Aufführung und ihre Produktionsmaterialien selbst, mehr als das 'Kunstwerk'; sie ist vielmehr als kommunikatives Verhältnis zwischen Bühne und Publikum, zwischen Produktion und Rezeption zu bestimmen. Und drittens beziehe ich mich, soweit es von der Quellenlage her irgend möglich ist, immer stärker auf den Mediengebrauch und das Verhalten der Nutzer als auf Programme und Theorien, denn sie zeigen mehr von der funktionalen Praxis - und das Kriterium der Wahrheit ist die Praxis.

Zu meinen Quellentexten ist soviel zu sagen: Ich stütze mich in meinen Analysen auf Texte, die weitgehend bekannt sind. Ich habe zwar relativ breit recherchiert und dabei insbesondere die Theaterzeitschriften des 18. Jahrhunderts zu berücksichtigen versucht,[25] aber sensationelle Neuentdeckungen bislang unbekannter Quellen kann ich gleichwohl nicht vorweisen. Wenn ich neue Ergebnisse zu Tage gefördert habe, dann aufgrund meiner funktionsgeschichtlichen Fragestellungen und meines diskursanalytischen Verfahrens. Beim Umgang mit den Quellen nehme ich keinerlei Rücksicht auf das Werkkonzept, auf die Autorfiktion oder ihren Kunst-Status. Die Quellen sind für mich, auch wenn es sich etwa um die großen Romane des 18. Jahrhunderts handelt, ausschließlich Material; historische Diskurse und Redeformen, nicht mehr und nicht weniger - frei nach Foucaults berühmtem Satz: "Wen kümmerts, wer spricht?"[26]

---

25 Mein ausgiebiges Studium der weitverzweigten Theaterzeitschriften hat kein befriedigendes Ergebnis gezeitigt. Trotz der hohen Titelzahl und des zum Teil beachtlichen Umfangs einzelner Periodika sind sie in bezug auf ihre Inhalte ausgesprochen redundant, manchmal geschwätzig, in der Summe eher langweilig. Die Zeitschriften-Konjunktur indiziert insgesamt ein großes Interesse am Theater. Sehr viel mehr aber läßt sich, so zumindest meine Einschätzung, aus diesem Quellenbereich nicht schließen.

26 Das ist die Schlußbemerkung in Foucaults Vortrag "Was ist ein Autor?" (Foucault 1988, S. 31)

II. Schule der Sitten - Moralische Anstalt
Die Popularisierung der bürgerlichen Moralphilosophie

> Die Tragödie "(...) ist eine Schule der Geduld und Weisheit, eine Vorbereitung zu Trübsalen, eine Aufmunterung zur Tugend, eine Züchtigung der Laster. Die Tragödie belustiget, indem sie erschrecket und betrübet. Sie lehret und warnet in fremden Exempeln, sie erbauet, indem sie vergnüget, und schicket ihre Zuschauer allezeit klüger, vorsichtiger und standhafter nach Hause."[1]

Beschäftigt man sich ausschließlich mit den theatertheoretischen und -programmatischen Diskursen des 18. Jahrhunderts, läßt sich die Frage nach sozialen Funktionen des Mediums ebenso schnell wie problemlos beantworten. Für die Mehrzahl der Philosophen, Publizisten, Autoren und Kritiker der Aufklärung, die diese Diskurse produzieren, ist das Theater eine "Schule der Sitten", eine "moralische Anstalt", ein Medium zur Verbreitung von Tugend und Vernunft, ein öffentliches Bollwerk gegen Laster und moralische Verderbnis. Kein Funktionskonzept ist im theatralen Diskurs des 18. Jahrhunderts so verbreitet und dominant wie diese Mediendefinition - mit einer bemerkenswerten Stabilität und Konstanz über das ganze Jahrhundert hinweg. Was auf den ersten Blick als simples Modell eines 'semipädagogischen' Theaters zur Verbreitung tugendhafter Verhaltensformen[2] erscheint, ist auf seinen sozialen Inhalt hin befragt ein ausgesprochen politisches Projekt: denn es geht hier um die Popularisierung der bürgerlichen Moralphilosophie, die im Verlauf des 18. Jahrhunderts als dezidiert bürgerliches System zunehmend hegemonialen Status gegenüber der feudalen Ideologie beansprucht und gewinnt. Den Aufklärern kommt das Theater deswegen in den Blick, weil es aufgrund seiner medialen Spezifika eine im Vergleich zu anderen Medien und Künsten der Zeit einzigartige Wirkungsmacht zu besitzen scheint, sowohl im Hinblick auf die Intensität wie die Breite der Wirkung. Im Kontext des sittlich-moralischen Medienbilds hat das Theater also eine ideologieformierende und eine politische Funktion. - Das sittlich-moralische Funktionskonzept beherrscht zwar

---

1 Johann Christoph Gottsched, Die Schauspiele und besonders die Tragödien sind aus einer wohlbestellten Republik nicht zu verbannen, S. 15

2 Der Titel von Hilde Haider-Preglers Buch über die aufklärerische Theatertheorie und -reform, "Des sittlichen Bürgers Abendschule", trifft diese Bedeutungsdimension sehr gut.

den theatralen Diskurs, die Theorien und Programmatiken, besitzt aber in der Medienpraxis selbst, in der Mediennutzung und im Hinblick auf die Erlebnisqualitäten der historischen Subjekte, viel weniger Gewicht. Die diskursive Macht des Topos "moralische Anstalt" geht vielmehr darauf zurück, daß er die Perspektive einer institutionellen Reform des Gegenwartstheaters markiert und das Medium wie den Theaterbesuch selbst legitimiert als integralen Bestandteil der kulturellen Praxis des Bürgertums - und damit gleichsam Platz schafft für andere Bedürfnisse, Interessen und Medienerlebnisse der Zuschauer.

1. Gottsched und das Theater als 'Philosophie der Einfältigen'

Der junge Leipziger Poetik-Professor Johann Christoph Gottsched hält 1729 vor der dortigen "Deutschen Gesellschaft", als Diskussionsforum von Gelehrten und Gebildeten eine der institutionellen Keimzellen der bürgerlichen Öffentlichkeit[3], eine beachtenswerte Rede, die man als Ursprungsdiskurs der aufklärerischen Theatertheorie und -programmatik bezeichnen kann. Ungewöhnlich an Gottscheds Vortrag "Die Schauspiele und besonders die Tragödien sind aus einer wohlbestellten Republik nicht zu verbannen"[4] ist allein schon, daß das Theater überhaupt erörtert werden kann. Bis zum Anfang des 18. Jahrhunderts war das Theater in akademisch-gelehrten Zirkeln thema non gratum, es existierte, diskursiv betrachtet, nicht. Geradezu revolutionär aber mutet an, daß dieses Unterhaltungsmedium der Marktplätze, betrieben von sozial deklassierten Vagabunden, als gesellschaftlich nützliches und staatlich förderungswürdiges Unternehmen eingestuft wird. Um die Radikalität dieses Programms begreifen zu können, muß man sich den gesellschaftlichen Stellenwert von Theater und Schauspielern im frühen 18. Jahrhundert vor Augen führen: "Der Komödiant ist im 17. und 18. Jahrhundert noch nicht der 'Schauspieler' im modernen Sinn. Er ist der Spielmann, der Schausteller, der Fahrende, dessen Lebensunterhalt kaum gesichert ist und der nicht weiß, wo er im nächsten Ort wird unterkommen können. (...) Maßgeblicher Ort für das Auftreten der fahrenden Leute ist der Marktplatz, die Dult, der Jahrmarkt, auf dem Ärzte, Salbader, Springer, Akrobaten, Starke Männer oder Marionettenspieler, Zauberer und Betrüger ihre Bretter oder Buden aufbauen. Ringer, Musiker, Handwerker, Studenten, Wasserkünstler, Taschenspieler, Kunstreiter und Zeitungssinger treten da nebeneinander auf, ohne daß sie untereinander oder das Publikum zwischen ihnen einen wesentlichen Unterschied machte. Sie alle bildeten einen verachteten Stand: Komödianten."[5] Die diskursive

3 Siehe dazu Habermas 1962, S. 50

4 Obwohl die Rede schon 1729 vorgetragen wurde, publizierte Gottsched sie erst 1736 in seiner "Ausführlichen Redekunst".

5 Meyer 1980, S. 186 - 187

Aufwertung und gesellschaftliche Nobilitierung des Mediums geht nicht bloß von dem vereinzelten Visionär oder - je nach Standpunkt - Spinner Gottsched aus, sondern geschieht offenbar mit Billigung und Rückendeckung einer größeren 'peer group'[6]: "Man hat das gesellschaftlich Ungewöhnliche an Gottscheds praktisch gewordenem Interesse an der Schaubühne betont. Unzweifelhaft ist aber auch, daß diese Praxis ihn nicht gesellschaftlich isolierte, sondern sehr schnell Echo und Rückhalt bei einer sozialen Schicht finden ließ, die ihn zugleich zum Repräsentanten und Instrument ihres wachgerufenen Interesses an der öffentlichen Institution 'Schaubühne' machte."[7] Dabei handelt es sich um jene "(...) im 18. Jahrhundert an Zahl und Bedeutung zunehmende Schicht von bürgerlichen Gebildeten: Juristen, Beamten, Pfarrern, Professoren, von Männern also im Dienste der Fürsten oder auch lokaler Obrigkeiten oder der Kirche, meist ohne materielle Unabhängigkeit, aber mit wachsendem sozialen Bewußtsein", die zum "dynamischen Element im deutschen Sozialgefüge des 18. Jahrhunderts"[8] werden.

Gottscheds Programm erscheint so innovativ wie simpel: Gesellschaftlich nützlich ist das Theater deswegen, weil es das außertheatrale, alltägliche Verhalten der Zuschauer gemäß den Idealen von Sittlichkeit, Tugend und Moral beeinflußt, damit gleichsam die Außenseite des neuen, bürgerlichen Menschen prägt und in letzter Konsequenz - so zumindest sieht es Gottsched selbst - gute Untertanen und Staatsbürger erzieht. Das Theater verstärkt mit Hilfe vorbildlicher Helden und exemplarischer Modelle das richtige, tugendhafte Verhalten der Zuschauer oder läßt es gar erst entstehen; mit Hilfe verachtenswerter oder lächerlicher Figuren erregt es Abscheu vor Lastern und Schwächen, es ist ein Instrument zur "Besserung des menschlichen Herzens"[9] und "pflanzet (...) in die Gemüter der Menschen (...) gesunde Begriffe"[10] ein: "Ein Trauerspiel, meine Herren, ist ein lehrreiches moralisches Gedicht, darin eine wichtige Handlung vornehmer Personen auf der Schaubühne nachgeahmet und vorgestellet wird. Es ist eine allegorische Fabel, die eine Hauptlehre zur Absicht hat und die stärksten Leidenschaften ihrer Zuhörer als Verwunderung, Mitleiden und Schrecken zu dem Ende erreget, damit sie dieselben in ihre gehörigen Schranken bringen möge. Die Tragödie ist also ein Bild der Unglücksfälle, die den Großen dieser Welt

---

6 Das zeigt sich in Gottscheds Rede auch textimmanent an der captatio benevolentiae gegenüber Vorrednern und Zuhörern. Siehe Gottsched, Die Schauspiele und besonders die Tragödien sind aus einer wohlbestellten Republik nicht zu verbannen, S. 14 - 15.

7 Wölfel 1971, S. 70

8 Vierhaus 1976, S. 180

9 Gottsched, Die Schauspiele und besonders die Tragödien sind aus einer wohlbestellten Republik nicht zu verbannen, S. 18

10 Ebd., S. 19

begegnen und von ihnen entweder heldenmütig und standhaft ertragen oder großmütig überwunden werden. Sie ist eine Schule der Geduld und Weisheit, eine Vorbereitung zu Trübsalen, eine Aufmunterung zur Tugend, eine Züchtigung der Laster. Die Tragödie belustiget, indem sie erschrecket und betrübet. Sie lehret und warnet in fremden Exempeln, sie erbauet, indem sie vergnüget und schicket ihre Zuschauer allezeit klüger, vorsichtiger und standhafter nach Hause."[11]

Die 'Inkorporation'[12] von Tugend und Sittlichkeit in die Zuschauer erklärt Gottsched als linearen, reproduktiven und zwangsläufigen Prozeß: unmittelbar identifizieren sich die Rezipienten mit den auf der Bühne gezeigten Exempeln des vorbildlichen Verhaltens, unmittelbar distanzieren sie sich vom lasterhaften oder - in der Komödie - vom lächerlichen Verhalten, zwangsläufig senkt sich der in der Fabel sinnlich und exemplarisch veranschaulichte moralische Lehrsatz in das Bewußtsein hinab und formt von dort aus das soziale Verhalten. Weder als Einfühlung noch als Katharsis denkt Gottsched Medienwirkungen[13], sondern ausschließlich als 'analoge Reproduktion' des im Helden-Exempel veranschaulichten moralischen Lehrsatzes. Weil die moralische Prägung so unproblematisch sich realisiert - selbstredend unter der Voraussetzung jener Reform des Theaters, für die Gottsched eintritt - und die moralischen Maximen selbst, als Resultate des moralphilosophischen Diskurses, von vornherein feststehen, beschränkt sich die Arbeit des Dramatikers auf die Suche und Ausgestaltung einer für den jeweiligen Lehrsatz passenden Fabel: "Der Poet wählt sich einen moralischen Lehrsatz, den er seinen Zuschauern auf eine sinnliche Art einprägen will. Dazu ersinnt er sich eine allgemeine Fabel, daraus die Wahrheit eines Satzes erhellet. Hiernächst suchet er in der Historie solche berühmte Leute, denen etwas Ähnliches begegnet ist; und von diesen entlehnet er die Namen für die Personen seiner Fabel, um derselben also ein Ansehen zu geben."[14]

---

11 Ebd., S. 15. Im Sprachgebrauch des 18. Jahrhunderts können die Termini 'Tragödie' und 'Komödie' auch das Theater bezeichnen. Hier ist das ganz eindeutig so gemeint, denn Gottsched spricht von 'Zuschauern'.

12 Ich verwende diesen Begriff, weil es tatsächlich um eine 'Einkörperung' der gezeigten Modelle in die Zuschauer geht.

13 Wenn Gottsched sich auf die Erregung und Bändigung der Leidenschaften beruft, steht das, wie etwa in der zitierten Passage, völlig unverbunden neben der Inkorporation moralischer Maximen. Wird die Katharsis als Transmissionsprozeß der Moral definiert (auch diese Argumentationsfigur gibt es bei Gottsched), geht das wiederum an der Aristotelischen Fassung der Katharsis vorbei. - Gottscheds Rekurs auf die Katharsis ist der hegemonialen Stellung der Aristotelischen Tragödientheorie im poetologischen Diskurs des 17. und 18. Jahrhunderts geschuldet; für Gottscheds Konzept bleibt sie jedoch völlig äußerlich. Siehe dazu Wölfel 1971, S. 91 - 95.

14 Gottsched, Versuch einer Critischen Dichtkunst, S. 611. Siehe dazu auch Wölfel 1971, S. 90.

Gottscheds berühmte Rede enthält in nuce das Programm eines moralischen Lehr-Theaters, wie es in der dominanten Traditionslinie des theatralen Diskurses bis ans Ende des 18. Jahrhunderts präsent und gültig bleibt. Das Theater wird hier als pädagogische Einrichtung entworfen, der Kanzel und der Schule angenähert, in welcher die Schüler-Zuschauer mit Hilfe von Modellen und Exempeln im 'richtigen Verhalten' unterwiesen werden. Strukturell verknüpft Gottsched in diesem Medienbild die Traditionen des protestantischen Schultheaters des 17. und frühen 18. Jahrhunderts, das ihm biographisch bekannt gewesen sein dürfte, mit dem existierenden Wandertheater. Gottsched "(...) ließ in allem, was er über das Verhältnis von dramatischem Spiel und Zuschauer schrieb, die dabei angesetzte moralische 'Erziehung', 'Belehrung' oder 'Erbauung' als eine autoritative Einwirkung und Leitung erscheinen. Als Stimme der Vernunft und der Tugend, als Wahrheitsverkündigung gewann das Schauspiel für ihn eine der Kanzelpredigt analoge Würde."[15] Rasch findet Gottscheds und seiner Schule Theaterkonzept Eingang in lexikalische und philosophische Definitionen - ein Beleg dafür, wie weit verbreitet und gesellschaftlich akzeptiert es war. Im "Großen vollständigen Universal-Lexikon aller Wissenschaften und Künste" von 1742 etwa heißt es unter dem Stichwort "Schauspiel": "'Öffentlich' werden 'moralische Handlungen durch geschickte Personen nach den Regeln der Wahrscheinlichkeit zur Beförderung der philosophischen Tugend' und der 'guten Sitten' vorgeführt. Das Publikum lernt 'durch lebendige Exempel (...), wie die üblen Handlungen das größte Unglück nach sich ziehen, ohne daß diejenigen selbst unglücklich werden, die solches vorstellen.' Und vice versa lehren die 'lebendigen Exempel' die Vorteile, mit denen der Tugendhafte rechnen darf."[16]

An diesem Grundriß des Theaters als 'Abendschule des sittlichen Bürgers' (Haider Pregler) verändert sich im Fortgang des Jahrhunderts nicht allzuviel. Zwar wird Gottscheds moralischer Rigorismus abgeschwächt und durch eine stärkere theoretische Legitimierung von Unterhaltung und Vergnügen ausgeglichen.[17] Zwar wird sein Projekt insbesondere durch institutionell-strukturelle Reformvorschläge erweitert.[18] Aber im Großen und Ganzen durchläuft das Konzept vom Theater als 'moralischer Anstalt' das Jahrhundert in der von Gottsched skizzierten Fassung. Diese Langzeitwirkung betrifft wohlgemerkt Gottscheds Funktionsbestimmung des Theaters, nicht jedoch seine dramatische

15 Wölfel 1971, S. 104 - 105

16 Ich zitiere hier Hilde Haider-Preglers Paraphrase; Haider-Pregler 1980, S. 7

17 Siehe dazu Kapitel V, Abschnitt 1.

18 Ich verweise auf: Löwen, Vorläufige Nachricht von der auf Ostern 1767 vorzunehmenden Veränderung des Hamburgischen Theaters; Sturz, Brief über das deutsche Theater an die Freunde und Beschützer desselben in Hamburg; J. E. Schlegel, Schreiben von Errichtung eines Theaters in Kopenhagen.

Produktion und dramaturgischen Positionen. Gottscheds dramatische und dramaturgische Praxis, insbesondere seine Orientierung an der tragédie classique, an den drei Einheiten, an der Ständeklausel und dem 'regelhaften' Literaturbegriff, ist noch der feudalabsolutistischen Ästhetik und Gesellschaftstheorie verpflichtet; Ausdruck letztendlich der Zwischenstellung und der politischen und ideologischen Grenzen der Frühaufklärung. Das auch macht im Prinzip den politischen Kern der Abrechnungen mit Gottsched von seiten der 'mittleren' Aufklärer-Generation aus.[19] Gottscheds Theaterprojekt dagegen ist historisch anders zu bewerten, und deswegen auch bleibt es so lange 'gültig': denn unter den sozial- und mediengeschichtlichen Bedingungen in Deutschland am Anfang des 18. Jahrhunderts stellt es eines der frühesten und prononciertesten Programme der Diskursivierung und Vergesellschaftung spezifisch bürgerlicher Denkformen und Verhaltensmodelle dar, auch wenn diese ideologieformierende Bedeutung Gottsched selbst nicht bewußt gewesen sein mag. Ich will für diese, wenn man so will, 'bürgerliche Politizität' von Gottscheds Theaterprogramm im folgenden einige Argumente sammeln.[20]

Die 'allgemeinmenschlich' definierten Lehr-Inhalte der Sittenschule: Tugend, Moral, Standhaftigkeit, Vorsicht, Opfer- und Verzichtsbereitschaft, Keuschheit und sexuelle Beherrschung, Sparsamkeit, Ökonomie und Arbeitseifer, Rationalität und Gehorsam, lassen sich ihrem sozialen Inhalt nach unschwer identifizieren als Koordinaten der protestantischen Arbeitsethik und des Pietismus, als moralphilosophische Formeln bei der Entstehung des 'kapitalistischen Geists' und der 'rationalen Lebensführung', wie Max Weber sie beschrieben hat, als ideologische Achsen im Prozeß der Formierung bürgerlicher Schichten.[21] Tugend, Moral, Sittlichkeit und die ihnen angelagerten Ideale besitzen dabei immer auch einen eminent politischen Charakter: als Abgrenzung von der moralischen Zügellosigkeit des Feudaladels, als Kritik an der sexuellen Libertinage und an der Verschwendung, wie sie an den feudalabsolutistischen Machtzentren herrschte. Und diese zweifache Richtung nach innen, als Binnendiskurs des Bürgertums, und nach außen, als politisch-moralische Kritik am Adel, scheint konstitutiv für ideologieformierende Prozesse zu sein. - Obwohl Tugend und Sittlichkeit gemäß der Ständeklausel der zeitgenössischen Tragödientheorie exemplifiziert werden am adligen Helden, sind sie für Gottsched zweifelsfrei 'allgemeinmenschliche' und das heißt eben auch klassenübergreifende Ideale. Den selbst aufgestellten Einwand, die Exempel der adligen Protagonisten könnten dem 'mittleren und

19 Siehe dazu Kapitel II, Abschnitt 3.

20 Ich differenziere hier zwischen dramatischer Praxis und theatralem Programm. Man mag das unüblich finden; aber mich interessiert hier nur die gesellschaftliche Funktion des Theaters, wie Gottsched sie entwirft.

21 Siehe Weber 1973, insbesondere S. 39 - 66 und 358 - 374

geringern' Stand nichts nützen, entkräftet Gottsched wie folgt: "Sind denn nicht die meisten Begebenheiten und Zufälle dieses Lebens allen Menschen gemein? Sind wir nicht zu einerlei Tugenden und Lastern fähig und geneigt? Kann nicht ein Edler und Bürger ebendas im Kleinen ausüben, was Fürsten und Helden im Großen getan?"[22] Die egalitären Bedeutungsinhalte und die egalisierenden Konsequenzen jener 'allen Menschen gemeinen Tugend' sind offenkundig: "Die Allgemeinheit des Lehrinhalts, der hier genannt wird, gilt für die 'Klasse' der Fürsten ebenso wie für alle anderen 'Klasse', die in dieser 'Schule' erzogen werden; und von diesen Sätzen aus liest sich die Formel 'Schule der Fürsten' nur mehr als Spezifikation der umfassenderen Formel 'Schule der Moral': eine Schule, in der auch Fürsten das für alle Menschen Verbindliche, nämlich die für alle Menschen identische Moral lernen können."[23] Selbstredend ist es vom adligen Helden mit 'bürgerlichen Tugenden' noch ein weiter Weg zum verbürgerlichten Personal des rührenden Lustspiels und des bürgerlichen Trauerspiels der zweiten Jahrhunderthälfte. Gleichwohl - und das ist das Entscheidende - erhalten mit dem Postulat allgemeinmenschlicher Tugenden spezifisch bürgerliche Konzepte und Ideale erstmals normativen und hegemonialen Status für alle Mitglieder der Gesellschaft. In der Genese der bürgerlichen Ideologie ist das ein zentraler Umbruchpunkt. Wenn die bürgerliche Moralphilosophie, versehen mit dem Status der 'Allgemeinmenschlichkeit', sich als hegemonial begreift und 'verhält', geht sie sozusagen in die 'kontrollierte Offensive' über. An ihr ist Gottscheds Theaterprogramm beteiligt.

Auch der Modus der Transposition von Tugend und Sittlichkeit in die Zuschauer verweist auf die Politizität des sittlich-moralischen Theaterkonzepts. Denn Gottsched denkt die Vergesellschaftung bürgerlicher Verhaltensmodelle, um die es hier unter dem Siegel allgemeinmenschlicher Moral-Maximen geht, nicht als Folge von Verboten, von Strafandrohung und Gehorsam, nicht als Ergebnis einer Überwachung durch externe Kontrollmechanismen, sondern: als Einsicht, die durch die Anschaulichkeit der Exempel und die Bildlichkeit der theatralen Darbietung vermittelt ist; als Inkorporation der neuen Modelle in Bewußtsein und Körper der Zuschauer. "Das Fremde wird zum Eigenen und das Äußere zum Inneren."[24] Diese Art der Durchsetzung von Normen, Gesetzen und Ideologemen: ihre Verankerung im Inneren der Subjekte als ein Teil ihrer selbst, entwickelt sich historisch am Übergang von der feudal-absolutistischen zur bürgerlichen Welt und ist in struktureller Hinsicht das Spezifikum der bürgerlichen Form von Herrschaft und Macht. Gottscheds Theater ist in seinen Ziel-

22 Gottsched, Die Schauspiele und besonders die Tragödien sind aus einer wohlbestellten Republik nicht zu verbannen, S. 18

23 Wölfel 1971, S. 89

24 Graf 1987, S. 51

setzungen und Wirkungsmodi ein Produktionselement für diesen "inneren Staat des Bürgertums"[25], ein gesellschaftlicher Teilbereich bei der Produktion von Selbstkontrolle und Über-Ich, die als internalisierte, subtile Instanzen der Macht fungieren.

Das gewichtigste Argument für die Politizität Gottscheds liegt im - seinem Theaterkonzept inhärenten - Popularisierungsinteresse selbst. Der Gelehrte Gottsched, in politischer Hinsicht noch befangen im Glauben an die notwendige und gerechte Ordnung der ständischen Gesellschaft, will sein moralphilosophisches Wissen ja nicht exklusiv verwalten, nur an wenige privilegierte Schüler im Rahmen etwa eines akademischen Diskurses weitergeben, wie es strukturell und institutionell für die Produktion und Reproduktion von Wissen im Mittelalter und noch in der Renaissance typisch ist. Ihm geht es vielmehr um die Verbreitung moralphilosophischer Erkenntnisse auch bei jenen, die sich dieses Wissen nicht durch "Vernunftschlüsse"[26] aneignen können. Man kann sich darüber streiten, wie breit diese Adressatengruppe ist, welche sozialen Spezifika für sie kennzeichnend sind und wo genau die Grenze zum perhorreszierten Pöbel verläuft.[27] Unzweifelhaft bleibt jedoch Gottscheds Bestreben, die Einsichten der Moralphilosophie mit Hilfe künstlerischer, in diesem Fall literarischer und theatraler Modelle und Exempel zu popularisieren. "Alle Sittenlehrer sind sich eins, daß Exempel in moralischen Dingen eine besondere Kraft haben, die Gemüter der Menschen von gewissen Wahrheiten zu überführen. Die meisten Gemüter sind viel zu sinnlich gewöhnt, als daß sie einen Beweis, der aus bloßen Vernunftschlüssen besteht, sollten etwas gelten lassen, wenn ihre Leidenschaften demselben zuwider sind. Allein Exempel machen einen stärkern Eindruck ins Herz."[28] Das Theater popularisiert die Resultate der bürgerlichen Moralphilosophie, indem es sinnlich-anschauliche, exemplarische Modelle des 'richtigen' Verhaltens - und das heißt: spezifisch bürgerlicher Denk- und Verhaltensmuster - zeigt. Die Gebildeten eignen sich dieses Wissen schon im philosophischen Diskurs an. Die 'sinnlichen Gemüter' jedoch sind auf die Künste im

25 So der überaus treffende Titel eines Bandes des "Projekts Ideologie-Theorie" (siehe Graf 1987), in welchem Prozesse und Praktiken der Einkörperung von 'Ideologie' im 18. Jahrhundert untersucht werden.

26 Gottsched, Die Schauspiele und besonders die Tragödien sind aus einer wohlbestellten Republik nicht zu verbannen, S. 16

27 So gibt es etwa einen offenen Widerspruch in dieser Frage zwischen Wölfel 1971 und Graf 1987. Wölfel beschränkt die Rezipientengruppe auf Gottscheds eigene soziale Schicht, Graf faßt sie weiter, unter Einschluß der 'Ungebildeten'. Vgl. dazu Wölfel 1971, S. 71 - 73 und Graf 1987, S. 49 - 53.

28 Gottsched, Die Schauspiele und besonders die Tragödien sind aus einer wohlbestellten Republik nicht zu verbannen, S. 16

allgemeinen und das Theater im besonderen als Vermittlungs- und Popularisierungsinstanzen angewiesen.

Ruedi Graf hat in einer eingängigen Analyse auf die Abhängigkeit Gottscheds von der Philosophie Wolffs hingewiesen. Beide suchen nach Praxisformen, "(...) die den Gegensatz zwischen 'Einsichtigen' und 'Einfältigen' heben könnten."[29] Wolff schlägt dabei zwei unterschiedliche 'Schultypen' vor: eine 'Große Schule' der Philosophie und Gelehrsamkeit für die 'aufgeweckten Köpfe', die hier aus Erkenntnis handeln lernen; und eine 'Kleine Schule' für Kinder und Unvernünftige, die mit Hilfe von sinnlich-exemplarischen Beispielen und Zeremonialpraxen 'Gut' und 'Böse' differenzieren lernen. Gottsched dagegen - dabei die Aporien in Wolffs Programm auswertend - begreift Dichtung und Theater als geeignete Praxisformen zur Popularisierung der Moralphilosophie, zur sinnlich-anschaulichen Bildung der Einfältigen[30] und zur Herstellung einer Gemeinschaft zwischen Gelehrten und Ungelehrten. In Wolffs Terminologie wären Dichtung und Theater die 'Kleine Schule'. "Wo Wolffs Programm zu philosophisch bleibt, versucht Gottsched, die Philosophie über die Dichtung in den Köpfen zu verankern. Das Theater als wirksamstes Medium der Dichtung wird zu einer Praxis der Philosophie"[31]. Das Theater ist, so könnte man in Anlehnung an Gottscheds Definition der Dichtung in der Schulbuchfassung der "Critischen Dichtkunst"[32] sagen, die "Philosophie der Einfältigen", das Medium zur Popularisierung der Ergebnisse des moralphilosophischen Diskurses. "Gottscheds Theaterreform stellt sich die Aufgabe, die Menge umzuformen zum empfangsbereiten, bildungsfähigen Publikum und sich ein neues Publikum dadurch zu erwerben, daß man die Gebildeten, die bis dahin die Bretterbude gemieden haben, für das neue Theater begeistert. Im neuen Publikum sollen sich die Gelehrten, das neue bürgerliche Lesepublikum und ein Publikum von Ungebildeten aber Bildungswilligen zu einer Theatergemeinschaft amalgamieren."[33]

Die Politizität des frühbürgerlichen Theaterreformprojekts liegt also in der Popularisierung der bürgerlichen Moralphilosophie unter den 'Einfältigen' mit Hilfe anschaulicher Modelle, die die moralischen Maximen und Ideale in Bewegung und Handlung versetzt, gleichsam praktisch angewendet, zeigen. Die soziale Funktion des Theaters, wie sie in den um die Topoi "Schule der Sitten"

29 Graf 1987, S. 49. Grafs Interpretation ist der spannendste Forschungsbeitrag zu Gottscheds Theaterreformprojekt. Bezeichnenderweise kommt sie aus ideologietheoretisch-philosophischen Forschungszusammenhängen und eben nicht aus den 'zuständigen' Disziplinen.

30 Die 'Einfältigen' meint die 'philosophisch Ungebildeten', nicht jedoch eine bestimmte soziale Schicht oder Gruppe.

31 Graf 1987, S. 50

32 Die Dichtung ist "Philosophie der Einfältigen". (zit. n. Rieck 1972, S. 163)

33 Graf 1987, S. 56

und "moralische Anstalt" kreisenden Programmen und Theorien der Aufklärung entworfen wird, ist die Vergesellschaftung der neuen, bürgerlichen Denk- und Verhaltensformen. Das Theater fungiert im 18. Jahrhundert als eine der gesellschaftlichen Produktionsinstanzen der bürgerlichen Ideologie, als eine der Prägeformen für den 'inneren Staat des Bürgertums'.

Das aber bedeutet umgekehrt auch: Das aufklärerische Theaterinteresse ist nie ein originäres, kein irgendwie 'künstlerisches' Interesse, das sich etwa auf die spezifischen Darstellungs- und Abbildungsmöglichkeiten, auf die besonderen Diskursivierungslogiken des Theaters bezöge, sondern immer ein abgeleitetes, ein vermitteltes Interesse. Theater und Literatur faszinieren die Frühaufklärer als Transpositionsmittel und Verbreitungsmedien von Erkenntnissen, Positionen und Verhaltensmodellen, die andernorts - im philosophischen Diskurs nämlich - längst schon erschöpfend diskutiert und reflexiv bearbeitet worden sind. Eigene Gestaltungs- und Entwicklungsmöglichkeiten, eigenständige Bedeutungs- und Sinnpotenzen besitzt das Theater nach Gottscheds Ansicht jedoch nicht. Hier wird nur vermittelt und unter die Bildungswilligen gebracht, was in der Philosophie schon gänzlich zu Ende gedacht worden ist. Der Schematismus, der moralische Rigorismus und vor allem die 'Un-Literarizität' der Theatertheorie, Dramaturgie und Dramatik Gottscheds und seiner Schule, die ja schon von der folgenden Aufklärer-Generation vehement kritisiert werden, gehen auf diesen instrumentellen Gebrauch des Theaters als Popularisierungsmedium philosophischer und - im weiteren Sinn - sozialer, politischer und ideologischer Zielsetzungen zurück.

Warum wählte die frühbürgerliche Aufklärergeneration, für die stellvertretend Gottsched stehen kann, ausgerechnet das Theater als Verbreitungs-Mittel der bürgerlichen Moralphilosophie, wenn ein originäres, ein medienspezifisches Interesse gar nicht vorlag und kein existierendes Theater auch nur ansatzweise den Forderungen der aufklärerischen Theaterreform gerecht wurde? Ich sehe dafür drei Gründe: Erstens waren die Aufklärer für die Durchsetzung ihres politisch-ideologischen Projekts notwendig auf Öffentlichkeitsformen angewiesen, die nicht oder mindestens nicht gänzlich von den feudalabsolutistischen und kirchlichen Mächten und ihren Diskursen beherrscht wurden. Innerhalb der traditionellen Öffentlichkeit war die Popularisierung der bürgerlichen Ideologie unmöglich. Deswegen mußten entweder neue Öffentlichkeitsformen bzw. -typen entwickelt werden, was dann im Fortgang des 18. Jahrhunderts mit Buchmarkt und Lesegesellschaften, Bibliotheken und Geheimbünden etc. auch geschah, oder aber bestehende Institutionen instrumentalisiert werden; und zwar bevorzugt solche, die nicht in dem Maß von der feudalen Macht usurpiert waren wie etwa Kirche, Gerichtsbarkeit, Universität und Schule. Eine solch relativ unkontrollierte Institution ist am Anfang des 18. Jahrhunderts das Theater, und zwar gerade aufgrund seiner sozialen und kulturellen Devianz. Dieser institutionelle Freiraum von der feudalen Macht und ihren Diskursen der Untertänigkeit, der Anpassung, des Gehorsams schien den Aufklärern besonders geeignet zur Vergesellschaftung des neuen bürgerlichen Wissens. - Zweitens besitzen im aufklärerischen Verständnis die schönen Künste und damit auch das Theater generell die Fähigkeit, "(...) die Lehre der Philosophie dem Gemüthe mit einer Kraft einzudrücken, dergleichen die nackte Wahrheit niemals hat; sie müssen sich der Einbildungskraft und des Herzens der Menschen bemächtigen, um sie nach dem erhabenen Ziele zu lenken, welches uns die Philosophie vorgesetzt hat. Dies ist der rechte Gebrauch, den der Künstler von seinen Geschicklichkeiten machen muß."[34] Das 'Surplus' der sozialen Praxis Kunst und ihre daraus abgeleitete Funktion besteht gemäß der Aufklärungs-Ästhetik darin, "(...) die durch die Philosophie gewonnenen Vernunftwahrheiten in dauerhafte Überzeugungen und Verwirklichung entsprechender Handlungsmuster zu transformieren."[35] Und drittens wird dem Theater im Vergleich mit den anderen zeitgenössischen Künsten und Medien eine einzigartige Wirkungsmacht mit geradezu massensuggestiven Qualitäten zugeschrieben. Mit dieser wichtigsten Voraussetzung für das aufklärerische Theaterinteresse beschäftige ich mich im folgenden ein wenig ausführlicher.

2. Die Wirkungsmacht des Theaters

> "Also sind unstreitig öffentliche Schauspiele (...) die vorzüglichsten Gelegenheiten, auf ein ganzes Volk die stärksten, lebhaftesten, folglich auch würksamsten Eindrücke zu machen."[36]

In jeder theatergeschichtlichen Periode existiert ein relativ stabiler Konsens über die strukturell-differenzierenden Besonderheiten des Theaters im Vergleich zu anderen Künsten und Medien. Fragt man etwa Theaterleute und Zuschauer heute nach 'Medienspezifika' des Theaters, werden sie fast ausnahmslos auf die für das Medium vorgeblich konstitutive "Unmittelbarkeit", "Körperlichkeit" oder "lebendige Kommunikativität" verweisen.[37] Obwohl solche grundlegenden Medienbilder meist als kulturgeographisch und geschichtlich allgemeingültige Definitionen gedacht werden, als 'mediale Wesensbestimmungen', sind sie doch immer

34 Sulzer, Von der Kraft (Energie) in den Werken der schönen Künste, S. 125

35 Frels 1980, S. 218

36 Johann Georg Sulzer, Allgemeine Theorie der schönen Künste, Bd. IV, S. 255

37 Vgl. etwa die Sammlung und Kritik solcher Medientheoreme der Unmittelbarkeit bei Müller/Ruppert 1986.

Resultat eines von sozialen Interessen geprägten Definitionsprozesses und Produkt einer spezifischen mediengeschichtlichen Konstellation: "Unmittelbarkeit" etwa wird dem Theater erst seit Beginn des 20. Jahrhunderts zugeschrieben, als ihm mit dem reproduzierbaren und technischen Medium Film, später mit dem Fernsehen und seit kurzem mit den computererzeugten Animations- und Simulationsbildern massive Konkurrenz erwachsen ist. Bedroht durch die jeweils neuen Medien postulieren Theaterleute ein 'Eigentliches' des Theaters, das ihm eine differenzierende Besonderheit rettet und eine neue soziale Funktion sichert: Das Theater wird, insbesondere in der zweiten Hälfte dieses Jahrhunderts, zum Erlebnisraum für die von Technisierung und Mediatisierung bedrohte 'wirkliche' menschliche Kommunikation stilisiert.

Auch in der Aufklärung existiert ein stabiler Konsens über strukturelle Besonderheiten des Theaters, die von den Zeitgenossen als überhistorisch gültige Wesensbestimmungen gefaßt werden. Freilich spielt in einer medial so wenig vernetzten Gesellschaft wie der des 18. Jahrhunderts die 'Unmittelbarkeit' des Theaters dabei überhaupt keine Rolle. Als Medienspezifika des Theaters gelten dagegen seine präsentische Bildlichkeit, sein sozial gemischtes und 'großes' Publikum und die massensuggestive Qualität der kollektiven Rezeption. Alle drei Bestimmungen werden zum medientheoretischen Konsens einer einzigartigen Wirkungsmacht des Theaters amalgamiert.

Schon Gottsched beschäftigt sich in der bereits vorgestellten Rede "Die Schauspiele und besonders die Tragödien sind aus einer wohlbestellten Republik nicht zu verbannen" mit medientheoretischen Fragen. Was eigentlich prädestiniert das Theater, so Gottscheds Ausgangsfrage, zur Schule der Sitten? Was sind die medialen Voraussetzungen für diese Funktionszuweisung? Gottsched untersucht dabei in einem Verfahren, das wir heute als 'Medien-Vergleich' bezeichnen würden, die (moralphilosophischen) Wirkungspotentiale der literarischen Fabel, des Dramas und des Theaters. Das Surplus der literarischen Fabel gegenüber den traditionellen Formen der Belehrung in Kirche oder Schule liegt darin, daß sie moralische Wahrheiten mit Exempeln verdeutlicht, die "einen stärkern Eindruck ins Herz"[38] machen; das Surplus der dramatischen Poesie hinwiederum darin, daß ihre moralischen Exempel nicht nur erzählt, sondern "in die schönsten poetischen Zierate"[39] verkleidet werden. Einzig das Theater jedoch besitzt die Qualität, moralische Exempel in 'lebendigen Bildern' vorzustellen: Die dramatische Poesie erzählt "(...) ihre Fabeln nicht nur schlichtweg; sie verkleidet sie in die schönsten poetischen Zierate. Man liest, man höret sie nicht nur in einer matten Erzählung

38 Gottsched, Die Schauspiele und besonders die Tragödien sind aus einer wohlbestellten Republik nicht zu verbannen, S. 16

39 Ebd., S. 17

des Poeten[40], sondern man sieht sie gleichsam mit lebendigen Farben vor Augen. Man sieht sie aber auch nicht in toten Bildern auf dem Papiere[41], sondern in lebendigen Vorstellungen auf der Schaubühne. Alle ihre Helden leben. Ihre Personen denken, reden und handeln wahrhaftig. Es ist sozureden kein Bild, keine Abschilderung, keine Nachahmung mehr; es ist die Wahrheit, es ist die Natur selbst, was man sieht und höret."[42]

Die "lebendige Bildlichkeit" gilt im ganzen 18. Jahrhundert als Medienspezifikum des Theaters. "Lebendige Bildlichkeit" meint dabei nicht nur die körperlich-leibhaftige Darstellung der Schauspieler, sondern das theatrale Bild als Ganzes, einschließlich der Ausstattung, der Dekoration, der Bühnenbilder und der Kostüme. Der Blick auf die Bühne produziert insgesamt ein Bild - eine Wahrnehmungsform, die uns heute im Hinblick auf Theater fremd erscheint.[43] Zum Jahrhundertende hin setzen sich zunehmend auch die Termini "bewegtes Gemälde" oder "lebendes Gemälde" als Synonyma für das Medium bzw. die Schauspielkunst durch.[44]

Der präsentischen Bildlichkeit wird im kunsttheoretischen Diskurs des 18. Jahrhunderts einzigartige Wirkungsqualität eingeräumt, und zwar aus zwei Gründen. Erstens besitzen die lebenden Bilder des Theaters nicht nur den Status der Wahrscheinlichkeit, wie er gemäß der Aufklärungs-Ästhetik der regelhaften Kunst generell zukommt, sondern sogar den Charakter der Wahrheit - und deswegen im Hinblick auf die konzeptiven Botschaften und moralischen Maximen besondere Überzeugungskraft. Weil die Personen auf der Schaubühne 'wahrhaftig' denken, reden und handeln, werden, so Gottscheds Gedankengang, aus Bild und Nachahmung plötzlich Wahrheit und Natur. Die Grenzen zwischen theatraler Fiktion und Realität lösen sich gleichsam auf, weil die symbolische Repräsentation im Theater auf der Basis leibhaftiger und materieller Produktionsmittel zustande kommt. Auch dieses Medientheorem ist für uns schwer verständlich; es verweist immerhin darauf, daß theatrale Fiktion und Realität im 18. Jahrhundert nicht konzise voneinander getrennt wurden und daß die 'Fiktionalitätsfähigkeit' anders strukturiert gewesen sein muß als heute.[45] Zweitens werden die wahrheitsgeladenen Bilder sinnlich-visuell, mit den Augen, rezipiert und bahnen sich

40 Das meint die Abgrenzung des Dramas von der literarischen Fabel.

41 Das meint die Abgrenzung des Theaters vom Drama.

42 Ebd., S. 17

43 Wir erleben heute Kino, Video-Clips oder Computer-Animation als bildästhetische Produkte; Theateraufführungen dagegen nehmen wir kaum mehr unter diesem Paradigma wahr.

44 Vgl. etwa Dramaturgische Blätter (Frankfurt/M.), 1.Jg.(1788), 1.Qu., S. 18; A. W. Schlegel, Vorlesungen über dramatische Kunst und Literatur, Bd. I, S. 38

45 Eine "Geschichte der Fiktionalitätsfähigkeit" ist meines Wissens noch nicht geschrieben; sie wäre ein ebenso spannendes wie innovatives mediengeschichtliches Projekt.

derart, unter Umgehung des analytischen Verstands und seines Mediums, der Schrift, einen direkten Weg ins Herz und in die Seele: "Die natürlichen Zeichen werden von den sinnenhaft verständlichen Künsten, also auch auf der Schaubühne gebraucht, die willkürlichen entsprechen der menschlichen Sprache, sind ein Kulturerzeugnis. Zu ihrem Verständnis muß gleichsam ein Umweg über den entschlüsselnden Kopf eingeschlagen werden, was die Wirkung der willkürlichen Zeichen schwächt."[46] Gottsched selbst beschreibt diesen sinnlichen Rezeptionsmodus folgendermaßen: "Da bin ich selbst zugegen, wenn ein Porus mitten in seinem Unglücke (...) noch großmütig ist (...). Da bin ich selbst zugegen, wenn der sanftmütige Augustus seinem Verräter Cinna den Kopf schenket (...). Da sehe ich einen weisen Titus (...). Alle diese und unzählige andere Bilder rühren mich in dem Innersten der Seelen. Ich bewundere solche Helden. Ich verehre ihre Vollkommenheit."[47] Die sinnlich rezipierten und wahren Bilder prägen sich quasi umstandslos in das Innere der Zuschauer ein, ohne daß sie sich ihnen entziehen könnten: Das Fremde wird zum Eigenen und das Äußere zum Innern. "Die demonstratio ad oculos", so resümiert Thomas Koebner den kunst- und wahrnehmungstheoretischen Konsens des 18. Jahrhunderts, "erhärtet den Wahrheitscharakter, die Glaubwürdigkeit des Vorgeführten." Die dem Theater eigene "sinnliche Vergegenwärtigung durch Visualisierung" übertrifft "(...) die herkömmlichen Formen der Lehre, der Unterweisung, der Prägung an Wirksamkeit. Nicht nur das procedere der traditionellen Bildung erscheint damit in seiner Schwäche bloßgestellt - diese Bildung selbst und die, die ihr Ansehen und Einfluß verdanken, müssen darum fürchten, an Geltung und Gefolgschaft einzubüßen."[48]

Als zweite strukturelle Besonderheit des Theaters gilt den Aufklärern sein sozial gemischtes Publikum und die Größe dieses Publikums: "Der Kenner und der Einfältige, der Hohe und der Niedrige, der Witzige und der Unwitzige, der Kluge und der Thor," so Gellert, "können alle bey einem guten Stücke ihr Vergnügen und ihre Vortheile finden, ob gleich auf unterschiedne Weise. Und eben deswegen verdienet der Zeitvertreib der Comödie in der Republik einen Vorzug vor vielen anderen, weil er so allgemein ist."[49] Sulzer sieht den "(...) allgemeinen Charakter des guten Schauspiels" darin, "(...) daß sehenswürdige Sachen einer Menge Menschen zugleich vorgestellt werden", die "der Menge verständlich und faßlich seyn" müssen und "nicht blos wenige Menschen von

---

46 Koebner 1978, S. 49

47 Gottsched, Die Schauspiele und besonders die Tragödien sind aus einer wohlbestellten Republik nicht zu verbannen, S. 17

48 Koebner 1978, S. 50

49 Gellert, Briefe nebst einer Praktischen Abhandlung von dem guten Geschmacke, in Briefen, S. 194

besonderem Stand und Lebensart"[50] interessieren dürfen. Johann Elias Schlegel begreift das Theaterpublikum als Konglomerat unterschiedlicher 'Bildungsniveaus'[51] und unterschiedlicher sozialer Schichten und Stände: "Darinn sind wir uns einig mein Herr, daß eine beständige Komödie für diese Stadt sehr angenehm und auch nützlich seyn würde; damit Leute, die Verstand und Zeit haben, einige Stunden vergnügt zubringen, und sich an den Abschilderungen der menschlichen Thorheiten und Gemüthsbewegungen ergetzen; damit andere eine Gelegenheit haben, den Mangel ihrer Belesenheit zu ersetzen, und den Verstand zu schärfen, den sie sonst ganz unausgearbeitet lassen würden; damit noch andere, die sich freuen, wenn sie nur viele Menschen beysammen sehen, der Gesellschaft wegen sich einfinden; und damit junge Leute, die noch unausgebildet sind, sich einige Regeln nehmen könnten, Thorheiten zu entgehen, die sie in ihrem Lächerlichen erblicket."[52] Positiv formuliert, die sozialen und kulturellen Diskrepanzen einebnend, heißt es dann - auch dies ein Standardargument des 18. Jahrhunderts -, das Theater sei ein Medium 'für das ganze Volk': "Ein anderer und nicht zu verachtender Endzweck der Schauspiele ist die Auszierung und Verbesserung des Verstandes bei einem ganzen Volke. (...) Ein gutes Theater tut einem ganzen Volke eben die Dienste, die der Spiegel einem Frauenzimmer leistet, das sich putzen will."[53] Für Schiller ist die Schaubühne "(...) der gemeinschaftliche Kanal, in welchem von dem denkenden bessern Theile des Volks das Licht der Weißheit herunterströmt, und von da aus in milderen Stralen durch den ganzen Staat sich verbreitet. Richtigere Begriffe, geläuterte Grundsäze, reinere Gefühle fließen von hier durch alle Adern des Volks"[54].

Über soziale Struktur und spezifische Zusammensetzung des Theaterpublikums des 18. Jahrhunderts weiß man genaugenommen wenig; eine verläßliche Publikumssoziologie steht immer noch aus. Immerhin läßt sich aus Einzelbeobachtungen oder -studien - vor allem dem immer noch verdienstvollen

---

50 Sulzer, Allgemeine Theorie der schönen Künste, Bd. IV, S. 257

51 Ein ähnlicher Argumentationsgang bei Lessing: "Wer weiß nicht, daß die dramatische Poesie nur durch die Vorstellung in dasjenige Licht gesetzt werde, worinne ihre wahre Schönheit am deutlichsten in die Augen fällt? Sie reizet, wenn man sie liest, allein sie reizet ungleich mehr, wenn man sie hört und sieht. Derjenige, der durch die bloße Lesung, zum Exempel eines Trauerspiels, bis zu süßen Tränen gebracht wird, muß schon selbst ein Mensch von Empfindungen sein. Er muß schon mehr zu denken und mehr als der gemeine Haufe zu fühlen gewohnt sein. (...) Wer sieht also nicht, daß die Vorstellung ein notwendiger Teil der dramatischen Poesie sei?" (Vorrede zu "Beiträge zur Historie und Aufnahme des Theaters", S. 130 - 131) - Das heißt aber auch: Im Theater versammeln sich Menschen von Empfindungen und (!) der gemeine Haufe.

52 J. E. Schlegel, Schreiben von Errichtung eines Theaters in Kopenhagen, S. 251 - 252

53 J. E. Schlegel, Gedanken zur Aufnahme des dänischen Theaters, S. 95

54 Schiller, Was kann eine gute stehende Schaubühne eigentlich wirken?, S. 97 - 98

Buch Rudolf Weils über "Das Berliner Theaterpublikum unter A. W. Jfflands Direktion" und Sybille Maurer-Schmoocks "Deutsches Theater im 18. Jahrhundert" - so viel schließen: In Relation zur Einwohnerzahl des jeweiligen Spielorts organisierten insbesondere die stehenden Theater eine durchaus große Menschenmenge. Das Weimarer Hoftheater etwa faßt nach dem Umbau von 1798 um die 700 Zuschauer bei einer Gesamteinwohnerzahl von 4.000 Menschen; der Neubau des Berliner Nationaltheaters am Gendarmenmarkt 1800 - 1801 durch Langhans hat eine Kapazität von knapp 2.000 Zuschauern, während in der Stadt selbst etwa 140.000 Menschen leben. Vor diesem Hintergrund läßt sich vermuten, daß den Rezipienten, insbesondere aus Mangel an anderen 'massenhaften' Veranstaltungsformen, die Zuschauermenge subjektiv als groß erschien. Die Theaternutzung vollzog sich im Unterschied zu heutigen Gewohnheiten intensiv: der Kreis der bürgerlichen Theatergänger war in absoluten Zahlen zwar relativ klein, dafür aber umgekehrt der 'alltägliche' Theaterbesuch weit verbreitet[55]; es war durchaus üblich, dieselbe 'Inszenierung' mehrmals zu besuchen.[56] Das Publikum war nicht sozial homogen, es bestand nicht ausschließlich aus bürgerlichen Zuschauern. Im bürgerlichen Geschäftstheater, das die Zugangsberechtigung über das Eintrittsgeld und nicht mehr direkt über den sozialen bzw. ständischen Status regelte, umfaßte es Adel und Offiziere, bürgerliche Beamte, Gelehrte und Intellektuelle, Kaufleute, Gewerbetreibende und 'Frühkapitalisten', durchaus aber auch, insbesondere in den Großstädten, selbständige Handwerker, Dienstboten und abhängig Beschäftigte.[57] Eine genauere Quantifizierung der einzelnen Publikumsschichten ist schwierig, weil die Platzabteilungen schon im letzten Drittel des 18. Jahrhunderts nicht mehr eindeutige soziale Grenzen markierten, so daß die alte Gleichung - erster und zweiter Rang für den Adel, Parterre für das Bürgertum und letzter Rang/Gallerie für unterbürgerliche Schichten, den 'Pöbel' - zumindest mit Vorsicht anzuwenden ist. Wenn das Theaterpublikum auch sozial nicht homogen war, blieb der Theaterbesuch doch - das muß man sich immer vor Augen halten - für die Masse der Bevölkerung, für Tagelöhner, Arme und Bauern, finanziell unerschwinglich.

Beim 'gemischten' Publikum des Theaters interessieren sich die aufklärerischen Intellektuellen in erster Linie für jene Publikumsschichten, die im Hinblick auf Sozialstatus oder Bildungsniveau unter ihnen stehen. Von 'Bildungsunwilligen' und 'Ungebildeten', vom 'gemeinen' oder 'großen Haufen', gar vom 'Pöbel' wird dann gesprochen, in einer merkwürdigen Mischung aus begrifflicher Abwertung

---

55 Vgl. Weil 1932, S. 70 - 74

56 Ein Sachverhalt, der sofort die Frage evoziert, ob es bei dieser Form von Theaternutzung um das Artefakt der Inszenierung ging oder um ganz andere Erlebnisqualitäten - wovon dieses Buch im weiteren Verlauf ja handelt.

57 Vgl. Weil 1932, S. 94 - 111

und diskursiver Faszination.[58] Das Theater kann solche Zuschauer organisieren, weil es als sinnlich-bildliches Medium die Vertrautheit mit der Kultur der Schrift und dem diskursiven Denken nicht zwingend voraussetzt und als traditioneller Unterhaltungsort gerade bei den vermeintlich 'Bildungsunwilligen' große Attraktivität genießt.[59] Johann Elias Schlegel sieht etwa den "(...) größten Vorteil des Theaters" darin, daß es moralische Kenntnisse und Einsichten "(...) auf eine unvermerkte Weise auch sogar in den Kopf und in den Umgang derer zu bringen weiß, welche mit Fleiß ihren Beruf in der Unwissenheit und im Müßiggange suchen und nichts anders tun wollen, als sich die Zeit zu vertreiben. Ihr Geist bildet sich, ohne daß sie sich dessen selbst bewußt sind, nach der Art zu denken und zu reden, die sie hören"[60].

Das quantitativ große Publikum, die Gemeinschaft von Gebildeten und Ungebildeten sowie die Erreichbarkeit des 'großen Haufens' sind die publikumsspezifischen Gründe für das Theaterinteresse der bürgerlichen Aufklärer. Denn das Theater sichert den ideologischen und politischen Programmen der Aufklärung nicht nur Verbreitung und Publizität in der akademisch und literarisch gebildeten Welt, wie das etwa Zeitschriften und Bücher, Lesezirkel und akademische Gesellschaften leisten; es kann vielmehr auch solche Zuschauer erreichen, die nicht alltäglich oder professionell in die Kultur der Schrift und die Diskurse der literarischen Kommunikation eingebunden sind, im Extremfall sogar die große Menge der 'illiterati'. Dem Theater steht qua seiner Medienspezifika potentiell ein weit breiteres Publikum zur Verfügung als dem Buchmarkt; und deswegen soll es als 'Philosophie der Einfältigen' dienen. Einen deutlichen Niederschlag findet dieses Medienbild zum Beispiel in den Konzepten von Löwen und Mylius[61], die das Theater monologisch als Aufklärungsmedium für die Ungebildeten, quasi als Ersatzschule für die Nicht-Eingeschulten begreifen. "Das Theater", so hat Thomas Koebner den politischen Inhalt des 'Streits für und wider die Schaubühne im 18. Jahrhundert' einmal umrissen, "wird zum Problem - als Medium für die 'Masse'. Wer sich für oder gegen die Schaubühne äußert, behauptet in Verant-

58 Diese begrifflichen Abwertungen können, aber müssen nicht zwangsläufig als soziale Positionierungen gemeint sein. Wenn vom 'Pöbel' die Rede ist, kann das durchaus auch auf Zuschauer gemünzt sein, die nach Sozialstatus und Stand den Sprechern gleich sind. Denn Projektionen des 'Pöbels' sind für die sozial flottierenden Intellektuellen immer auch Strategien der sozialen Selbstabsicherung und -aufwertung.

59 Über das ganze 18. Jahrhundert hinweg bleibt das Theater für die Mehrzahl der Zuschauer ein Unterhaltungsmedium. Siehe dazu ausführlich Kapitel V.

60 J. E. Schlegel, Gedanken zur Aufnahme des dänischen Theaters, S. 95

61 Löwen, Vorläufige Nachricht von der auf Ostern 1767 vorzunehmenden Veränderung des Hamburgischen Theaters; Mylius, Eine Abhandlung, worinnen erwiesen wird: Daß die Wahrscheinlichkeit der Vorstellung, bey den Schauspielen eben so nöthig ist, als die innere Wahrscheinlichkeit derselben.

wortung für das ganze Volk, insbesondere die ungebildeteren Schichten zu sprechen."[62] Aufgrund seiner potentiellen Breitenwirkung besitzt das Theater im 18. Jahrhundert - um einen aktuellen Vergleich heranzuziehen - den Status eines Massenmediums.

Auch das dritte im theatralen Diskurs des 18. Jahrhunderts diskutierte Medienspezifikum, die kollektive Rezeption, gerät den Theoretikern umstandslos aus der Perspektive der Wirkung in den Blick: die präsentisch-kollektive Rezeptionsform gilt als außerordentlich wirkungsintensiv; ja ihr wird gar massensuggestive Qualität zugesprochen. Zum einen, weil die Freiwilligkeit des Zusammentreffens die Rezipienten ex ante hochgradig empfangs- und empfindungsbereit stimme[63]; zum anderen, weil die wechselseitige Wahrnehmung der Rezeptionsäußerungen und -reaktionen die intendierten Wirkungen noch einmal verstärke, die konzeptiven Botschaften noch tiefer im Inneren der Zuschauer verankere: "Es ist gewiß," so Sulzer in seiner "Allgemeinen Theorie der schönen Künste" unter dem Stichwort "Schauspiel", "daß der Mensch in keinerley Umständen lebhafterer Eindrücke und Empfindungen fähig ist, als bey dem öffentlichen Schauspiel. Der Geist ist nicht nur da in völliger Freyheit, und durch Wegräumung aller anderen Vorstellungen bereit, jeden Eindruck, den man ihm geben wird, anzunehmen, sondern erwartet dieses mit Lebhaftigkeit, und man freut sich zum voraus darauf. Ein großer und höchstwichtiger Vortheil, den sich bey anderen Gelegenheiten, wo die Menschen aus Pflicht oder Zwang zusammenkommen, ein Redner mit großer Mühe und Kunst kaum verschaffen kann. (...) Dann wird durch die Menge der Zuschauer, und wo dieses sich zugleich einfindet, durch eine gewisse Feyerlichkeit der Sache, die Lebhaftigkeit der Erwartung, und jeder Eindruck unglaublich verstärkt. Große und feyerliche Versammlungen haben dieses an sich, daß das, was man dabey sieht und hört, in dem Verhältniß der Menge der Zuschauer, und der Feyerlichkeit des Tages, Kraft auf die Gemüther bekommt. Man sollte denken, daß jeder einzele Zuschauer das, was alle andre zu gleicher Zeit fühlen, in sich vereinige. Nichts in der Welt ist anstekender und kräftiger würkend, als Empfindungen, die man an einer Menge Menschen auf ein mal wahrnimmt. [Abs.] Also sind unstreitig öffentliche Schauspiele (...) die vorzüglichsten Gelegenheiten, auf ein ganzes Volk die stärksten, lebhaftesten, folglich auch würksamsten Eindrücke zu machen."[64]

Im 81. Literaturbrief zitiert Lessing zustimmend eine Passage aus Diderots "Unterhaltungen über den 'Natürlichen Sohn'" (1757), in der ein nahezu identi-

---

62 Koebner 1978, S. 26

63 Das ist sozusagen die subjektiv-rezeptionsspezifische Entsprechung zum institutionellen Sonderstatus des Theaters als machtfreier Raum.

64 Sulzer, Allgemeine Theorie der schönen Künste, Bd. IV, S. 254 - 255. Wenn ich bei der Zitation von Quellen Absätze auflöse, kennzeichne ich das mit dem Kürzel "[Abs.]".

scher Gedankengang entwickelt wird: "Wie viel Gewalt aber eine große Menge von Zuschauern habe, das kann man überhaupt aus dem Eindrucke, den die Menschen aufeinander machen, und aus der Mitteilung der Leidenschaften abnehmen, die man bei Rebellionen wahrnimmt. Ja der, dessen Empfindungen, durch die große Anzahl derjenigen, welche daran teilnahmen, nicht höher steigen, muß irgendein Laster haben; es findet sich in seinem Charakter etwas Einsiedlerisches, das mir nicht gefällt. Kann nun ein großer Zulauf von Menschen die Rührung der Zuschauer so sehr vermehren, welchen Einfluß muß er nicht auf die Verfasser, und auf die Schauspieler haben?"[65]

Aufgrund seiner Spezifika der präsentischen Bildlichkeit, des sozial gemischten und großen Publikums und der massensuggestiven kollektiven Rezeption gilt das Theater im Ensemble der Medien und Künste des 18. Jahrhunderts als das mit Abstand wirkmächtigste Medium, als Wirkungsmaschinerie par excellence. Die Wirkungsmacht selbst gerät dabei - als Zusammenfassung der einzelnen Spezifika - zum übergreifenden Kennzeichen des Theaters: den theatralen Bildern kann sich niemand entziehen, umstandslos und zwangsläufig bahnen sich die Darstellungen und die von ihnen 'getragenen' Botschaften einen Weg in das Innere der Zuschauer.[66] Im Theater ist der Geist bereit, so Sulzers exemplarische Formulierung, 'jeden Eindruck, den man ihm geben wird, anzunehmen'; in 'keinerley Umständen sei der Mensch lebhafterer Eindrücke und Empfindungen fähig' als beim öffentlichen Schauspiel. - Als wirkmächtigstes Medium seiner Zeit erscheint das Theater gleichermaßen aus quantitativen und qualitativen Gründen, im Hinblick auf die Wirkungsbreite wie die Intensität der Wirkung: Es organisiert, wie der Buchmarkt, ein großes Publikum, wobei das raumzeitlich präsente Publikum des Theaters auf die aufklärerischen Ideologen immer eine besonders starke Anziehungskraft auszuüben scheint. Und das Theater organisiert, im Unterschied zum Buchmarkt, ein breiteres, sozial heterogenes Publikum. Die theatralen Bilder besitzen den Charakter von 'Wahrheit' und werden - als sinnlich rezipiertes Material - in die Seelen der Zuschauer inkorporiert. Dieses Rezeptionsergebnis wird durch die kollektive Rezeption noch einmal verstärkt, die 'eingekörperten' Bilder und Aussagen werden in der Ritualität und Gesellschaftlichkeit der Theatersituation sozial legitimiert und gleichsam festgezurrt. - Ein wirkmächtigeres Medium ist unter den sozial- und mediengeschichtlichen Bedingungen der Zeit nicht vorstellbar.

Auf den ersten Blick springen die Affinitäten zwischen den Medienspezifika des Theaters im 18. Jahrhundert und denen der technisch reproduzierbaren

---

65 Lessing, Briefe, die neueste Literatur betreffend, S. 256

66 Das 'methodische' Problem der aufklärerischen Kunst- und Wirkungstheorie liegt darin, daß sie Rezeption nicht als komplexen Vermittlungsprozeß, sondern nur als zwangsläufige Aufnahme des Intendierten denken kann.

Massenmedien Film und Fernsehen ins Auge. Bildlichkeit und damit besondere Überzeugungskraft, ein massenhaftes und sozial gemischtes Publikum sowie massensuggestive oder sogar -manipulative Potenzen werden im 20. Jahrhundert dem Film und dem Fernsehen zugeschrieben - keinesfalls mehr dem Theater. Ohne solche - im übrigen problematische, weil bloß phänomenologische - Parallelen überstrapazieren zu wollen, vermitteln sie doch eine Ahnung davon, welchen Status das Theater im 18. Jahrhundert besessen haben muß: es war für die Aufklärer, um es mit heutigen Termini auszudrücken, ein 'Massenmedium' mit einzigartigen Beeinflussungs- und Prägungspotenzen. Im Vergleich zu diesem aufgeladenen und wirkungshypertrophen Medienbild wirkt die dem Theater im 20. Jahrhundert zuerkannte Qualität der Unmittelbarkeit geradezu rührend belanglos.

Interessanterweise zeigen sich von der Wirkungsmacht des Theaters sowohl die theaterbegeisterten Intellektuellen als auch die pietistischen, orthodoxen und zivilisationskritischen Theatergegner[67] überzeugt. Deren Verdikte und Polemiken[68] rekurrieren ja nicht nur auf den 'gotteslästerlichen Zeitvertreib' - gottgefällig sind in der protestantischen, speziell der calvinistischen Theorie nur Arbeit und Gottesdienst -, auf die Immoralität der schauspielerischen Existenz und den Betrugscharakter jeder fiktionalen Darstellung (ein Vorwurf, der im übrigen auch gegen das neue literarische Genre des Romans erhoben wird), sondern auch: auf die 'unentrinnbar' manipulative und zwangsläufig sittenverderbende Wirkung des Dargestellten selbst, etwa der Liebe, der Leidenschaft, der Sinnlichkeit, der Eifersucht, des Hasses etc. - wenn man so will der zentralen Themen und Stoffe der europäischen Dramatik.[69] - Es ist offensichtlich, daß die theaterfeindlichen Verdikte seit den Kirchenvätern von Konkurrenzängsten motiviert sind. Für die traditionellen Institutionen der Lehre im feudalen Regime, insbesondere für die Kirche, war die Öffentlichkeit des Theaters immer eine Bedrohung ihrer

---

67 Ich verweise exemplarisch auf: Goeze, Theologische Untersuchung der Sittlichkeit der heutigen deutschen Schaubühne; Rousseau, Brief an Herrn d'Alembert über seinen Artikel "Genf" im VII. Band der Enzyklopädie und insbesondere den Plan, ein Schauspielhaus in dieser Stadt zu errichten; Desprez de Boissy, Ueber die Sittlichkeit des Theaters [...]; Anonym, Eine Stimme wider die Theaterlust nebst den Zeugnissen der theuren Männer Gottes dagegen, des seligen Ph. Speners und des seligen A. H. Francke.

68 Zur Systematisierung der Argumente der Theatergegner siehe Koebner 1978, S. 29.

69 Die sittenverderbende Wirkung des Darstellungsmaterials konzedieren überraschenderweise auch die Theaterbefürworter. Während sittliche Gefährdung bei den Orthodoxen und Pietisten jedoch konstitutiv für das Medium insgesamt ist, erscheint sie bei den Befürwortern als Folge bestimmter Stoffe und Themen. Zur Aufgabe des Dichters bzw. des 'Theateraufsehers' wird es dann, nur solche Motive, Stoffe und Themen zu gestalten bzw. zuzulassen, die keinen moralischen Schaden anrichten können. - Siehe dazu sehr plastisch Sulzer, Allgemeine Theorie der schönen Künste, Bd. IV, S. 258 - 259.

Monopolstellung als Wahrheitsverkünder. "Das Theater sei ein Tempel Satans, es verderbe die Sitten der Zuschauer, und es halte die Gläubigen vom Gottesdienst ab. Ist die Konkurrenz zum Theater, die sich im letzten Argument ausdrückt, der eigentliche Antrieb fast eineinhalb Jahrtausende währender kirchlicher Ächtung, so bilden die beiden übrigen Argumente das Schema für die einzelnen Angriffe."[70] - Wichtiger aber noch ist der strukturelle Konsens zwischen Gegnern und Befürwortern: "Beide Parteien erkennen das Theater mehr oder weniger ausdrücklich als 'Macht', als politische Größe neben oder gegen Sitten und Regierung an"[71]; von "keiner Seite wird die Überzeugungskraft des 'Schauplatzes' - als Glück oder Gefahr - bestritten."[72] Dieser Konsens zwischen Gegnern und Befürwortern bei inhaltlich völlig gegensätzlichen Medienbewertungen - die Tatsache also eines strukturell Gemeinsamen im Diskurs - belegt, wie allgemeingültig und verbreitet die Überzeugung von der Wirkungsmacht des Theaters im 18. Jahrhundert war; dieses Medienbild ist der allgemeinste theatertheoretische Konsens der Zeit. Aufgrund der ihm zugeschriebenen Wirkungsmacht kam das Theater den bürgerlichen Aufklärern als geeignetes Medium zur Popularisierung der Moralphilosophie in den Blick. Wirkungsbreite und -intensität des Theaters machen - neben den ideologischen Zielsetzungen - die mediale Basis für das sittlich-moralische Funktionskonzept und das aufklärerische Theaterinteresse insgesamt aus. Auch deswegen durchläuft das Theater im 18. Jahrhundert einen diskursiven und sozialen Nobilitierungsprozeß.

3. Die medienlegitimierende Funktion des sittlich-moralischen Theaterkonzepts

Schon ab Mitte des 18. Jahrhunderts polemisieren einzelne Vertreter der auf Gottsched folgenden Aufklärer-Generation heftig gegen dessen Theaterkonzept, insbesondere gegen die Eindimensionalität und den Rigorismus des sittlich-moralischen Theaterbegriffs, gegen den bloß instrumentellen Gebrauch von Theater und Literatur als Transpositionsmedien der Moralphilosophie und selbstredend gegen den Vorbildcharakter der französischen tragédie classique und ihrer Dramaturgie[73]. Geradezu sarkastisch kommentiert Johann Elias Schlegel in seinen "Gedanken zur Aufnahme des dänischen Theaters" (1747) Gottscheds Theatertheorie, ohne dabei je seinen Namen zu nennen: "Gleichwohl ist das Theater, das seinem Wesen nach bloß zum Ergetzen gemacht ist, zum Lehren

70 Meyer 1980, S. 191

71 Koebner 1978, S. 26

72 Ebd., S. 50

73 Diesen 'literarischen' Konfrontationsgrund stellt die Forschung gegenüber den medienspezifischen Auseinandersetzungen viel zu sehr in den Vordergrund.

sehr geschickt. Es gibt Leute, die selbst die Wahrheit auf eine ungereimte Art beweisen. Und mich dünkt, es geht denen so, welche auf den Nutzen oder das Lehrreiche der Schauspiele am meisten trachten. Sie suchen das größte Lehrreiche der Schauspiele und der Fabeln überhaupt darinnen, daß sie mit Mühe aus einem großen Werke eine einzige Sittenlehre ziehen, die dann und wann ziemlich gemein ist und die man ganz leicht von selbst hätte wissen können. Aus der Fabel vom Ödipus, der, ohne es selbst zu wissen, seinen Vater erschlagen und seine Mutter geheuratet hatte, ziehen sie z. E. die Sittenlehre, daß man oft unrecht tue, ohne es zu wissen, und doch dafür gestraft werde. Solche Kunstrichter wollten gern einen großen Teil schöner Schauspiele, in welchen die Sitten und Leidenschaften vortrefflich abgemalt sind, bloß darum verworfen oder umgegossen haben, weil sich nach ihrem Kopfe nicht eine gewisse Hauptlehre aus denselben ziehen läßt; gleich als ob man große Theaterstücke mit vieler Kunst deswegen verfertigte, um eine einzige, bekannte, seichte und oft sehr unbestimmte Sittenlehre zu sagen, die man aus der Komödie eines Seiltänzers ebenfalls herleiten kann."[74] Wenn das Theater lehrt, so Schlegels conclusio, "so tut es solches nicht wie ein Pedant, welcher es allemal voraus verkündiget, daß er etwas Kluges sagen will, sondern wie ein Mensch, der durch seinen Umgang unterrichtet"[75]. - Lessing dekretiert im 17. Literaturbrief ohne Umschweife: "Es wäre zu wünschen, daß sich Herr Gottsched niemals mit dem Theater vermengt hätte. Seine vermeinten Verbesserungen betreffen entweder entbehrliche Kleinigkeiten oder sind wahre Verschlimmerungen."[76] Er weist damit Gottscheds Anlehnung an das französische Drama und Theater zurück. Lessings Poetik des Mitleids - sein Programm der theatralen Vergesellschaftung des Mitleids, das als 'allgemeinmenschliche' Verhaltensform den sozialen Verkehr der Subjekte im Alltag prägen soll[77] - ist eine dezidierte Ablehnung des moralischen Rigorismus Gottscheds. Und selbstredend kritisiert Lessing die mangelhaften literarischen Qualitäten seines 'Gegners': "Gottsched (...) galt in seiner Jugend für einen Dichter, weil man damals den Versmacher von dem Dichter noch nicht zu unterscheiden wußte. Philosophie und Kritik setzten nach und nach diesen Unterschied ins Helle; und wenn Gottsched mit dem Jahrhunderte nur hätte fortgehen wollen, wenn sich seine Einsichten und sein Geschmack nur zugleich mit den Einsichten und dem

---

74 J. E. Schlegel, Gedanken zur Aufnahme des dänischen Theaters, S. 93

75 Ebd., S. 94

76 Lessing, Briefe, die neueste Literatur betreffend, S. 48

77 Siehe dazu Mattenklott/Peitsch 1976, S. 147 - 188 und Schings 1980, S. 34 - 45. - Wenn Lessing das Theater als "Schule der moralischen Welt" (Hamburgische Dramaturgie, 2. Stück, S. 15) definiert, geht es um diese Erregung und Einübung der Mitleidsfähigkeit. Das Theater dient nicht mehr der Popularisierung von Sittenlehren, sondern wird als Schule für den sozialen Verkehr der bürgerlichen Subjekte entworfen. Das ist die entscheidende Differenz zu Gottsched.

Geschmacke seines Zeitalters hätten verbreiten und läutern wollen, so hätte er vielleicht wirklich aus dem Versmacher ein Dichter werden können. Aber da er sich schon so oft den größten Dichter hatte nennen hören, da ihn seine Eitelkeit überredet hatte, daß er es sei, so unterblieb jenes. Er konnte unmöglich erlangen, was er schon zu besitzen glaubte; und je älter er ward, desto hartnäckiger und unverschämter ward er, sich in diesem träumerischen Besitze zu behaupten."[78] Sulzer, um ein letztes lexikalisch-theoretisches Beispiel anzuführen, lehnt die sittlich-moralische Funktionsbestimmung gar grundsätzlich ab, das Verhältnis von Belehrung und Unterhaltung im Vergleich zu Gottsched geradezu umkehrend: Bei der Verfertigung eines Schauspiels solle der Autor "(...) nicht den unmittelbaren moralischen Nutzen (...) vor Augen haben. Der Schauplatz ist vornehmlich ein Ort des lebhaften Zeitvertreibes, nicht eine Schule der Sitten; er nimmt diesen Charakter nur zufällig an."[79]

Obwohl prononcierte Theatertheoretiker und Dramatiker das Funktionskonzept "Schule der Sitten" schon zu Lebzeiten Gottscheds vehement kritisieren, behält es im 'populären' Theaterdiskurs - in der Programmatik von Theatertruppen etwa, in den Theaterzeitschriften, in der auf Breitenwirkung angelegten ästhetischen Diskussion oder in Rezeptionsdokumenten - ungebrochen seine Gültigkeit bis zur Jahrhundertwende. Es ist das diskursiv mächtigste, das verbreitetste und dominierende Medienbild im ganzen 18. Jahrhundert, es wird tausendfach wiederholt, gebetsmühlenartig paraphrasiert, es ist die Standardbestimmung des Mediums schlechthin, hinter der andere Medienfunktionen und Erlebnisqualitäten nahezu vollständig veschwinden - und zwar in der 'alten', schematischen Fassung Gottscheds und nicht in der differenzierteren Form der mittleren Aufklärung, die an einer lebenspraktischen Funktion des Theaters ja festhält.

Noch 1788 etwa gibt Knigge in seinen "Dramaturgischen Blättern" eine absolut finale Definition des sozialen Zwecks der Schauspielkunst, die sich kaum von den 'klassischen' Formulierungen Gottscheds unterscheidet: Die Schauspielkunst "(...) kann entweder die traurigen Folgen unbezähmter Leidenschaften schildern, um davor zu warnen; oder zeigen, wie eine Reyhe von Unglücksfällen auch die besten Menschen verfolgen kann, und wie der Weise und Edle sich dann in solchen Lagen betragen müsse; oder die öffentlichen und versteckten Thorheiten der Menschen mit lebhaften Farben malen, um darauf aufmerksam zu machen; oder durch Bestreitung gewisser Vorurtheile den Verstand aufklären; oder blos Erweiterung der Menschen- und Weltkenntniß zum Gegenstande haben, indem es Die, welche durch ihre Lage in einem kleinen Zirkel von menschlichem Umgange gebannt sind, mit den Sitten andrer Stände vertrauter macht; oder endlich blos angenehme Unterhaltung, Erholung von ernsthaftern Geschäften zum Augen-

78 Lessing, Hamburgische Dramaturgie, 81. St., S. 391 - 392
79 Sulzer, Allgemeine Theorie der schönen Künste, Bd. IV, S. 258

merke nehmen - denn auch vernünftige, nicht unsittliche Belustigung (...) ist ein nicht zu verachtender Zweck"[80]. Allenfalls Knigges Konzession an das Unterhaltungsbedürfnis, das in der Frühaufklärung als isolierte Funktionsbestimmung noch nicht akzeptiert war, und sein routiniert-gelangweilter Ton bei der Beschreibung der Medienfunktionen, die Gottsched noch mit emphatischer Rhetorik vortrug, markieren den historischen Abstand[81]; die Grundsatzdefinition des Theaters als eine auf die Prägung der Lebenspraxis ausgerichtete Schule der Sitten bleibt jedoch unverändert.

In den neunziger Jahren wird über mehrere Jahrgänge des "Gothaer Theaterkalenders" - der kontinuierlichsten, bekanntesten und meistverbreiteten Theaterzeitschrift des 18. Jahrhunderts[82] - eine Debatte über die staatliche Subventionierung der stehenden Theater sowie die soziale und juristische Absicherung der Schauspieler geführt, die Chr. Siegmund Grüner mit seinem Beitrag "Ist der Staat verbunden dem Schauspielerstande eine bürgerliche Existenz und Würde zu verleihen, oder sich für die Sache selbst zu interessiren?" im Theaterkalender 1793 eröffnete.[83] Die Positionen im 'Streit für und wider die Schaubühne' haben sich im Vergleich zum ersten Drittel des Jahrhunderts auffällig verschoben: nicht mehr über Moral oder Unmoral der Schaubühne, über obrigkeitliches Verbot oder Tolerierung wird hier diskutiert, sondern über die Frage, ob dem Medium finanzielle Unterstützung aus der Staatskasse zustehe. Das wichtigste Kriterium

---

80 Knigge, Dramaturgische Blätter, S. 198 - 199

81 Dieser 'gelangweilte' Ton ist im übrigen ein weiteres Indiz dafür, daß die sittlich-moralische Funktionsbestimmung im theatralen Diskurs hegemonialen Status erlangt hat: "Daß öffentliche Schauspiele eine vorzügliche Schule für die moralische Besserung des Bürgers darstellten und daher dessen Glückseligkeit auf Erden befördern würden, hielt die auf Gottsched folgende Literaten-Generation bereits für eine hinlänglich bewiesene Tatsache, die man in Erörterungen über Schauspiel und Theater nur noch routinemäßig festzustellen brauchte." (Haider-Pregler 1980, S. 151)

82 Der "Gothaer Theaterkalender" (auch unter dem Titel: "Taschenbuch für die Schaubühne"), herausgegeben von Heinrich August Ottokar Reichard, erschien 1775 - 1800 (mit der Ausnahme 1795) in Gotha bei Ettinger. Die Publikation hat den Charakter eines Jahresalmanachs und veröffentlichte neben Essays permanent aktualisierte Verzeichnisse der Dramatiker und Bühnenkünstler des deutschsprachigen Raums.

83 Die Debatte setzt sich folgendermaßen fort: im Theaterkalender 1794 veröffentlicht Grüner "Bemerkungen über Schauspielwesen (...)" (S. 40 - 62); ein anonymer Autor widerspricht Grüner mit "Etwas über Herrn Grüners Aufsatz: ist der Staat (...)" (S. 62 - 68). Im Theaterkalender 1796: "Fortsetzung des 'Etwas über Herrn Grüners Aufsatz' (...)" (S. 33 - 42) und wiederum Grüner: "Ist der Staat verbunden (...) (Beschluß)" (S. 42 - 69). Im Kalender 1797 schaltet sich dann ein Kritiker gegen den Kritiker Grüners ein: "Manches wider das 'Etwas über (...)'" (S. 31 - 38), während gleichzeitig der "Beschluß des 'Etwas über (...)'" (S. 38 - 48) veröffentlich wird. In der Ausgabe 1798 schließlich der "Beschluß des Aufsatzes: 'Manches wider (...)'" (S. LXIV - LXXVIII).

der Kontrahenten bei der Unterstützung oder Ablehnung der Subventionsforderung bleibt jedoch die sittlich-moralische Bildung der Zuschauer und der daraus abgeleitete gesellschaftliche Nutzen des Mediums, genau wie es bei Gottsched und seinen Zeitgenossen der Fall war: "Jede Art des Schauspiels", so Grüners Resumee nach einem Durchgang durch die verschiedenen theatralen Genres, "beabsichtiget also den Zwek der menschlichen Verbesserung, der Sitten und Tugend, und verfehlt diesen Zwek nie"[84]. Die Probe aufs Exempel folgt sofort: "Unzählige Beispiele sprechen für die Wahrheit dieser Behauptung! - Bösewichter wurden durch die Kunst des Darstellers und des Dichters erschüttert, lernten sich fühlen und für sich selbst schämen. Ihr Gewissen rief Ihnen zu: das bist du, und die anklagende Stimme des inneren Ichs hielt Ihnen den Spiegel vor, ihre eigene Schädlichkeit zu sehen. [Abs.] Nicht unbekannt ist die sich noch neulich zugetragne Begebenheit, daß ein junger Mensch der seinen Vater eine nahmhafte Summe obrigkeitl. anvertrauter Gelder stahl, durch Ifflands Verbrechen aus Ehrsucht, so erschüttert wurde, daß er heimlich hingieng und den Diebstahl wieder an seinen Ort legte, sich wieder mit der Tugend aussöhnte und ein ehrlicher Mann ward. [Abs.] Eine Sache, die so wohlthätig in Ihren Folgen, so belehrend für das Menschengeschlecht, so entsprechend der Moral und guten Sitten heißt, kann denn wohl nicht unter die entbehrlichen, unnüzzen Dinge gerechnet werden, aus deren Sein oder Nichts ein Bleiben und Verbessern die Obrigkeit (der Staat) kaltblütig hinsehen darf."[85]

Auch Kotzebue, dessen Stücke von einem Teil der zeitgenössischen Kritik immer wieder als sittenverderbend und unmoralisch gebrandmarkt wurden[86], hält programmatisch an der traditionellen Funktionsbestimmung des Theaters fest: Der Zweck des 'für die öffentliche Darstellung' bestimmten Schauspiels "(...) ist nicht, ein Ideal der Kunst hervorzubringen, sondern durch angenehme Unterhaltung die Sitten zu bessern und moralische Gefühle zu wecken."[87] Und was für das Medium insgesamt kennzeichnend ist, das gilt, so Kotzebue, auch für sein eigenes Werk: "Was kann man von einer sittlich-dichterischen Darstellung mehr verlangen, als daß sie das Laster verhüte, und, wo es bereits aufkeimte, den Keim erstickte? - Nun, meine Herren, beydes thaten die so verrufenen Kotzebueschen Schauspiele. Eine Dame, die ihrem Liebhaber das Erste Rendezvous versprochen hatte, sah Menschenhaß und Reue, und brach mit dem Verführer. Drey andere verließen die Bahn der Wollust, und kehrten zurück auf den Pfad der Tugend.

84 Grüner, Ist der Staat verbunden dem Schauspielerstande eine bürgerliche Existenz und Würde zu verleihen, oder sich für die Sache selbst zu interessiren?, S. 37

85 Ebd., S. 37 - 39. Die syntaktischen und grammatikalischen Fehler wie im Druck.

86 Mich interessiert hier nicht die 'Wahrheitsfrage' - 'waren Kotzebues Stücke tatsächlich unmoralisch?' -, sondern die diskursive Verbreitung des moralischen Medientheorems.

87 Kotzebue, Fragmente über Recensenten-Unfug, S. 69

Zwey dieser Begebenheiten kenne ich vom Hörensagen, und aus Zeitungen, aber die dritte ist mir genau und umständlich bekannt. - Ein reicher Graf, den ich nennen könnte, hatte einen natürlichen Sohn, den er vernachlässigte. Er sah das Kind der Liebe, mein Schauspiel würkte auf sein Herz, einige Wochen nachher war der junge Mensch auf Zeitlebens versorgt."[88]

Merkwürdig unbeholfen muten Grüners und Kotzebues Versuche an, die 'Wahrheit' des Medientheorems, 'das Schauspiel verfehlt die moralische Verbesserung seiner Rezipienten nie' (Gottsched), mit Beispielen zu untermauern.[89] In Relation zur Allgemeinheit und Grundsätzlichkeit des Theorems entsteht da eine fast komische 'Aufwandsdifferenz', die indiziert, daß das sittlich-moralische Funktionskonzept schon immanent brüchig ist. - Auch andere Argumentationsmuster, die den sittlichen Nutzen des Theaters de facto und praktisch unter Beweis stellen wollen, weisen solche signifikanten Widersprüche, Brüche, Unverhältnismäßigkeiten und 'Aufwandsdifferenzen' auf. Schillers "Schaubühnen"-Rede zum Beispiel, die Programmschrift des Theaters als moralischer Anstalt par excellence, löst das Problem der Wahrheitsfrage genaugenommen mit einer Rücknahme der programmatisch vertretenen Gewißheit. Nachdem eingangs noch "lebendige Glut zur Tugend, brennender Haß des Lasters"[90] als Medienwirkungen behauptet wurden, heißt es später: "ich selbst bin der Meinung, daß vielleicht Molieres Harpagon noch keinen Wucherer besserte, daß der Selbstmörder Beverley noch wenige seiner Brüder von der abscheulichen Spielsucht zurückzog, daß Karl Moors unglückliche Räubergeschichte die Landstraßen nicht viel sicherer machen wird - aber wenn wir auch diese große Wirkung der Schaubühne einschränken, wenn wir so ungerecht seyn wollen, sie gar aufzuheben - wie unendlich viel bleibt noch von ihrem Einfluß zurück? Wenn sie die Summe der Laster weder tilgt noch vermindert, hat sie uns nicht mit denselben bekannt gemacht?"[91] - Schon bei Gottsched im übrigen läßt sich diese hochinteressante Diskrepanz zwischen abstrakt-'zweifelsfreier' Wirkungsprogrammatik und konkretisierter Wirkungspraxis nachweisen: "Ich höre noch einen Einwand machen, wenn man sich auf die Erfahrung beruft, welche es gleichwohl nicht zeiget, daß diese Schauspiele viele Leute tugendhaft gemacht hätten."[92] Gottsched entkräftet diesen selbstgestellten Einwand mit dem Hinweis darauf, daß auch Predigten keine unmittelbaren und augenblicklichen Wirkungen hervorrufen

88 Ebd., S. 27 - 28

89 Ich will hier Grüner und Kotzebue nicht desavouieren; ihre Positionen sind vielmehr Exempel für verbreitete Argumentationsmuster.

90 Schiller, Was kann eine gute stehende Schaubühne eigentlich wirken?, S. 92

91 Ebd., S. 95

92 Gottsched, Die Schauspiele und besonders die Tragödien sind aus einer wohlbestellten Republik nicht zu verbannen, S. 18

könnten, um dann doch zu konzedieren: "Die Besserung des menschlichen Herzens ist fürwahr kein Werk, welches in einer Stunde geschehen kann. Es gehören tausend Vorbereitungen, tausend Umstände, viel Erkenntnis, Überzeugung, Erfahrungen, Beispiele und Aufmunterungen dazu, ehe ein Lasterhafter seine Art fahren läßt. Genug, daß man einen Samen nach dem andern ins Herz wirft, der zu seiner Zeit aufgeht und Früchte bringet."[93] Doch diese Einlassung auf die Komplexität und Prozessualität von Medienwirkungen konfligiert gleichwohl mit Gottscheds programmatischer Behauptung, die Schaubühne schicke "(...) ihre Zuschauer allezeit klüger, vorsichtiger und standhafter nach Hause."[94]

Wie ist es zu erklären, daß das sittlich-moralische Funktionskonzept bis an die Wende zum 19. Jahrhundert hegemonialen Status besitzt, wenn es schon Mitte des 18. Jahrhunderts von den profiliertesten Theoretikern und Dramatikern (Schlegel, Lessing, Sulzer) verworfen wird, wenn es bei seinen entschiedensten Apologeten diskursiv brüchig wirkt (im routinierten Ton bei Knigge, in der Aufwandsdifferenz bei Grüner und Kotzebue, in der Rücknahme bei Schiller und Gottsched) und wenn - damit beschäftige ich mich in den folgenden Kapiteln - andere Medienfunktionen und Erlebnisqualitäten für das Gros der Theaterzuschauer viel bedeutsamer sind? Für diese diskursive Macht des Medienbilds muß es Gründe geben, die nicht in seinen ideologischen, politischen und sozialen Inhalten oder Funktionen liegen: Es sind medienlegitimierende Gründe, die eine strategische Bedeutung des Theorems im Prozeß der Nobilitierung des Theaters im 18. Jahrhundert markieren.

In der Definition des Theaters als "moralische Anstalt" sind genau jene Verdikte und Vorwürfe aufgenommen, die die orthodoxen, pietistischen und zivilisationskritischen Theaterfeinde seit Anfang des 18. Jahrhunderts erhoben haben - jedoch positiv umgewertet, gleichsam einmal 'gespiegelt'. Wo die Theatergegner das Medium als Ort der Lüge (Fiktionalität der Darstellung), des Lasters (soziale Devianz der Schauspieler) und der Sittenverderbnis (Verführung der Zuschauer) perhorreszieren, preisen die Befürworter das Theater als Ort der sittlich-moralischen Bildung und damit als für den Staat nützliche, ja unentbehrliche Einrichtung an. Man könnte etliche solcher aufeinander bezogenen Oppositionsreihen bilden; aber wichtiger als die einzelnen Argumente ist ihre diskursiv-logische Zusammengehörigkeit. Jan Berg hat dieses diskursive Verhältnis, in dem die Gegner den Befürwortern die strukturellen Grundbegriffe ihres eigenen Medienbilds gleichsam vorgeben, als "Zwang zur Apologie" gefaßt: "Wie ignorant und absurd die Verdächtigungen, Vorwürfe der Sittenverderbnis durch das Theater auch sind (...); den Theatermachern und Theaterzuschauern wird ästhetische Praxis - wenn auch nur in Form einer aufgezwungenen Apologie -

93 Ebd., S. 18 - 19
94 Ebd., S. 15

grundsätzlich zum Problem. Denn sie müssen das Selbstverständlichste des Theaters, die 'Unwirklichkeit' szenischer Darstellung rechtfertigend definieren (...). Es ist dieser Zwang zur Apologie, der wesentlich das Selbstbild des bürgerlichen Theaters formt, der jeden einzelnen seiner ästhetischen Parameter durchherrscht."[95] Diese diskursive Gemeinschaft von Gegnern und Befürwortern hat übrigens schon Goethe beobachtet und in einem 1813 entstandenen Rückblick auf die Entwicklung des deutschen Theaters überaus ironisch kommentiert: Mitte des 18. Jahrhunderts "(...) fingen die noch nördlichern hamburgischen Pfarrer und Superintendenten einen Krieg gegen das Theater überhaupt zu erregen an. Es entstand schon vorher die Frage, ob überall ein Christ das Theater besuchen dürfe; und die Frommen waren selbst untereinander nicht einig, ob man die Bühne unter die gleichgültigen (adiaphoren) oder völlig zu verwerfenden Dinge rechnen solle. In Hamburg brach aber der Streit hauptsächlich darüber los, inwiefern ein Geistlicher selbst das Theater besuchen dürfe; woraus denn gar bald die Folge gezogen werden konnte, daß dasjenige, was dem Hirten nicht zieme, der Herde nicht ganz ersprießlich sein könne. [Abs.] Dieser Streit, der von beiden Seiten mit vieler Lebhaftigkeit geführt wurde, nötigte leider die Freunde der Bühne, diese der höhern Sinnlichkeit eigentlich gewidmete Anstalt für eine sittliche auszugeben. Sie behaupteten, das Theater könne lehren und bessern und also dem Staat und der Gesellschaft unmittelbar nutzen. Die Schriftsteller selbst, gute wackere Männer aus bürgerlichem Stande, ließen sich's gefallen und arbeiteten mit deutscher Biederkeit und gradem Verstande auf diesen Zweck los, ohne zu bemerken, daß sie die Gottschedische Mittelmäßigkeit durchaus fortsetzten und sie, ohne es selbst zu wollen und zu wissen, perpetuierten."[96] - Im Hinblick auf Gottscheds moralischen Rigorismus hat Wölfel eine ähnliche Erklärung gegeben: "Bedenkt man, in welchen Gegensatz sich Gottsched mit seinem Interesse an und seinem Wirken fürs Theater zur herrschenden Meinung der kirchlichen Hierarchie setzte, dann war dieser Rigorismus, der die Bühne bis ins letzte Detail dem Diktat des moralischen Zwecks unterwerfen wollte, in der Tat wohl auch der zweckmäßigste Weg, um dem Theater einen Legitimationsgrund zu schaffen, auf dem es sich gegenüber den polemischen Argumenten der kirchlichen Gewalt behaupten konnte."[97]

---

95 Berg 1985 b, S. 98. - Für Berg ist die 'Unwirklichkeit szenischer Darstellung' das 'Selbstverständlichste', nämlich ein überhistorisches Spezifikum des Theaters. Die Frage ist nur, ob man mit Hilfe dieser Setzung historische Theaterformen begreifen kann, in denen diese Unwirklichkeit nicht oder anders erlebt wurde, allgemeiner: in denen das Verhältnis von theatraler Fiktion und Realität anders strukturiert war als heute. Im 18. Jahrhundert ist das der Fall; die 'Fiktionalitätsfähigkeit' war anders 'gebaut'.

96 Goethe, Deutsches Theater, S. 619 - 620

97 Wölfel 1971, S. 105

Der strategische Sinn des moralischen Medienbilds liegt also darin, den theaterfeindlichen Verdikten mit Hilfe einer apologetischen Umwertung ihrer eigenen Argumente die Hauptangriffsfläche zu nehmen und damit gleichzeitig das Theater gesellschaftlich zu legitimieren und zu nobilitieren. Diskursanalytisch gesprochen drängt die stärkere Formation - und das ist in der ersten Jahrhunderthälfte noch die der Theatergegner - der schwächeren ihre Argumente, Diskurse und Denkfiguren auf. Man denkt und formuliert sich - auch bei inhaltlich völlig konträren Positionen - in den Figuren und Strukturen des Gegners, die gleichsam die 'geheime' Infrastruktur dieses Diskurses abgeben, und bildet damit - ganz im Gegensatz zur eigenen Programmatik und zum Selbstbild - eine Koalition mit ihm.[98] Mindestens drei pragmatische Konsequenzen hat die medienlegitimierende Umwertung der theaterfeindlichen Argumente. Das Theaterinteresse der Gelehrten, Intellektuellen und bürgerlichen Ideologen ist von jeder Anrüchigkeit befreit, die labile soziale und juristische Situation der Schauspieler, die deswegen durchaus ein Interesse an der Durchsetzung des Medienbilds "moralische Anstalt" haben, tendenziell entschärft; und nicht zuletzt werden der Theaterbesuch und der Kontakt zu Schauspielern - beides im 18. Jahrhundert immer noch zumindest dubios [99] - zum akzeptierten Bestandteil der sozialen und kulturellen Praxis des Bürgertums. Mit Hilfe des moralischen Medienbilds kann auch der einzelne Zuschauer seinen Theaterbesuch problemlos legitimieren - und sich im Bewußtsein vorgeblich sittlich-moralischer Bildung ganz anderen 'Theaterlüsten', dem Voyeurismus oder dem Theaterkrawall, der Unterhaltung oder der Emotionalisierung hingeben. Dieser subjektiv-legitimatorische Charakter des sittlich-moralischen Medienbilds dokumentiert sich in 'privaten' Rezeptionsäußerungen sehr plastisch.

Die Definition des Theaters als "Schule der Sitten" ist Ausdruck und gleichzeitig Produktionselement jenes Nobilitierungsprozesses, den das Theater im 18. Jahrhundert durchläuft; es ist ein medienstrategisches Legtimationsargument.

---

98 Aus der Diskursanalyse kann man lernen, daß Programme und Positionen sich wechseln lassen wie Hemden. Nicht die Programmatik ist entscheidend, sondern die strukturellen Denkmuster, die Argumentationsfiguren, die Strategien und Interessen in den 'Redeformen'. Unter dieser Perspektive betrachtet tun sich ganz merkwürdige Koalitionen auf zwischen politischen Kombattanten, die sich in den 'Inszenierungsdemokratien' der westlichen Welt als unversöhnliche Gegner stilisieren, in Wirklichkeit aber desselben Geistes Kinder sind.

99 Siehe etwa: Gellert, Briefe, nebst einer Praktischen Abhandlung von dem guten Geschmacke, in Briefen, S. 186 - 199, im Hinblick auf den prekären Theaterbesuch; Knigge, Ueber den Umgang mit Menschen, Bd. II, S. 87 - 94, im Hinblick auf den nur mit Vorsicht zu genießenden Umgang mit Schauspielern: "ich habe vorhin gesagt, daß der vertrauete Umgang mit den Mehrsten derselben [Schauspieler; R. R.], von Seiten ihrer Kenntnisse, ihres sittlichen Lebens und ihrer ökonomischen Umstände, für Kopf, Herz und Geldbeutel nicht sehr vortheilhaft seyn könne" (ebd., S. 87).

Darüber hinaus besitzt das Theorem auch eine politisch-institutionelle Bedeutung. Genauso wie die Darstellung tugendhaften Verhaltens in den Stücken und Aufführungen des bürgerlichen Theaters eine ideologisch-politische Abgrenzung von der Unmoral der Höfe impliziert, postuliert der institutionelle Begriff "Schule der Sitten" eine Abgrenzung von der Funktion der Künste im feudaladligen Gebrauchszusammenhang. Das neue, bürgerliche Theater dient nicht mehr dem divertissement der Höfe, nicht mehr der Apotheose des Fürsten, nicht mehr der Repräsentation absolutistischer Macht, sondern wird nun als Medium der bürgerlichen Klasse reklamiert. Auch diese, wenn man so will, 'kulturelle und kulturpolitische Inbesitznahme' wird vom Terminus "Schule der Sitten" markiert.

Das sittlich-moralische Funktionskonzept entpuppt sich also als 'überdeterminiertes' Programm, als Konstrukt ganz unterschiedlicher Bedeutungen, Funktionen, Interessen und Strategien, die es zuerst einmal zu dekonstruieren gilt. Eingelagert in diesen Konglomerat-Begriff sind erstens die institutionelle Abgrenzung eines bürgerlichen Reformtheaters vom feudaladligen Gebrauch der Künste wie von der Ästhetik und Spielpraxis der existierenden Wandertruppen, zweitens - auf der ideologisch-politischen Ebene - die Popularisierung bürgerlicher Verhaltensmodelle, die als allgemeinmenschliche Maximen der Moralphilosophie erscheinen, und drittens die strategische Legitimierung des Theaters als integraler Bestandteil der bürgerlichen Kulturpraxis. Die diskursive Macht des sittlich-moralischen Medienbilds im 18. Jahrhundert geht zum einen auf diesen Konglomerat-Charakter zurück; zum anderen auf seine medienlegitimierende Funktion. Der mainstream der literatur- und theaterwissenschaftlichen Forschung aber hat diese 'diskursive Überdeterminierung' nicht gesehen und ist auf die Fiktion eines relativ simplen und homogenen Funktionskonzepts hereingefallen; ja in den älteren Forschungsbeiträgen wurde noch nicht einmal der politische und soziale Inhalt der 'Sittenschule Theater' erkannt. Insbesondere hat man - so weit ich sehe bis heute - aus der faktischen Dominanz des sittlich-moralischen Medienbilds in den programmatischen und theoretischen Diskursen des 18. Jahrhunderts gefolgert, daß die Popularisierung der bürgerlichen Moralphilosophie die wichtigste soziale Funktion des Theaters im 18. Jahrhundert war und daß sie auch tatsächlich Medienwirkung und Mediennutzungsform der Zuschauer gewesen sei. Diese Schlußfolgerungen sind nicht plausibel; sie konnten nur entstehen, weil man die mediengeschichtliche Praxis außer Betracht ließ und die legitimierende Funktion des sittlich-moralischen Funktionskonzepts nicht verstanden hat. Das Theater des 18. Jahrhunderts als "Schule der Sitten" und "moralische Anstalt" ist in erster Linie ein programmatisches Konstrukt, das den Mediengebrauch entproblematisiert und legitimiert - und damit gleichsam Platz schafft für andere Theatererlebnisse und 'Theaterlüste', die für die historischen Subjekte weit bedeutsamer waren.

III. Labor der Seele und der Emotionen
Die Diskursivierung der bürgerlichen Innenwelt

> "Es ist genug, wenn der Poet weiß, daß er in seinem Werk Gelegenheit hat, der Sittenlehre Dienste zu tun. Und der dramatische Poet hat diese Gelegenheit, besonders durch eine genaue und feine Abschilderung der Gemüter und Leidenschaften. Die Kenntnis des Menschen macht einen sehr wichtigen Teil der Sittenlehre aus. Diese Kenntnis besteht größtenteils in der Kenntnis der Charaktere und Leidenschaften. Das Theater ist ein Bild von beiden (...). Es ist wie eine Schilderei oder ein Riß, der manchmal uns Begriffe von Dingen macht, die wir nicht gesehen haben, und manchmal uns die Dinge in größerer Deutlichkeit zeigt, als wir sie in der Natur erblicken können."[1]

In der zweiten Hälfte des 18. Jahrhunderts bewegen sich Theatererlebnisse und -reflexionen auffällig häufig um Begriffe wie 'Seele' und 'Inneres', 'Charakter' und 'Leidenschaften', 'Affekte' und 'Emotionen' und die in ihnen verborgenen 'Geheimnisse des Menschen'. Die historischen Subjekte interessieren sich für möglichst schillernde und emotionsgeladene Charaktere in den Dramentexten und nicht mehr für die moraltaugliche Fabel. Am Schauspieler reizt die möglichst virtuose und leidenschaftliche Verkörperung der 'Seele' und nicht mehr das exemplarische Modell eines vorbildlichen Helden. Am Rezeptionserlebnis schließlich fasziniert der hier entstehende emotionale 'thrill' und nicht mehr die Inkorporation moralischer Botschaften. Schon Eckehard Catholy weist in seinem "Moritz"-Buch auf das neue Bild des Schauspielers und auf die neuen Erlebnisqualitäten des Mediums hin: "Mögen die Ekhof und Schröder, die Iffland und Fleck als Individualitäten noch so verschieden strukturiert sein, als Schauspieler dienen sie alle dem Neuen, das die Zeit ihnen entgegenbringt und von ihnen ersehnt! Verinnerlichung, Verlebendigung, Beseelung, Individualisierung, Charakterisierung heißen die Variationen des Leitmotivs ihres darstellerischen Wirkens, und man muß sich klar darüber sein, daß individuelles Fühlen bisher durchaus nicht dem Schauspielertum an sich und selbstverständlich verbunden galt."[2] - Während die programmatischen und theoretischen Funktionsdiskurse noch weit-

1 Johann Elias Schlegel, Gedanken zur Aufnahme des dänischen Theaters, S. 94
2 Catholy 1962, S. 1 - 2

gehend an der Verbreitung von Tugend und Sittlichkeit festhalten, entsteht in den anwendungsorientierten theatralen Textarten, in Dramaturgien, Schauspieler-Theorien, Schauspieler-Kritiken und Rezeptionsdokumenten, ein weitverzweigter Diskurs über die Seele und die Psyche des Menschen. Während das sittlich-moralische Funktionskonzept insbesondere aus medienlegitimatorischen Gründen bis zum Jahrhundertende tradiert wird, organisiert sich in der theatralen Praxis ein geradezu manischer Blick auf das Innere: auf das Innere der Dramenfiguren, der Schauspieler und der Zuschauer selbst.

Das Theater dient in der zweiten Jahrhunderthälfte als 'Labor der Seele und der Emotionen', als Medium der Diskursivierung, Aneignung und modellhaften Erprobung der neuentstehenden bürgerlichen Innenwelt. Mit "bürgerlicher Innenwelt" oder "Innenraum", "Innerlichkeit" oder "Innerem" ist zunächst einmal die Existenz - und das Wissen der Menschen darum - einer besonderen, 'im Menschen selbst befindlichen Welt' mit ihren Bezirken der Subjektivität, Individualität, Emotionalität, Empfindsamkeit, Gefühlskultur und Seelenkenntnis in Differenz zur 'äußeren' Welt gemeint. Im weiteren Sinn bezeichne ich damit alle Formen und Strategien der Thematisierung, der Erforschung und Zergliederung dieses 'Selbst'. Die zivilisationsgeschichtlichen Klassiker (Freud, Elias, Foucault) und neuere psychologiegeschichtliche Arbeiten haben überzeugend nachgewiesen, daß eine solche 'innere Welt des Menschen' keineswegs eine ontologische oder überhistorische Entität darstellt, sondern sich erst im Übergang vom Spätmittelalter zur Neuzeit - mit dem entscheidenden Umbruchzeitraum des 18. Jahrhunderts - entwickelt. Die zivilisationsgeschichtlichen Verinnerlichungsprozesse und das neu formierte Wissen um Charakter, Seele und Emotionalität 'schlagen' sich jedoch, wie es der mainstream der Kultur- und Kunstgeschichtsschreibung sieht, im Theater nicht bloß 'nieder', sie 'drücken sich' - als andernorts entstandene oder gar ontologische Phänomene - nicht bloß in der Medientheorie und Medienerfahrung der historischen Subjekte 'aus', sondern: Das Theater ist selbst ein Instrument, eine der historischen Produktionsformen der bürgerlichen Innenwelt: es schafft mit seinen medienspezifischen Diskursivierungsmöglichkeiten der Öffentlichkeit, der Visualisierung, der modellhaften Darstellung und der kollektiven Einübung das bürgerliche Innen und das Wissen um es mit.

1. Das Konzept 'Charakter' in den Dramaturgien

In den sechziger Jahren des 18. Jahrhunderts entstehen in Deutschland erstmals dramaturgische Reflexionen größeren Umfangs, die in Zeitschriften- oder Buchform veröffentlicht werden. Diese Dramaturgien sind genaugenommen Drameninterpretationen, im Normalfall in Zusammenhang mit der Arbeit eines bestimmten Theaters, dessen Repertoire und Aufführungen retrospektiv begleitend. Dabei setzen sich die Dramaturgien mit der Aufführungspraxis und den Darstellungsleistungen der Schauspieler nur kurz und relativ formelhaft auseinander; ihr Schwerpunkt liegt auf der Analyse und Interpretation der Dramentexte. Von den Dramaturgien ist die Textform der Schauspielerkritik zu unterscheiden, die sich explizit und thematisch mit der Rollengestaltung eines oder mehrerer Schauspieler beschäftigt. Die eigentliche Aufführungskritik des 18. Jahrhunderts ist eher diesem zweiten Texttypus zuzuordnen.[3] Der Boom, den die dramaturgischen Zeitschriften und Buchveröffentlichungen im letzten Jahrhundertdrittel erleben[4], ist ein Produktionselement der Literarisierung des deutschen Theaters[5]: mit den Dramaturgien liegt eine Reflexions- und Publikationsform vor, in der sich das zunehmend literarische Theater über seine immer bedeutsameren literarischen 'Materialien' verständigt. Für die Interpretation historischer Medieninteressen und Medienfunktionen stellen die Dramaturgien, sofern man sie strukturell und in einer gewissen Breite zur Kenntnis nimmt, ein ausgesprochen ergiebiges Untersuchungsmaterial dar. Zeigt sich an ihnen doch, welche Stücke die historischen Subjekte besonders interessiert haben und welche Bedeutungsebenen und Strukturelemente an den Stücken besonders wichtig, bedeutsam und reizvoll erschienen. In diesem Zusammenhang ist eine Entwicklung besonders auffällig: Die Kategorie des 'Charakters' wird zum Angelpunkt der dramaturgischen Analyse und löst damit die Fabel ab, die für die Frühaufklärung noch die wichtigste Strukturebene des dramatischen Texts war. Das dramaturgische Interesse verschiebt sich von der Fabel des Dramas zu seinen einzelnen Figuren, ihren Lebenskonzepten und den darin eingeschlossenen Geheimnissen des Inneren.

Das normbildende Vorbild der Dramaturgien bis zur Kunstperiode ist selbstredend Lessings "Hamburgische Dramaturgie", eines der frühesten Beispiele des neuen Genres. Fast obligatorisch wirkt in den Einleitungen späterer Dramaturgien[6] die Verbeugung vor Lessings 'epochalem Werk', das auch aus heutiger Sicht aus der Menge der dramaturgischen Veröffentlichungen der Zeit herausragt; durch die Qualität der dramaturgischen Analyse und der poetologischen Reflexion und durch die stilistisch-rhetorische Verve der Argumentation. - Lessings "Dramaturgie", 1767 - 1769 entstanden, bezieht sich auf die Aufführungen des ersten von bürgerlichen Financiers und Mentoren getragenen Theaters in Deutschland, der "Hamburger Entreprise" (Hamburger Nationaltheater) - ein

---

3 Ich verweise exemplarisch auf: Schink, Ueber Brockmanns Hamlet; Böttiger, Entwickelung des Ifflandischen Spiels in vierzehn Darstellungen auf dem Weimarischen Hoftheater im Aprilmonath 1796.

4 Siehe Hill 1915

5 Siehe dazu ausführlich Kapitel VI und VII.

6 So etwa bei Knigge, Dramaturgische Blätter; Schink, Dramaturgische Monate; Dramaturgische Blätter, Frankfurt/M.(1788/89).

Unternehmen, das nur von April 1767 bis November 1768 bestand. Den Zweck der dieses Theaterreformprojekt begleitenden Dramaturgie bestimmt Lessing schon in der "Ankündigung": "Diese Dramaturgie soll ein kritisches Register von allen aufzuführenden Stücken halten und jeden Schritt begleiten, den die Kunst, sowohl des Dichters als des Schauspielers hier tun wird."[7] In der Tat annonciert Lessing jede Aufführung, beschäftigt sich mit etwa einem Drittel der aufgeführten Stücke ausführlicher und beurteilt anfangs auch Aufführung und schauspielerische Leistungen. Auf diese Ebene der Kritik verzichtet er ab dem 26. Stück jedoch völlig; auch löst sich der Inhalt der Dramaturgie, insbesondere im zweiten Band, immer stärker vom Spielplan und stellt theoretisch-poetologische Fragen in den Vordergrund - Konsequenzen, die Lessing aus den Querelen mit Schauspielern und Entrepreneurs sowie aus dem frühen Scheitern des Projekts zieht. Von ihrem Ende her gelesen ist die "Dramaturgie" deswegen weniger als ein 'Register der aufgeführten Stücke', zugleich aber auch mehr: denn aus der Rezeption der Aristotelischen Tragödientheorie und dem kritischen Durchgang durch die repräsentativen Dramen der französischen Klassik (Corneille, Racine, Voltaire) entwickelt Lessing implizit die Poetik des bürgerlichen Trauerspiels und das Programm einer neuen sozialen Funktion von Theater und Drama: die Diskursivierung und Erzeugung von Mitleid als der grundlegenden sozialen Verkehrsform des bürgerlichen Menschen.

Lessing pointiert den eigenen Standpunkt in der Kritik des Fremden, in der Abarbeitung an den Brüchen und Widersprüchen der behandelten Stücke und Poetiken. Dabei zeigen die analytischen Kriterien seiner dramaturgischen Interpretationen eine gewisse Konsistenz: Lessing behandelt die Werk- und Stoffgeschichte, die Autor-Poetik, die Traditionslinien der literarischen Bearbeitungen und Übersetzungen, die Rezeption, den Bühnenerfolg und, natürlich, die literarische Qualität. Als wichtigstes Kriterium bei der Bewertung der Qualität eines Stücks fungiert für ihn die Kategorie 'Charakter'. Auf die Charaktere der dramatis personae bzw. die 'Charakterzeichnung' durch den Autor focussiert sich das Interesse des Dramaturgen Lessing. Der Charakter rückt - als analytische Kategorie wie als interpretative Praxis - in den Mittelpunkt der Dramenkritik. Ich will das an einigen Beispielen zeigen:

In der Besprechung des "Graf von Essex" von Thomas Corneille[8] entfaltet Lessing ausführlich die Charaktere der Elizabeth - den für sie konstitutiven Widerspruch zwischen Stolz und Liebe - und des Essex - seine Neigung zu Stolz, Überheblichkeit und einem statischen Ehrbegriff. Lessing verteidigt Corneilles Charakterisierungen gegen Voltaires Vorwurf der historischen Unstimmigkeit[9]

---

7 Lessing, Hamburgische Dramaturgie, Ankündigung, S. 9

8 Ebd., S. 110 - 126

9 Ebd., S. 114 - 118

mit dem Hinweis, daß die Tragödie keine dialogisierte Geschichte sei, sondern vielmehr ein literarisches Modell konsistenter und stimmiger Charaktere. - Bei Pierre Corneilles "Rodogune" - jenem, wie Lessing genüßlich-ironisch vermerkt, nach Überzeugung der französischen Kritik so mustergültigen Drama - kritisiert er die Unwahrscheinlichkeit und Unnatürlichkeit der Charaktere[10], insbesondere den 'gräßlichen' der Kleopatra, die nicht aus Eifersucht, sondern aus verletztem Stolz[11] zur Mörderin des Gatten und des Sohnes werde: "Dergleichen mißgeschilderte Charaktere, dergleichen schauernde Tiraden sind indes bei keinem Dichter häufiger als bei Corneillen (...). Es ist wahr, alles atmet bei ihm Heroismus; aber auch das, was keines fähig sein sollte und wirklich auch keines fähig ist: das Laster. Den Ungeheuern, den Gigantischen hätte man ihn nennen sollen; aber nicht den Großen. Denn nichts ist groß, was nicht wahr ist."[12] - An Favarts "Soliman der Zweite"[13] bzw. der als Stoffvorlage dienenden Fabel von Marmontel diskutiert Lessing die fehlende "Übereinstimmung" (die innere Wahrscheinlichkeit) und "Absicht" (den vom Autor mit seinen Charakteren verfolgten sozialen Zweck) - in den Hauptcharakteren Solimans und Roxelanes. - Ausgehend vom "Hausvater" Diderots beschäftigt sich Lessing in einem über 50-seitigen poetologischen Exkurs mit Diderots Differenzierung zwischen den Charakteren der Komödie als 'allgemeinen', 'typisierten' und denen der Tragödie als 'verbesonderten', 'individualisierten'[14]. Mit Artistoteles - genauer müßte man eigentlich sagen: auf der Grundlage seiner Aristoteles-Interpretation - und gegen Diderot und Hurd insistiert Lessing dabei auf der 'Allgemeinheit' der Charaktere in beiden dramatischen Genres: "Die Charaktere der Tragödie müssen ebenso allgemein sein als die Charaktere der Komödie. Der Unterschied, den Diderot behauptet, ist falsch; oder Diderot muß unter der Allgemeinheit eines Charakters ganz etwas anders verstehen, als Aristoteles darunter verstand."[15]

Mich interessieren nicht die spezifischen Inhalte einzelner Charakter-Interpretationen, sondern vielmehr die historische Valenz und Bedeutung dieser interpretativen Praxis als ganzer. Erstens: die Kategorie 'Charakter' ist der wichtigste Parameter bei der dramaturgischen Aneignung von Stücken; der 'Charakter' markiert schon auf der kategorialen Ebene das historisch neue Interesse für die einzelnen Figuren der Dramen, ihr Verhältnis zueinander, für die individuelle

---

10 Ebd., S. 147 - 149

11 Das ist in der feudalen Ideologie eine vollkommen konsistente und überzeugende Motivation, für den bürgerlichen Lessing dagegen schon undenkbar: 'Die' Frau handelt aus Eifersucht, Ehre, Moral, nicht jedoch aus Stolz.

12 Lessing, Hamburgische Dramaturgie, S. 149

13 Ebd., S. 158 - 175

14 Ebd., S. 426

15 Ebd., S. 439

Motivation der Figuren, für ihr grundlegendes Lebenskonzept, für ihr Inneres und dessen Logik.[16] Zweitens: Umfang und Besonderheiten der Charaktere werden vom Dramaturgen Lessing interpretativ entfaltet; ihre Bedeutung liegt nicht schon auf der Oberfläche der Texte unverschlüsselt und abrufbar bereit, sondern muß erst umkreist, diskutiert und entschlüsselt werden. Diese Form der Interpretation organisiert eine permanente Konzentration und einen Zugang auf das Innere der Figuren, auf das, was sie 'eigentlich' ausmacht, 'wirklich' bestimmt - und produziert, wenn man so will, eine psychologische Praxis. Genau darin liegt die zentrale Aufgabe des 'Dramaturgen' im letzten Drittel des 18. Jahrhunderts: in der interpretativen Entschlüsselung des Charakters. Drittens: der Charakter kommt nicht nur bei den neuen dramatischen Genres 'rührendes Lustspiel' und 'bürgerliches Trauerspiel', die individualisierte Charaktere in ihrem Figurenpersonal entwerfen, zur Anwendung, sondern wird auch retrospektiv als Interpretationskriterium gebraucht: mit Hilfe der Kategorie wird das gesamte vorliegende Repertoire, ja potentiell die gesamte dramatische Literatur, daraufhin gesichtet, welche Stücke in der bürgerlichen Welt noch brauchbar sind und welche 'de-kanonisiert' werden müssen. Shakespeare etwa wird, vorzüglich der 'Besonderheit' und 'Riesenhaftigkeit' seiner Charaktere wegen[17], entdeckt, die französischen Klassiker werden, der vorgeblichen Unnatürlichkeit ihrer Charaktere wegen, wenn nicht aus dem Repertoire ausgeschieden, so doch in ihrer Bedeutung stark relativiert. Diesen Kanonisierungsprozeß spiegelt Lessings "Dramaturgie" insgesamt. Die Tatsache, daß der 'Charakter' als Kriterium der Repertoireüberprüfung fungiert, indiziert seine hegemoniale Stellung am deutlichsten.

Die Vorstellung vom Charakter postuliert in struktureller Hinsicht das Konzept einer individualisierten Persönlichkeit, in welcher sich soziale (Stand, Klasse, Beruf), geschechtsspezifische und nationale bzw. ethnische Faktoren amalgamieren mit individuellen Besonderheiten, Affekten, Leidenschaften, Emotionen, 'Marotten', Haltungen und Motivationsstrukturen.[18] Insofern der Charakter grundsätzlich jeder Figur ein individualisiertes Persönlichkeitskonzept, unabhängig vom Stand, zubilligt und dabei dramen- und theatergeschichtlich den 'Typus', der eine

16 Zur Begriffsgeschichte und poetologischen Bedeutung des Charakters siehe den instruktiven Aufsatz von Jergius 1971.

17 Erst die romantische Rezeption rückt die Poetizität Shakespeares in den Vordergrund; für den 'Shakespeare-begeisterten' Teil der Aufklärung und für den Sturm und Drang dagegen sind die 'rebellischen' und 'großen' Charaktere, als Signaturen der Natur (d. h. des wirklichen Menschen), die items of interest. Paradigmatisch dafür Goethes Rede "Zum Schäkespears-Tag".

18 Wobei solche Individualisierungsprozesse zugleich das Individualisierte auch wieder reduzieren, indem sie mit Persönlichkeitskonzepten arbeiten, also von den Konkreta des individualisierten Subjekts auch immer schon durch die Produktion von 'Typen' bzw. 'Typologien' abstrahieren. Siehe dazu Holzkamp 1988.

soziale Zwangsdetermination der Figuren durch ihre Standeszugehörigkeit implizierte, ablöst, hat er eine sozial und politisch egalisierende Bedeutung. Schließlich muß der dramatische Charakter drei Bestimmungen genügen: er muß erstens innere Konsistenz, Konsequenz und Logik besitzen, darf im Verlauf der Handlung, der Figurenkonstellation und der Konfliktentwicklung nicht in Widerspruch zu sich selbst treten.[19] Er muß zweitens 'äußere Wahrscheinlichkeit', 'Natürlichkeit' und Allgemeinheit besitzen in dem Sinn, daß der Charakter den historischen Rezipienten verständlich, nachvollziehbar und plausibel erscheint.[20] Und drittens muß der Autor den Charakter mit "Absicht" konturiert haben und das heißt: die soziale und alltagspraktische Beeinflussung der Rezipienten im Sinn haben[21]; ein uninteressanter, 'absichtsloser' Charakter gehört nach Lessings Meinung nicht auf die Bühne.

Über 20 Jahre nach der "Hamburgischen Dramaturgie" veröffentlicht Johann Friedrich Schink eine Dramaturgie, die sich ebenfalls auf Aufführungen und Repertoire des Hamburgischen Theaters - nun unter Schröders zweiter Direktion (1786 - 1798) - bezieht. Schink, einer der renommiertesten Theaterexperten der Spätaufklärung, war während Schröders zweiter Direktionsära 'Hausautor' und 'Hausdramaturg' des Hamburger Theaters und dabei zuständig für Bearbeitungen, Übersetzungen und die 'veröffentlichte Kritik'.[22] Seine 1790 - 1791 in vier Bänden bei Bödner in Schwerin erschienenen "Dramaturgischen Monate" dokumentieren die Aufführungen des Theaters zwischen Oktober 1789 und August 1790; über Spiel und Inszenierung selbst berichtet Schink dabei gleichwohl nur am Rande. Schinks "Dramaturgische Monate" liefern im Verleich zum 'state of the arts' der zeitgenössischen dramaturgischen Zeitschriften ausgesprochen fundierte und umfängliche dramaturgische Analysen des Repertoires. Der quantitative und qualitative Schwerpunkt der insgesamt über 1.000 Seiten starken Dramenintepretationen liegt - noch viel deutlicher als das schon bei Lessing der Fall war - in der Entfaltung der 'Charaktere' der in Rede stehenden dramatis personae. Neben der "Beurtheilung des dichterischen Werthes" und der Beschreibung verschiedener Inszenierungen desselben Stücks, über die der 'theaterpolyglotte' Schink Auskunft zu geben vermag, wird als Zielsetzung der Zeitschrift schon in der programmatischen Vorrede die "Psychologische Zergliederung wichtiger Karaktere, Schritt vor Schritt, in Rücksicht auf theatralische Darstellung"[23]

---

19 Lessing, Hamburgische Dramaturgie, S. 165 - 166

20 Ebd., S. 147 - 149, bei der Kritik an den Charakteren von Corneilles "Rodogune".

21 Ebd., S. 167

22 Die 'Hausdramaturgen' - am Ende des 18. Jahrhunderts freilich immer noch eine Ausnahmeerscheinung, beschränkt auf ganz wenige, ambitionierte Häuser - rezensierten auch Aufführungen und Repertoire des eigenen Theaters.

23 Schink, Dramaturgische Monate, 1. Bd., Vorrede, unpag.

genannt. In den Inhaltsverzeichnissen erscheint die Charakter-Analyse mindestens als Unterkapitel jeder Stück-Interpretation: eine "Nähere Betrachtung der Karaktere und Situazionen" verspricht Schink bei Schröders "Ring", die "Menschlichkeit in den bößartigen Karakteren der Gonewill und Regan" untersucht er in Shakespeares/Schröders "King Lear".[24] "Die vorzüglichen Karaktere des Beckschen Schauspiels, nebst Bemerkungen über die Art ihrer Darstellung durch den Schauspieler"[25] annonciert er bei Becks "Verirrung ohne Laster", die "Entwicklung des Karakters der Hofrätin" bei Ifflands "Frauenstand"[26]. Nicht nur die routiniert-selbstverständliche Einlassung auf die Charaktere bei nahezu jeder Stückinterpretation verdient Beachtung, sondern auch der Umfang dieser Praxis und die dabei auftretende Detailbesessenheit: die "Zergliederung des Karakters des Hettore Gonzaga für die Darstellung des Schauspielers" ("Emilia Galotti") beispielsweise erstreckt sich über 60 Seiten[27] und entfaltet in einer schon ermüdenden Länge jedes Spurenelement charakterlicher Besonderheit, psychischer Disposition und individueller Motivation. Der 'Charakter' ist bei Schink nicht mehr nur die Zentralkategorie, sondern nahezu das einzige interpretatorische Paradigma schlechthin; und die Stückinterpretation selbst bietet genaugenommen nicht mehr und nicht weniger als die Aneinanderreihung von Charakter-Interpretation der dramatis personae. Die strukturellen Bestimmungen der Kategorie 'Charakter' unterscheiden sich dabei kaum von denen Lessings, allenfalls dadurch, daß sie generell nicht mehr theoretisch abgeleitet werden. Auch bei Schink setzt sich der Charakter aus sozialen, geschlechtsspezifischen, ethnischen Determinanten und individuellen Besonderheiten, der 'biographischen Geschichte', der Konstruktion einer Identität zusammen; auch bei ihm muß der glaubwürdige Charakter innere (Konsistenz, Logik, Widerspruchsfreiheit) und äußere Wahrscheinlichkeit (Natürlichkeit, Nachvollziehbarkeit für die Rezipienten) besitzen.

Lessings und Schinks Dramaturgien stehen exemplarisch für das auffällige Interesse an den Charakteren dramatischer Texte, das sich in der zweiten Hälfte des 18. Jahrhunderts entwickelt und dramaturgie- bzw. dramengeschichtlich die Fixierung auf die Fabel ablöst. An diesem dramaturgischen und dramatischen Faible für den Charakter ist in struktureller Hinsicht zweierlei wichtig. Erstens markiert der Charakter, der die Vorstellung einer individualisierten Persönlichkeit mit je spezifischer Logik und Struktur postuliert, ein exorbitantes Interesse für das Innere der dramatischen Figuren. Das Konzept des Charakters organisiert der Interpreten Blick nach innen, insofern er nicht nur soziale, geschlechtsspezifische

24 Ebd., 1. Bd., Inhaltsverzeichnis, unpag.

25 Ebd., 3. Bd., Inhaltsverzeichnis, unpag.

26 Ebd., 4. Bd., Inhaltsverzeichnis, unpag.

27 Ebd., 3. Bd., S. 559 - 618

und ethnische etc. Faktoren umfaßt, sondern auch psychische und emotionale Aspekte einschließt, ja sogar den Status eines 'inneren Urgrunds', einer zentralen Determinationsinstanz aller spezifischen Verhaltens- und Denkformen der dramatischen Figur einnimmt. Zweitens wird dieses Interesse für das Innere aber auch - und das ist noch wesentlicher - praktisch: denn erst im Rahmen der dramaturgischen Reflexion wird der Charakter in seiner ganzen Bedeutungsbreite und -tiefe entfaltet, umkreist, ausgeleuchtet und ausgelotet. In den Dramaturgien vollzieht sich, wenn man so will, eine diskursive Ausgestaltung und Aneignung des Charakters, eine psychologische Interpretationspraxis par excellence in bezug auf die dramatischen Figuren. Die Entschlüsselung und Konstruktion der psychologischen Identität der dramatis personae ist ein Schwerpunkt in der Tätigkeit der Dramaturgen in der zweiten Hälfte des 18. Jahrhunderts - eine Tätigkeit, welche nicht ohne Rückwirkungen auf sie selbst bleibt; arbeiten sie sich doch mit der Charakter-Interpretation in das psychologische Verständnis des Menschen gleichsam in praxi ein. Sie wenden das neue Wissen um das Innere an: die Dramaturgen des 18. Jahrhunderts als frühe Psychologen.

Der dramaturgische Diskurs um das Innere dient nicht nur der Verständigung über ein historisch neues Interesse an dramatischen Texten, sondern soll gleichzeitig dem Schauspieler Material für die Arbeit an der Rolle an die Hand geben, und dies auf zwei Ebenen: im Hinblick auf die Form der Rollenaneigung - der Schauspieler soll das dramaturgische Verfahren einer psychologisch inspirierten Charakter-Interpretation im 'Rollenstudium' selbst anwenden - wie im Hinblick auf die 'outlines' der Rollendarstellung selbst - der Schauspieler soll den psychologisierten Charakter reproduzieren, wie er von den Dramaturgen schon entwickelt worden ist. Dieses Anwendungs-Interesse dokumentiert sich bei Lessing implizit[28], etwa wenn die Schauspieler-Kritik verknüpft wird mit dem Hinweis auf die eigentliche Besonderheit des Charakters; Schink formuliert es programmatisch: "Aber der Schauspieler", so leitet er die "Zergliederung des Karakters des Hettore Gonzaga" ein, "hat der Forderungen noch viele an mich, für seine Kunst ist des Stofs noch genug. Der Prinz, Emilia, Appiani, Marrinelli [sic; R. R.] und Orsina sind für ihn noch nicht in's Licht gesetzt, für seine Kunst noch nicht entfaltet und dargestellt. Ihm muß hier noch sein Recht widerfahren, und damit will ich heut den Anfang machen. Hettore Gonzaga soll den Ball eröfnen."[29] Wenige Zeilen darauf wird Schink noch deutlicher: Die Charakterzüge des Prinzen "(...) erfordern das ganze Studium des Schauspielers, wenn sie mit eben der Wahrheit in seiner Nachahmung erscheinen sollen, mit der sie in der Nachahmung des Dichters so treffend und anschaulich entwickelt sind. Ich will es

28 So etwa bei der Kritik des "Graf von Essex"; Lessing, Hamburgische Dramaturgie, S. 123 - 126

29 Schink, Dramaturgische Monate, 3. Bd., S. 562

versuchen, dem Künstler vorzudenken, indem ich diese Nachbildung Schritt vor Schritt verfolge, Zug für Zug entfalte, und so diese einzeln Züge zu einem vollständigen Gemälde sammle, das ihm seine Darstellung erleichtert, und seinem Studium zum Wegweiser dient, wenn diese Rolle durch ihn auf das Theater gebracht wird. Er denke mir nach, prüfe, und behalte das Gute."[30] - Die dramaturgische Charakter-Interpretation liefert die Vorgaben für das Rollenstudium des Schauspielers, das dann selbst als hermeneutische Charakter-Interpretation sich gestaltet; und der Charakter wird zum zentralen Spielmaterial oder zum Anforderungsprofil des Schauspielers. Was der Dramaturg an Bedeutungsdimensionen der dramatischen Figur entfaltet, soll dem Schauspieler, angeleitet durch den dramaturgischen Experten, 'zum Wegweiser' dienen, er soll es 'nachdenken', 'prüfen' und selbstredend auf die Bühne bringen.

Wie weit sich die Fixierung auf den Charakter als Anforderungsprofil in der Schauspielerarbeit durchsetzt, läßt sich exemplarisch an den "Protokollen des Mannheimer Nationaltheaters unter Dalberg aus den Jahren 1781 - 1789" verfolgen. Das Mannheimer Theater nimmt in den achtziger Jahren des 18. Jahrhunderts eine Ausnahmestellung und genetisch gedacht eine Vorreiterfunktion[31] in der deutschen Theaterlandschaft ein, die allenfalls noch mit der Situation des privilegierten Wiener Burgtheaters zu vergleichen ist. Erstmals in der deutschen Theatergeschichte ist hier eine kontinuierliche, sozial halbwegs abgesicherte und dramaturgisch hochgradig reflektierte Theaterarbeit möglich; vor allem deswegen, weil das Mannheimer Theater als Hoftheater mit Mitteln aus dem kurfürstlichen Staatshaushalt subventioniert wurde. Diese Theatersubvention war ein 'infrastruktureller Ausgleich' für den Attraktivitätsverlust und die ökonomischen Einbußen, die Mannheim mit der Verlagerung der kurfürstlichen Residenz nach München trafen.[32] Das Mannheimer Theater wurde geleitet von dem sachkundigen Freiherrn von Dalberg, der nichts mehr gemein hatte mit dem Selbstverständnis adliger Hoftheater-Intendanten als fürstliche Plaisir- und Amusementverwalter. Als stehendes Theater und als 'kurfürstlicher Betrieb', der den Schauspielern z. T. beträchtliche Gagen und Pensionsberechtigungen zuerkannte, gewährleistete es eine bis dahin undenkbare soziale Absicherung der Schau-

---

30 Ebd., S. 563 - 564

31 Eine Vorreiterfunktion hat das Mannheimer Theater vor allem für die Praxis des Literaturtheaters. Noch vor dem Weimarer Hoftheater setzen sich hier Ansätze einer literarischen Theaterarbeit durch: in der institutionalisierten dramaturgischen Reflexion, in der Einführung von Leseproben, in der literaturkritisch begründeten Stückauswahl beispielsweise.

32 1777 starb die bayerische Linie der Wittelsbacher aus. Kurfürst Karl Theodor von der Pfalz, Chef der pfälzischen Wittelsbacher, erbte die bayerische Kurwürde. Daraufhin wurde 1778 die Residenz des nun bayerisch-pfälzischen Kurhauses in das bedeutendere München verlegt.

spieler.[33] Nicht zuletzt institutionalisierte das Mannheimer Theater erstmals Ansätze zu einer kollektiven Leitungsstruktur - auch dies ein Novum im Vergleich zur Intendantur- oder Prinzipalverfassung der zeitgenössischen Theater - in Form des 'Theaterausschusses', dem neben dem Intendanten Dalberg sechs Mitglieder des Ensembles angehörten[34], unter ihnen die jungen und bald in ganz Deutschland berühmten Protagonisten Beck, Beil und Iffland.

Über die Sitzungen dieses Theaterausschusses berichten die "Protokolle des Mannheimer Nationaltheaters". Dokumentiert werden hier zum einen betrieblich-strukturelle Probleme (Rollenstreit, Hierarchie-Auseinandersetzungen, Theatergesetze, Disziplinarmaßnahmen, ökonomische Fragen etc.), zum anderen dramaturgische Reflexionen der Theaterarbeit, an denen die Schauspieler selbst beteiligt sind - und zwar auf drei Ebenen: in Form von kurzen dramaturgischen Stückanalysen, die zur Zusammenstellung des Repertoires beitragen; mit der Beantwortung der von Dalberg gestellten "dramaturgischen Preisaufgaben"[35], in denen Bedingungen der Theaterarbeit theoretisierend geklärt werden; und mit Dalbergs institutionalisierter Kritik an Aufführungen und Rollendarstellungen, die ein obligatorischer Bestandteil jeder Sitzung ist.

In allen drei Formen dramaturgischer Reflexion zeigt sich der Status des Charakters als Zentralkategorie sowohl der Dramaturgie als auch der Schauspielerarbeit selbst. Während in den Kurzanalysen und dramaturgischen Preisaufgaben der 'Charakter' als kategorialer Fluchtpunkt präsent ist, läßt sich Dalbergs institutionalisierte Kritik ausführlich auf den Bedeutungsumfang der dramatischen Charaktere ein. Die entscheidende Frage bei der Darstellungskritik ist für Dalberg, abgesehen von technisch-handwerklichen Kriterien, immer, ob der Schauspieler den 'Charakter der Rolle' getroffen habe. Gleichsam im Nachhinein wird das eingefordert, was Schink im Vorhinein von den Schauspielern anmahnt. Die Kritik einer "Julius von Tarent"-Aufführung[36], genauer: die Ausein-

33 Ab Anfang der neunziger Jahre wird die Theaterarbeit in Mannheim durch die Koalitionskriege gegen das revolutionäre Frankreich immer schwieriger, schließlich unmöglich. Die soziale Absicherung erweist sich als brüchig: 1794 wird das Theater auf Regierungs-Ordre "sistiert" (nach kurzer Zeit aber wiedereröffnet und später endgültig geschlossen), die vom Kurfürsten dekretierten Besoldungen und Pensionsberechtigungen werden aufgekündigt. Plastische Schilderungen dazu gibt Iffland im letzten Drittel seiner "Theatralischen Laufbahn", insbesondere S. 101 - 104.

34 Demokratisch war auch diese Wahl nicht; denn es konnten nur männliche Ensemblemitglieder gewählt werden.

35 In unregelmäßigen Abständen legte Dalberg den Mitgliedern des Theaterausschusses eine "dramaturgische Preisaufgabe" zur schriftlichen Bearbeitung vor. Die Essays wurden anschließend vorgetragen und diskutiert; das beste mit einem Geldgeschenk Dalbergs honoriert.

36 Protokolle des Mannheimer Nationaltheaters, S. 242 - 246

andersetzung mit Böcks Darstellung des Guido, ist prototypisch für Dalbergs Verfahren: "Ich dachte mir diesen Charakter des Guido als einen wilden Krieger; rasch, auffahrend, kühn, entschlossen, rauh an Sitten, zornig im Ausdruck, furchtbar in seinen Schwüren und Verheißungen (...) - und ich fand diesen Charakter in Herrn Böcks Spiel nicht wieder. Guido schien hier mehr feiner Weltmann, als der wilde, rohe Krieger, als der Mann, der mit den Konventionen der Gesellschaft und des Hofes unbekannt und unerfahren ist."[37] In seinen "Allgemeinen Betrachtungen über das hiesige Schauspiel"[38] praktiziert Dalberg diese Kritik der schauspielerischen Rollengestaltung mit dem Rekurs auf den 'eigentlichen' Bedeutungsumfang des Charakters in extenso: "Timon, ein Charakter, welcher von Scene zu Scene voll Abwechslungen und rührendster Übergänge ist, wurde durch Herrn Böcks Spiel (...) verdorben. (...) - und weg war Natur, Wahrheit und Täuschung: an deren Stelle eine gewisse Schauspieler-Routine trat, welche leider (anstatt Forschen, tiefes Eindringen in den Charakter und Fleiß) so öfters aushelfen muß, wobei aber unsere Vorstellungen meistens zu Grabe gehen (...). Aber nicht Herr Böck allein (...) vernachlässigte die feinen Uebergänge der Seele von fröhlichen Empfindungen zur Melancholie, von der Melancholie zum dumpfen Schmerze, vom finstern Trauern zur Wuth und von dieser zum Menschenhaß, bemerken zu machen und dadurch seinem Charakter sichere Wirkung zu geben. Sogar Herr Beil war nicht Flavius. Dieser Charakter erfordert feste, biedere Gradheit, Treue zu seinem Herrn bis in den Tod, schmelzende Empfindungen bei Timons Leiden, rührende Theilnahme an dessen Schicksal, edeln Stolz gegen Timons falsche Freunde, festen, männlichen Sinn beim Abschied von seinen Kameraden (...). Anstatt dessen war Herr Beil gleich in der ersten Scene weinerlich, zu weich (...)".[39] Vom 'Vergreifen' oder 'Verderben' des Charakters ist bezeichnenderweise immer wieder die Rede. Was Schink programmatisch forderte: die dramaturgische Charakter-Interpretation als Form und Inhalt der Rollengestaltung des Schauspielers, wird hier in der Theaterpraxis selbst durchgesetzt, wie sich aus Dalbergs kritischem Insistieren folgern läßt: der psychologisierte Charakter erscheint als Anforderungsprofil des Schauspielers, die psychologisch versierte Charakter-Interpretation als Form der schauspielerischen Rollenaneignung.

In allen dramaturgischen Sammlungen und Zeitschriften der zweiten Hälfte des 18. Jahrhunderts läßt sich diese manische Fixierung auf die Kategorie und das Konzept des Charakters beobachten. Der Charakter 'durchherrscht', so könnte man sagen, den gesamten theatralen und im engeren Sinn auch den poeto-

37 Ebd., S. 244 - 245
38 Ebd., S. 388 - 396
39 Ebd., S. 388 - 389

logischen Diskurs.[40] Dabei wäre es zu kurz gegriffen, die Anwendungsorientierung der Dramaturgien auf die Arbeit des Schauspielers zu beschränken. Der dramaturgische Diskurs um das Innere verbreitet und vergesellschaftet sich auch im Theaterpublikum, wie er umgekehrt Interessen und Bedürfnisse der historischen Subjekte aufnimmt und 'spiegelt'. Denn die Theaterzeitschriften des letzten Jahrhundertdrittels sind durchweg Publikumszeitschriften in einer signifikant hohen Titelzahl, mit einer z. T. durchaus respektablen Verbreitung und mit einer z. T. erstaunlichen Kontinuität. Sowohl die strukturelle Fixierung auf den Charakter als auch die Praxis der Entschlüsselung des Inneren selbst verbreiten sich über diese medialen Publikationsformen und strukturieren derart das Theatererlebnis der Zuschauer und ihre Erwartungshaltung gegenüber den Schauspielern. - Der Kreis schließt sich: was die Dramaturgen entfalten, sollen die Schauspieler darstellen und wollen die Zuschauer auf der Bühne sehen: den psychologisch konzipierten Menschen und die 'geheimsten Triebfedern seiner Seele'.[41]

2. Die Seele und der Schauspieler

Das Theater des 18. Jahrhunderts war ein Theater der Schauspieler. Ansätze zu einem Literaturtheater, das den sakrosankten Dramentext zum wichtigsten Element der Theaterarbeit erhebt, machen sich erst am Ende des 18. Jahrhunderts deutlicher bemerkbar. Das Regie-Theater, in dessen Mittelpunkt die ästhetische Ingeniosität, die 'Inszenierungskunst' des Regisseurs steht, setzt sich erst an der Wende vom 19. zum 20. Jahrhundert durch.[42] Im 18. Jahrhundert dagegen macht

40 Diese historisch neue Ausrichtung auf den Charakter spiegelt sich auch in der poetologischen Diskussion: die 'Umschreibung' der Aristotelischen Tragödientheorie bei Lessing etwa, die in der Ursprungsfassung eine Poetik der Fabel ist, oder die Auseinandersetzung mit den Einheitsregeln des französischen Klassizismus, die eine bestimmte Organisation der Handlung generieren, sind Indizien für diesen Prozeß.

41 Es gehört nicht in diesen systematischen Zusammenhang, aber muß abschließend doch wenigstens erwähnt werden: Kategorie und Inhalt des Charakters haben eine eminente Bedeutung im Prozeß der Literarisierung des Theaters im 18. Jahrhundert. Denn der Charakter fungiert als erste Transpositionsebene der Bedeutungen des Texts in die Arbeit des Schauspielers. Der vom Dramaturgen mit der Charakter-Interpretation festgelegte "Sinn des Texts" soll vom Schauspieler 'nachgedacht', 'eingeübt', später wird es dann heißen: 'reproduziert' werden. Mit dieser Forderung wird, so weit ich sehe, erstmals eine infrastrukturelle, dominante Stellung des Texts gegenüber der schauspielerischen Darstellung in praxi festgeschrieben und durchgesetzt. Zur Literarisierung siehe ausführlich Kapitel VI.

42 Schon der Begriff 'Inszenierung' markiert die historische Distanz zwischen der Theaterästhetik des 18. und der des 20. Jahrhunderts. Im 18. Jahrhundert wurde nicht 'inszeniert',

der Schauspieler ohne jede Konkurrenz durch andere Theaterelemente das Zentrum der Theaterarbeit aus; auf ihn, auf die Rollengestaltung des einzelnen Schauspielers focussiert sich die Aufmerksamkeit der Rezipienten[43]. Diese Schauspielerzentrierung spiegelt sich deutlich im theatralen Diskurs selbst: Aufführungskritiken sind, wo sie nicht als 'Aufhänger' für genuin dramaturgische Erörterungen benutzt werden, aneinandergereihte Schilderungen der einzelnen Rollengestaltungen; Theatertheorien und um Systematik bemühte Texte sind, bis auf ganz wenige Ausnahmen, Schauspieler-Theorien.

Was interessiert historische Subjekte des 18. Jahrhunderts an den im Zentrum der Aufmerksamkeit stehenden Schauspielern? Wie wird die schauspielerische Darstellung wahrgenommen, mit welchen Parametern und Begriffen wird sie beschrieben, und was entscheidet über Qualität oder Mangel der Darstellung? Ich könnte auch prägnanter fragen: Was eigentlich 'erleben' die Theaterzuschauer des 18. Jahrhunderts am Schauspieler? - Die Darstellung des Inneren der gespielten Charaktere, ihrer Seele, ihrer Leidenschaften und Emotionen - also dessen, was unter der 'Außenseite' des Menschen versteckt bleibt - sind die faszinierenden Aspekte der Schauspielerarbeit. Jene Darstellung ist die beste, welche am tiefsten und am anrührendsten Einblick in die Seele und die inneren Geheimnisse oder Abgründe der dramatischen Figur gewährt. Und der exzeptionelle, der vorbildliche Schauspieler selbst - Ekhof, die Hensel, Schröder, Brockmann, Dorothea und Charlotte Ackermann, Iffland, Fleck etc., bei denen sich diese Zuschreibungen geradezu häufen - gilt als 'Experte der Seele'. Ähnlich wie das Konzept Charakter in den Dramaturgien so erhält die 'Seele' in der Schauspieler-Kritik und -theorie den Status einer Zentralkategorie: Die 'Seele' wird in der zweiten Hälfte des 18. Jahrhunderts zum 'diskursiven Zentrum' bei der Beobachtung, der Interpretation und dem Erleben schauspielerischer Rollengestaltung - ein diskursives Zentrum, um das herum alle anderen Begriffe, Definitionen, Theoreme und Diskurse über die schauspielerische Spezifik anzuordnen sind.[44] Verfolgen wir diese Beziehung zwischen der Seele und dem Schauspieler an einigen Beispielen.

Sulzers "Allgemeine Theorie der schönen Künste" liefert im Artikel "Schauspieler" eine der ersten durchweg positiven lexikalischen Definitionen des Berufs,

---

sondern auf der Basis festgelegter und standardisierter Darstellungskonventionen gespielt. Nur so lassen sich im übrigen die überaus kurzen Probenzeiten und die laxe Probenpraxis erklären, wie sie etwa in den zeitgenössischen Theaterromanen beschrieben werden.

43 Auch die Ästhetik des harmonischen Ensemblespiels entwickelt sich erst im Zuge der literarischen Theaterreform von Klassik und Romantik.

44 So ist etwa die ausufernde Debatte des 18. Jahrhunderts um 'heiß' oder 'kalt' spielen, um Einfühlung und Identifizierung auf der einen, Distanz zur Rolle auf der anderen Seite - siehe dazu den eher schwachen Aufsatz von Bender 1988 - in letzter Instanz motiviert und strukturiert von der Frage, welches Darstellungsprinzip besser das Innere der Figur nach außen bringt.

der auch in der zweiten Hälfte des 18. Jahrhunderts immer noch als dubiose Profession gilt. Drei Qualifikationen seien, so Sulzer, Voraussetzungen der schauspielerischen Arbeit: "Bey dieser Kunst kommt es zwar hauptsächlich nur auf zwey Hauptpunkte an: auf den mündlichen Vortrag, und auf die Sprache der Gebehrden"[45]; die Rollendarstellung verlange darüber hinaus "(...) eine ausnehmende Urtheilskraft, weil es ohne diese unmöglich ist, sich so vollkommen, als hier nöthig ist, in die Gedanken und Empfindungen eines andern zu setzen, und seinen Worten allen Nachdruck und jeden Ton zu geben, den sie in seinem Munde haben würden. Man muß so zu sagen in die Seelen anderer Menschen hineinschauen können."[46] Während rhetorische und mimisch-gestische Fertigkeiten als 'technisch-handwerkliche' Qualifikationen gefaßt werden, macht erst die Fähigkeit, 'in die Seelen anderer Menschen hineinschauen zu können', die besondere Eignung für den Schauspieler-Beruf aus. Diese Seelenkenntnis ist 'conditio sine qua non' für die schauspielerische Arbeit und mit ein Grund für die zunehmende soziale Anerkennung des Schauspielerberufs. Geradezu hymnisch feiert Sulzer den seelengebildeten Schauspieler: "Was für ein genauer Beobachtungsgeist, was für große Erfahrung und Kenntniß der Menschen, was für eine erstaunliche Beugsamkeit des Geistes und des Körpers wird nicht hiezu erfordert?"[47] - Der Schauspieler gilt als Experte der Seele; und im Zentrum der schauspielerischen Arbeit steht die Produktion von glaubwürdigen Seelenzuständen, von inneren Befindlichkeiten der dargestellten Charaktere.

1778 veröffentlicht der junge Johann Friedrich Schink eine kleine Schrift unter dem Titel "Ueber Brockmanns Hamlet". Das Büchlein behandelt die berühmte Hamlet-Darstellung Brockmanns, die nach der Erstaufführung in Hamburg 1776 rasch in ganz Deutschland Aufsehen erregt[48] und eine entscheidende Etappe bei der Durchsetzung der Shakespeare-Tragödien markiert. Schinks Motive bei seiner Hommage an den Schauspieler - eine Textform, die im übrigen im letzten Jahrhundertdrittel weit verbreitet ist - scheinen dabei nicht ganz uneigennützig gewesen zu sein. Als publizistischer Nutznießer schließt er sich an den spektakulären Erfolg Brockmanns an und überschüttet ihn eingangs mit Lob. Sein eigentliches Interesse aber liegt in der Decouvrierung von Brockmanns vorgeblich falscher bzw. unzureichender Hamlet-Interpretation, zu deren Beurteilung sich Schink als literarisch gebildeter Shakespeare-Experte besonders berufen fühlt: "Niemand, und wenn er der erste Kenner des Theaters wäre, kann Brockmann's wahre Verdienste lebhafter und inniger fühlen, als ich: (...) und dies aus einem ganz natürlichen Grunde, ich habe mir aus der Rolle des Hamlet's, eh' ich daran

45 Sulzer, Allgemeine Theorie der schönen Künste, Bd. IV, S. 263
46 Ebd., S. 263
47 Ebd., S. 264
48 Siehe Kindermann 1961, S. 568 - 570

dachte, daß Brockmann sie hier spielen würde, ein wahres Studium gemacht (...), habe in meiner Seele Hamlet's Karakter so genau zergliedert, ihn durch alle seine Nüancen so genau erfaßt; ihn aus dem wahrsten und richtigsten Gesichtspunkt zu sehn mich so sehr bestrebt: als hätt' ich selbst in dieser Rolle auftreten sollen."[49] - "Brockmann hat nicht ganz Hamlet, als Hamlet dargestellt, so spricht meine Überzeugung, so muß sie sprechen, wenn ich anders meinen Shakespeare recht verstanden, und es wäre doch ziemlich arg - wenn ich die ganze Zeit über, die ich auf das Studium dieses Hamlet's verwandt habe, wo ich nach vielen Hin und Herdenken, fest überzeugt wurde: dies und kein andrer ist Hamlets Karakter!"[50] Aber nicht diese hochinteressante Konkurrenz zwischen Dramaturg und Schauspieler um die - an den Autor 'angedockte' - Sinngebungskompetenz wollen wir hier weiterverfolgen[51], sondern die Frage, was dem Kritiker Schink an der Darstellung Brockmanns in struktureller Hinsicht auffällt, wie er sie beschreibt und was ihn daran fasziniert.

Schink 'zergliedert', wie der terminus technicus der aufklärerischen Kritik heißt, nicht die gesamte Darstellung Brockmanns, sondern beschränkt sich auf einige wenige Szenen, die dann jedoch sehr detailliert bis in jedes mimisch-gestische Zeichen hinein besprochen werden. Die ausgewählten Szenen sind jene berühmten Monologe und Dialoge des Stücks (Hamlet und der Geist seines Vaters; Hamlets Abrechnung mit der Mutter, Hamlet und Ophelia etc.), in denen die Figuren ihre confessiones, Erschütterungen, Empfindungen und Leidenschaften drastisch offenbaren. Von der Darstellung dieser Leidenschaften und dem durch sie möglichen Blick in die Seele zeigt sich Schink fasziniert: "Was Brockmann besonders als großen Schauspieler auszeichnet", so die Einleitung zur Interpretation der Geister-Szene, "ist die außerordentliche Beredsamkeit seines Gesichts. Da ist keine Leidenschaft, von der man nicht Abdruck auf seinen Minen läse - man darf ihn nur sehen, und erräth schon den Kampf, der in seiner Seele vorgeht. Sein Gesicht ist gleichsam ein Buch, in das die kleinsten Empfindungen seiner Seele hineingezeichnet sind. Daher fesselt er auch die Aufmerksamkeit der Zuschauer vorzüglich, denen sein Minenspiel nicht entgeht (...). Sein Auge naß von Thränen, hängt starr auf den Boden - und ein finstrer Flor von schwarzen Ideen umhüllt seine Stirn. Seine Freunde treten auf, er erkennt sie, trocknet sich die Augen, und seine Thränen ersticken gleichsam im Hervorkeimen. Ein heitres Lächeln zieht sich über seine Backen und seine Augen - aber es ist nur das Lächeln des dämmernden Tages. Mitten in dem Strahl der Heiterkeit mischt sich eine düstre Melancholie, die auf seiner Stirn ein Paar trübe Falten zieht; gleich

---

49 Schink, Ueber Brockmanns Hamlet, S. 7

50 Ebd., S. 9

51 Siehe dazu ausführlich Kapitel VI, Abschnitte 2 und 3.

der Sonne, wenn sie nach einem Gewitter in matten Strahlen durch schwarzes Gewölck bricht."[52]

Das Verhältnis von mimisch-gestischen Zeichen, der Außenseite des Menschen, und der Seele, der inneren Welt, hat es Schink angetan: das 'starr auf den Boden geheftete, tränenvolle Auge' wird zum Signum der 'schwarzen Ideen' im Innern Hamlets, das gebrochen-heitere Lächeln bei der Begrüßung der Freunde zum Signum der 'düstren Melancholie', die - wiederum ein Beispiel für das Innen-Außen-Denken - 'auf seiner Stirn ein Paar trübe Falten zieht'. Gebannt und akribisch zugleich beobachtet Schink den virtuosen Wechsel der Gefühle, Empfindungen und Leidenschaften, der sich in Brockmanns Mimik und Gestik abzeichnet. Aber es ist nicht nur diese schauspielerische Virtuosität allein, die den Zuschauer Schink hinreißt, sondern vor allem der Status von Mimik und Gestik als Ausdrucksformen, als Zeichen des Inneren: In Mimik und Gestik 'drücken' sich die Empfindungen, Gefühle und Leidenschaften 'ab'; und durch sie wiederum visualisiert sich das Innerste des Menschen, die Seele, gleichsam materiell am Körper. Das schauspielerische Können bei der Darstellung der Gefühle und Leidenschaften also ermöglicht den Zuschauern einen Blick in das Innere der Figur, in jenes "unsichtbare Ding, das Seele heißt"[53]. 'Den Kampf der Seele errät man im mimischen Abdruck der Leidenschaften'; 'ins Gesicht sind die kleinsten Empfindungen der Seele hineingezeichnet' - so lauteten Schinks signifikante Formulierungen.

Die unbändige Faszination für große Leidenschaften und erschütternde Gefühlsausbrüche, die Begeisterung für die damit einhergehende Visualisierung und Verkörperlichung der Seele sind die Leitmotive von Schinks Brockmann-Buch. Sein Durchgang durch die Szenen folgt dabei immer dem gleichen Schema: nach einer kurzen Skizze des Handlungs- und Dialogverlaufs konzentriert er sich auf die in Mimik und Gestik sich abzeichnenden Gefühle, Empfindungen und psychischen Reaktionen Hamlets bzw. Brockmanns[54] und schließt von da aus auf den Zustand der Seele: "Der Geist erzählt: Hamlet muthig und entschlossen hört ihn begierig an, und jemehr die Erzählung fortrückt, bemächtigen Mitleid, Trieb zur Rache, und inniger Schmerz sich seiner Seele. Sein Herz blutet, das schreckliche Schicksal seines theuren, ermordeten Vaters zerreißt seine Brust, und entflammt ihn zur blutgen Rache gegen den Mörder. (...) Ganz außer sich durch diese Erscheinung gesetzt, Sinne und Seele in Empörung, das ganze Gewicht

52 Schink, Ueber Brockmanns Hamlet, S. 16 - 17

53 Obermeit 1980, Titel. Gerade diese körperliche Visualisierung des Psychischen betrachte ich als einen spezifischen Beitrag des Theaters bzw. des Schauspielers zur Diskursivierung der bürgerlichen Innenwelt.

54 Zur Debatte steht nicht nur das Innere der Rollenfigur, sondern auch das Innere des Schauspielers selbst. Dazu ausführlich weiter unten in diesem Kapitel.

seines Wehs auf ihm liegend, von dem Ungewöhnlichen, Außerordentlichen der vorgegangnen Begebenheit erschüttert (...). Hier hält er inne, zieht sich in sich selbst zurück, und mit dem Blick eines Menschen, dessen Seele weit weg war, erwacht er aus seiner Ekstase, indem er starr an der Stelle hängt, wo der Geist schwand. (...) Dies drängt ihn zu Thränen, und da der Befehl seines ermordeten Vaters von neuem und mächtiger in seiner Seele aufsteigt, so werden auch seine Bewegungen stärker, sein Gefühl feuriger, seine Rede lebhafter und rollt wie ein gewaltiger Strom!"[55] - Wiederum ist Schink - das zeigt sich insbesondere an der Emphase, mit welcher man heute nur um den Preis der Lächerlichkeit eine Rollendarstellung beschreiben könnte - hingerissen von leidenschaftlichen Gefühlsausbrüchen und Emotionen, wiederum begreift er sie als Ausdrucksformen des Innersten Hamlets bzw. Brockmanns. Der Zuschauer kann derart gleichsam 'in die Seele' blicken - oder umgekehrt gesagt: die Seele erfährt ihre Materialisierung in der sprachlichen und körpersprachlichen Darstellung des Schauspielers.

Die berühmten Akteure der zweiten Jahrhunderthälfte - Ekhof und Schröder, Brockmann, die Ackermann-Schwestern, Iffland und Fleck - gelten durchweg als begnadete Virtuosen in der glaubwürdigen Darstellung der Gefühle, der Emotionen und des Inneren - und erlangen unter anderem auch deswegen so ungewöhnliche soziale Reputation und Publizität. Sie verkörpern 'etwas' (ein neues Menschenbild), das die bürgerlichen Zuschauer geradezu manisch anzieht: die Innenwelt des bürgerlichen Menschen, jenen 'eigentlichen' Bezirk hinter dem nach außen gerichteten Verhalten, hinter oder unter den Konventionen, den Gesetzen und Normen, den 'Sitz' von Gefühlen, Emotionen und Leidenschaften, das neu generierte 'wirkliche' Zentrum des Menschen. Sie zeigen ein zivilisationsgeschichtlich neues 'Modell' oder 'Bild' des verinnerlichten Menschen. Die Schauspieler bringen dieses neu entdeckte und produzierte Innere öffentlich sichtbar nach außen und machen es derart emotional erlebbar, nachvollziehbar, kommunikabel und anwendbar für die Zuschauer. Verbreitung erfahren die schauspielerischen Modelle des verinnerlichten Menschen darüber hinaus durch Kupfer und Zeichnungen, die vielen zeitgenössischen Theaterzeitschriften als visuelles Surplus beigegeben sind und sich im Publikum großer Beliebtheit erfreuen. Der "Gothaer Theaterkalender" etwa veröffentlicht in nahezu jeder Ausgabe fünf Kupfer, zumeist tumultuarische Szenen größter Erregung oder aber expressive Portraits einzelner Rollengestaltungen, bei denen weitaufgerissene Augen, verzerrte Gesichtszüge und exaltierte Gestik zu sehen sind. Zum Ende des Jahrhunderts werden Sammlungen solcher Kupfer und Zeichnungen auch als eigenständige Veröffentlichungen publiziert. Exemplarisch ist hier auf die Kupfer

55 Schink, Ueber Brockmanns Hamlet, S. 29 - 30

Daniel Chodowieckis - insbesondere zu Brockmanns Berliner Gastspiel als Hamlet (1777) - und auf die von den Gebrüdern Henschel gezeichneten Rollenportraits Ifflands[56] zu verweisen.

Nicht nur in der Schauspieler-Kritik, sondern auch in theoretischen und systematischen Texten gelten Aufdeckung und körperliche Veräußerlichung der 'geheimsten Triebfedern der Seele' als Zentrum, als spezifisches Surplus der schauspielerischen Darstellung. Auf Dalbergs Frage "Was ist Natur?" im Rahmen der dramaturgischen Preisfragen am Mannheimer Nationaltheater etwa antwortet Beil: "Meinem Gefühl nach die Kunst, in aufgestellten Charakteren das Innere der Menschen mit allen Gemüthsbewegungen und dem dazu schicklichen Temperament sich anfühlend zu machen, diesen in sich zusammengesetzten Menschen mit genauem Kostüm auf die Bühne hinzustellen, um auf den Seelenkundigsten mit so einem Grad Illusion zu wirken, daß er glaubt, den angenommenen Menschen wirklich an dem Schauspieler zu sehen."[57] 'Das Innerste des Menschen so glaubwürdig darzustellen, daß auch der seelenkundigste Zuschauer getäuscht werde' - das ist die prägnanteste Formel für das Darstellungsideal der zweiten Jahrhunderthälfte. Auch in Ifflands Begriff vom Schauspieler als "Menschendarsteller"[58] ist dieses Darstellungsideal der glaubwürdigen Verkörperung des Inneren immer präsent.

Die schauspielerische Zeichenproduktion als Ausdruck von Seelenzuständen läßt sich nirgends so deutlich beobachten wie an Engels "Ideen zu einer Mimik", weil diese 'Beziehung' hier als konstitutives Theorem der gesamten Argumentation des Buchs fungiert: Die Gebärde ist "(...) ein äussers, an unserm Körper hervorgebrachtes, sichtbares Zeichen von den innern Veränderungen unsrer Seele"[59]. - Engels "Ideen", 1785 - 1786 in Berlin erschienen, entwickeln zum erstenmal in Deutschland eine entfaltete Theorie und Systematik der Schauspielkunst; das Buch ist im deutschsprachigen Raum bis über die Jahrhundertwende hinaus weit verbreitet und zählt neben Lessings und Schinks Dramaturgien zur Standardlektüre der Theaterenthusiasten: die Bezüge, Anspielungen und Referenzen gegenüber den "Ideen" im zeitgenössischen Diskurs sind enorm. Engel verfolgt die Absicht, gesicherte, allgemeingültige Regeln der Mimik, der Mienen- und Gebärdensprache also, zu entwickeln und festzulegen; erst die Existenz

56 Ifflands Mimische Darstellungen für Schauspieler und Zeichner. Während der Vorstellung gezeichnet in Berlin in den Jahren 1808 bis 1811, verfertigt und herausgegeben von den Gebrüdern Henschel. Berlin 1811

57 Protokolle des Mannheimer Nationaltheaters, S. 79

58 Siehe etwa Ifflands "Fragmente über Menschendarstellung" (eine Sammlung seiner Antworten auf Dalbergs dramaturgische Preisfragen) oder sein "Almanach fürs Theater und Theaterfreunde".

59 Engel, Ideen zu einer Mimik, Bd. I, S. 73

solcher Regeln - das ist ein Basistheorem der aufklärerischen Ästhetik - erhebe die Schauspielerei in den Status einer Kunst[60], worüber im 18. Jahrhundert noch heftig gestritten wird.[61] Engels Mimik formuliert eine Art Grammatik oder Enzyklopädie solcher Regeln mit der durchaus pragmatischen Funktion, Lehrmaterial für die Ausbildung bzw. das Selbststudium der Schauspieler zur Verfügung zu stellen.[62]

Der erste Band der "Mimik" entfaltet - nach erkenntnistheoretischen, kategorialen und kunsttheoretischen Erörterungen[63] - den Ausdruck einzelner Affekte, Empfindungen und Leidenschaften in der Mienen- und Gebärdensprache, etwa der "Affekte des Herzens" (XIII. Brief), "des Zorns" (XVII. Brief) oder den "Ausdruck der Verehrung und der Liebe" (XXI. Brief); der zweite Band behandelt die Zusammensetzung mehrerer mimischer und gestischer Elemente im Rahmen einer größeren Sequenz, etwa einer Rolle oder verschiedener Rollen eines Stücks. Engel geht, insbesondere im I. Band, mit ziemlicher Detailbesessenheit vor. Seine mimische 'Normierung' des Ausdrucks von Affekten reicht bis zur Festlegung der Stirnfalten, der Haltung der Finger, dem Grad der Neigung des Oberkörpers, um nur einige Beispiele zu erwähnen. Das Bild des Schauspielers, das aus Engels "Mimik" schimmert, wirkt merkwürdig statisch, eindimensional, segmentiert und monologisch: Das Schauspielen erscheint als eine Arbeit des isolierten Hinstellens einzelner mimischer und gestischer Elemente; nie wird es - auch im II. Band nicht, der längere Sequenzen behandelt - kommunikativ oder interaktiv gefaßt.[64]

Engel differenziert zwei 'Hauptklassen' von körpersprachlichen Zeichen: "(...) solche, die ihren Grund bloß im Mechanismus des Körpers haben, wie der kurze Athem nach schnellem Lauf, das Zufallen der Augen bey der Schläfrigkeit, u. s. f." und "solche, die mehr von der Einwirkung der Seele abhangen; die auf ihre Gedanken, Empfindungen, Absichten, als auf veranlassende oder wirkende Ursachen zurückschliessen lassen."[65] Der erste Bereich von körpersprachlichen

---

60 Ebd., S. 4 - 5 und S. 20 - 26

61 Einen der frühesten theoretischen Versuche, die Schauspielerei - bislang ein 'Handwerk' - zur Kunst aufzuwerten, veröffentlicht Lessings Vetter Mylius 1750 in der von beiden herausgegebenen Zeitschrift "Beyträge zur Historie und Aufnahme des Theaters" unter dem Titel: "Versuch eines Beweises, daß die Schauspielkunst eine freye Kunst sey".

62 Diese Anwendungsorientierung dokumentieren insbesondere die mitveröffentlichten Kupfer, die zeigen, wie einzelne Gesten und mimische Elemente auszusehen haben.

63 Engel, Ideen zu einer Mimik, Bd. I, Briefe I - VII

64 Auch Theorien über das Schauspielen vermitteln einen Eindruck von den historischen Spielweisen und Darstellungsprinzipien. Die Affinität zwischen Engels 'monologischer' Betrachtung und dem zeitgenössischen 'segmentierten' Spiel (also der Nicht-Existenz eines Ensemblespiels) etwa ist hier zu erwähnen.

65 Engel, Ideen zu einer Mimik, S. 46 - 47

Zeichen wird aus der Untersuchung weitgehend ausgeklammert: "Die erstern herzuzählen und zu sagen, daß der Schlaf die Augen schliesse, der Kitzel in den Nerven der Nase ein Niesen errege, u. s. w. würde lächerlich seyn."[66] Dem zweiten Bereich von Mienen, Gebärden und Körperhaltungen bzw. -bewegungen gilt Engels eigentliches Interesse, gerade weil sie als 'zeichenhaftes Material' der Seele zum Verständnis der Innenwelt dienen, ja weil man geradezu auf sie angewiesen ist, um die 'Seele' zu begreifen: "Wir kennen die Natur der Seele nur durch ihre Wirkungen, und sicher würden wir manchen Aufschluß mehr über sie erhalten, wenn wir diese Art ihrer Wirkungen, die mannichfaltigen Ausdrücke ihrer Ideen und Bewegungen im Körper, fleissiger beobachten wollten. Da wir sie unmittelbar nicht sehen können; so sollten wir um so fleissiger und aufmerksamer auf ihren Spiegel, oder, noch besser, auf ihren Schleyer sehen, der fein und beweglich genug ist, um uns durch seine leichten Falten hindurch ihre Bildung errathen zu lassen."[67] Die körpersprachlichen Zeichen der 'nicht-mechanischen' Klasse als 'Spiegel' oder 'Schleyer' der Seele, mit deren Hilfe das nicht sichtbare Innere erkannt werden kann bzw. durch die hindurch das Innere 'spricht' - das ist die konstitutive, die theoretische wie heuristische Denkfigur für Engels gesamtes Buch: "Am leichtesten, öftersten, unverkennbarsten spricht die Seele durch diejenigen Glieder, deren Muskeln am beweglichsten; also am öftersten durch Minen des Gesichts, und unter den Minen durchs Auge (...). Jener Ausdruck erfolgt so leicht, so unmittelbar, daß oft auch die ausgelernteste Verstellungskunst ihn nicht zurückhalten kann, wenn sie gleich sonst den ganzen übrigen Körper in der Gewalt hat."[68] Unter dieser Prämisse beschreibt und systematisiert er das seines Erachtens für den Schauspieler relevante Repertoire an einzelnen und zusammengesetzten Zeichen - und bestimmt jede mimisch-gestische Haltung als Ausdruck eines bestimmten Seelenzustands. Die Seele selbst gewinnt bei Engel, so läßt sich zumindest aus manchen seiner Formulierungen schließen, beinahe den Status eines 'Zentralorgans' der körpersprachlichen Zeichen: "Der Sitz des Gebehrdenspiels ist nicht dieses oder jenes Glied, dieser oder jener Theil des Körpers insonderheit. Die Seele hat über alle Muskeln desselben Gewicht, und wirkt, bey vielen ihrer Bewegungen und Leidenschaften, in alle."[69]

Die mimisch-gestischen Zeichen offenbaren also die Seele; und Engels Buch ist eine Anleitung zum Verständnis beider: der inneren Welt wie ihrer äußeren Zeichen.[70] Man gewinnt im Durchgang durch Engels "Mimik" immer stärker den

66 Ebd., S. 47
67 Ebd., S. 24
68 Ebd., S. 64 - 65
69 Ebd., S. 61
70 Dieses enge, ja fast 'wahrheitsgemäße' Verhältnis zwischen körpersprachlichen Zeichen und Seele wirkt für uns, die wir Mimik und Gestik strategisch, inszenierend und narziß-

Eindruck, daß ihn bei der Systematisierung der körpersprachlichen Zeichen und Zeichenkomplexe in erster Linie die Systematisierung der immer mitgedachten Seelenzustände interessiert, daß hier: in der Kategorisierung und der Systematisierung des Psychischen sein eigentliches Erkenntnisinteresse liegt. Engels Faible für Theater und Schauspielkunst scheint in erster Linie auf die mediale Möglichkeit zur öffentlichen Ausstellung von Seelenzuständen - und damit zur Vergesellschaftung des 'verinnerlichten' Menschenbilds - zurückzugehen. In jedem Fall belegt auch Engels Mimik- und Darstellungstheorie, daß am Schauspieler die Verkörperung und Veräußerlichung des Inneren fasziniert.

Genaugenommen erleben die Theaterzuschauer neben dem Inneren der Rollenfigur noch die Entäußerung einer zweiten Innenwelt: der des Schauspielers nämlich. In den schauspieltheoretischen Entwürfen des 18. Jahrhunderts besteht ein Konsens darüber - und zwar unabhängig von der Frage, ob identifikatorisch oder kontrolliert-distanziert zu spielen sei -, daß der Schauspieler bei der Rollengestaltung seine eigene Seele und seine eigenen Emotionen in extremer Weise anspanne. An der Darstellung also interessiert nicht nur die Visualisierung der 'fremden', der rollenfiguralen Innenwelt, sondern immer auch der Prozeß der psychischen Anstrengung und Selbstentblößung des Schauspielers, der mit geradezu voyeuristischer Intensität beobachtet wird. Aus der Perspektive des Produzenten beschreibt Iffland, Vertreter der identifikatorischen Darstellungsästhetik, diesen Vorgang folgendermaßen: "Der Augenblick nun, wo die Seele alle mächtigen Kräfte aufbietet um Menschen darzustellen, ist die Wirkung des göttlichen Funkens, ist die hohe heilige Begeistrung, worüber neulich Graf Stolberg geschrieben hat. Die versammelte Menge schwindet vor dem Schauspieler - in einem schwarzen Chaos ist er allein - ganz so der Mensch, der er seyn will, daß er tödten muß wie Barnwell und vergeben wie Cadas."[71] Man kann den schauspielertheoretischen Streit des 18. Jahrhunderts um die Prinzipien der Einfühlung oder der besonnenen Kontrolle bei der Rollengestaltung als Indiz für die Faszination gegenüber der schauspielerischen Seelen-Entblößung interpretieren. Denn dieser Streit wird niemals abschließend entschieden, sondern immer wieder von Neuem aufgerollt: "Ist man in die Debatte nicht eingelesen, wundert man sich über die Kette der vielen Beispiele und Beispielvarianten, darüber, daß die Streitfrage 'Nichteinfühlung/Einfühlung' nicht auf den Punkt gebracht und entschieden wird. Doch es geht nicht primär um Theorie als Theorie, sondern die Debatte ist vom Interesse geleitet, sich die eigene individuelle Theatererfahrung

---

tisch einsetzen, überaus fremd. Die Entdeckung des Inneren und seines Ausdrucksrepertoires befindet sich am Ende des 18. Jahrhunderts in ihrer euphorisch-revolutionären Phase. Heute trauen wir diesem vermeintlich Unmittelbaren, 'Authentischen' einerseits nicht mehr über den Weg - und sehnen uns andererseits doch danach zurück.

71 Iffland, Fragmente über Menschendarstellung, S. 35

im anspruchsvollen theoretischen Rahmen immer wieder vor Augen zu führen."[72] Gerade die Unentschiedenheit und Unabgeschlossenheit dieser Debatte aber ermöglicht es, die Bedingungen und psychischen Implikationen der schauspielerischen Rollengestaltung sowie die damit verbundenen Gebrauchserwartungen und Erlebnismöglichkeiten der Zuschauer immer wieder neu zu diskutieren und zu reflektieren. In diesem diskursiven 'Gewinn' dokumentiert sich ein ausgeprägtes Interesse am Verwandlungsprozeß, am Übergang von der Psyche des Schauspielers zur Innenwelt der Rollenfigur. Das Innere des Schauspielers ist bei der Darstellung einer Figur immer mit im Blick, ja oftmals diffundieren für die Rezipienten beide Seelen-Bezirke ineinander. Der Schauspieler visualisiert zwei Seelen zur gleichen Zeit.

Erika Fischer-Lichte ist jüngst - ausgehend von wissenschaftsgeschichtlich-zeichentheoretischen Fragestellungen[73] - zu ähnlichen phänomenologischen Ergebnissen über die Beziehung von Seele und Schauspieler im 18. Jahrhundert gekommen. Sie sieht die Entwicklung einer neuen, bürgerlichen Schauspielkunst im Zusammenhang mit den humanwissenschaftlichen Diskursen (Anthropologie, Biologie, Physiologie, Ethnologie, Psychologie) des 18. Jahrhunderts, in denen sich die Grundüberzeugung durchsetzt, daß 'der Körper ein natürliches Zeichen der Seele'[74] sei. Im Zentrum der neuen Schauspielkunst steht - analog zu diesem humanwissenschaftlichen Basistheorem - der körpersprachlich-zeichenhafte Ausdruck der Emotionen, des Inneren, der Seele: "Das besondere Interesse der Rezensenten - und wohl auch der Zuschauer - galt in allen diesen Fällen ganz offensichtlich der Frage, welche Kenntnis über die Seele der Rollenfigur die vom Schauspieler geschaffenen Details der Darstellung vermitteln. Der Schauspielkunst kam hier zweifellos die Funktion zu, die Kenntnis der Zuschauer über die menschliche Seele beträchtlich und in entscheidenden Punkten zu erweitern. Das Theater nahm daher nicht nur die Aufgaben einer moralischen Anstalt wahr, sondern auch die einer wissenschaftlichen Anstalt: Hier vermochte der Zuschauer Psychologie an den verschiedenartigsten Fallbeispielen zu studieren. Er ging dabei ebenso wie die Theoretiker der Schauspielkunst vom Gesetz der Analogie

---

72 Berg 1985 b, S. 114 - Berg interpretiert diese 'diskursive Perpetuierung' - im Unterschied zu meiner These - als Beleg für das kommunikative (Produzenten und Rezipienten einfassende) Theaterbild des 18. Jahrhunderts, für die 'Gegenseitigkeit von Zuschauern und szenischen Darstellern' (siehe Berg 1985 b, S. 111 - 116): "Zuschauer wie Schauspieler können sich als 'Kenner', als über 'Bildung' und 'veredelte' Ästhetikkompetenz, 'Geschmack', verfügende Elite genießen, die sich im Blick hinter die Kulissen des Mediums genießt: ein Blick, der der Kunst der Illusionierung durch die Bühne gilt, zugleich aber auch der eigenen Zuschauer-Kunst, der Art, durch die man Illusion zuläßt bzw. befördert." (Ebd., S. 114 - 115)

73 Fischer-Lichte 1993, S. 121 und S. 139

74 Ebd., S. 121

aus: Was sich in der Seele vollzieht, bringt einen entsprechenden körperlichen Ausdruck hervor. Da der vom Schauspieler geschaffene Ausdruck von allen Zufälligkeiten und Unvollkommenheiten der Natur gereinigt ist und daher als vollkommene Repräsentation eines seelischen Zustandes gelten kann, vermag der Zuschauer von ihm zweifelsfrei auf den betreffenden Zustand der Seele zurückzuschließen. Auf dem Theater kann er folglich weit mehr über die menschliche Seele erfahren als in der gesellschaftlichen Wirklichkeit."[75] - Jedoch stellt sich für mich die Frage - und das markiert meine grundlegende Differenz zu Fischer-Lichte -, ob das Theater in der Funktion einer 'wissenschaftlichen Anstalt' die psychologischen 'Kenntnisse' nur 'verbreitet und erweitert' oder ob es, auf der Basis medienspezifischer Modelle und Erlebnisqualitäten, spezifisches Wissen über die Seele zuallererst produziert und damit das 'Objekt' Seele im Verbund mit anderen Produktionsinstanzen mitgeneriert. Ich komme auf dieses methodische Problem, bei dem es im Kern um den historischen Ursprung des Inneren und um die spezifischen Funktionen und Diskursivierungspotentiale des Theaters geht, im Schlußabschnitt dieses Kapitels zurück.

3. Der emotionale 'thrill' in der theatralen Rezeption

Die Rezeption von Theateraufführungen ist heutzutage eine hochgradig kontemplative Angelegenheit: ruhig und gesammelt blicken die Zuschauer auf die Bühne, ihre Aufmerksamheit zentriert sich auf die Produktionsebene, die Vorstellung selbst läuft ohne Unterbrechungen ab, begleitet allenfalls von relativ dezenten Reaktionen des Lachens, des Amusements, des Tuschelns; und erst am Ende einer Sequenz oder der Aufführung äußern sich die 'gezähmten' Zuschauer auf eine hochgradig konventionalisierte Weise: mit Beifall oder mit der Enthaltung von Beifall. Selbst der Theaterskandal, eine konventionalisierte Regelverletzung, stellt dieses grundlegende Verhaltensmodell nicht in Frage. Könnte man literarisch-kontemplativ sozialisierte Zuschauer unserer Tage ins Theater des 18. Jahrhunderts versetzen, wären sie amüsiert, irritiert oder gar peinlich berührt. Die Zuschauer des 18. Jahrhunderts waren in der Theatersituation nicht nur insgesamt 'unkontrollierter' und grundsätzlich frecher und lautstärker als heute[76], sondern äußerten vor allem emotionale Anteilnahme und affektiv-psychische Reaktionen in einer extrem auffälligen und nach außen, in die theatrale Öffentlichkeit gerichteten Weise. Von Tränen, Mitleid und Rührung, von Entsetzen, Erschrecken und dem 'Gefrieren des Blutes', von Ohnmachtsanfällen, ja gar von Frühgeburten im Theater ist in Rezeptionsdokumenten der zweiten Jahrhunderthälfte signifikant

75 Ebd., S. 138

76 Siehe dazu ausführlich Kapitel IV, Abschnitt 2.

häufig und auch relativ selbstverständlich die Rede. Die Erregung und Entäußerung von Gefühlen und Emotionen scheint eine zentrale Erlebnisqualität des Mediums gewesen zu sein. Im Theater machten sich die Zuschauer nicht nur mit den schauspielerischen Modellen der Seele vertraut, sondern spürten und erlebten, 'zelebrierten' und vergesellschafteten gleichzeitig das neu entdeckte Innere. Die Theatersituation versprach einen 'emotionalen thrill', über den die Zuschauer ihr eigenes Inneres erfühlten und genießend in die Öffentlichkeit brachten.

Insbesondere das erste Theatererlebnis bzw. die autobiographische Rückerinnerung[77] daran, dokumentiert eine emotionale 'Initialzündung': Iffland etwa schildert seinen ersten Theaterbesuch, eine Aufführung von Lessings "Miss Sara Sampson", folgendermaßen: "Mein Vater hatte gesagt, die Sache sei lehrreich, wir könnten dabei lernen. Ich hatte ihn von der Geschichte gerührt gesehen. Auf dem Zettel stand: 'ein Trauerspiel'! Es war also von Würde, Trauer, Unterricht die Rede. (...) Ich bin in Tränen zerflossen während dieser Vorstellung. Das Gute, das Edle wurde so warm und herzlich gegeben - die Tugend erschien so ehrwürdig! (...) Solch eine wahre, hinreißende Schilderung, diese Allmacht des Gefühls, welche jedes Gefühl erregte und führte, wohin es wollte - das reizte, erhob und überwältigte meine Seele. Ich war ganz aufgelöst - der Vorhang sank herab - ich konnte nicht aufstehen, ich weinte laut, wollte nicht von der Stelle, sprach zu Hause davon mit fremden Zungen und war niemand unangenehm, den mein Feuer umfaßte."[78] Interessant an Ifflands Initiationserlebnis ist das Verhältnis von Moral und Emotionalität. Der Theaterbesuch wird programmatisch motiviert durch 'Würde, Trauer, Unterricht', Funktionsbestimmungen des sittlich-moralischen Theaterkonzepts also. Im Theatererlebnis selbst jedoch ist nurmehr - und wie emphatisch - von Empfindungen, Gefühlen und der Seele die Rede. Dieses Auseinanderklaffen von programmatischem Argument und faktischer Erlebnisqualität ist typisch für den Mediengebrauch der zweiten Jahrhunderthälfte und ein weiterer Beleg für die legitimierende Funktion des sittlich-moralischen Theaterkonzepts. Ähnliche emotionale Erschütterungen beschreibt Karl Philipp Moritz im "Reiser"-Roman, als Anton zum erstenmal eine professionelle Theateraufführung sieht, eine "Emilia Galotti"-Inszenierung der Ackermann-Truppe in Hannover: "Indem er [Anton Reiser, R. R.] nun so in schwermütige Gedanken vertieft einherging und schon nahe am Tore war, schoß auf einmal wie ein Blitz ein Gedanke durch seine Seele, der alles aufhellte und wodurch sich ihm alles wieder in einem schönern Lichte malte - er erinnerte sich, daß er schon zu Hause

---

77 In den Autobiographien und Biographien des 18. Jahrhunderts, neben dem Roman das zeittypische, verinnerlichte Genre par excellence, ist das erste Theatererlebnis ein verbreiteter Topos. Es lohnte sich, darüber zu forschen.

78 Iffland, Meine theatralische Laufbahn, S. 10 - 12

bei seinen Eltern gehört hatte, es wäre eine Schauspielergesellschaft nach Hannover gekommen, die den Sommer über dort spielen würde. - Dies war die damalige Ackermannsche Truppe, welche fast alle die jetzt hin und her zerstreuten Zierden aller Bühnen Deutschlands in sich vereinigte. (...) Sein Herz schlug ihm für Freuden, da er dies las, gerade dies Stück, bei dem er schon so manche Träne geweint und so oft bis ins Innerste der Seele erschüttert worden, und was bis jetzt nur noch in seiner Phantasie aufgeführt war, nun auf dem Schauplatz mit aller möglichen Täuschung dargestellt zu sehn. - Er wäre den Abend nicht aus der Komödie geblieben, hätte es auch kosten mögen, was es gewollt hätte (...). (...) Wie mächtig mußte Reisers Seele hier eingreifen; da sie nun die Welt ihrer Phantasie gewissermaßen wirklich gemacht fand! - Er dachte von nun an keinen andern Gedanken mehr als das Theater und schien nun für alle seine Aussichten und Hoffnungen im Leben gänzlich verloren zu sein."[79] - Generell wird im "Reiser"-Roman[80] den Schauspielern die grundlegende Macht zugeschrieben, auf die Nerven der Zuschauer zu wirken und erschütternde Empfindungen zu erregen.

Auch in Theaterkritiken erscheint der 'emotionale Schock' als fester Bestandteil des Rezeptionserlebnisses. Schink etwa, um noch einmal auf sein "Brockmann"-Buch einzugehen, imaginiert diesen Schock schon in der Vorausschau auf die Aufführung: "Als ich über Hamlet nachdachte, und also dieses Stück zu wiederholten malen las, fühlt' ich mich am stärksten in dieser Scene[81] hingerißen. Nie bebten gewaltgere Schauer durch meine Seele, nie fühlt ich mich mehr Entsezzen ergreifen, nie mehr ängstliches Schrecken mein Herz durchklopfen - als wenn ich mir diese Scene aufm Theater dachte."[82] Im Anschluß kritisiert Schink die Rollengestaltung Brockmanns, weil sie diesen emotionalen 'thrill' nicht erregt habe. Das bedeutet jedoch, daß das Theater als emotionalisierender Raum imaginiert und die Nichteinlösung des emotionalen Schocks als Abweichung, als Enttäuschung einer Medienerwartung erlebt wird. Zur Auseinandersetzung zwischen Hamlet und der Königin heißt es bei Schink: "Diese Scene ist unstreitig die stärkste im Hamlet, und zugleich die dankbarste für den Schauspieler. Er darf sie nur gut hersagen, und sie muß den größten Effekt auf den Zuschauer machen. Hat nun der Schauspieler die verschiedne trefliche Uebergänge von einer Leidenschaft zu der andern in dieser Scene in Gewalt, so muß er das Herz jedes

---

79 Moritz, Anton Reiser, S. 187 - 188

80 Siehe Moritz, Anton Reiser, S. 308 - 310 und zur Interpretation des Syndroms Catholy 1962, S. 98 - 102: "Der Machttrieb und seine Verwirklichung im schauspielerischen Schaffen".

81 Gemeint ist natürlich Hamlet und der Geist seines Vaters.

82 Schink, Ueber Brockmanns Hamlet, S. 21

Zuschauers zu blutgen Thränen hinreißen, und jede Saite desselben von Furcht und Schrecken wiederhallen machen."[83]

In seiner Autobiographie "Meine theatralische Laufbahn" schildert Iffland immer wieder Theatersituationen, in denen es zu massiven emotionalen Ausbrüchen der Zuschauer kam. Ein besonders anschauliches Beispiel dafür, von Iffland plastisch ausgemalt, ist eine Festaufführung am Mannheimer Nationaltheater, die 1785 aus Anlaß der Heirat von Pfalzgraf Maximilian Joseph von Zweibrücken mit der hessisch-darmstädtischen Prinzessin Auguste stattfand. Alle Mitglieder des Kurhauses, bis auf den Kurfürsten selbst, sind im Mannheimer Theater anwesend. Gegeben wird der "Barbier von Sevilla" von Paisiello, zusätzlich ein Vorspiel von Iffland mit dem Titel "Liebe um Liebe", das auf die stattgefundene Heirat und die auf ihr gegründeten dynastischen Hoffnungen des Kurhauses[84] anspielt. Dieser Prolog Ifflands provoziert eine Orgie emotionaler Expressionen bei den adligen wie den bürgerlichen Zuschauern: "Bei den ersten Beziehungen entstand eine augenblickliche Bewegung, welche aber gleich wieder verhallte. Allmählich hörte man ein mit Gewalt zurückgehaltenes 'Ach!' - Stille - dann wieder das halblaute Gemurmel der freudigen Rührung. Allein bei der Stelle, wo der treue alte Landmann sagt: (...) er wolle bei jeder Geburt eines guten Prinzen einen jungen Baum hinzupflanzen, (...) da rufen viele Stimmen laut durcheinander: 'Mein Gott! O mein Gott!' Das Parterre erhebt sich von seinen Sitzen, ein Rufen, endlich ein wildes Geschrei wird allgemein - man sieht emporgehobene Arme - im Jubel geschwenkte Hüte! 'Lebet, lebet! Erhalte euch Gott!' Dies rief die Liebe, die Treue, das Entzücken der Familie entgegen. [Abs.] Die jungen Fürstinnen küßten die Hand ihrer Großtante, welche in Tränen schwamm - laut weinend umarmten sich die fürstlichen Brüder - der Jubel erneute sich - die Vorstellung mußte innehalten und die Gefühle des Volks walten lassen. [Abs.] Sie wurde endlich fortgesetzt - beständig unterbrochen von der Freude des Volks, das seine Herzlichkeit nicht hemmen wollte, von den Tränen der Schauspieler, welche kaum vollenden konnten. [Abs.] Da der junge Baum für die neue Pfalzgräfin feierlich gesetzt wurde, schluchzten manche laut - alles wandte sich nach ihr hin - ihre schönen Augen weinten unaufhaltsam."[85]

Zwei Phänomene sind an dieser 'Orgie der Emotionen' hervorzuheben: Erstens äußern sich Rührung, emotionale Anteilnahme und Erregung ungehemmt und selbstverständlich im öffentlichen Raum des Theaters. Die Zuschauer, die Schau-

83 Ebd., S. 56

84 Das Kurfürstenpaar selbst und die in der Erbfolge vor Pfalzgraf Maximilian Joseph stehenden Prinzen waren kinderlos, so daß der Pfalzgraf und seine vermeintlichen Kinder als Thronerben des Kurhauses Pfalz-Bayern galten. Was denn auch 1799 - nach dem Tod von Kurfürst Karl Theodor - der Fall war.

85 Iffland, Meine theatralische Laufbahn, S. 69

spieler und die Mitglieder des Kurhauses seufzen, schluchzen und weinen, küssen und umarmen sich in aller Öffentlichkeit. Zweitens wird dieser öffentliche Ausdruck von Emotionen selbst zum Gegenstand des Interesses und zum Zentrum des Medienerlebnisses: Man beobachtet, wenn die Prinzen und Fürsten sich herzen, küssen, umarmen und weinen. Man 'wendet sich zur Pfalzgräfin hin', wenn sie bei einer besonders anspielungsreichen Stelle zu weinen beginnt. Der Ausdruck von Emotionen erhält den Status eines spektatorischen Ereignisses. Der Reiz der Veranstaltung rührt nicht nur vom Stück und von der Anwesenheit des Adels her, sondern auch vom öffentlichen Erlebnis der eigenen Emotionen und der Emotionalisierung anderer, im besonderen der Mitglieder des Kurhauses.[86]

Der 'emotionale thrill' der theatralen Rezeption wird auch in den Theaterreden der zweiten Jahrhunderthälfte als zentrale Erlebnisqualität des Mediums gefeiert. Die zeitgenössischen Theaterreden - Prologe, Epiloge und zwischen die einzelnen Aufführungsteile eingeschobene Ansprachen - haben die pragmatische Funktion, Zuschauer und Gönner dem Theater gegenüber geneigt zu stimmen. Sie tun das, indem sie die besonderen Leistungen und Erlebnisqualitäten des Mediums herausstellen. Die Textform Theaterrede ist insofern ein diskursives Indiz für den immer noch labilen gesellschaftlichen Stellenwert des Mediums. Wäre das Medium gesellschaftlich und kulturell akzeptiert, müßte man sich seiner Bedeutung nicht immer gesondert, nämlich eben programmatisch, versichern. In diesem Zusammenhang tritt die Erregung und Entäußerung von Emotionen zunehmend gegenüber den sittlich-moralischen Wirkungspotentialen in den Vordergrund:

"Ihr Freunde, denen hier das mannigfache Spiel
Des Menschen in der Kunst der Nachahmung gefiel,
Ihr, die ihr gerne weint, ihr weichen, bessern Seelen,
Wie schön, wie edel ist die Lust, sich so zu quälen;
Wenn bald die süße Trän, indem das Herz erweicht,
In Zärtlichkeit zerschmilzt, still von den Wangen schleicht,
Bald die bestürmte Seel, in jeder Nerv erschüttert,
Im Leiden Wollust fühlt und mit Vergnügen zittert!
O sagt, ist diese Kunst, die so eur Herz zerschmelzt,
Der Leidenschaften Strom so durch eur Inners wälzt,
Vergnügend, wenn sie rührt, entzückend, wenn sie schrecket,
Zu Mitleid, Menschenlieb und Edelmut erwecket,
Die Sittenbilderin, die jede Tugend lehrt,
Ist die nicht eurer Gunst und eurer Pflege wert?
Die Fürsicht sendet sie mitleidig auf die Erde,
Zum Besten des Barbars, damit er menschlich werde;
Weiht sie, die Lehrerin der Könige zu sein,

86 Die Episode hat auch eine eminent politische Bedeutung: die gemeinsame Emotionalisierung von Adel und Bürgern produziert ein Gemeinschaftserlebnis, das der kulturellen Bewältigung der Klassengegensätze dient. Siehe dazu ausführlich Kapitel IV, Abschnitt 3.

> Mit Würde, mit Genie, mit Feur vom Himmel ein;
> Heißt sie, mit ihrer Macht, durch Tränen zu ergötzen,
> Das stumpfeste Gefühl der Menschenliebe wetzen;
> Durch süße Herzensangst und angenehmes Graun
> Die Bosheit bändigen und an den Seelen baun;
> Wohltätig für den Staat, den Wütenden, den Wilden
> Zum Menschen, Bürger, Freund und Patrioten bilden."[87]

Ich habe hier das erste Drittel des Prologs zitiert, mit dem die Hamburger Entreprise 1767 eröffnet wurde. Der Text wird Johann Friedrich Löwen zugeschrieben; Lessing druckt ihn im sechsten Stück der "Hamburgischen Dramaturgie" ab. Nach der zitierten Passage feiert der Prolog das Theater als 'Supplement der Gesetze' - ein konventionelles Medienbild im zeitgenössischen Diskurs -, weil es juridisch nicht verfolgte bzw. nicht verfolgbare Verbrechen der 'schlauen Bösewichter', der 'blutigen Tyrannen' und 'gekrönten Mörder' als imaginärer Gerichtshof öffentlich anprangere: "Die unerschrockne Kunst, die allen Mißgestalten / Strafloser Torheit wagt den Spiegel vorzuhalten; / Die das Geweb enthüllt, worin sich List verspinnt, / Und den Tyrannen sagt, daß sie Tyrannen sind"[88]. Im Schlußteil des Prologs schließlich folgt die eigentliche Zueignung an Gönner und Publikum: "Und ein Teil dieses Ruhms, ihr Gönner, wird der eure. / O seid desselben wert! Bleibt eurer Güte gleich, / Und denkt, o denkt daran, ganz Deutschland sieht auf euch!"[89] - Löwen entwirft in der zitierten Passage das Theater als einen Raum, in dem die Zuschauer in raschem Wechsel und einzigartiger Intensität Gefühle und Emotionen durchleben können und dergestalt das eigene Innere in einer quasi 'psycho-experimentellen' Situation empfinden. Die eh schon 'weichen, bessern Seelen' - zweifelsohne captatio benevolentiae gegenüber dem Publikum - gehen hier ihrer 'Lust' nach, sich selbst als emotionale und emotionalisierbare Subjekte zu erleben. Mitleid, Tränen, Rührung, Herzerweichung, zärtliche Stimmungen, Nervenerschütterung, wollüstiges Leiden und vergnügliches Zittern, süße Herzensangst und angenehmes Grauen können die Zuschauer in einem experimentellen Emotionalisierungsprozeß durchlaufen. Löwens emphatischer Entwurf des Theaters als 'Labor der Seele und der Emotionen' kulminiert in einem überaus spannenden Bild: 'Der Leidenschaften Strom', so heißt es da, 'wälzt sich durchs Innere der Zuschauer' - und derart 'werde die Bosheit gebändigt und an den Seelen gebaut'. Im Theater also werden Gefühle und Emotionen nicht nur erlebt, vielmehr wird vermittels der Emotionalisierung der Zuschauer das Innere auch geformt und mitproduziert. Zwar bindet Löwen das emotionale Rezeptions-Szenario im zweiten Teil an die traditionellen topoi des Theaters als Sittenschule,

87 Lessing, Hamburgische Dramaturgie, S. 35 - 36
88 Ebd., S. 36
89 Ebd., S. 37

moralische Anstalt und Supplement der Gesetze. Aber diese Verknüpfung bleibt inhaltlich unbegründet und unabgeleitet, der emotionale Erlebnisbereich dem moralischen Programm ganz äußerlich. Die emotionalen Erlebnispotentiale allein reichen als 'medienlegitimierende' Leistungen des Theaters hin; Emotionalisierung und Seelenerlebnis allein sind schon überzeugende Argumente, um die Gunst von Gönnern und Zuschauern zu erheischen und den gesellschaftlichen Nutzen des Theaters zu markieren.

Die Faszination für die Emotions-Fabrik Theater, wie sie in Löwens Prolog zur Hamburger Entreprise zum Ausdruck kommt, ist im theatralen Diskurs des letzten Jahrhundertdrittels weit verbreitet. Ich greife eine x-beliebige Theaterrede aus dem "Gothaer Theaterkalender" heraus, einen "Epilog. Nach der Aufführung des Edelknaben von Engel, am Geburtstage, Sr. Durchlaucht, des regierenden Herzogs von Oldenburg, gesprochen zu Oldenburg 1778. Von Mad. Hentschel"[90]:

"Wenn Melpomenens Zauberkraft
Im Sturm und Drang der Leidenschaft
Das Haar empört, und unser Herz erschüttert;
Wenn dem, der hier die Tugend leiden sieht.
Das Mitleid auf den Wangen glüht;
Wenn Schrecken uns ergreift, und unser Busen zittert
Und dumpf, in Dissonanzen eingehüllt,
Der Nerven süsse Harmonie verschwindet;
Dann wird des Hörers Busen wild,
Er fühlt nicht mehr, er ist entzündet;
Ein trauriges Phantom, ein Schreckensbild
Steigt nach dem andern auf, wie aus Avernashöhle.
Schwer athmen wir, schwermüthig webt die Seele. -
Der kalte Kenner nur weiß sein Gefühl
Der Kunst des Dichters und des Spielers nachzustimmen;
Wenn, traurend, um ihn her die Augen schwimmen,
So schmeckt er ganz allein, bey meisterhaftem Spiel,
Befriedigung und inniges Gefühl.
Viel williger und süsser ströhmen Zähren
Der Menschheit und Natur zu Ehren."[91]

Wiederum ist die Emotionalisierung der Zuschauer allein die zentrale Erlebnisqualität, die als medienlegitimierende Leistung des Theaters vollkommen hinreicht und keiner sittlich-moralischen Ergänzung mehr bedarf. Nehmen wir das emphatische Bild des Mediums und seiner Rezipienten, wie es hier vorgestellt wird, einmal ernst: Wir sehen Zuschauer, die im Theater ihrer Lust nachgehen, emotionale Extremsituationen und die Empfindsamkeit der eigenen Seele zu erleben, die durchzuckt und gezeichnet sind von den körperlichen Reaktionen

90 Gothaer Theaterkalender, auf das Jahr 1781, S. 26 - 28

91 Ebd., S. 26 - 27. - Ich habe hier nur den ersten Teil des Epilogs zitiert.

emotional-affektiven Aufruhrs, vom 'Sturm und Drang der Leidenschaft', hin- und hergerissen zwischen Rührung, Tränen und Entsetzen. Das Theater organisiert seinen Zuschauern einen einzigartigen emotionalen 'thrill'. Was die Zuschauer an der Rollengestaltung der Schauspieler interessiert - Gefühle und Leidenschaften, Affekte und Emotionen, Verinnerlichung und Seelentiefe -, das durchleben und produzieren sie in der theatralen Rezeption modellhaft-experimentell an sich selbst.

Genau besehen ist Schillers "Schaubühnen"-Rede[92] von 1784 die Programmschrift des Theaters als Labor der Seele und der Emotionen schlechthin, und zwar gegen Schillers eigene medienprogrammatische und -politische Intention: denn der Diskurs über Emotionalität und Innerlichkeit zieht sich unterhalb der Ebene der thematisch diskutierten, der sittlich-moralischen und politischen, Medienwirkungen als 'hegemonialer' Sub-Code wie ein roter Faden durch den gesamten Text. Schiller will, darin dem Bestreben nahezu aller aufklärerischen Theaterkonzepte verbunden, den Nutzen des Theaters für "Menschen- und Volksbildung" nachweisen, um das Medium als eine der "ersten Anstalten des Staats"[93] zu etablieren und die theoretische und künstlerische Beschäftigung mit ihm sozial zu legitimieren. Er bemüht zu diesem Zweck nahezu alle Argumente, die im Lauf des 18. Jahrhunderts von den Befürwortern des Theaters vorgebracht wurden; Schillers Rede hat deswegen summierenden, wenig originellen, an manchen Stellen auch schlicht plagiatorischen Charakter[94]: Von der 'nützlichen Unterhaltung' des Theaters spricht Schiller ebenso wie von seiner Funktion als Ergänzung der Gesetze und der Religion. Die Kenntnis der menschlichen Charaktere und Schicksale wird ebenso ins Feld geführt wie die 'Aufklärung des Verstands', die das Medium durch die sinnliche Popularisierung aufklärerischer Ideen, etwa der Religions-Toleranz oder der neuen Erziehungs-Konzepte, leiste: "Richtigere Begriffe, geläuterte Grundsäze, reinere Gefühle fließen von hier durch alle Adern des Volks"[95]. Das Nationaltheater-Konzept diskutiert Schiller, auf die Rolle des Mediums als Fürstenspiegel spielt er zumindest an; und schließlich

92 In der Vortragsfassung von 1784 trägt die Rede den Titel "Was kann eine gute stehende Schaubühne eigentlich wirken?" In der überarbeiteten Aufsatzfassung von 1802 wählt Schiller die Überschrift "Die Schaubühne als moralische Anstalt betrachtet". Der Wechsel des Titels markiert den Übergang vom Medienbild der Aufklärung zum literarischen Theaterkonzept der Kunstperiode. In der Neufassung erscheint die 'moralische Prägung' der Zuschauer als eine mögliche Funktion des Mediums bzw. als ein möglicher Blickwinkel auf das Theater. In der Ursprungsfassung dagegen war das der einzig denkbare Blickwinkel.

93 Schiller, Was kann eine gute stehende Schaubühne eigentlich wirken?, S. 88

94 Siehe etwa die zum Teil wörtliche Übernahme der Argumente Lessings in der "Hamburgischen Dramaturgie", S. 141, in die Schaubühnen-Rede, S. 95.

95 Ebd., S. 98

beschwört er die alltags-kompensierenden Wirkungen des Theaters und das personale Gleichheitserlebnis unter den Zuschauern.

Auf der thematischen Ebene seines Texts beschreibt Schiller das Theater als Medium, das sittlich-moralisches Verhalten befestigt, die bürgerliche 'Außenseite' formiert und Grundpositionen der Aufklärung popularisiert; im Kern also jenes Medienbild, das schon Gottsched entworfen hatte. Im Sub-Code der Rede jedoch, in der Rhetorik, den Metaphern und Bildern, in den Analogien, Konkretionen und Beispielen, zeigt sich, daß ihn am Theater etwas ganz anderes interessiert: die dramaturgische Auslotung und schauspielerische Verkörperung des Innenlebens der dramatischen Figuren zum einen, die Emotionalisierung und Erweiterung der Seelenkenntnis der Rezipienten, ja die Modellierung des Innenlebens der Zuschauer zum anderen. Zu Beginn seiner Untersuchung vergleicht Schiller Gesetze, Religion und Theater im Bestreben, das Theater als 'dritte Säule des Staats' zu verankern. Er parallelisiert dabei Religion und Theater, weil beide Praxen im Unterschied zu den Gesetzen, die ausschließlich "Thaten" und "offenbare Äußerungen des Willens"[96] - faktische oder angekündigte Handlungen also - verfolgen, auch Einfluß auf Ideen und Gedanken, auf Empfindungen und die Seele, auf den ganzen 'innern Staat des Bürgertums' besitzen: Die Religion "(...) sezt ihre Gerichtsbarkeit bis in die verborgensten Winkel des Herzens fort und verfolgt den Gedanken bis an die innerste Quelle."[97] Wenige Zeilen später folgt die Konkretion für das Theater: "Welche Verstärkung für Religion und Geseze, wenn sie mit der Schaubühne in Bund treten, (...) wo das menschliche Herz auf den Foltern der Leidenschaft seine leisesten Regungen beichtet, alle Larven fallen, alle Schminke verfliegt, und die Wahrheit unbestechlich wie Rhadamanthus Gericht hält."[98] Religion und Theater sind 'Gerichtshöfe der Seele', Prägeinstanzen der bürgerlichen Innenwelt.

Führt Schiller Dramentexte als Anschauungsmaterial an, dann wählt er bezeichnenderweise die großen, leidenschaftlichen Szenen aus, in denen Charakter, innere Motivation und Psyche einer Figur sich plastisch offenbaren: Medea nach dem Kindermord, Lady Macbeth als Schlafwandlerin, Franz von Moor, als er die Existenz Gottes leugnet.[99] Das Theater ermöglicht, so Schiller, die Kenntnis der menschlichen Charaktere und Schicksale: "Wenn sie [die Schaubühne; R. R.] die Summe der Laster weder tilgt noch vermindert, hat sie uns nicht mit denselben bekannt gemacht? Mit diesen Lasterhaften, diesen Thoren müssen wir leben. Wir

---

96 Ebd., S. 91

97 Ebd., S. 91

98 Ebd., S. 91. Es ist in Schillers Formulierung nicht eindeutig erkennbar, ob er die Darstellungs- oder die Rezeptionsebene meint. Ich denke, daß diese Doppeldeutigkeit absichtsvoll ist.

99 Ebd., S. 92

müßen ihnen ausweichen oder begegnen; wir müßen sie untergraben, oder ihnen unterliegen. Jetzt aber überraschen sie uns nicht mehr. Wir sind auf ihre Anschläge vorbereitet. Die Schaubühne hat uns das Geheimniß verrathen, sie ausfündig und unschädlich zu machen."[100] Das 'Geheimnis', sie ausfindig und unschädlich zu machen, besteht dabei in nichts anderem, als die 'inneren Triebkräfte' der dramatischen Figuren zu erkennen: "Die Schaubühne ist mehr als jede andere öffentliche Anstalt des Staats eine Schule der praktischen Weißheit, ein Wegweiser durch das bürgerliche Leben, ein unfehlbarer Schlüssel zu den geheimsten Zugängen der menschlichen Seele."[101] Sind es nicht die Theater, "(...) die den Menschen mit dem Menschen bekannt machten, und das geheime Räderwerk aufdeckten, nach welchem er handelt?"[102]

In der Darstellung des 'geheimen Räderwerks der menschlichen Seele' liegt die besondere Leistung des Theaters bzw. des Schauspielers. Das Theater aber organisiert nicht nur die 'Kenntnis' der Innenwelt mit Hilfe exemplarischer Dramenfiguren, sondern ermöglicht den Zuschauern auch das Ausagieren eigener Emotionalität und die Empfindung der eigenen Innenwelt. Das wird insbesondere daran deutlich, daß die sittlich-moralische Prägung der Zuschauer (Schrecken vor Laster, Tugendbefestigung etc.) immer als emotionale Extremsituation gedeutet wird: mit 'wollüstigem Entsetzen' verfluchen sie die verbrecherischen Helden; Medea 'schauert sie an', Lady Macbeth sorgt für 'heilsame Schauer', 'lebendige Glut zur Tugend, brennender Haß des Lasters'[103] gar wird Franz von Moor in den Zuschauern erregen. Umgekehrt bei den tugendhaften Helden: "Mit welch herrlichen Empfindungen, Entschlüssen, Leidenschaften schwellt sie [die Bühne; R. R.] unsere Seele, welche göttliche Ideale stellt sie uns zur Nacheiferung aus!"[104] Und im Schlußbild der "Schaubühnen"-Rede sind es gerade emotionale Erregung und Seelenempfindung unter den Zuschauern, die in der personalen Gemeinschaft der Theatersituation das Erlebnis menschlicher Gleichheit hervorrufen.

Dem psychologisch interpretierten Charakter und der Verkörperlichung der Seele durch den Schauspieler entspricht der emotionale und emotionalisierbare bürgerliche Rezipient, der im Theatererlebnis seine eigene Innenwelt 'erspürt'. Die Theaterzuschauer der zweiten Jahrhunderthälfte konfrontieren sich nicht nur mit dem im Darstellungsmaterial aufgehobenen 'Wissen' um Gefühle, Emotionen und das Innere, sondern erfahren im 'emotionalen thrill' der theatralen Rezeption eigene Emotionalität und eigene Innenwelt an sich selbst. Sie üben, so könnte man sagen, das neuformierte Wissen um das Innere modellhaft-exemplarisch ein;

100 Ebd., S. 95
101 Ebd., S. 95
102 Ebd., S. 97
103 Alle Umschreibungen ebd., S. 92
104 Ebd., S. 93

und deswegen strahlt das Medium so große Faszination auf die historischen Subjekte aus. Das aber heißt weiter gedacht: Im Theater drückt sich das Wissen um Emotionalität, Subjektivität und Individualität, das neu entstandene 'psychologische Menschenbild', nicht nur aus, sondern das Medium steuert zu den 'Verinnerlichungsprozessen' des 18. Jahrhunderts spezifisches Wissen, spezifische Modelle und spezifische Erfahrungsmöglichkeiten bei.

4. Das Theater als Produktionsinstanz der bürgerlichen Innenwelt

Die Theorien des abendländischen Zivilisationsprozesses sind sich im wesentlichen darüber einig, daß die Verinnerlichung von Selbstzwängen kennzeichnend für den 'modernen' Menschen der Neuzeit ist und als zentraler Mechanismus moderner Herrschaft fungiert: "Die Individuen internalisieren Ge- und Verbote, Regeln und Zwänge in einem mehr oder minder unbewußten Vorgang zu Eigenzwängen, die sie sich selbst auferlegen, ohne daß dann die permanente Präsenz einer äußern Gewaltmacht noch vonnöten wäre."[105] Freud hat diesen Prozeß im Bild einer Besatzungsmacht wiedergegeben, wonach die Kultur das Individuum "(...) schwächt, entwaffnet und durch eine Instanz in seinem Innern, wie durch eine Besatzung in einer eroberten Stadt, überwachen läßt."[106] - Kultur- und sozialgeschichtlich läßt sich leicht nachweisen, daß ein 'Inneres', das als vorgängig strukturierte Instanz oder Sitz der zivilisationsgeschichtlichen Verinnerlichungsprozesse hätte dienen können, nicht immer existiert hat. Vor Beginn der Neuzeit gibt es dieses Innere entweder schlichtweg nicht, oder aber es repräsentiert etwas fundamental anderers als das Psychische in der uns heute vertrauten Form, etwa den 'Sitz der Götter' im Menschen, aber eben nicht, um ein banales Beispiel anzuführen, das schlechte Gewissen.[107] Das Innere in der uns heute bekannten Form ist erst im Prozeß der Verinnerlichung selbst, der 'Zivilisierung' und Vergesellschaftung der Individuen seit dem Mittelalter, entstanden: "Denn die 'Umwandlung der Fremdzwänge in Selbstzwänge' (Elias) beläßt dieses 'Selbst' nicht unverändert, sondern beinhaltet ja gerade dessen historische Modifikation bis in grundlegende psychophysische Strukturen hinab."[108] Das aber wirft unmittelbar die Frage auf, welche öffentlichen und halböffentlichen Instanzen die Thematisierung des Selbst, die 'Diskursivierung' des Innern erzwungen oder gefördert oder angeleitet haben; jenes Inneren, "(...) das durch diesen komplexen

105 Sonntag 1989, S. 36

106 Freud 1974, S. 250

107 Man kann sich das leicht an der vorbürgerlichen Literatur klarmachen, die man als 'Dokumente' historischer Welt- und Menschenbilder lesen kann. In den Epen des Hochmittelalters ist eine wie auch immer geartete Innenwelt der Figuren nicht aufzufinden.

108 Sonntag 1989, S. 36

Vorgang der Offenlegung - vor der Macht, vor anderen, vor sich selbst - im Laufe der Geschichte in großen Teilen überhaupt erst als solches produziert wird."[109] Als exemplarische Beispiele solcher psycho-produktiven Instanzen haben historische Psychologie und Sozialgeschichte die Inquisition, die Ohrenbeichte und die literarische Diskursivierung von Innenwelten im 18. Jahrhundert beschrieben. Ich will das - insbesondere aus methodischen Gründen - im folgenden mit einigen Erläuterungen anschaulich machen.[110]

1227 wird auf Veranlassung Papst Gregors IX. die Inquisitionsgerichsbarkeit eingeführt. Aufgabe der Inquisition ist das Auffinden, Überführen und das 'Auslöschen' der Ketzer durch die Übergabe an den weltlichen Arm der Gerechtigkeit. Die inquisitorische Untersuchung trägt zu diesem Zweck alles Wissen über das Leben eines Verdächtigen zusammen, dessen sie habhaft werden kann. Ihr eigentliches Ziel liegt nicht oder zumindest nicht primär in der Untersuchung und Ahndung von äußeren Handlungen oder verbalen Bekundungen, sondern zentral in der Rekonstruktion der 'inneren Verfaßtheit' des Verdächtigen, in der Analyse seiner individuellen Seelenlage: "Die Pflicht des Inquisitors unterschied sich von der des gewöhnlichen Richters auch dadurch, daß ihm die geradezu unmögliche Aufgabe gestellt war, die geheimen Gedanken und Meinungen des Gefangenen sicher festzustellen."[111] Zu diesem Zweck wiederum wurden Techniken des Verhörs, Methodologien der 'Beforschung' des Inneren entworfen und weitergegeben; die Inquisitoren entwickelten sich zu Spezialisten für die Rekonstruktion der 'wirklichen seelischen Beschaffenheit' eines Delinquenten, sie waren die ersten Psychologen der Geschichte.[112]

Eine weitere Form der Beforschung des Inneren, wenngleich nicht mit dem Ziel der Auslöschung des Lebens, zeichnet sich mit der Veränderung der Sünden- und Bußlehre Anfang des 13. Jahrhunderts und der Einführung der Ohrenbeichte 1215 auf dem IV. Laterankonzil ab. Diese Veränderung "(...) besteht darin, daß sich das Zentrum der Sünde von der äußeren Tat auf die innere Zustimmung zur Tat verschiebt; diese Zustimmung wird zur eigentlichen Sünde"[113]. Da nunmehr nicht nur Handlungen, sondern bereits Intentionen und Motive, Gedanken und Phantasien sündhaft sein können, müssen sie in der Beichte erfragt und berichtet werden: "Es kommt somit zu einer Sozialisation der Empfindungen und einer

---

109 Ebd., S. 36

110 Das im folgenden referierte Material ist selbstredend schon eruiert. Ich stütze mich dabei auf die Arbeiten von Lea 1985 zur Inquisition, von Hahn 1982 zur Beichte, von Sonntag 1988 zur 'literarischen Diskursivierung' von Innenwelten sowie die methodisch brillante Skizze von Sonntag 1989 zur "Erzeugung von Innenräumen".

111 Lea 1985, S. 210

112 Siehe dazu Lea 1985, S. 220 und 227

113 Sonntag 1989, S. 39

sozialen Kontrolle des Gewissens, wie sie vorher nicht möglich waren. (...) In dem Maße, wie sich die entsprechende Konzeption durchsetzt, wird das Individuum zu einer Besinnung auf sich selbst zurückgeworfen, wie dies vorher nie der Fall war. Seine innersten Motive werden heilsrelevant, deshalb erforschungsbedürftig. Mit dieser Erhellung des eigenen Motivhaushalts ist aber gerade auch eine Steigerung der Empfindung für die eigene Subjektivität verbunden, die historisch neu ist"[114].

Tatsächlich sind es die Beichte und die inquisitorischen Praktiken, "(...) die historisch das erste systematische und, nach ihren eigenen Maßgaben, konsistent und rational begründete Modell einer singulären Individualität und ihrer 'psychologischen' (oder eher 'seelenlogischen') Untersuchung liefern"[115]. Erforschung und Erkenntnis der inneren Beschaffenheit des Menschen sind in ihrem Ursprung Kontroll- und Disziplinierungsunternehmen der stärksten feudalen Macht: der Kirche. An der Individualisierung und Subjektivierung, jenem seit der Aufklärung so gefeierten Prozeß der Konstitution des modernen Menschen, haftet das Blut der auf der Folter Gepeinigten und der Geruch der Verbrannten. Die ersten konsistenten Biographien von Menschen sind die Biographien der von der Inquisition Ausgelöschten.

An diesen beiden frühen, mittelalterlichen Praxen der Diskursivierung des Innern läßt sich eines sehr klar zeigen: das Innere wird nicht bloß als eine quasi ontologische Entität im Menschen selbst 'entdeckt', sondern im sozialen Prozeß seiner 'Artikulation' - angeleitet, gefördert und erzwungen von den Instanzen der kirchlich-feudalen Macht - auch produziert: durch Praktiken der Konfrontation, der Vergegenständlichung, der Beforschung, des Verhörs, des Geständnisses, der Offenlegung vor der Macht, vor sich selbst und vor anderen. Die innere Beschaffenheit des Menschen ist nicht einfach da, sondern wird erst gemacht.

Im späten 17. und im 18. Jahrhundert 'verschriftlicht' sich die Beforschung des Selbst und der Biographien der historischen Subjekte. Die feudalabsolutistischen Kammern häufen Akten und registriertes Wissen - vor allem aus biopolitischen, bevölkerungspolitischen Steuerungsgründen - über die Biographien der 'Untertanen' an; die Polizey (-wissenschaft) als institutionalisierter Apparat der Untersuchung des Lebens wird eingesetzt.[116] Dem gegenüber steht ein ungeheurer Boom autobiographischer und biographischer Diskurse, sowohl pragmatischer als auch literarischer Art. In der protestantischen Welt etabliert sich die Selbstbefragung als verschriftlichte confessio der Seele - als Tagebuch, das wiederum als Material für die Beichtprozedur dient.[117] Hier legt man sich 'Rechenschaft' ab

---

114 Hahn 1982, S. 408 - 409

115 Sonntag 1989, S. 37

116 Siehe dazu Foucault 1982 und Foucault 1983, S. 37 - 38

117 Siehe dazu Hahn 1982, S. 427

über sich selbst.[118] Nach außen kommuniziert man über das Innere mit Hilfe von Briefen: das 18. Jahrhundert ist das Jahrhundert der Briefkultur par excellence; Briefe gelten im zeitgenössischen Denken als "Seelenbesuche"[119]. Und gleichzeitig entstehen neue literarische Genres und erfahren eine massenhafte Verbreitung auf dem sich ausbildenden Buchmarkt, die Selbsterkenntnis und biographische Reflexionen als Thema und Stoff haben: die literarischen Biographien und Autobiographien, die fiktionalen - und gleichwohl mit dem Reiz des Wahren, Dokumentarischen auftretenden - Briefsammlungen, insbesondere aber der Roman mit seinen Untertypen des Briefromans, des empfindsamen Romans, des psychologischen Romans, des Entwicklungsromans. Vielleicht das paradigmatische Beispiel schlechthin für die literarische Diskursivierung von Innenwelten ist das sechste Buch aus Goethes "Wilhelm Meisters Lehrjahre", die "Bekenntnisse einer schönen Seele". Eingelassen in den Individualisierungs- und Subjektivierungsprozeß der Biographie Wilhelm Meisters steht da eine andere Biographie als literarische confessio einer "schönen Seele", ein autobiographischer Rechenschaftsbericht eines adligen Stiftsfräuleins über ihr aufs Innere zentriertes Leben. Und für jene literarische confessio - dieses Bezugsverhältnis ist noch einmal spannend - hat Goethe reale, autobiographische Seelenbekenntnisse einer Freundin seiner Mutter verwandt. Am Ende des 18. Jahrhunderts lassen sich etwa mit Karl Philipp Moritz' "Magazin für Erfahrungsseelenkunde" (1783 - 1793) oder mit Christian Heinrich Spieß' Erzählungen über 'psychopathologisches' Verhalten - "Biographien der Selbstmörder" (1785), "Biographien der Wahnsinnigen" (1795/96) und "Reisen durch die Höhlen des Unglücks und die Gemächer des Jammers" (1796) - gar schon Ansätze zu einer 'halbwissenschaftlichen' Erforschung des Inneren erkennen, die im 19. Jahrhundert dann in den Diskurs der Humanwissenschaften münden.

Auch an der literarischen Diskursivierung von Innenwelten im 18. Jahrhundert läßt sich die diskursive Produktion verfolgen. Erstens ist es schlechterdings unvorstellbar, daß bei der 'boomartigen' und allgegenwärtigen Thematisierung des Innern immer nur schon vorhandenes Wissen reproduziert und nicht auch qualitativ neues Wissen generiert wird, das die Verinnerlichung und Subjektivierung der historischen Subjekte selbst wieder prägt; durch Operationen des Vergleichs, des Transfers, des Sich-ins-Verhältnis-Setzens, der Konfrontation, der Identifizierung in bezug auf literarische oder pragmatische Modelle. Permanent werden im 18. Jahrhundert immer neue Modelle des 'verinnerlichten' Menschen verfertigt und 'angeboten', permanent konfrontieren sich die historischen Subjekte mit diesen

118 Im "Tagebuch" kommen Seelenerforschung (als Thema und Stoff) und kaufmännische Bilanzierung und Buchhaltung (als Ordnungsparameter und Form) zusammen. Das ist eine höchst interessante Verquickung zweier basaler Elemente bürgerlichen Denkens.

119 Benjamin 1980, S. 439

literarischen, pragmatischen und theatralen Modellbildungen, beziehen sie auf sich, erforschen sich relational und produzieren wiederum neue Modellbildungen usw. usw. Die das innere Leben thematisierende Darstellungsform "(...) macht Bezirke zugänglich, die vorher auch dem Handelnden weitgehend verschlossen waren. Die Diffusheit des eigenen Inneren wird ja nicht dadurch aufgehoben, daß 'man sich selbst am besten kennt'. Vielmehr schaffen erst benennbare Differenzierungen der einzelnen Innenzustände, wie sie der moderne Roman herausarbeitet, jene subtile Landkarte für den Dschungel der Gemütslagen, die es erlaubt, sich in sich selbst zurechtzufinden, über das eigene Innere zu kommunizieren, es zu beeinflussen und es nach Vorbildern zu modeln. Unser Inneres wird aufgrund dieser differenzierten Kategorien für seine Elemente, Veränderungen und deren Verknüpfungen und Gesetzlichkeiten in neuer Weise Gegenstand für uns selbst."[120]

Zweitens sind die Modelle inneren Lebens immer schon auf Veräußerlichung und Veröffentlichung hin angelegt - selbst da, wo sie sich als Ausdruck höchster Intimität gerieren - und haben damit sozialisierende Funktionen im Vergesellschaftungsprozeß. Es gäbe die 'Entdeckung des Inneren' ja nicht, wenn jedes Individuum sie abgeschlossen für sich allein betriebe. "Der entstehende Diskurs der Innerlichkeit hat dabei die Veräußerung und Verobjektivierung des Inneren zur Folge. Die Diskursivierung des Persönlichen und Intimen beläßt die Gefühle keineswegs unverändert, sie gibt ihnen nicht schlicht 'Ausdruck'. Sie organisiert und verändert die möglichen Haltungen des Empfindenden zu seinen Empfindungen, und zwar nicht nur, indem sie die Regeln ihrer sozialen Artikulation gibt, sondern sie bestimmt auch die Wahrnehmungsraster der Individuen, d. h. sie ist letztlich selbst in der Lage, Empfindungen und ihre Modifikationen hervorzurufen. Der Prozeß der 'Selbstentdeckung', der ja ohne sprachliche Raster gar nicht auskommen kann, ist also immer auch einer der 'Selbstproduktion'."[121]

Auf die produzierende Qualität der gesellschaftlichen Diskursivierung von 'Objekten'[122] hat Michael Sonntag auch im Hinblick auf den Roman des 18. Jahrhunderts - in einer methodisch brillanten Kritik an den gängigen literatursoziologischen Interpretationsmustern zur Entstehung des bürgerlichen Romans - aufmerksam gemacht: der Roman ist ihm nicht nur, nach Thomas Manns berühmten

120 Hahn 1982, S. 422 - 423

121 Sonntag 1989, S. 42

122 Im Begriff der Diskursivierung ist die 'diskursive Produktion' genaugenommen immer mitgedacht. Diskursivierung meint die Gesamtheit aller gesellschaftlichen Rede- und Denkformen, die im Prozeß ihrer sprachlichen und sozialen Artikulation ein Objekt auch 'produzieren'. Foucault hat dieses Prinzip der diskursiven Produktion oder Anreizung im ersten Band von "Sexualität und Wahrheit" (Foucault 1983) exemplarisch und überzeugend entfaltet.

bonmot, ein "Gefäß der modernen Seele", sondern zugleich auch eine ihrer Produktionsinstanzen: "Die Diskursivierung der Innenwelten führt zu ihrer weiteren Ausdifferenzierung, 'Verfeinerung' und zu neu strukturierten Zusammensetzungen mit veränderter Dynamik. Der Roman bildet als das 'Gefäß der modernen Seele' zugleich auch eine ihrer Gußformen. 'Empfindsamkeit' und 'Innerlichkeit' des 18. Jahrhunderts beinhalten ebensosehr eine 'Produktion' von 'innerem Leben' wie dessen 'Entdeckung' oder 'Erforschung'. Damit gehen notwendig gesteigerte Bewußtheit, Komplexität und Kontrolle der Affekte und Leidenschaften einher, die wiederum mit religiösen, politischen, ökonomischen Entwicklungen in Zusammenhang stehen. (...) Die Vergesellschaftung der Individuen läuft nicht einfach nur über eine akkumulative 'Verinnerlichung' der von der Seite der Macht vorgegebenen Zwänge und Normen. 'Verinnerlichung' steht in ständiger Wechselwirkung mit der diskursiven 'Veräußerlichung' von Innenwelten."[123]

Ich habe in den Materialstudien zur Dramaturgie, zum Schauspieler und zur Rezeption gezeigt, daß das Theater an der Diskursivierung von Innenwelten im 18. Jahrhundert fundamental beteiligt ist. Auch das Theater zeigt - wie der Roman, wie die Briefkultur, wie die Autobiographie - Modelle des inneren Lebens und Modelle des Umgangs mit ihm, zu denen sich die Rezipienten ins Verhältnis setzen, die sie mit ihren Erfahrungen erfüllen, wie sie sie gleichzeitig in differenzierenden kognitiven Prozessen auf sich anwenden und damit ihr eigenes Inneres ergänzen, modifizieren und strukturieren. Auch das Theater veröffentlicht, verobjektiviert und veräußerlicht - wie die literarischen und pragmatischen Kommunikationsmedien - das Innere und ist damit ein Medium der Vergesellschaftung der inneren Welt. Schon deswegen ist es angemessen, das Theater als eine der historischen Produktionsinstanzen der bürgerlichen Innenwelt, als ein 'Labor der Seele und der Emotionen' zu verstehen. Darüber hinaus aber steuert das Theater zu den Diskursen über das Innere besondere Bilder, besondere Modelle und besondere Erfahrungsmöglichkeiten bei - ein spezifisches 'Wissen' also, das unter den mediengeschichtlichen Bedingungen des 18. Jahrhunderts hier und nur hier produziert werden konnte:

Erstens: In der dramaturgischen Reflexion konstituiert sich eine permanente psychologische Interpretationspraxis. Die dramatischen Charaktere - seien sie nun schon auf der Ebene des literarischen Materials psychologisiert oder nicht -, von denen nur dialogisierte, kommunikative und interaktive Äußerungen vorliegen, werden in der interpretatorischen Praxis noch einmal auf ihre Motivationsstruktur und auf ihre innere Konsistenz hin ausgeleuchtet sowie psychologisch fundiert. Dieser Transfer, die Psychologisierung literarischen Materials, das aufgrund seiner dramatischen Form sich grundsätzlich 'sperriger' gegenüber der Darstellung

123 Sonntag 1988, S. 33 - 34

inneren Lebens verhält als etwa der Roman oder die Autobiographie, stellt gleichsam eine Anwendung und Erprobung des neuen Wissens unter 'erschwerten' Bedingungen dar.

Zweitens: Der Schauspieler zeigt, wie strukturell auch die Helden des bürgerlichen Romans, Modelle des inneren Lebens, der individuellen Motivation, der Gefühle und Emotionen. Aber im Unterschied zum verschriftlichten Material der literarischen Diskursivierung produziert der Schauspieler seine Modelle auf der Basis körpersprachlicher und sprachlich-dialogischer Zeichen. Der Schauspieler zeigt, wie das innere Leben sich in Mimik und Gesten, in Gebärden und Körperhaltungen ausdrückt; er zeigt, mit welchen Intonationen und Tempi, mit welcher Intensität und Variabilität das Innere sich sprachlich artikuliert; und er zeigt, wie verinnerlichte Menschen kommunikativ und sozial interagieren, wie sie sich - sprachlich, mimisch, gestisch, körperlich - zueinander verhalten. Der Schauspieler bringt das Innere nach außen. Aber eben nicht in den literarischen Diskurs, sondern in den Körper, in die Sprache und in die soziale Interaktion der theatralen 'Welt' auf der Bühne. Der Schauspieler führt vor, wie der verinnerlichte Mensch sich geriert, wie er kommuniziert und wie er interagiert. Er visualisiert, so könnte man sagen, den psychologisierten Körper, die verinnerlichte Sprache und die daraus entstehende Interaktion. Damit jedoch liefert das Theater als einziges Medium des 18. Jahrhunderts sequentielle, 'bewegte Bilder' der Innenwelt - im Unterschied etwa zu den stillgestellten oder 'situativen' der Bildenden Kunst.[124] Und diese 'bewegten Bilder' besitzen in einer 'bilderlosen' Gesellschaft große Wirkungsmacht und Überzeugungskraft.

Drittens: Im emotionalen thrill und in der Seelenanspannung der theatralen Rezeption üben die Zuschauer das Modell des verinnerlichten Menschen kollektiv und auf experimentell-erprobende Weise ein. Die signifikante Parallelität zwischen der emotionalisierten Bühnenfigur und den emotional agierenden Rezipienten, zwischen dem seelen-entäußernden Schauspieler und den seelen-angespannten Zuschauern ist einerseits Ausdruck der Euphorie gegenüber dem neuen Menschenbild, andererseits Indiz für eine - im und mit dem Theater sich vollziehende - Vergesellschaftung. Das Modell des emotional-seelenvollen Menschen, das auf der Bühne zu sehen ist, spielen die emotional-seelenvoll rezipierenden Zuschauer gleichsam nach. In der Konfrontation mit den psychologisierten Charakteren empfindet der Bürger seine eigene Empfindungsfähigkeit, seine eigene Seele, sich selbst. Das emotionale und emotionalisierende Theater der zweiten Jahrhunderthälfte bietet nicht nur ein Erlebnis von Gefühlen und

---

124 Ich will der Bildenden Kunst des 18. Jahrhunderts nicht die Darstellungspotentiale der Entwicklung, der Bewegung oder der 'Erzählung' bestreiten. Aber im Hinblick auf die Darstellbarkeit längerer Interaktionssequenzen ist die hier getroffene Differenzierung einsichtig.

Empfindsamkeit, sondern organisiert gleichzeitig die modellhaft-experimentelle Vergesellschaftung, die 'Produktion' von Seele und Emotionalität.

Die körpersprachlich-interaktive Visualisierung des Innern und die kollektiv-rezeptive Einübung von Seelenkenntnis und Emotionalität sind Modellbildungen bzw. Erfahrungsmöglichkeiten, die unter den mediengeschichtlichen Bedingungen des 18. Jahrhunderts nur im Theater produziert und rezipiert werden konnten. Nur hier und nirgend anders kommt es zur 'leibhaftigen' und interaktiven Verkörperung der Innenwelt; nur hier und nirgend anders modelliert das Publikum Seele und Emotionalität kollektiv 'an sich selbst'. Das aber heißt: das Theater trägt zur Diskursivierung des Inneren spezifisches Wissen, besondere Materialien, Modelle und Erfahrungsformen bei, die in den Praxen der literarischen Diskursivierung noch nicht aufgehoben sind. Deswegen 'schlagen' sich die Prozesse des psychosozialen Wandels - Verinnerlichung, Individualisierung und Psychologisierung - im Theater des 18. Jahrhunderts als andernorts entstandene Wissensformen nicht einfach 'nieder', wie es etwa die bürgerliche Theatergeschichtsschreibung durchgehend sieht. Vielmehr ist das Theater gleichzeitig eine der historischen Produktionsinstanzen der bürgerlichen Innenwelt, es formt, modelliert und produziert mit seinen medienspezifischen Materialien, Modellen und Erfahrungsräumen das bürgerliche Innen mit - als ein spezifisches Element des historischen Diskursivierungsprozesses wie als Produktionsinstanz spezifischen Wissens gleichermaßen. Als Labor der Seele und der Emotionen besitzt es eine aktive, funktionale Bedeutung bei der sozialen Konstitution des Innern. Deswegen übt es in der zweiten Jahrhunderthälfte so große Faszination insbesondere auf die jungen bürgerlichen Intellektuellen aus. Sie nutzen es als Ort der öffentlichen Darstellung und des kollektiven Erlebnisses des neuen, verinnerlichten Menschen.

Die Funktionsbestimmung 'Labor der Seele und der Emotionen' stellt Querverbindungen und strukturelle Zusammenhänge zwischen einer Vielzahl von Quellen her, die bisher nicht gesehen worden sind. Ich habe das in den drei Materialstudien demonstriert. Das Funktionskonzept löst aber auch - das wäre ein zweites Plausibilitätskriterium für die Stimmigkeit meiner Positionen - Widersprüche und Erklärungsdefizite der Forschung auf. Ich will das an zwei Beispielen zeigen: Theater- und Literaturgeschichtsschreibung haben bislang die Stückvorlieben und die Prinzipien der Repertoiregestaltung in der zweiten Jahrhunderthälfte nicht überzeugend erklären können. Immer mit Verwunderung oder gar ästhetizistischer Erregung - vorausgesetzt, die Repertoirerealität wird überhaupt zur Kenntnis genommen und nicht aus einzelnen 'literarischen highlights' eine Theatergeschichte comme il faut gemodelt - haben es Forscher kommentiert, daß neben einer Aufführung der "Emilia Galotti" Großmanns "Nicht mehr als sechs Schüsseln" stand, daß an einem Abend der "Hamlet", am anderen ein rührend-triviales Stück Ifflands oder Kotzebues gegeben wurde, von den heute gänzlich unbekannten Autoren bzw. Stücken einmal ganz zu schweigen. Man erklärt diesen Sachverhalt gemeinhin mit dem Hinweis auf das noch 'ungebildete', noch nicht literarisch sozialisierte Publikum oder mit der ökonomischen Abhängigkeit der Prinzipale vom Publikumszuspruch. Begreift man dagegen das Theater des 18. Jahrhunderts als einen Apparat der Seelenerkenntnis und Emotionalisierung, gibt es keinen Widerspruch oder Mißverhältnis zwischen den in der ästhetizistischen Wahrnehmung so weit auseinanderfallenden literarischen Materialien. Denn eben nicht die poetischen Qualitäten oder die Politizität der Stücke interessierten die Zeitgenossen in erster Linie, sondern die charakterliche Besonderheit der Protagonisten, die Intensität der Seelendarstellung, das Ausmaß der emotionalen Ausbrüche und die Qualität der emotionalen Erschütterung. Unter dieser Perspektive aber sind Kotzebues Stücke genauso anregend und faszinierend wie die Lessings, ja vielleicht noch anregender. - Ein zweites Beispiel: Theateraufführungen waren im ganzen 18. Jahrhundert 'Nummernprogramme', die aus unterschiedlichen Einzelteilen zusammengesetzt waren: Nach Sinfonie und der Ansprache an das Publikum folgte ein kurzes Vorspiel, ein Ballett oder eine 'Illumination'. Daran schlossen sich ein weiteres musikalisches Intermezzo und das Hauptstück des Abends an. Wiederum getrennt durch eine Sinfonie endete die Aufführung, die insgesamt etwa vier Stunden dauerte, mit einem rührenden Nachspiel oder einem Ballett und den Schlußreden. Diese Aufführungsstruktur wird in der Theater- und Literaturgeschichtsschreibung gemeinhin noch nicht einmal erwähnt. Vor dem Hintergrund der psycho-produktiven Funktion des Theaters scheint diese Nummern-Dramaturgie ganz logisch: Das Nummernprogramm ist eine Abfolge von in Qualität und Intensität unterschiedlich emotionalisierenden Teilen. Nach dem nervenaufreibenden und seelenerschütternden "Hamlet", der meist mit einem 'happy end', der Heirat Hamlets und Ophelias, versehen wurde, bedarf es eines die Nerven der Zuschauer beruhigenden 'rührenden' Nachspiels. Bezeichnenderweise ist es immer der Hinweis auf diese 'Dramaturgie der Emotionalisierung', der von Theaterproduzenten selbst als Grund für die Auswahl und Zusammenstellung einzelner Aufführungsteile gegeben wird.

Die Diskursivierung des inneren Lebens im Lauf des 18. Jahrhunderts hat eine eminent politische Bedeutung: Die Konzentration auf das Innere beinhaltet eine 'psychologische Emanzipation', die der politisch-ökonomischen des Bürgertums korrespondiert. In Deutschland mit seiner aus historischen Gründen so verspäteten politisch-ökonomischen 'Umwälzung' und bürgerlichen 'Revolution' scheint diese psychologische Emanzipation als ideologie- und klassenformierendes Syndrom weit bedeutungsvoller gewesen zu sein als in den entwickelten 'frühkapitalistischen' Ländern. Das Konzept der eigenen, der inneren Welt befreit den Bürger vom Status des absoluten Untertans der feudalen Macht, der er mit

'Haut und Haar', auf 'Leben und Tod' ausgeliefert war. Und das Postulat einer je eigenen, je individuellen Struktur (Charakter und Biographie, Motivation und Psyche) wertet den bürgerlichen Menschen zum verbesonderten, bedeutungsvollen und 'autonomen' Subjekt auf, wie umgekehrt diese Überzeugung wiederum ideologieformierende Funktion besitzt. Darüber hinaus gelten Gefühle und Leidenschaften, Seele und Charakter dem Bürgertum als 'Allgemeinmenschliches', das grundsätzlich allen Menschen, unabhängig von ihrer Standes- bzw. Klassenzugehörigkeit, zueigen sei. Auch ohne die juristische, politische oder gar soziale Durchsetzung des Gleichheitsgrundsatzes wird hier, auf der sozialpsychologischen Ebene, ein egalitäres Konzept vergesellschaftet. Das Innere, die Emotionen und die Empfindsamkeit machen, so lautet die eminent politische Botschaft, alle Menschen gleich.

Die Entdeckung des Innern bedeutet nicht nur Befreiung, Emanzipation und Realitätserweiterung, wie es den historischen Subjekten des 18. Jahrhunderts in ihrer revolutionären Euphorie fraglos festzustehen scheint, sondern gleichzeitig auch die gesellschaftliche Verbreitung einer historisch neuen Form von Macht. Denn nunmehr bedarf es zur Durchsetzung von Zwängen und Normen, von Zurichtungen und Herrschaftsanforderungen nicht mehr einer 'äußeren', einer materiell-körperlichen Gewalt, wie sie für die feudalen Gesellschaften kennzeichnend war. Vielmehr werden die Zwänge jetzt in das Innere des Menschen selbst 'hineingeschrieben'. 'Schlechtes Gewissen' und 'Über-Ich', 'Selbstzweifel' und 'Selbstkontrolle' sind nun die Instanzen, welche die Zurichtung der Subjekte organisieren und ihre optimale Verwertung in den sich entwickelnden kapitalistischen Produktionsverhältnissen garantieren. Herrschaft, Macht, Kontrolle richten sich in den Subjekten selbst ein, als ein integraler, ja als ein identitätsstiftender Bestandteil ihrer selbst - ein Prozeß, der das Wissen um die Existenz des Innern ebenso voraussetzt, wie er es gleichzeitig immer genauer und spezifischer produziert.

Diese Entwicklung beginnt mit der Diskursivierung des Innern im 17. und 18. Jahrhundert. Sie setzt sich im 19. Jahrhundert mit den Humanwissenschaften (Medizin, Jura, Soziologie, Psychiatrie, Psychologie) fort, die das Wissen über den Menschen und sein Inneres enorm erweitern und damit wiederum Material für die immer effizientere und subtilere Kontrolle und Beherrschung der Subjekte organisieren. - Am Ende des 20. Jahrhunderts ist der Psycho-Diskurs und die Beforschung des Innern allgegenwärtig; kein Gedanke, kein Geschäftsabschluß, keine Handlung, keine Werbung, keine Kunst und keine Trivialität, die ohne den Blick ins vermeintlich authentische Innere auskäme: ein letzter Versuch der sozial diffundierten und austauschbar gewordenen Subjekte, sich der eigenen Bedeutung durch die Rekonstruktion einer besonderen und identitätsstiftenden Innenwelt zu vergewissern; und zugleich eine neue Herrschaftstechnik, die das Verhältnis von

Gesellschaft und Subjekt immer einseitig auf das Subjekt hin zentriert und es damit als absolut alleinverantwortliche Instanz für sein Leben konstruiert. Die gesellschaftlichen Bedingungen - und das heißt heute vor allen Dingen: die gesellschaftlichen Behinderungen - der subjektiven Handlungsmöglichkeiten tauchen in diesem 'verinnerlichten' Subjektivitäts-Konzept schlechterdings nicht mehr auf; sie sind auf der strukturellen Ebene schon erledigt. So schafft sich die spätkapitalistische Gesellschaft jene Subjekte, die sie braucht.

IV. Der Reiz der theatralen Öffentlichkeit Kulturelle Bewältigung der sozialen Modernisierungsprozesse

> "Im gewöhnlichen Umgange zeigen die Menschen einander nur ihre Außenseite. Mißtrauen oder Gleichgültigkeit halten sie davon zurück, andere in ihr Inneres schauen zu lassen, und von dem, was unserem Herzen am nächsten liegt, mit einiger Rührung und Erschütterung zu sprechen, würde dem Ton der feinen Gesellschaft nicht angemessen sein. Der Volksredner und der dramatische Dichter finden das Mittel, diese Schranken konventioneller, durch die Sitte vorgeschriebener Zurückhaltung einzureißen. Indem sie ihre Zuhörer in so lebhafte Gemütsbewegungen versetzen, daß die äußeren Zeichen davon unwillkürlich hervorbrechen, nimmt jeder an den übrigen die gleiche Rührung wahr, und so werden Menschen, die sich bisher fremd waren, plötzlich auf einen Augenblick zu Vertrauten."[1]

Jürgen Habermas hat in seinem Buch "Strukturwandel der Öffentlichkeit" beschrieben, wie sich im späten 17. und im Verlauf des 18. Jahrhunderts eine bürgerliche Öffentlichkeit in Abgrenzung von der obrigkeitlich reglementierten Öffentlichkeit des feudalabsolutistischen Staats entwickelt. Im Kaffeehaus (England), im Salon (Frankreich) und in gelehrten Gesellschaften (Deutschland), im Theater, mit Hilfe der Zeitschriften und der Medien des literarischen Lebens verständigen sich die ökonomisch produktiven Privatleute - Händler, Kaufleute, Bankiers, Manufakturisten und Verleger, aber auch Beamte der landesherrlichen Verwaltung, Juristen, Ärzte, Professoren, Gelehrte, Pfarrer und Offiziere - in Form eines öffentlichen Räsonnements über ihre gemeinsamen Lebensbedingungen: über die neuen Formen des Warenverkehrs und der gesellschaftlichen Arbeit unter frühkapitalistischen Produktionsverhältnissen und über die neuentstehende bürgerliche Subjektivität kleinfamilial-intimer Herkunft. Der bürgerlichen Öffentlichkeit des 18. Jahrhunderts kommt deswegen eine ideolgiediskursivierende und -formierende Bedeutung zu. Sie besitzt jedoch auch eine im weitesten Sinn politische Funktion, weil sie sich von der öffentlichen Gewalt der feudalen Obrigkeit

1 August Wilhelm Schlegel, Vorlesungen über dramatische Kunst und Literatur, Bd. I, S. 36

abgrenzt und die Keimzelle einer später dezidiert politisch fungierenden Öffentlichkeit ist: "Noch bevor die Öffentlichkeit der öffentlichen Gewalt durch das politische Räsonnement der Privatleute streitig gemacht und am Ende ganz entzogen wird, formiert sich unter ihrer Decke eine Öffentlichkeit in unpolitischer Gestalt - die literarische Vorform der politisch fungierenden Öffentlichkeit. Sie ist das Übungsfeld eines öffentlichen Räsonnements, das noch in sich selber kreist - ein Prozeß der Selbstaufklärung der Privatleute über die genuinen Erfahrungen ihrer neuen Privatheit. Neben der Politischen Ökonomie ist ja Psychologie die andere, spezifisch bürgerliche Wissenschaft, die im 18. Jahrhundert entsteht. Psychologische Interessen leiten auch das Räsonnement, das sich an den öffentlich zugängig gewordenen Gebilden der Kultur: im Lesesaal und im Theater, in Museen und Konzerten entzündet. Indem Kultur Warenform annimmt und sich damit zu 'Kultur' (als etwas, das um seiner selbst willen dazusein vorgibt) recht eigentlich erst entfaltet, wird sie als der diskussionsreife Gegenstand beansprucht, über den sich die publikumsbezogene Subjektivität mit sich selbst verständigt."[2]

Wie der literarischen Öffentlichkeit generell kommt auch dem bürgerlichen Theater ab Mitte des 18. Jahrhunderts eine ideologieformierende und eine politische Bedeutung zu. Hier versammeln sich vor allem ökonomisch produktive - auch ihrer sozialen Herkunft nach 'bürgerliche' - Privatleute zu einem Publikum, das sich in Auseinandersetzung mit den theatralen Modellen der bürgerlichen Welt über die gemeinsamen Lebensbedingungen und Erfahrungen der Privatheit verständigt. Mit welch medienspezifischen Diskursivierungs- und Erlebnismöglichkeiten das im Theater geschieht, habe ich in Ergänzung zu Habermas' hochgradig abstraktem Modell in den beiden vorausgegangenen Kapiteln gezeigt. Aber mit Habermas' Erklärung ist die soziale Funktion der theatralen Öffentlichkeit nur teilweise beschrieben; er faßt gleichsam nur eine - die historisch 'nach vorne' gerichtete - Seite der Medaille. Denn dieselbe theatrale Öffentlichkeit, die als Produktionsinstanz bürgerlicher Ideologie und als Praxisform bürgerlicher Öffentlichkeit fungiert, ist gleichzeitig ein sozialer Raum, in dem die Modernisierungsprozesse des 17. und 18. Jahrhunderts, die 'Kosten des sozialen Wandels' seit der frühen Neuzeit kulturell bewältigt und verarbeitet werden. Bei Habermas, der sich für die Genese der bürgerlichen Öffentlichkeit vom 18. bis zum 20. Jahrhundert interessiert, taucht diese - historisch 'nach hinten' gerichtete - Perspektive nicht auf.

Die Öffentlichkeit des Theaters übt aus zwei Gründen einen besonderen Reiz auf das bürgerliche Publikum aus. Zum einen dient die Versammlung der Privatleute im Theater der Selbstverständigung über die neuen Lebensbedingungen in der sich entwickelnden bürgerlichen Gesellschaft. Zum anderen bietet sich in der

2 Habermas 1962, S. 44

Öffentlichkeit des Theaters die Möglichkeit, die Dissoziierungsprozesse der Moderne - Konkurrenz und Versachlichung, Anonymisierung und Vereinzelung, die Intimisierung des öffentlichen Lebens, die Kontrolle der Affekte und Triebe, die Disziplinierung der Bedürfnisse und der Körper, all das, was später unter dem schillernden Begriff der 'Entfremdung' subsumiert wurde - kulturell zu 'bearbeiten'. Mit der ersten Dimension haben sich Sozialgeschichte und Kulturgeschichtsschreibung immer und immer wieder beschäftigt; die zweite Dimension ist, so weit ich sehe, in der Forschung bislang nicht untersucht.

1. Intimisierung, Versachlichung und das Gemeinschaftsritual Theater

Zwischen dem Spätmittelalter und dem 18. Jahrhundert lösen sich viele personale Öffentlichkeitsformen, die für das soziale Leben der mittelalterlich-feudalen Gesellschaft konstitutiv waren, gänzlich auf, werden in ihrer Bedeutung und Dauer wesentlich eingeschränkt oder separieren sich von der sie umgebenden Realität. Die Belege für diesen fundamentalen Wandel des öffentlichen Lebens sind bekannt: Turniere, Waffengänge und Wettkämpfe des Feudaladels, im Hochmittelalter noch zentrale Vergesellschaftungsformen der Herrscherklasse, sind ab dem 17. Jahrhundert im Prinzip verschwunden. Die öffentlichen Repräsentationen obrigkeitlicher Macht und Gewaltfähigkeit - Zeremonialpraxen aus Anlaß von dynastischen Feierlichkeiten, Territorialzugewinn und Eroberungen, öffentliche Gerichtstermine und Hinrichtungen[3] - nehmen bis zum 18. Jahrhundert in bemerkenswertem Umfang ab. Die adlige Festkultur, die sich im Mittelalter immer öffentlich, im Angesicht des 'ganzen Volks' vollzog, grenzt sich ab dem 17. Jahrhundert vom Leben der Städte ab: "Das barocke Fest hat gegenüber den weltlichen Festen des Mittelalters, noch der Renaissance, an Öffentlichkeit im buchstäblichen Sinne schon eingebüßt. Turnier, Tanz und Theater ziehen sich von den öffentlichen Plätzen in die Anlagen des Parks zurück, von den Straßen in die Säle des Schlosses. Der Schloßpark, der erst in der Mitte des 17. Jahrhunderts aufkommt, sich dann freilich, mit der Architektur des französischen Jahrhunderts überhaupt, rapide über Europa verbreitet, ermöglicht ebenso wie das barocke Schloß selbst, das sozusagen um den großen Festsaal herumgebaut ist, ein gegenüber der Außenwelt schon abgeschirmtes Hofleben."[4] Einen Verlust an Öffentlichkeit kann man auch im sozialen Leben der Städte beobachten. Die großen Städte des Spätmittelalters (Rom, Neapel, Venedig, Paris, Lyon, Nürnberg, Köln) lebten, wie Michail Bachtin gezeigt hat, zusammengerechnet mindestens drei

---

3 Die Französische Revolution ist da noch einmal eine Ausnahme; das hat aber gerade mit dem Bedarf an öffentlicher Repräsentation der neuen politischen Macht zu tun.

4 Habermas 1962, S. 22 - 23

Monate des Jahres ein Karnevalsleben. Die geistlichen Spiele und karnevalesken Veranstaltungen konnten sich über Wochen hinziehen; sie fanden auf den öffentlichen Plätzen der Städte statt und bezogen die gesamte Bevölkerung als Akteure[5] mit ein. Ab dem 17. Jahrhundert jedoch verschwindet diese städtische Festkultur aus dem öffentlichen Leben oder wird in ihrer Bedeutung und Dauer drastisch verringert: "Seit dem 17. Jahrhundert beginnt das karnevalistische Volksleben zu versiegen. Es umfaßt nicht mehr das ganze Volk, auch seine Bedeutung im Leben des einzelnen Menschen läßt nach. Seine Formen verkümmern und werden simpel. (...) Das Ergebnis dieses Prozesses war eine Verflachung und Zerstäubung des Karnevals und seines Weltempfindens. Die Öffentlichkeit im Angesicht des ganzen Volkes ging ihm verloren."[6] Ihren materiellen Ausdruck finden diese Prozesse der Reduktion des öffentlichen Lebens in der veränderten Architektur der Stadt. Die 'multifunktionalen' Plätze des Mittelalters, die der Geselligkeit, der Beobachtung, dem Fest, dem Markt und dem Handel gleichermaßen dienten, werden ab Ende des 17. Jahrhunderts durch 'monofunktionale' Plätze ersetzt, die nurmehr einzelnen Aktivitäten - dem Transport, dem Durchgangsverkehr, der monumentalen Repräsentation von Macht etc. - vorbehalten sind.[7] Neuerbaute Wohnanlagen, Häuser und Schlösser werden durch Vorgärten und Parks, Zäune und Mauern von der sie umgebenden Welt abgegrenzt. Innerhalb der bürgerlichen Wohnhäuser entstehen im 18. Jahrhundert Bezirke, die nurmehr und ausschließlich dem privaten Leben der Kleinfamilie vorbehalten sind, während im Mittelalter noch Großfamilie und Gesinde 'gemeinsam' wohnten.[8]

Während das öffentliche Leben an Bedeutung verliert, entstehen gleichzeitig - als 'Pendant' desselben sozialen Prozesses - neue, 'private' Sozialräume, Bezirke der 'Privatheit', die es in dieser Form und Funktion im Mittelalter nicht gegeben hat. Die wichtigste Institution dieser 'Privatisierung des Lebens' ist selbstredend die patriarchalische Kleinfamilie: "Bekanntlich konsolidiert diese sich, hervorgehend aus Wandlungen der Familienstruktur, die sich mit der kapitalistischen Umwälzung seit Jahrhunderten anbahnen, als der in bürgerlichen Schichten dominante Typus."[9] Die bürgerliche Kleinfamilie unterscheidet sich sowohl von feudaladligen Familienstrukturen wie von den älteren Formen großfamilialer Gemeinsamkeit, die insbesondere auf dem Land - unter den Bedingungen agrari-

---

5 Genaugenommen ist eine Trennung von Zuschauern und Spielern bei diesen Festen des Mittelalters nicht möglich. "Karneval ist ein Schauspiel ohne Rampe, ohne Polarisierung der Teilnehmer in Akteure und Zuschauer. Im Karneval sind alle Teilnehmer aktiv, ist jedermann handelnde Person. Dem Karneval wird nicht zugeschaut, streng genommen wird er aber auch nicht vorgespielt." (Bachtin 1990, S. 48)

6 Bachtin 1990, S. 58 - 59

7 Siehe dazu Sennett 1986, S. 78 - 83

8 Siehe dazu Habermas 1962, S. 61 - 63

9 Habermas 1962, S. 61

scher Produktion - bis weit ins 19. Jahrhundert hinein überdauern. Der neue Familientypus, gleichsam die 'Keimzelle' der bürgerlichen Gesellschaft, grenzt sich nach außen, gegenüber dem feudalabsolutistischen Staat wie gegenüber dem Bereich der gesellschaftlichen Produktion, ab; und er gewährleistet gleichzeitig private 'Räume' innerhalb seiner selbst für die einzelnen Familienmitglieder. Die patriarchalische Kleinfamilie gilt nun - wie auch die anderen intimen Sozialformen, die im 18. Jahrhundert 'entdeckt' und aufgewertet werden (Liebe, Freundschaft, Freundschaftsbund) - als Hort der 'wahren Menschlichkeit' in Differenz zu den Anforderungen und Zurichtungen der gesellschaftlichen Produktion. In der dauerhaften Intimität des neuen Familienlebens wird jene Subjektivität und Innerlichkeit - 'der innerste Hof des Privaten' (Habermas) - zuallererst entdeckt und erprobt, über welche sich das bürgerliche Publikum vermittels der Institutionen und Praxen seiner Öffentlichkeit geradezu emphatisch und euphorisch verständigt. 'Privatisierung' also bezeichnet genaugenommen nicht nur die Entstehung neuer Sozialräume und Interaktionsformen, sondern auch die Produktion eines neuen Menschenbilds, einer neuen Identität: die des subjektivierten, verinnerlichten bürgerlichen Individuums.

Richard Sennett hat diese Prozesse des sozialen Wandels als 'Intimisierung des öffentlichen Lebens'[10] gefaßt und die Genese des Verhältnisses von Öffentlichkeit und Privatheit zwischen dem 18. und dem 20. Jahrhundert untersucht. In diesem Zeitraum macht er einen ständig zunehmenden 'Verfall des öffentlichen Lebens' aus, der schließlich am Ende des 20. Jahrhunderts zu einer, so auch der Titel seines Buchs, "Tyrannei der Intimität" geführt habe. Der entscheidende historische Umbruchpunkt für die 'Intimisierung' des Lebens liegt dabei im sich verbürgerlichenden 18. Jahrhundert: denn erst hier bildet sich, wie Habermas gezeigt hat, jener Gegensatz von 'Privatsphäre' und Öffentlichkeit soziologisch aus, der in der feudalen Gesellschaft noch nicht existierte. Die Intimisierung und Privatisierung des Lebens im 17. und 18. Jahrhundert geht freilich nicht, wie Sennett so simplifizierend behauptet, auf die 'expandierende Großstadt' und die 'erweiterte

10 Der Rückgang des öffentlichen Lebens seit dem Spätmittelalter meint genaugenommen eine Reduktion personaler Öffentlichkeitsformen, keinesfalls aber eine Reduktion von Öffentlichkeit generell. Im späten 17. und 18. Jahrhundert entstehen ja gerade viele neue Institutionen und Praxen von Öffentlichkeit: Zeitungen, Zeitschriften, moralische Wochenschriften, der Roman, die gesamte 'literarische Publizität'. Diese Formen und Praxen bürgerlicher Öffentlichkeit sind sachlich und medial vermittelt. Sie basieren auf der Kultur der Schrift, der Erfindung des Buchdrucks und der Universalisierung des literarischen Markts. Der für das Mittelalter noch zwingende Zusammenhang von Personalität und Öffentlichkeit ist damit aufgelöst. Öffentlichkeit kann sich historisch erstmals im 18. Jahrhundert konstituieren, ohne daß Menschen personal-leibhaftig zusammentreffen.

bürgerliche Klasse'[11] zurück, sondern auf die langsame Durchsetzung kapitalistischer Produktionsverhältnisse.

In der Feudalgesellschaft waren die kollektiven Produktions- und Schutzgemeinschaften - die Zünfte und die Gilden, die Stadt und das Dorf - unabdingbare Voraussetzungen für die ökonomische Reproduktion und für das Überleben des einzelnen Menschen. Als mit der Revolutionierung der Produktionsmittel und der sukzessiven Verbreitung des Privateigentums seit dem Spätmittelalter die kollektiven Produktionsgemeinschaften ökonomisch und sozial obsolet wurden, lösten sich auch die für die Feudalgesellschaft und für das zünftlerisch-agrarische Niveau der gesellschaftlichen Produktion typischen Formen des öffentlichen Lebens auf. Die Zusammenkünfte der Zünfte und Gilden, die Feste der Dorfgemeinschaft, die geistlichen und weltlichen Spiele der mittelalterlichen Stadt hatten ihren sozialen Inhalt darin, den Zusammenhalt der jeweiligen Schutz- und Produktionsgemeinschaft symbolisch-rituell zu repräsentieren und damit auch zu bekräftigen. In dem Maß, in dem die kollektiven Produktionsgemeinschaften für die Sicherung und Reproduktion des Lebens nicht mehr notwendig sind, in dem Maß auch verlieren die sie repräsentierenden und bekräftigenden Formen des öffentlichen Lebens im wahrsten Sinn des Wortes ihre soziale Funktion. Sie werden 'disfunktional', überflüssig und bleiben in der Neuzeit nur noch in rudimentären Formen erhalten. Der 'multifunktionale' Marktplatz der mittelalterlichen Stadt, materielles und soziales Zentrum der zünftlerisch-agrarischen Gesellschaft, des einfachen Warentauschs und der symbolischen Repräsentation der Kollektivität, wird mit der Universalisierung des Warenverkehrs zwar nicht unnötig, aber in seiner Bedeutung doch stark eingeschränkt.

Auch die Verkümmerung feudaladliger Öffentlichkeitsformen hat einen sozialen Grund: Mit der Ausbildung 'staatlicher' Strukturen seit der Renaissance wird Herrschaft zunehmend durch sachliche Zwänge und institutionelle Apparate (Gesetze, Verbote, Beamtenapparat, Polizei) einerseits, durch die Internalisierung von Normen in den Köpfen der Beherrschten andererseits ausgeübt. Die personale Gewaltfähigkeit des feudalen Herrn, im Mittelalter Zentrum seiner Macht und der ökonomischen Ausbeutung des Volks, wird schlichtweg überflüssig. Damit aber verlieren auch alle öffentlich-symbolischen Repräsentationen der Gewaltfähigkeit und Macht der Feudalklasse - vom Krönungsumzug bis zur Hinrichtung - ihren Sinn.

Ebenso geht die Entwicklung der Privatsphäre und der Aufstieg der bürgerlichen Kleinfamilie auf den Wandel der gesellschaftlichen Produktion zurück. Die patriarchalische Kleinfamilie ist einerseits eine institutionelle Entsprechung zur ökonomischen Autonomie des Privateigentümers und unabhängigen Warenbe-

11 Sennett 1986, S. 34

sitzers: "In gewisser Weise können sich Warenbesitzer als autonom verstehen. Im Grade ihrer Emanzipation von staatlichen Direktiven und Kontrollen entscheiden sie nach Maßgabe der Rentabilität frei, darin niemandem zu Gehorsam verpflichtet und nur den anonymen, nach einer, wie es scheint, dem Markte innewohnenden ökonomischen Rationalität funktionierenden Gesetzen unterworfen. (...) Eine solche in der Verfügung über Eigentum gegründete, in der Teilnahme am Tauschverkehr gewissermaßen auch verwirklichte Autonomie der Privatleute muß sich als solche darstellen lassen. Der Selbständigkeit der Eigentümer auf dem Markte entspricht eine Selbstdarstellung der Menschen in der Familie."[12] Andererseits und wichtiger noch bietet das intim-separierte Familienleben die Möglichkeit zur sozialen und psychischen Reproduktion für die Erfordernisse des frühkapitalistischen Markts. Weil der Bereich der gesellschaftlichen Produktion und des Warenverkehrs bestimmt ist von der Orientierung auf das Eigeninteresse, von der Konkurrenz der Warenbesitzer untereinander und von der Tendenz zur Versachlichung aller sozialen Verhältnisse und personalen Bezüge[13], bedarf es eines privaten Binnenraums, in dem, wie es scheint, all diese Verkehrsformen verbannt sind und stattdessen, der Ideologie der bürgerlichen Familie nach, nur Uneigennützigkeit, Vertrauen, Liebe und personale Intimität herrschen. Die Familie wird - als Reaktion auf die Anforderungen und Zwänge des Markts - stilisiert und gebraucht als 'Hort der wahren Menschlichkeit'.

Für die ökonomisch produktiven, bürgerlichen Schichten des 18. Jahrhunderts, die subjektiven 'Antriebskräfte' und objektiven Nutznießer der sich verändernden Produktionsverhältnisse, sind Privateigentum und Warenverkehr, Intimisierung des öffentlichen Lebens und Abgrenzung der Privatsphäre sowie die Entdeckung der Subjektivität Bedingungen und Bewegungselemente des gesellschaftlichen Fortschritts. Gleichzeitig jedoch rufen diese Prozesse des sozialen Wandels auch

---

12 Habermas 1962, S. 63 - 64

13 Mit der Durchsetzung des Tauschwerts als Zweck und Maß aller gesellschaftlichen Produkte und Tätigkeiten erscheint den historischen Subjekten der gesellschaftliche Zusammenhang zwischen ihnen als ein nurmehr über Sachen (nämlich die Waren und deren Zirkulation) vermittelter und ihre sozialen Beziehungen selbst als versachlichte: "Der gesellschaftliche Charakter der Tätigkeit, wie die gesellschaftliche Form des Produkts, wie der Anteil des Individuums an den Produkten erscheint hier als den Individuen gegenüber Fremdes, Sachliches; nicht als das Verhalten ihrer gegeneinander, sondern als ihr Unterordnen unter Verhältnisse, die unabhängig von ihnen bestehn und aus dem Anstoß der gleichgültigen Individuen miteinander entstehn. Der allgemeine Austausch der Tätigkeiten und Produkte, der Lebensbedingung für jedes einzelne Individuum geworden, ihr wechselseitiger Zusammenhang, erscheint ihnen selbst fremd, unabhängig, als eine Sache. Im Tauschwert ist die gesellschaftliche Beziehung der Personen in ein gesellschaftliches Verhalten der Sachen verwandelt; das persönliche Vermögen in ein sachliches." (Marx 1974, S. 75)

Verunsicherung und Irritation bei den historischen Subjekten hervor, sie tragen auch für die bürgerlichen Schichten selbst Dimensionen der Bedrohung und des Verlusts in sich. Diese Dialektik der Entwicklung spiegelt sich in den philosophischen, sozialethischen und literarischen Diskursen des 18. Jahrhunderts: dort wird die sich verbürgerlichende Gesellschaft mit ihren ökonomischen und sozialen Verkehrsformen einerseits emphatisch und euphorisch begrüßt und an ihrer Ausgestaltung diskursiv gearbeitet; andererseits gibt es daneben eine, wenn man so will, durchaus 'pessimistische' und zivilisationskritische Diskurslinie, in welcher über die sozialen Kosten, die Dissoziationserfahrungen und Bedrohungspotentiale der 'Moderne' reflektiert wird. Die Rede ist hier von der Isolierung und Anonymisierung des einzelnen, von Eigennutz, Konkurrenz und Übervorteilung, vom Verlust der Unmittelbarkeit und der sinnlichen Erfahrung des gesellschaftlichen Zusammenhalts, von der zunehmenden Versachlichung des sozialen Verkehrs und der Herrschaftsverhältnisse, ja sogar vom zentrifugalen Auseinanderdriften der Gesellschaft in lauter vereinzelte, eigennützige und konkurrenzbestimmte Warenbesitzer, vom ökonomisch bestimmten Kampf aller gegen alle. Der gesellschaftliche Zusammenhang der historischen Subjekte und die sinnliche Erfahrbarkeit dieses Verhältnisses werden 'problematisch'. Schiller etwa beschreibt, um ein prägnantes Beispiel anzuführen, die sozialen Veränderungen der Moderne gegenüber dem klassischen Altertum folgendermaßen: "Der Pallast der Könige ist jezt geschlossen, die Gerichte haben sich von den Thoren der Städte in das Innere der Häuser zurückgezogen, die Schrift hat das lebendige Wort verdrängt, das Volk selbst, die sinnlich lebendige Masse, ist, wo sie nicht als rohe Gewalt wirkt, zum Staat, folglich zu einem abgezogenen Begriff geworden, die Götter sind in die Brust des Menschen zurückgekehrt. Der Dichter muß die Palläste wieder aufthun, er muß die Gerichte unter freien Himmel herausführen, er muß die Götter wieder aufstellen, er muß alles Unmittelbare, das durch die künstliche Einrichtung des wirklichen Lebens aufgehoben ist, wieder herstellen"[14].

Vor dem Hintergrund der sozialen Kosten und Dissoziationserfahrungen der frühbürgerlichen Gesellschaft gewinnt das Theater für das bürgerliche Publikum eine besondere Attraktivität: Im Akt der personalen Versammlung der Zuschauer läßt sich die Existenz eines gesellschaftlichen Zusammenhangs der partikularisierten Subjekte sinnlich erfahren, der im Bereich der gesellschaftlichen Produktion und der Privatsphäre labil, fragwürdig und problematisch geworden ist. Das Theater fungiert - in der Form einer Zeremonialpraxis oder eines Gemeinschaftsrituals - als kulturelle Gegenerfahrung zur intimisierten und versachlichten Existenz der unabhängigen Warenbesitzer. An einem besonderen Ort, für eine festumrissene Zeit, eingebunden in einen kulturellen Handlungsrahmen entfaltet sich

14 Schiller, Ueber den Gebrauch des Chors in der Tragödie, S. 11 - 12

eine symbolische Repräsentation von Gesellschaftlichkeit und sozialer Gemeinschaft - ein kulturelles Erlebnis, das zur subjektiven Bewältigung der Dissoziierungserfahrungen und Entfremdungsprozesse der Moderne beizutragen vermag. Das Theater kann diese Aufgaben übernehmen, es kann als kulturelle 'Praxis der Bewältigung' der zentrifugalen Kräfte des sozialen Wandels propagiert und erfahren werden, weil es im Vergleich zu allen anderen Institutionen der bürgerlichen Öffentlichkeit ein Surplus besitzt, das unter den hier umrissenen Bedingungen relevant wird. Gegenüber den sachlich vermittelten Institutionen und Formen der bürgerlichen Öffentlichkeit - Zeitungen, Zeitschriften, literarische Kommunikation, Presse, Briefkultur, Roman etc. - organisiert das Theater eine personale, leibhaftige Versammlung des Publikums. Die Bürger treffen hier faktisch, in personam aufeinander. Gegenüber den personal strukturierten Institutionen - Kaffeehaus, Salon, Tischgesellschaft, Logen, Lesegesellschaften - kommt im Theater eine ausgesprochen große Menschenmenge zusammen. Das Theater rettet, so könnte man sagen, das strukturelle Prinzip des öffentlichen Lebens des Mittelalters, die personale Versammlung einer großen Menschenmenge, in die sich intimisierende bürgerliche Welt des 18. Jahrhunderts hinüber. "Das jetzige Bedürfnis des Theaters", so Ludwig Tieck, "konnte sich in früheren Jahrhunderten nicht zeigen, in welchem viele kirchliche und weltliche Feste, Turniere des Adels neben Aufzügen und Spielen der Bürger die Imagination beschäftigten und in denen das Leben überhaupt weit weniger auf den engen Kreis des Hauses und kleiner Thätigkeit eingeschränkt war."[15]

Johann Georg Sulzer, einer der originellsten und folgenreichsten Denker der Aufklärung in Deutschland, hat im Stichwort "Schauspiel" seiner "Allgemeinen Theorie der schönen Künste" die gesellschaftliche Bedeutung des Theaters auf hochinteressante Weise abgeleitet. Gleichsam 'gattungskonstitutives' Kennzeichen des zivilisierten Menschen, das ihn von Tieren und Wilden unterscheidet, ist für Sulzer die Überwindung der 'Gedankenlosigkeit', der beständige Drang nach Tätigkeit und 'innerer Wirksamkeit'. Ab einer bestimmten Stufe der gesellschaftlichen Entwicklung, der des 'aufgeklärten' Zeitalters nämlich, erträgt der 'zivilisierte' Mensch den gedanken- und tätigkeitslosen Zustand nicht mehr; er ist geradezu notwendig und zwanghaft auf Arbeit und nützlichen Zeitvertreib angewiesen: "Nun sind zu beständiger Unterhaltung der innern Würksamkeit nur zwey Mittel vorhanden: Geschäffte und Zeitvertreib. Zu Geschäfften wird der Mensch durch die Noth getrieben; aber wenn sie auch sonst nichts verdrießliches haben, so ermüden sie zu sehr, als daß man ihnen beständig obliegen könnte, und haben dabey den Nachtheil, daß man sie meist einsam, oder doch in gar zu sehr eingeschränkter Gesellschaft verrichten muß. Immer anhaltend würden sie den Men-

15 Tieck, Die Anfänge des deutschen Theaters, S. 327

schen ungesellig machen, und außerdem noch seinen ganzen Gesichtskreis gar zu sehr einschränken. Darum ist es nothwendig, daß sie mit angenehmen Zeitvertreib abwechseln, und daß dieser die Menschen in größerer Anzahl zusammenbringe, als die Arbeit gewöhnlicher Weise verstattet. [Abs.] Was ist also natürlicher, nützlicher, wohlthätiger, als daß die, deren Beruf es ist, für das Beste der Gesellschaft zu sorgen, auch auf Mittel denken, derselben angenehmen und zugleich nützlichen Zeitvertreib, der sie in größere Gesellschaften zusammenbringe, zu verschaffen?"[16]

Für die Praxis des Zeitvertreibs - in der Gesellschafts- und Kunsttheorie der mittleren Aufklärung als notwendiger Ausgleich zur Arbeit grundsätzlich legitimiert[17] - macht Sulzer eine besondere Anforderung geltend. Sie soll die Menschen in größerer Anzahl zusammenbringen und damit eine Gegenerfahrung zur einsamen und vereinsamenden Arbeit bieten, die den Menschen auf Dauer ungesellig machen und seinen Gesichtskreis zu sehr einschränken würde. Gemeinschafts- und Geselligkeitserlebnisse werden zwar auch durch 'Feste und Feierlichkeiten', durch gewohnheitsmäßige Zusammenkünfte und Spaziergänge einer sozialen community gewährleistet; gegenüber diesen durch die Tradition überlieferten Formen der Geselligkeit aber besitzt das Theater den Vorteil, daß es eine größere Menschenmenge zusammenführt und, in Verbindung mit bestimmten Stoffen, Themen und Stücken, einen 'nützlichen Zeitvertreib' erlaubt: "Einige überall eingeführte Feste und Feyertage, öffentliche Spaziergänge und andere durch Gewohnheit eingeführte Zusammenkünfte, thun schon etwas zu gesellschaftlicher Vereinigung, und zum Zeitvertreib. Aber es ist weder hinlänglich, noch nützlich genug. Besondere Veranstaltungen, wodurch die Einwohner eines Orts veranlasset würden, in größeren Gesellschaften zusammen zu kommen, und da einen wahrhaftig nützlichen, und jedem angenehmen Zeitvertreib zu genießen, scheinen allerdings der Ueberlegung eines Gesetzgebers würdig zu seyn."[18] - Und deswegen fordert Sulzer: "Also gebe man einem fleißigen und arbeitssamen Volke wohl überlegte und nützliche Schauspiele."[19]

Die 'gesellschaftliche Vereinigung' ist der Angelpunkt von Sulzers Plädoyer für das Theater. Im Akt der personalen Versammlung des Publikums entsteht eine Gegenerfahrung zur isolierten Existenz der unabhängigen Warenbesitzer und Privateigentümer, die im Hinblick auf das gesellschaftliche Ganze funktional notwendig ist. Gleichzeitig wird damit der gesellschaftliche Zusammenhang der sozialen community, der sich im Bereich der ökonomischen Produktion und der Privatsphäre zusehends aufzulösen scheint, in Form einer Zeremonialpraxis

---

16 Sulzer, Allgemeine Theorie der schönen Künste, Bd. IV, S. 253 - 254

17 Siehe dazu ausführlich Kapitel V, Abschnitt 1.

18 Sulzer, Allgemeine Theorie der schönen Künste, Bd. IV, S. 254

19 Ebd., S. 254

symbolisch bekräftigt, für eine kurze Zeit faktisch hergestellt und sinnlich erfahrbar. Das Theater fungiert als kulturelles 'Bollwerk' gegen die Zersplitterung der Gesellschaft in lauter eigennützige, konkurrenzbestimmte, versachlichte und 'privatisierende' Subjekte; es produziert ein Gemeinschaftserlebnis, das die zentrifugalen Kräfte und Dissoziierungsprozesse der frühkapitalistischen Übergangsgesellschaft subjektiv zu bewältigen und zu überwinden hilft. Wo das gesellschaftliche Ganze nicht mehr alltäglich präsent und sinnlich erfahrbar ist, muß es in Form von verbesonderten Zeremonialpraxen und Gemeinschaftsritualen 'eingefangen' und 'inszeniert' werden. Aus diesem Grund bewertet Sulzer das Theater nicht nur als eine nützliche, sondern als eine unverzichtbare Einrichtung der Gesellschaft. Deswegen empfiehlt er es der besonderen Pflege der Gesetzgeber, der Staatslenker und all derer, 'deren Beruf es ist, für das Beste der Gesellschaft zu sorgen'. Und deswegen auch entwickelt er strukturelle Reformvorschläge, die auf die öffentliche Trägerschaft und Subventionierung des bislang privatwirtschaftlich organisierten Geschäftstheaters hinauslaufen.[20]

Die Funktion des Theaters als kulturelle Praxis zur Bewältigung der Modernisierungsprozesse, als Erfahrungsraum eines gesellschaftlichen Zusammenhangs, der sich in der Realität aufzulösen scheint, dokumentiert sich insbesondere in den von Sulzer propagierten Theatermodellen: Kollektiv aufgeführte Schauspiele und Feste von Dorfgemeinschaften führt er als positive Beispiele für die von ihm gewünschte Rolle des Theaters an.[21] Die 'Gesetzgeber' des klassischen Altertums werden lobend erwähnt, weil sie um die Bedeutung öffentlicher Schauspiele und Feste für die gesellschaftliche Gemeinschaft gewußt hätten.[22] Und schließlich faßt er die Aufführung nationaler Stücke aus Anlaß 'öffentlicher politischer Feste' eines Staates als mit Abstand 'wichtigste Gattung' von Schauspielen: "Jeder Staat hat seine öffentliche politische Feste, zu deren Feyer die Gemüther sich von selbst etwas erwärmen, und wobey die Menschen insgemein in mehr, als gewöhnliche Empfindsamkeit gerathen. Wenn nun bey solchen Gelegenheiten noch ein öffentliches Schauspiel hinzu käme, das besonders eingerichtet wäre, den besondern

20 Siehe Sulzer, Allgemeine Theorie der schönen Künste, Bd. IV, S. 256 - 257. Die Forderung nach öffentlicher Trägerschaft und staatlichen Subventionen wird vereinzelt auch schon im Rahmen des sittlich-moralischen Theaterkonzepts erhoben. Bei Sulzer aber ist die staatliche 'Zuwendung' nicht durch die mögliche moralische Bildung legitimiert, sondern allein deswegen, weil das Theater Gesellschaftlichkeit und Gemeinschaft herstellt.

21 "Ich kenne ein Land, wo bald jedes Dorf, den Sommer über wöchentlich mehr als eine Art eines öffentlichen Schauspieles genießt, die ich selbst sehr oft mit großem Vergnügen angesehen habe; theils die Gewohnheit, theils würklich überlegte Veranstaltungen des Gesetzgebers haben mancherley Leibesübungen und Spiele eingeführt, denen ein ganzes Dorf mit Lust zusieht, und wobey Fröhlichkeit nicht ohne guten Anstand herrscht." (Sulzer, Allgemeine Theorie der schönen Künste, Bd IV, S. 254)

22 Ebd., S. 261

Eindruk, den die Feyerlichkeit auf die Gemüther zu machen hat, zu unterstützen: so könnte man ohne Zweifel ungemein viel damit ausrichten. Man stelle sich z. B. nur vor, daß in einem freyen Staat jährlich ein Fest zur Feyer der Epoche seiner Freyheit gefeyert, und mit einem Schauspiel beschlossen würde, das besonders dazu eingerichtet wäre, die Empfindungen der Freyheit lebhaft zu verstärken: so wird man leichte begreifen, was für große Würkung ein solches Schauspiel auf die Gemüther haben müßte."[23]

2. Zivilisierung des Verhaltens, Disziplinierung der Körper und expressives Publikumsverhalten

Zwischen dem Spätmittelalter und dem 18. Jahrhundert verändern sich nicht nur die gesellschaftliche Produktion, die sozialen Organisationsformen des Lebens und die politischen Systeme und Herrschaftstechniken, sondern damit auch - eine ebenso banale wie wichtige Feststellung - der Mensch. Verknüpft mit den ökonomischen, sozialen und politischen Modernisierungsprozessen entwickeln sich neue Formen des Verhaltens und der Interaktion, ein neuer Umgang mit sich selbst und dem eigenen Körper, neue Fähigkeiten und Fertigkeiten, ja ein neuer 'Begriff' des Menschen von sich selbst. Erst im 'Prozeß der Zivilisation' entsteht auch der 'moderne' Mensch mit einem spezifischen set an körperlichen Fähigkeiten, sozialen Verkehrsformen, emotionalen Strukturen und psychischen Dispositionen - und das meint eben nicht nur die Ausbildung neuer 'Ideologien', Denkformen und wissenschaftlicher Erkenntnisse, sondern viel umfassender den Menschen in seiner 'ganzen' Existenz: mit Kopf und Körper, in seiner Kommunikation und Interaktion, in seinem gesamten Verhältnis zu sich selbst und zur Welt. Für diesen, wenn man so will, 'subjektiven' Bereich des sozialen Wandels sind zwischen dem 16. und dem 18. Jahrhundert zwei globale Entwicklungen von Bedeutung: die Zivilisierung des Verhaltens und die Disziplinierung der Körper.

In seinem Klassiker "Über den Prozeß der Zivilisation" hat Norbert Elias Verhaltensänderungen der weltlichen Oberschichten des Abendlands zwischen dem Mittelalter und dem 18. Jahrhundert phänomenologisch beschrieben und theoretisch zu systematisieren versucht.[24] Elias beobachtet in diesem Zeitraum eine durchgreifende 'Zivilisierung des Verhaltens'. Sie besteht im zunehmenden Zwang zum Selbstzwang, einer immer differenzierteren und genaueren Kontrolle der Affekte und Triebe unter dem Aspekt der Folgenabwägung, einer Zurückhaltung und Disziplinierung 'unmittelbarer' Affektentladungen, der Fähigkeit zur

23 Ebd., S. 260 - 261

24 Ich beziehe mich im folgenden vor allem auf die historischen Materialstudien des ersten Bands und die daraus abgeleiteten Systematisierungen. Elias' ontologisches Trieb- bzw. Affektkonzept und sein relativ statisches Konzept sozialen Wandels klammere ich aus.

'Langsicht', Planung, Folgenabwägung und Rationalisierung sowie einer rigiden Verschärfung von Peinlichkeits- und Schamgrenzen[25]: "(...) die ganze Richtung der Verhaltensänderung, der 'Trend' der Zivilisationsbewegung ist überall die gleiche. Immer drängt die Veränderung zu einer mehr oder weniger automatischen Selbstüberwachung, zur Unterordnung kurzfristiger Regungen unter das Gebot einer gewohnheitsmäßigen Langsicht, zur Ausbildung einer differenzierteren und festeren 'Über-Ich'-Apparatur. Und gleich ist auch - im Großen und Ganzen - die Art, wie diese Notwendigkeit, augenblickliche Affekte fernerliegenden Zwecken unterzuordnen, sich ausbreitet: Überall werden zunächst kleinere Spitzenschichten, dann immer breitere Schichten der abendländischen Gesellschaft von ihr erfaßt."[26] Kontrolle, Selbstdisziplinierung und Folgenabwägung betreffen sowohl das Verhältnis des einzelnen Subjekts zu sich selbst als auch den Umgang mit anderen; und sie zeigen sich geschichtlich am frühesten bei den adligen 'Spitzenschichten' am feudalabsolutistischen Hof des späten 17. Jahrhunderts, in den dort herrschenden sozialen Konventionen und Umgangsformen: "Spielt der Degen als Mittel der Entscheidung keine so große Rolle mehr, so treten Intrigen, Kämpfe, bei denen um Karriere und sozialen Erfolg mit Worten gestritten wird, an ihre Stelle. Sie verlangen und züchten andere Eigenschaften, als die Kämpfe, die mit der Waffe ausgefochten werden können: Überlegung, Berechnung auf längere Sicht, Selbstbeherrschung, genaueste Regelung der eigenen Affekte, Kenntnis der Menschen und des gesamten Terrains werden zu unerläßlichen Voraussetzungen jedes sozialen Erfolges."[27] Elias interpretiert diese Verhaltensänderungen als Reaktion auf die Zentralisierung der Macht in den Landesherrschaften und frühen absolutistischen Staaten. Unter diesen Bedingungen wurden unmittelbare Gewaltfähigkeit und unkontrollierte Affektentladung des Feudaladels als Herrschaftsmittel zusehends disfunktional, ja gefährlich für die Zentralmacht selbst und deswegen durch die Fähigkeit zum strategischen Denken, zur Überlegung, Berechnung und Selbstbeherrschung ersetzt. Offenkundig steht die Zivilisierung des Verhaltens aber auch - ein Aspekt, den Elias kaum berücksichtigt - in Zusammenhang mit den neuen frühkapitalistischen Produktionsverhältnissen: Für den unabhängigen Warenbesitzer sind Langsicht, Folgenabwägung, Planung und Disziplinierung unmittelbarer Bedürfnisse funktional notwendige Verhaltensdispositive für den ökonomischen Erfolg auf dem Markt. Selbstbeherrschung und sozial-psychologische Effizienz werden zu Bedingungen des ökonomischen survivals.

---

25 Ich summiere hier die Systematisierung Elias' aus seiner "Zusammenfassung", Elias 1978, Bd. II, S. 312 - 454.

26 Elias 1978, Bd. II, S. 338

27 Ebd., S. 370

Im 17. und 18. Jahrhundert erleben Traktate über Fragen der Erziehung, über das richtige Verhalten in der Öffentlichkeit, über Anstand, Etikette und interaktive Konventionen eine wahre Konjunktur. Diese Leitfäden stammen sowohl aus höfischen als auch aus bürgerlichen Sozialzusammenhängen, sie reichen historisch vom Humanismus bis zur Spätaufklärung. Trotz ihrer unterschiedlichen Inhalte und politischen Intentionen weisen sie jedoch alle ähnliche Grundprinzipien - einen identischen Basis-Diskurs - auf. Immer geht es um das kontrollierte und distanzierte Verhalten in der Öffentlichkeit, das die innere Welt des Menschen 'verbergen' soll, um die Beherrschung unmittelbar-spontaner Regungen und Bedürfnisse und um die Fähigkeit zur langfristigen Planung der eigenen Interessen, um die Ausbildung des 'strategischen Denkens'. Insbesondere in den Begrüßungsritualen, den öffentlichen Höflichkeitsbezeugungen und Umgangsformen spiegelt sich dieser Trend wider: sie werden, wie Richard Sennett gezeigt hat, im Verlauf des 18. Jahrhunderts immer distanzierter, unpersönlicher und formelhafter. Im sozialen Verkehr sollen nun persönlich-intime Themen ausgeklammert werden; spontan-expressive Ausdrucksformen sind verpönt.[28] - Vor allem aber wird das zivilisationsgeschichtlich neue Repertoire an Verhaltensformen in den autobiographischen und biographischen Texten der Zeit beschrieben und reflektiert, dort also, wo sich Subjekte um die Erkenntnis der Genese ihrer Subjektivität und Individualität bemühen. Ein besonders anschauliches Beispiel dafür ist der autobiographische Lebensbericht der Marquise de Merteuil in Choderlos de Laclos' "Gefährliche Liebschaften" von 1782 - ein Roman, der auch insgesamt die von Elias skizzierten Phänomene des 'Zivilisierungsprozesses' auf dem Stand des 18. Jahrhunderts sehr plastisch schildert. Im 81. Brief des Romans[29] beschreibt die Marquise de Merteuil dem Vicomte de Valmont ihre 'Selbst-Ausbildung' zur intriganten, raffinierten, durchtriebenen, klugen und selbstbewußten Frau, die immer die Fäden der von ihr eingefädelten Intrigen in der Hand behält und gleichwohl ihren Leumund zu schützen weiß. Dieser Bildungsweg - "ich bin mein eigenes Werk", summiert die Merteuil - besteht aus der permanenten Selbstbeobachtung und der Beobachtung der anderen,[30] der perfekten Verstellung und Inszenierung des eigenen Verhaltens, der Unterdrückung von Emotionen und Affekten, der Abschließung des eigenen Innenlebens, der eigentlichen Motive und Interessen, der ständigen Kontrolle der Empfindungen, der Berechnung und Planung des eigenen Verhaltens und des Verhaltens anderer, dem geschärften - ja schon fast wissenschaftlich fundierten -

28 Siehe Sennett 1986, S. 88 - 91

29 De Laclos, Gefährliche Liebschaften, S. 218 - 231

30 Wie ich in Kapitel III, Abschnitt 4 erläutert habe, entsteht erst im Prozeß der Zivilisation auch die 'innere Welt' des modernen Menschen. Daß dabei die Selbstbeobachtung ein wesentliches Produktionselement ist, zeigt sich hier im Bildungsweg der Marquise.

Blick für das eigene und das fremde Innenleben: "Ich arbeitete mit gleicher Sorgfalt und noch größerer Anstrengung an mir, um alle Anzeichen einer unerwarteten Freude zu unterdrücken. (...) Nicht zufrieden damit, mich nicht mehr durchschauen zu lassen, machte es mir bereits Spaß, mich in immer neuen Gestalten zu zeigen. Ich hatte mein Gebärdenspiel vollkommen in der Gewalt, ich achtete genau darauf, was ich sagte; ich stimmte eines wie das andere auf die Umstände ab, manchmal sogar richtete ich mich auch bloß nach meinen Launen und Einfällen. Von dem Augenblick an ging es nur noch mich an, was ich eigentlich dachte, und ich zeigte nur noch, was mir irgend Vorteil bringen konnte, wenn ich es mir anmerken ließ."[31] Selbstredend will De Laclos mit seinem Roman und dem Lebensbericht der Merteuil die Rankünе und Unmoral des Feudaladels decouvrieren. Das ändert aber nichts daran, daß Kontrolle und Selbstdisziplin, unabhängig von der gleichsam 'mißbräuchlichen' Anwendung durch die Marquise, zu Normen des sozialen Verkehrs im Adel und im Bürgertum geworden sind.

Michel Foucault hat die - bei Elias nur sozialpsychologisch erklärte - 'Zivilisierung' des Verhaltens als Teilbereich einer umfassenden Disziplin der Körper interpretiert und in den grundlegenderen historischen Zusammenhang der Entwicklung neuzeitlicher Technologien und Funktionsweisen der Macht eingeordnet. Wie ein roter Faden zieht sich durch Foucaults gesamtes Werk die Frage, wie Macht jenseits der simplen Repressionshypothese funktioniert, wie sie sich in den Körpern und Köpfen der Menschen 'einnistet'. In den feudalen Gesellschaften des Mittelalters gipfelt die Macht des absoluten Herrschers darin, über Leben und Tod seiner Untertanen zu entscheiden: "Der Souverän übt sein Recht über das Leben nur aus, indem er sein Recht zum Töten ausspielt - oder zurückhält. Er offenbart seine Macht über das Leben nur durch den Tod, den zu verlangen er imstande ist. Das sogenante Recht 'über Leben und Tod' ist in Wirklichkeit das Recht, sterben zu machen und leben zu lassen. Sein Symbol war ja das Schwert. Und vielleicht ist diese Rechtsform auf einen historischen Gesellschaftstyp zu beziehen, in dem sich die Macht wesentlich als Abschöpfungsinstanz, als Ausbeutungsmechanismus, als Recht auf Aneignung von Reichtümern, als eine den Untertanen aufgezwungene Entziehung von Produkten, Gütern, Diensten, Arbeit und Blut vollzog."[32] Diese Machtform, die das Recht über den Tod besitzt und mit ihm herrscht, tritt im Lauf des 17. und 18. Jahrhunderts zurück zugunsten einer fundamental anderen 'Machttechnologie', die sich um die Verwaltung und Bewirtschaftung des Lebens kümmert. Diese neue 'Lebensmacht' oder - wie sie Foucault in ihrer entwickelten Form im 19. und 20. Jahrhundert nennt - 'Bio-Macht' nimmt das Leben in den Griff, um es zu steigern und zu vervielfältigen, um es im einzelnen zu kontrollieren und im ganzen zu regulieren. Denn das Leben

31 De Laclos, Gefährliche Liebschaften, S. 223

32 Foucault 1983, S. 162

- der Körper des einzelnen Menschen wie der Gesellschaftskörper als ganzer - wird als Quelle des gesellschaftlichen Reichtums entdeckt, sofern es gesteigert und intensiviert wird. Das alte Prinzip der Abschöpfung, der Expropriation des Lebens wird, so könnte man sagen, abgelöst durch das neue Prinzip der Bewirtschaftung und Produktion des Lebens. Gleichzeitig siedeln sich die Macht und ihre Kontrollmechanismen im Leben selbst an: In den Körpern und Köpfen der Beherrschten, die durch Normierungen und Gebote anstelle von Gewaltandrohung und Verboten 'zugerichtet' werden; und mit Hilfe der (politischen) Strategien zur 'Regulierung' der Bevölkerung als ganzer. Offenkundig gehört auch diese 'neuzeitliche' Machttechnologie, die das Leben akkumuliert und gleichzeitig unterwirft, zu einem bestimmten Gesellschaftstypus: "Diese Bio-Macht war gewiß ein unerläßliches Element bei der Entwicklung des Kapitalismus, der ohne kontrollierte Einschaltung der Körper in die Produktionsapparate und ohne Anpassung der Bevölkerungsphänomene an die ökonomischen Prozesse nicht möglich gewesen wäre. Aber er hat noch mehr verlangt: das Wachsen der Körper und der Bevölkerungen, ihre Stärkung wie auch ihre Nutzbarkeit und Gelehrigkeit; er brauchte Machtmethoden, die geeignet waren, die Kräfte, die Fähigkeiten, das Leben im ganzen zu steigern, ohne deren Unterwerfung zu erschweren."[33]

Die Lebensmacht als die moderne Machttechnologie entsteht im Verlauf des 17. und 18. Jahrhunderts aus zwei unterschiedlichen Entwicklungssträngen: aus den Disziplinen des Körpers, den Disziplinierungs-Techniken einerseits, aus der Bio-Politik der Bevölkerung andererseits: "Zuerst scheint sich der Pol gebildet zu haben, der um den Körper als Maschine zentriert ist. Seine Dressur, die Steigerung seiner Fähigkeiten, die Ausnutzung seiner Kräfte, das parallele Anwachsen seiner Nützlichkeit und seiner Gelehrigkeit, seine Integration in wirksame und ökonomische Kontrollsysteme - geleistet haben all das die Machtprozeduren der Disziplinen: politische Anatomie des menschlichen Körpers. Der zweite Pol, der sich etwas später - um die Mitte des 18. Jahrhunderts - gebildet hat, hat sich um den Gattungskörper zentriert, der von der Mechanik des Lebenden durchkreuzt wird und den biologischen Prozessen zugrundeliegt. Die Fortpflanzung, die Geburten- und die Sterblichkeitsrate, das Gesundheitsniveau, die Lebensdauer, die Langlebigkeit mit allen ihren Variationsbedingungen wurden zum Gegenstand eingreifender Maßnahmen und regulierender Kontrollen: Bio-Politik der Bevölkerung. Die Disziplinen des Körpers und die Regulierungen der Bevölkerung bilden die beiden Pole, um die herum sich die Macht zum Leben organisiert hat."[34]

Zielpunkt der Disziplinartechniken ist der menschliche Körper, dessen Kräfte ebenso gesteigert und nützlich gemacht wie sie gleichzeitig kontrolliert und unterworfen werden sollen. Das ist sozusagen die grundlegende 'Aufgaben-

33 Ebd., S. 168
34 Ebd., S. 166

stellung' der zum Kapitalismus gehörigen Machttechnologie: "Die Disziplin fabriziert auf diese Weise unterworfene und geübte Körper, fügsame und gelehrige Körper. Die Disziplin steigert die Kräfte des Körpers (um die ökonomische Nützlichkeit zu erhöhen) und schwächt diese selben Kräfte (um sie politisch fügsam zu machen). Mit einem Wort: sie spaltet die Macht des Körpers; sie macht daraus einerseits eine 'Fähigkeit', eine 'Tauglichkeit', die sie zu steigern sucht; und andererseits polt sie die Energie, die Mächtigkeit, die daraus resultieren könnte, zu einem Verhältnis strikter Unterwerfung um. Wenn die ökonomische Ausbeutung die Arbeitskraft vom Produkt trennt, so könnten wir sagen, daß der Disziplinarzwang eine gesteigerte Tauglichkeit und eine vertiefte Unterwerfung im Körper miteinander verkettet."[35] - In seinen historischen Materialstudien, insbesondere in "Überwachen und Strafen", beschreibt Foucault ausführlich, wie in den frühen Disziplinarinstitutionen - Armeen und Kasernen, Schulen, Kollegs und Internaten, Irrenhäusern und Spitälern, Manufakturen und Fabriken - die Körper mit subtilsten Methoden bis in jedes kleinste Detail hinein dressiert und unterworfen werden: durch Prozeduren der räumlichen Anordnung und Absonderung der Körper, der zeitlich vermittelten Kontrolle aller Tätigkeiten, der systematischen, auf Übung aufbauenden Organisation von Entwicklungsschritten, der Kombination der Kräfte; und durch Mittel der hierarchischen Überwachung, der normierenden Sanktion und der Prüfung.[36] Die Disziplinarinstitutionen vervielfältigen sich im Lauf des 17. und 18. Jahrhunderts und vernetzen sich untereinander. Die in ihnen entwickelten Techniken, Prozeduren, Systeme und Mechanismen der Disziplin überschreiten die Bezirke der Institutionen und verbreiten sich sukzessive im gesamten Gesellschaftskörper: Es kommt zu einer umfassenden Verallgemeinerung der Disziplinen, es formiert sich eine 'Disziplinargesellschaft'.[37]

Während im sozialen Verkehr des 18. Jahrhunderts das kontrollierte und distanzierte Verhalten zur Norm wird, während die Körper und Körperfunktionen insgesamt einer geschichtlich einzigartigen Disziplinierung unterworfen sind, herrschen im bürgerlichen Theater des 18. Jahrhunderts merkwürdigerweise ganz andere Verhältnisse. Dort nämlich agieren die Zuschauer überaus expressiv, spontan, lautstark und unkontrolliert, so als habe es eine 'Zivilisierung des sozialen Verkehrs' und eine 'Disziplinierung der Körper' niemals gegeben. Theaterzuschauer des 20. Jahrhunderts, durch und durch geprägt von den disziplinierten Rezeptionsnormen des hohen Literaturtheaters[38], wären bei der Konfrontation mit dem expressiven und undisziplinierten Publikumsverhalten des 18. Jahrhunderts

35 Foucault 1977, S. 177

36 Siehe Foucault 1977, S. 173 - 292

37 Siehe Foucault 1977, S. 269 - 270

38 Siehe dazu ausführlich Kapitel VI, Abschnitt 4.

hochgradig überrascht, peinlich berührt oder gar entsetzt. Sie kämen sich vor, als wären sie in ein Tollhaus versetzt:

Im Theater des 20. Jahrhunderts sind die interaktiven Beziehungen der Zuschauer untereinander hochgradig distanziert. Zwar registriert man, 'wer alles da war', zwar spricht man in den Pausen mit Bekannten und tuschelt während der Vorstellung kurzzeitig mit dem Sitznachbarn; aber damit sind Interaktions- und Ausdrucksformen auch schon erschöpft. Das 'moderne' Theaterpublikum bleibt eine Ansammlung von distanzierten und anonymisierten Individuen. Ganz anders im Theater des 18. Jahrhunderts: Gespräche zwischen Zuschauern wurden ohne Scheu während der laufenden Aufführung geführt, Zurufe über mehrere Reihen des Hauses hinweg waren selbstverständlich, Grüße und Höflichkeitsbezeugungen wurden ostentativ und für alle sichtbar während der Vorstellung ausgetauscht, die Aktivitäten des Beobachtens und Musterns der anderen Zuschauer entfalteten sich unverdeckt und ohne jeden Anstrich von Peinlichkeit oder Zurückhaltung. Liest man Romane und Erzählungen des 18. Jahrhunderts, in denen Theaterepisoden aus der Publikumsperspektive geschildert werden, kann man sich des Eindrucks nicht erwehren, als wären die interaktiven und expressiven Aktivitäten der Zuschauer ebenso von Bedeutung wie das Produktionsangebot auf der Bühne selbst. Die Aufmerksamkeit der Zuschauer war gleichsam immer geteilt zwischen zwei parallelen 'Vorstellungen'; der Blick fluktuierte ständig zwischen Bühne und Mitzuschauern hin und her.[39] In jedem Fall waren Gespräche, Zurufe und Höflichkeitsbezeugungen, Mustern und Beobachten, Sehen und Gesehenwerden keine Verstöße gegen die Konventionen des kulturellen Verkehrs im Theater, sondern legitime Verhaltensformen und selbstverständliche Elemente des Theatererlebnisses. Plastisch läßt sich das an einer Episode aus Johann Carl Wezels Roman "Herrmann und Ulrike" (1780) verfolgen: Wezel schildert hier eine Theaterveranstaltung im französischen Komödienhaus in Berlin, in deren Verlauf die voneinander getrennten Geliebten Herrmann und Ulrike sich zufällig wieder treffen. Im Rahmen dieser Theatersituation sind die Publikumsaktivitäten des Miteinander- und Übereinander-Sprechens, des Grüßens, des Beobachtens und Musterns absolut vorherrschend: Als Ulrike ihre Loge betritt, "(...) fragte man sich im Amphitheater hinter und vor Herrmanns Sitze: wer ist das? - 'Es ist die Gouvernante bei der Fräulein Troppau,' antwortete jemand."[40] Man reißt sich

39 In historischer Perspektive könnte man sagen, daß sich in den letzten 200 Jahren die Aufmerksamkeit der Zuschauer vom 'Gesamtraum' Theater ablöst und immer stärker auf die Bühne allein konzentriert. Dem korrespondieren theaterarchitektonische und technische Entwicklungen: die Einführung einer festen Bestuhlung im Parterre, die Möglichkeit zum auf die Bühne begrenzten Licht und zur Verdunkelung des Zuschauerraums (in Zusammenhang mit der Durchsetzung der Gasbeleuchtung ab 1840).

40 Wezel, Herrmann und Ulrike, Bd. I, S. 347

gegenseitig Lorgnetten und Gucker[41] aus der Hand, um die 'hübsche Physiognomie' und die 'artige Figur' zu begutachten; bei laufender Vorstellung entspinnt sich ein laut ausgetragener Disput zwischen mehreren Zuschauern über die körperlichen Vorzüge Ulrikes. Als deren Blicke sich auf Herrmann richten, wird der vermeintliche Bekannte der Schönen zum Gegenstand des Interesses für die anderen Zuschauer. Die sichtbare Interaktion zwischen den beiden Verliebten macht schließlich das ganze Haus auf Ulrike aufmerksam: "Da Ulrike merkte, daß man mit allen Augen, Guckern und Lorgnetten aus dem Amphitheater nach ihr zielte, und daß man nunmehr alle diese Sehwerkzeuge auch im Parket und den Logen nach ihr richtete, befand sie für gut, ihren Stuhl zurückzuschieben und sich so zu setzen, daß sie nur für sehr wenige sichtbar blieb."[42] Daraufhin kommt Herrmann mit dem glühendsten Verehrer Ulrikes unter seinen Nachbarn ins Gespräch, einem französischen Maler, der seine Dienste als Portraitmaler anbietet; beide verplaudern den Rest der gesamten Vorstellung über das Subjekt ihrer Begierde - Ulrike: "Für die Nachbarn war es ein wahrhaftiges Lustspiel, die beiden Leute so unerschöpflich und inbrünstig um die Wette einen Gegenstand loben zu hören: einer redete in den anderen hinein und wollte ihn übersteigern. Beide zeichneten freilich als Verliebte (...)"[43].

Expressiv und unkontrolliert, lautstark und spontan reagierten die zeitgenössischen Zuschauer auch auf die Angebote der Produktionsseite, insbesondere also auf die Darstellungsleistungen und Persönlichkeiten der Schauspieler. Das betraf sowohl die Ablehnung des Produktionsangebots wie die Zustimmung zu ihm. Dazu einige Erläuterungen: Der sogenannte Theaterskandal verläuft heute in ziemlich ritualisierten und zivilisierten Formen. Möglich sind bei einer 'skandalösen' oder 'provozierenden' Inszenierung Zwischenrufe und Pfiffe, ein Teil der Zuschauer wird türschlagend den Saal verlassen; und erst am Ende der Vorstellung wird durch die Verweigerung von Beifall oder durch Pfiffe und Buhrufe das Mißfallen kundgetan. Der Abbruch einer Vorstellung ist ausgesprochen selten geworden. Im Vergleich zu diesem hochgradig konventionalisierten und normierten Ausdrucks-Repertoire war das Publikumsverhalten im 18. Jahrhundert viel nuancenreicher, variationsfähiger, weniger vorhersehbar und ungleich aggressiver.[44] Neben dem Pfeifen wurde durch Pochen (mit Fäusten und Schlüs-

---

41 Die Aktivitäten des Sehens und die Werkzeuge des Sehens (Lorgnetten, Gucker, Brillen) sind Schlüsselbegriffe in der Theaterepisode Wezels.

42 Wezel, Herrmann und Ulrike, Bd. I, S. 352

43 Ebd., S. 352 - 353

44 Zum 'aggressiven' Publikumsverhalten im 18. Jahrhundert siehe die materialreiche Dissertation von Arno Paul "Aggressive Tendenzen des Theaterpublikums. Eine strukturalfunktionale Untersuchung über den sog. Theaterskandal anhand der Sozialverhältnisse der Goethezeit" (Paul 1969).

seln), Zischen und Füßetrampeln der Unmut ausgedrückt, laute Kommentare und Bewertungen der Schauspielerleistungen waren selbstverständlich, unbeliebte oder in Ungnade gefallene Schauspieler wurden durch allgemeinen Aufruhr am Auftritt gehindert oder während ihres Auftritts von der Bühne vertrieben; Ablehnung oder Zustimmung konnten während einer Vorstellung durchaus mehrmals wechseln, der Prinzipal oder einzelne Schauspieler konnten durch das 'Hervorrufen' am Ende einer Vorstellung auf die Bühne zitiert werden. Diese Praxis war bei den Schauspielern besonders gefürchtet, weil sie im Unterschied zu heutigen Konventionen zur Beschimpfung ebenso genutzt werden konnte wie zum Beifall. Was genau den Schauspieler traf, war bis zum entscheidenden Moment durchaus ungewiß.[45] Vor allem aber - ein Phänomen, das heute unbekannt ist - kam es zu persönlichen Beleidigungen, Schmähungen, Beschimpfungen und Drohungen gegenüber den Schauspielern, die sich bis zur Anwendung körperlicher Gewalt, bis zum Angriff auf die körperliche Integrität steigern konnten. In Extremfällen bewarfen die Zuschauer die Spielenden mit allen verfügbaren Gegenständen - meistens Nüsse, Äpfel und Apfelsinen, die im Theaterraum gereicht wurden - oder stürmten auf die Bühne, um die Spieler zu verprügeln und den Abbruch der Vorstellung zu erzwingen.[46]

Ein illustratives Beispiel für expressiv-ablehnende und gewalttätige Publikumsreaktionen liefert eine Episode aus Goethes "Wilhelm Meisters theatralische Sendung", die Aufführung von Wilhelms "Darius"-Drama. Mosje Bendel, Hauptdarsteller des Stücks und Protegé der Theaterprinzipalin, zieht den Unmut der Zuschauer auf sich. Im zweiten Akt wird Bendel ausgepocht, im vierten Akt entsteht ein allgemeiner Tumult: "Es entstand ein lautes Gelächter, er [Bendel; R. R.] erhub seine Simme nur mehr, stotterte bald, verfing sich in einigen Quiproquos. Das Pochen, Pfeifen, Zischen, Klatschen und Bravorufen ward allgemein. Gift und Galle, die in ihm kochten, brachen aus, er vergaß, wo und wer er war, trat bis ganz hervor an die Lampen, rief und schimpfte auf ein solches Betragen und forderte einen jeden heraus, der sich gegen ihn so impertinent bewies. Kaum hatte er ausgeredet, als eine Pomeranze geflogen kam und ihn mit solcher Gewalt auf die Brust traf, daß er einige Schritte zurück wich; gleich darauf noch eine, und als er sich bückte, die aufzuheben, ein Apfel, der ihm die Nase quetschte, daß ihm ein Strom von Blut dem Gesichte herunter lief. Außer sich vor Wut, schleuderte er den einen Apfel, den er aufgerafft hatte, in das Parterre zurück. Er

45 Zur Ambivalenz des Hervorrufens siehe etwa: Schütze, Satyrisch-ästhetisches Hand- und Taschen-Wörterbuch, S. 84 - 85; Gothaer Theaterkalender, auf das Jahr 1794, S. 56 - 57.

46 Zum Komplex 'Schmähungen und Drohungen gegen die Schauspieler' siehe etwa: Gothaer Theaterkalender, auf das Jahr 1776, S. 59 - 60. Zum 'Sturm auf die Bühne' etwa: Gothaer Theaterkalender, auf das Jahr 1787, S. 65 und S. 106; Ephemeriden der Litteratur und des Theaters, Bd. 4/1786, S. 378.

mochte jemand hart getroffen haben, denn es entstund gleich darauf ein allgemeiner Aufruhr. Ein Knabe, der Semmeln und Pastetchen zu verkaufen herbeitrug, wurde in dem Augenblicke rein ausgeplündert und der verhaßte Gegenstand damit bedeckt; sogar kam eine alte Dose geflogen, die an dem Helme sich voneinander teilte und ihm Augen und Mund mit stiebendem Tobacke erfüllte."[47] Die Vorstellung wird abgebrochen, Bendel flieht vor einem Trupp mit Stecken bewaffneter Zuschauer, die die Bühne stürmen, aus dem Theater; die Dekorationen werden zerstört, das Theatergebäude selbst beschädigt - bis endlich eine Abordnung von Soldaten den Tumult beendet und die Schauspieler in Schutz nimmt.[48]

Auch Zustimmung, Beifall und Begeisterung, emotionale Anteilnahme und Rührung äußern sich im Theater des 18. Jahrhunderts auf hohem Expressionsniveau, ausgesprochen drastisch und selbstverständlich. Durchaus üblich war es, bei Gefallen einer Szene oder einer Sentenz mit dem 'Da capo' eine Wiederholung zu fordern - eine Praxis, die heute allenfalls noch im populären Musiktheater vorkommt. Gefeierte Schauspieler wurden schon zu Beginn ihres Auftritts mit Beifall begrüßt und am Ende einer Szene (und nicht erst am Ende des Stücks) mit frenetischem Beifall, mit 'Bravo'- und 'Ahi'-Rufen zur Verbeugung auf die Bühne zurückgeholt - eine Praxis, die heute der vermeintlichen 'Einheit des Kunstwerks' wegen undenkbar wäre. Wichtiger aber noch für das Syndrom der Expressivität ist der ungehemmte Ausdruck emotionaler Erschütterungen, der für das bürgerliche Publikum der zweiten Jahrhunderthälfte kennzeichnend ist: Tränen, Schluchzen, Aufstöhnen und Seufzer, sichtbare Zeichen des Mitleids, Ausrufe und Ausbrüche größter emotionaler Erregung, ja Ohnmachtsanfälle, deretwegen die Vorstellung bis zur Beruhigung der Zuschauer unterbrochen werden muß, sind im Theater des 18. Jahrhunderts vielleicht nicht gerade alltäglich, jedenfalls aber auch nichts Außergewöhnliches oder gar Anstößiges. Insbesondere Iffland, mit seinen Stücken und seiner Spielweise selbst eine 'Gallionsfigur' der rührend-sentimentalen Ästhetik der Spätaufklärung, schildert in seinen Briefen und Memoiren immer wieder solche emotional-expressiven Ausbrüche in der Theatersituation.[49] Dabei seufzen, schluchzen, weinen, küssen und umarmen sich die Zuschauer (und zum Teil mit ihnen die Schauspieler) in aller Öffentlichkeit. Und dieser öffentliche Ausdruck von Emotionen wird selbst wiederum zum Gegenstand des Interesses: man beobachtet sich wechselseitig, man genießt die gemeinsame Emotio-

---

47 Goethe, Wilhelm Meisters theatralische Sendung, S. 189

48 Bis etwa zur Jahrhundertwende waren bei Theateraufführungen immer Wach- bzw. Stadtsoldaten anwesend. Beim hier geschilderten Theaterkrawall kommt noch zusätzlich ein "(...) Detachement, das der Kommandant, gleich als er den Lärm erfahren, hatte marschieren lassen" (ebd., S. 190), hinzu.

49 Siehe etwa: Iffland, Meine theatralische Laufbahn, S. 67 - 70 und S. 91; sowie Ifflands Briefe.

nalisierung. Der expressive Ausdruck von Emotionen erhält den Status eines 'spektatorischen Ereignisses'.[50]

Das expressive, spontane und unkontrollierte Publikumsverhalten stellt im Theater des 18. Jahrhunderts keine Normverletzung dar, sondern ist ein integraler und selbstverständlicher Bestandteil des bürgerlichen Theatererlebnisses: "Männer und Frauen brechen über den Tod des Helden auf der Bühne in Tränen aus, laute Schmährufe, catcalls, für einen Schauspieler, der seine Verse vergessen hat; Aufruhr im Theater, wenn das Stück eine unpopuläre politische Wendung nimmt"[51]. Ja man kann pointieren: der Reiz, den das Theater auf die historischen Rezipienten ausübt, liegt nicht nur in den Angeboten der Produktionsseite, sondern wesentlich auch in der Möglichkeit, sich in einer umfassenden Weise expressiv und unkontrolliert 'aufführen' zu können. Manche Quellen vermitteln sogar den Eindruck, als wären Begeisterungsstürme, Krawalle und Theaterskandale von Zuschauern mehr oder weniger 'inszeniert' worden, um sich diesen besonderen Kitzel zu verschaffen.[52] 1794 etwa resümiert Grüner im "Gothaer Theaterkalender": "Man werfe einen Blick auf unsere Parterren, und es wird sich ergeben, daß nie soviel gepfiffen, kritisiert, herausgerufen, geklatscht und gepocht ward als jetzt. Eine Ueberspannung der Gefühle scheint sich unseren Parterren mitgetheilt zu haben, die für die Kunst unmöglich gewinnbar heißen kann."[53] - Das aber wirft zwei Fragen auf: Warum existiert ein Bedürfnis nach expressiven Verhaltensformen innerhalb der kulturellen Praxis Theater, wenn in der sozialen Praxis Verhaltenskonventionen der Kontrolle und der Selbstbeherrschung, der Distanz im sozialen Verkehr und der Vermeidung expressiver Äußerungen herrschen? Oder allgemeiner formuliert: Wie ist der merkwürdige Widerspruch zwischen der Zivilisierung des Verhaltens und der Disziplinierung der Körper außerhalb des Theaters und dem expressiven Verhalten innerhalb desselben zu erklären?

Zuerst einmal hängt - sozusagen 'kulturgeschichtlich' - das expressive Publikumsverhalten mit dem traditionellen Status der Schauspieler als 'Ehrlose'

---

50 Ich habe den 'emotionalen thrill der theatralen Rezeption' schon in Kapitel III, Abschnitt 3 als vergesellschaftenden Mechanismus bei der 'Diskursivierung des Inneren' diskutiert. Deswegen behandle ich den Ausdruck emotionaler Erschütterung hier nur kurz.

51 Sennett 1986, S. 102

52 Man könnte mir quellenkritisch entgegenhalten, daß bevorzugt aufsehenerregende und spektakuläre Verhaltensweisen der zeitgenössischen Zuschauer aufgezeichnet und überliefert wurden. Ich konzediere das gerne. Aber auch wenn man sich in der Auswahl der Quellen auf weniger aufsehenerregende, auf 'alltäglichere' Publikumsreaktionen beschränkt, ergibt sich für das 18. Jahrhundert ein signifikant hohes Niveau der Expressivität der Zuschauer.

53 Grüner, Bemerkungen über Schauspielwesen, als Fortsetzung des Fragments: ist der Staat verbunden ec im vorjährigen Taschenbuche, S. 52

zusammen. Schauspieler verkaufen, so die traditionelle Formel, 'Ehre für Geld'; sie werden dafür bezahlt, als Objekte des Vergnügens zu fungieren und Schmähungen ihrer moralischen sowie Beeinträchtigungen ihrer körperlichen Integrität hinzunehmen. Rousseau etwa formuliert in seinem "Brief an Monsieur d'Alembert" drastisch: "Was ist der Beruf des Schauspielers? Ein Gewerbe, bei dem er sich für Geld selbst zur Schau stellt, bei dem er sich der Schande und den Beleidigungen aussetzt, die auszusprechen man sich das Recht erkauft, und bei dem er seine Person öffentlich zum Verkauf anbietet."[54] Zwar verändert sich diese 'Berufsdefinition' im Zuge der Nobilitierung des Schauspielers im 18. Jahrhundert; aber sie schwingt im 'Wissen' und Verhalten der zeitgenössischen Zuschauer immer noch mit und kann jederzeit, insbesondere bei Krawallen und Tumulten im Theater, aktualisiert werden. Schauspieler sind auch im 18. Jahrhundert noch 'Objekte des Vergnügens' - und dieses Vergnügen kann die Schmähung und Beleidigung beinhalten. Schauspieler "(...) galten in dieser Zeit als eine spezielle Art von Dienern, als Diener einer besonders verderbten Sorte - das betraf sowohl die Musiker wie alle darstellenden Künstler. (...) die Darsteller waren da, um zu dienen, da konnte man sie auch 'Pointen' aufsagen lassen und sie hernach zum Schweigen bringen. (...) Insofern war die Spontaneität im Theater eine Sache des gesellschaftlichen Rangs. Der Schauspieler war dazu da, Vergnügen zu bereiten. Er amüsierte oder weckte Mißmut; doch wie der Butler oder das Hausmädchen war er der Herrschaft untertan."[55]

Mit der Möglichkeit zur Expressivität eröffnet das Theater den bürgerlichen Zuschauern Gegenerfahrungen zur Selbstbeherrschung, Zurückhaltung und Disziplinierung, die ihnen das ganze 'sonstige Leben' immer stärker abverlangt - an einem besonderen Ort, für einen begrenzten Zeitraum und innerhalb eines kulturellen, also realitätsdistanzierten Handlungszusammenhangs. Für ein solches Verhältnis von Alltag und kultureller Praxis im Hinblick auf Verhaltensdispositive lassen sich aktuelle Parallelen anführen: Das samstägliche Fußballspiel mit seinen emotionalisierenden und aggressiven Verhaltensoptionen bietet den 'kleinen Ausbruch' aus der werktäglichen Einpassung in die Produktionsapparate. Die Techno-Party liefert von Freitag Nacht bis Sonntag Mittag durch Drogen, Musik und Körperlichkeit jene Intensität und Ekstase, welche der Dienstleistungsexistenz abgeht. Das Theater des 18. Jahrhunderts organisiert einen kulturellen Ausgleich für die Zurichtungen und Anforderungen des Zivilisationsprozesses; es bietet die Möglichkeit, die sozialen Konventionen des zivilisierten Verhaltens und die Disziplin der Körper partiell aufzuheben. Die 'Kosten' der 'Modernisierung'

54 Rousseau, Brief an Herrn d'Alembert über seinen Artikel "Genf" im VII. Band der Enzyklopädie und insbesondere über den Plan, ein Schauspielhaus in dieser Stadt zu errichten, S. 414

55 Sennett 1986, S. 106

der Subjekte - jene strukturelle Gewalt, die Zivilisierung und Disziplinierung den Menschen antun - werden symbolisch-kulturell außer Kraft gesetzt. Dabei spielt eine im weitesten Sinn politische Bedeutung mit, die interessanterweise am Körper selbst ansetzt: die Lust an Aufruhr und Tumult im Theater war auch von dem Bedürfnis motiviert, in einer obrigkeitlich streng reglementierten Gesellschaft die 'Verhältnisse zum Tanzen zu bringen' - für kurze Zeit, in einem verbesonderten gesellschaftlichen Raum, in einer symbolischen Form der Opposition. Das ist im übrigen auch der Grund, warum Randale im Theater den Obrigkeiten immer ausgesprochen gefährlich schien und durch 'polizeyliche' Überwachung eingedämmt werden sollte.

Darüber hinaus hat das expressive Publikumsverhalten noch eine weitere Funktion: Tumult, Begeisterung und emotionale Erschütterungen heben im Denken des 18. Jahrhunderts die Grenzen und Barrieren zwischen den Zuschauern auf, weil in den spontanen Regungen das Innere des Menschen durchscheint, das sonst sorgsam von der Außenwelt abgeschottet wird. August Wilhelm Schlegel beschreibt diese Medienwirkung in den theoretischen Einleitungskapiteln seiner "Vorlesungen über dramatische Kunst und Literatur" auf plastische Weise: "Im gewöhnlichen Umgange zeigen die Menschen einander nur ihre Außenseite. Mißtrauen oder Gleichgültigkeit halten sie davon zurück, andere in ihr Inneres schauen zu lassen, und von dem, was unserm Herzen am nächsten liegt, mit einiger Rührung und Erschütterung zu sprechen, würde dem Ton der feinen Gesellschaft nicht angemessen sein. Der Volksredner und der dramatische Dichter finden das Mittel, diese Schranken konventioneller, durch die Sitte vorgeschriebner Zurückhaltung einzureißen. Indem sie ihre Zuhörer in so lebhafte Gemütsbewegungen versetzen, daß die äußeren Zeichen davon unwillkürlich hervorbrechen, nimmt jeder an den übrigen die gleiche Rührung wahr, und so werden Menschen, die sich bisher fremd waren, plötzlich auf einen Augenblick zu Vertrauten. Die Tränen (...) befreunden, verbrüdern sie alle. Es ist unglaublich, welche verstärkende Kraft die sichtbare Gemeinschaft vieler für ein inniges Gefühl hat, das sich sonst gewöhnlich in die Einsamkeit zurückzieht oder nur in freundschaftlicher Zutraulichkeit offenbart."[56] Die Expressivität im Theater ist demnach nicht nur eine Gegenerfahrung zu den Zurichtungen und Zwängen des Zivilisationsprozesses. Sie verschafft den anonymisierten und voneinander distanzierten Bürgern gleichzeitig - durch den spontanen und unmittelbaren Ausdruck vorgeblich 'innerer' Regungen - kulturell vermittelte Gemeinschaftserlebnisse. Der Kreis zum Beginn dieses Kapitels schließt sich: In der intimisierten und versachlichten Moderne fungiert das Theater als kulturelles Gemeinschaftsritual. Die Expressivität und Spontaneität der Zuschauer ist dabei der Mechanismus oder

56 A. W. Schlegel, Vorlesungen über dramatische Kunst und Literatur, Bd. I, S. 36 - 37

das Verhaltensdispositiv, mit dessen Hilfe aus dem Gemeinschaftsritual - der bloßen Versammlung der Zuschauer - tatsächlich ein Gemeinschaftserlebnis wird. Erst vermittelt über das expressive Verhalten des Publikums entsteht in praxi eine Gegenerfahrung zur Vereinzelung und Anonymisierung der bürgerlichen Subjekte.

Ich bin bei der Lösung einer meiner Ausgangsfragen angekommen: Der Theater-Boom in der zweiten Hälfte des 18. Jahrhunderts liegt darin begründet, daß das Medium (mit seinen Themen, Stoffen, Darstellungsweisen und vermittelt über seine Publikumsstruktur) zur Diskursivierung bürgerlicher Ideologie beiträgt, gleichzeitig jedoch eine kulturelle Bewältigung der neuzeitlichen Modernisierungsprozesse ermöglicht. Im bürgerlichen Theater des 18. Jahrhunderts überlagern sich mehrere soziale Funktionen, es befriedigt das Bedürfnis nach ideologischer Orientierung in der neuen Welt genauso wie das Bedürfnis nach einem kulturellen Ausgleich von den Belastungen eben dieser neuen Welt. Das vermag im übrigen auch zu erklären, warum - ein durchaus bemerkenswerter Sachverhalt - das Theater als einzige Institution der bürgerlichen Öffentlichkeit nicht 'neu' entwickelt, sondern als bereits existierende kulturelle Form 'nur' transformiert worden ist. Das Medium 'rettet' gleichsam kulturelle Praktiken und Verkehrsformen (Versammlung, Expressivität, Leibhaftigkeit) der vorbürgerlichen Welt in die bürgerliche Gesellschaft hinüber, ohne dabei auf die Darstellung eben dieser bürgerlichen Gesellschaft zu verzichten. Nach genau dieser 'medialen Melange' aus Geschichte, Gegenwart und Zukunft, aus Alt und Neu, hatten die bürgerlichen Subjekte des 18. Jahrhunderts, weil hineingeboren in die 'Übergangsgesellschaft' zwischen feudaler und bürgerlicher Welt, ein 'kulturelles Bedürfnis'.

3. Klassengegensätze und Gemeinschaftsentwürfe

Als Folge der ökonomischen und sozialen Modernisierungsprozesse des Frühkapitalismus verschärfen sich im Verlauf des 18. Jahrhunderts die Klassengegensätze und politischen Auseinandersetzungen zwischen Bürgertum und Feudaladel. Wegen der relativ zaghaften kapitalistischen Entwicklung[57], der Schwäche seiner bürgerlichen Schichten und der territorialen Zersplitterung des Landes werden diese Klassengegensätze in Deutschland nicht mit der Radikalität ausgetragen und aufgelöst wie in der englischen frühbürgerlichen Revolution des 17. Jahrhunderts oder gar in der Französischen Revolution von 1789. Ein 'Klassenkampf' im eigentlichen Sinn des Wortes findet bis auf wenige regional begrenzte Aus-

57 In Deutschland sind am Ende des 18. Jahrhunderts die neuen Produktionsverhältnisse und Produktionsweisen nur auf wenige regionale 'Fortschrittskerne' (Sachsen, Rheinland, Bergisches Land) beschränkt.

nahmen - die Mainzer Revolution oder vereinzelte Unruhen - nicht statt. Gleichwohl ist eine Zuspitzung der Klassenwidersprüche und politisch-publizistischen Auseinandersetzungen, freilich in relativ moderater Form, auch für Deutschland festzuhalten. Die radikalisierten Klassengegensätze sind im übrigen eine weitere Ursache dafür, daß den historischen Subjekten der gesellschaftliche Zusammenhang ihrer selbst immer problematischer wird. Vor diesem Hintergrund zieht das bürgerliche Theater ein politisch motiviertes Interesse von Teilen der bürgerlichen Intelligenz, des Feudaladels und der Machtinstanzen des Aufgeklärten Absolutismus auf sich: erscheint es doch als eine kulturelle Praxis, die unter bestimmten Bedingungen als Gegenpol zur Klassengesellschaft erlebt werden kann. Durch die personale Versammlung von Feudaladel und Bürgern (oder von vorproletarischen Schichten und bürgerlicher Intelligenz) im Theater entsteht - so lautet die medienprogrammatische und -utopische Denkfigur dieser politischen Konzepte - ein Gemeinschaftserlebnis, das die real existierenden Klassenwidersprüche situativ und im Rahmen einer kulturellen Verkehrsform auflöst und damit zu ihrer 'subjektiven Entschärfung' beiträgt. Diese klassenübergreifende und -verbindende Öffentlichkeit fungiert gleichzeitig als symbolisch-repräsentatives Modell für eine Gesellschaftsordnung, in der die antagonistischen Klassenverhältnisse überwunden sind. Ich will im folgenden zwei theatrale 'Gemeinschafts-Entwürfe' ganz unterschiedlicher politischer Provenienz vorstellen: eine konservative Variante, die der Ideologie und Herrschaftsform des Aufgeklärten Absolutismus verpflichtet ist; und eine 'antikapitalistische', die schon auf die Klassengegensätze des 19. Jahrhunderts vorausweist und von den Frühromantikern vertreten wird.

In der in der Mitte seiner Bühnenkarriere geschriebenen Autobiographie "Meine theatralische Laufbahn" (1798) schildert August Wilhelm Iffland immer wieder sogenannte 'Festaufführungen', bei denen Mitglieder eines regierenden Fürstenhauses, meist aus Anlaß dynastischer Feierlichkeiten, zusammen mit bürgerlichen Zuschauern im Theater anwesend waren. Im Vergleich zu anderen Theaterereignissen nehmen diese 'Festaufführungen' ungewöhnlich breiten Raum ein und werden erzählerisch bis ins Detail ausgemalt. Denn im Zusammentreffen von Adel und Bürgern entfaltet sich etwas, was für Iffland die mit Abstand wichtigste soziale Funktion des Theaters ist: Durch die Emotionalisierung[58] aller Zuschauer - der Adligen und insbesondere der Fürsten genauso wie der Bürger - entsteht eine Gemeinschaft von Gleichempfindenden, in welcher die soziale Kluft und die politischen Gegensätze zwischen Adel und 'Volk' irrelevant geworden, ja weitgehend aufgehoben sind. Prototypisch dafür steht eine Festaufführung aus Anlaß einer Heirat im pfälzischen Kurhaus[59], die zwar besonders prägnant, jedoch nicht singulär ist: "Das Stück endete im Jauchzen des Volks, welches auf

58 Siehe dazu ausführlich Kapitel III, Abschnitt 3.
59 Iffland, Meine theatralische Laufbahn, S. 66 - 72

den Vorplätzen, auf den Treppen des Hauses und auf dem Theater widerhallte. Die Fürsten umarmten ihre Gattinnen öffentlich und herzlich und huldigten ihrer Großtante, welche sie als Mutter betrachteten. Diese führte die Pfalzgräfin dicht an die Galerie der Loge; der schöne Engel verneigte sich in Anmut, Anspruchlosigkeit und Wahrheit tief vor dem Volke und wurde im Jubelgeschrei zur beglückten Mutter der Pfalzgrafen eingesegnet; zu ihrer Seite streckte der gute Maximilian seine Arme herab, sah mit Augen, die von Tränen schimmerten, über die ganze Versammlung, als möchte er jede aufgehobene Hand in die seine fassen, dem Volke danken und für seine Zukunft der Menschheit huldigen zu ihrem Dienst - schloß seine Gattin in die Arme und wurde nun von der Familie umgeben."[60]

Der politische Bedeutung von Ifflands theatralem Gemeinschafts-Entwurf ist nicht zu übersehen: die gerade vermählte Pfalzgräfin und künftige Kurfürstin verneigt sich 'tief vor dem Volk'[61], der spätere Kurfürst und bayerische König[62] möchte "jede aufgehobene Hand in die seine fassen" und dem Volk danken; das Kurhaus insgesamt präsentiert sich in der theatralen Öffentlichkeit als bürgerliche, emotionalisierbare Familie, die Bürger sind dem Adel in ehrlicher Verehrung und Zuneigung zugetan. Iffland imaginiert den Aufgeklärten Absolutismus vermittels der emotionalisierenden und 'gemeinschaftsstiftenden' Theatersituation als patriarchal-familiäre Gesellschaftsordnung[63]: der Fürst ist der gütig-emotionale Vater, die Untertanen sind die ehrlich liebenden und vor allem politisch nicht renitenten Kinder. Der Klassengegensatz, der die soziale und politische Realität auch im Deutschland des Jahres 1785 kennzeichnet, wird kulturell 'eingeebnet' und liquidiert; der Klassenkampf selbst löst sich im theatralen Gemeinschaftserlebnis gleichsam auf. Vor allem aber steht die kulturelle Gemeinschaft von Adel und Bürgern als politisches Modell für die außertheatrale Gesellschaftsordnung: es geht um einen Klassenkompromiß zwischen Bürgern und Fürsten im Rahmen des politischen Systems des Aufgeklärten Absolutismus - ein Kompromiß, bei dem die durch Emotionalisierung und aufklärerische Vernunft 'verbürgerlichten' Fürsten zu vorsichtigen Reformen des überkommenen Feudalsystems bereit sind, ohne daß dabei an den grundlegenden Machtverhältnissen gerührt würde.

---

60 Ebd., S. 70

61 Was Iffland hier schildert, ist eine politisch motivierte Verklärung. Iffland 'erzählt', was er gesehen haben möchte. Es scheint mir ausgeschlossen, daß sich ein Mitglied eines regierenden Kurhauses um 1785 vor dem Volk tatsächlich 'verneigt'.

62 Es handelt sich hier um Pfalzgraf Maximilian Joseph von Zweibrücken, der 1799 die pfälzisch-bayerische Kurwürde erbte und 1806 erster bayerischer König (von Napoleons Gnaden) wurde. Er war schon 1785 der 'Thronprätendent' der pfälzisch-bayerischen Wittelsbacher.

63 Das ist im übrigen die ideologische Reklame, die der Aufgeklärte Absolutismus über sich selbst verbreitete.

In der zweiten Hälfte des 18. Jahrhunderts werden Hoftheater an den fürstlichen Regierungssitzen zunehmend für das bürgerliche Publikum geöffnet[64] und erstmals deutsche Schauspieler-Gesellschaften, die immer noch fahrende Truppen sind, über längere Zeiträume hinweg in Hoftheater-Dienste übernommen.[65] Ich verweise nur auf die prominentesten Beispiele: Von 1751 bis 1756 wird die Truppe des Prinzipals Schönemann, der auch Konrad Ekhof angehört, als 'dero Hof-Comödianten' beim Herzog von Mecklenburg-Schwerin engagiert und spielt acht Monate des Jahres in den Residenzen in Schwerin und Rostock: "Damit war nicht nur für diese eine Truppe, sondern für das ganze deutsche Theater des 18. Jahrhunderts ein sehr wichtiges neues Kapitel aufgeschlagen; denn damit war zum erstenmal für das deutschsprachige Schauspiel an die Stelle unsteten Wanderdaseins die Existenzform einer vom Hof subventionierten ständigen Bühne gerückt; eine wesentliche Voraussetzung für die weitere Aufwärtsentwicklung des deutschen Sprechtheaters war so erreicht."[66] Von 1771 bis 1774 ist die Truppe von Seyler und Ekhof kontinuierlich am Weimarer Hof beschäftigt; nach der Zerstörung des Theatersaals beim Schloßbrand von 1774 wechselt sie, mit einigen personellen Veränderungen, in den benachbarten thüringischen Kleinstaat Sachsen-Gotha, wo der musisch affizierte Herzog von 1775 bis 1779 das Gothaer Hoftheater unterhält. 1776 wird das Theater nächst der Burg in Wien, bislang an Theaterunternehmer verpachtet, auf persönliche Intervention Kaiser Josefs II. direkt der Hofverwaltung unterstellt, mit einem jährlichen Betrag von etwa 100.000 Gulden subventioniert, zum 'Nationaltheater' erhoben und für ein bürgerliches Publikum geöffnet: "Von ebenso schwerwiegender Bedeutung war jedoch auch Kaiser Josefs Absicht, zugleich mit der Erhebung des Burgtheaters zum Nationaltheater den Rahmen eines exklusiven Hoftheaters zu sprengen und das Hoftheater von diesem Augenblick an auch weiteren Schichten der Bevölkerung zugänglich zu machen."[67] Per Dekret ordnet Kurfürst Karl Theodor von Pfalz-Bayern 1778 die Einrichtung eines neuen deutschen Theaters in Mannheim an, nachdem er das Opern-Ensemble, das Ballett und die deutsche Gesellschaft des Prinzipals Marchand bei der Verlegung seiner Residenz nach München mitgenommen hat. Daraufhin nimmt 1779 das Mannheimer Nationaltheater, vom

64 Ich meine damit die - über Kartenverkauf und Abonnements geregelte - formal unbeschränkte Zugangsberechtigung zu den Hoftheatern. Selbstredend waren auch im frühen 18. Jahrhundert vereinzelt bürgerliche Zuschauer in Hoftheatern anzutreffen; sie erhielten ihre Zugangsberechtigung jedoch durch die Gunst von Gönnern oder ihre Verbindungen zum Landesherrn etc.

65 An den fürstlichen Hoftheatern waren bis dahin nur Musiker, Sänger und Tänzer (für die große italienische Hofoper) und französische Schauspieler-Truppen (für die tragédie classique) engagiert.

66 Kindermann 1961, S. 511

67 Kindermann 1962, S. 83 - 84

pfälzischen Kurhaus subventioniert, in dem eigens zum Theater umgebauten ehemaligen 'Schütthaus' seinen Betrieb auf. Das neu engagierte Ensemble setzt sich aus der Truppe Seylers und Teilen des inzwischen aufgelösten Gothaer Hoftheaters zusammen. Im Jahr 1786 wird Doebbelin mit seiner Truppe, bislang selbständiger Theaterunternehmer mit eigenem Spielort in der Behrenstraße, vom preußischen König für das französische Komödienhaus am Berliner Gendarmenmarkt verpflichtet und erhält darüber hinaus eine kostenlose Grundausstattung neuer Dekorationen zum Start. Das Haus, vom König durch Zuschüsse und Logen-Abonnements finanziert, trägt nun den Titel 'Berliner Nationaltheater'. 1791 schließlich beginnt das Weimarer Hoftheater unter Goethes Leitung seine Arbeit und wird durch zwar bescheidene, aber kontinuierliche Zuwendungen des Herzogs am Leben gehalten. Das im deutschsprachigen Raum verbreitete Theatersystem - subventionierte Häuser in öffentlicher Trägerschaft mit formal unbeschränkter Zugangsberechtigung - hat in dieser Periode eine seiner historischen Wurzeln.[68] Im Hinblick auf Rechtsform und Trägerschaft sind all diese Theaterunternehmungen Hoftheater. Im Hinblick auf ihr Publikum, ihre Produzenten, ihr Repertoire und ihre Darstellungsästhetik lassen sie sich als bürgerliche Projekte qualifizieren. Diese, wenn man so will, Öffnung und 'Verbürgerlichung' der ehemals sozial exklusiven Hoftheater wird auch programmatisch in der Bezeichung 'Nationaltheater' markiert.

Bürgerliche Theaterleute und Publizisten bewerten die Öffnung der Hoftheater, die Übernahme deutscher Gesellschaften und die damit einhergehende Subventionierung bürgerlicher Theaterpraxen als Erfolg ihrer langjährigen Bemühungen: endlich hätten die Fürsten eingesehen, daß das Theater durch die Verbreitung von Moral, Sittlichkeit und Aufklärung für das Gemeinwesen, für den Staat selbst nützlich sei. Der bürgerliche Theaterdiskurs mit seiner zentralen Legitimationsfigur 'Schule der Sitten' hätte sich auch bei den Instanzen der Macht durchgesetzt. Diese Einschätzung, der sich im übrigen die Theatergeschichtsschreibung weitgehend angeschlossen hat, ist ausgesprochen naiv: sie unterstellt, daß sich die 'aufgeklärten' Fürsten und Regierungen von der Logik der 'bürgerlichen' Argumentation hätten überzeugen lassen, ohne bei der Übernahme und Subventionierung bürgerlicher Theaterformen ureigene, klassenspezifische Interessen zu verfolgen. Das aber ist angesichts der Vergabe von Geld an Institutionen der bürgerlichen Öffentlichkeit ebenso unlogisch wie unwahrscheinlich. - Könnte es nicht sein, daß die von Iffland imaginierte soziale Funktion des Theaters, die Klassengegensätze kulturell zu bewältigen, auch das zentrale Kalkül der Machtinstanzen des Aufgeklärten Absolutismus bei der Öffnung der Hoftheater und der Übernahme deutscher Gesellschaften ausmachte? Die Fürsten und Regierungen des Aufgeklärten

68 Die Hoftheater wurden nach dem Zusammenbruch der Monarchie 1918 in die - meist heute noch existierenden - Staatstheater ungewandelt.

Absolutismus hatten selbst ein originäres und dezidiertes Interesse an der Einrichtung von öffentlichen Räumen, in denen Adel und Bürgerliche aufeinandertreffen und - vermittelt über die gemeinsame Emotionalisierung oder den gemeinsamen Kunstgenuß - sich ein Gemeinschaftserlebnis entfaltet. Dieses Gemeinschaftserlebnis soll die existierenden Klassenwidersprüche kulturell und ideologisch 'entschärfen', ohne an ihren eigentlichen ökonomischen und sozialen Ursachen und an den Machtverhältnissen zu rütteln. Die Theatergemeinschaft dient der kulturell-ideologischen Stabilisierung des politischen Systems des Aufgeklärten Absolutismus und steht gleichzeitig als Modell für diese Gesellschaftsordnung. Das aber heißt: die Übernahme deutscher Truppen und die Subventionierung bürgerlicher Theaterformen sind nicht einfach Folgen der Verbürgerlichung der Kultur insgesamt und der zunehmenden öffentlichen Relevanz bürgerlicher Ideologie, sondern gleichzeitig kulturpolitische Mittel zur Herrschaftssicherung des Aufgeklärten Absolutismus. Die Förderung bürgerlicher Theaterpraxen durch die feudalabsolutistischen Machtinstanzen ist eine klassische kulturelle Herrschaftstechnik.[69]

Fast zeitgleich mit den 'konservativen' Vergesellschaftungs-Szenarien zwischen Adel und Bürgern werden im theatralen Diskurs der Frühromantik Gemeinschaften zwischen der bürgerlich-künstlerischen Intelligenz und 'unterbürgerlichen' oder 'vorproletarischen' Schichten beschrieben, entworfen oder ersehnt. In Relation zu den zeitgenössischen Theaterverhältnissen, in denen Bauern, Tagelöhner und städtisches 'Proletariat' aus dem bürgerlichen Theater weitgehend ausgeschlossen waren[70], sind diese klassenübergreifenden Gemeinschaftsentwürfe, die eine 'antikapitalistische' Stoßrichtung besitzen, ebenso erstaunlich wie erklärungsbedürftig. Sie üben zudem eine enorme Faszination auf die romantische Künstler-Generation aus:

In Tiecks "Briefen über Shakspeare" (1800) schildert einer der beiden Briefpartner den Besuch einer 'Volkstheater'-Aufführung in einem benachbarten Dorf. Hingerissen zeigt sich der Erzähler davon, daß diese Aufführung 'nicht-bürgerliche' Zuschauer anzieht, jene "(...) Arbeitsleute, die nach vollbrachtem Tagewerk noch ihre Schürzen und staubigen Hüte trugen und sich aus Bierkannen er-

69 Gemeinhin wird die große Zahl 'souveräner' Staaten am Ende des 18. Jahrhunderts mit ihren jeweiligen Hoftheatern als eine der historischen Ursachen für die hohe Theaterdichte in Deutschland angeführt. Die 'machtstabilisierende' Funktion des Theaters für den Aufgeklärten Absolutismus, der an der Wende vom 18. zum 19. Jahrhundert die dominierende Herrschaftsform in Deutschland ist, wäre als weiterer Grund dazuzudenken.

70 Die Landbevölkerung - am Ende des 18. Jahrhunderts immer noch die große Mehrheit der deutschen Bevölkerung - war von vornherein von den stehenden Theatern der Städte ausgeschlossen; der Zugang 'vorproletarischer' Schichten in den Großstädten durch die relativ hohen Eintrittspreise beschränkt.

quickten"[71]. Und ebenso als Besonderheit merkt er an, daß das Stück sowohl ihn, den städtisch sozialisierten bürgerlichen Intellektuellen, als auch die dörflichen 'Arbeitsleute' gleichermaßen fesselte. - Ein vergleichbares Theatererlebnis beschreibt E. Th. A. Hoffmann in seinem Bericht "Über die Aufführung der Schauspiele des Calderon de la Barca (...)" (1812), freilich nicht als literarische Imagination, sondern als faktischen Prozeß. Zweierlei hebt Hoffmann an den Aufführungen von Calderons "Die Andacht zum Kreuz", "Der Standhafte Prinz" und "Die Brücke von Mantible" hervor, an denen er selbst als Ausstatter und Musiker maßgeblich beteiligt war: daß es überhaupt gelingt, Calderons Stücke erfolgreich aufzuführen und daß diese poetischen Dramen Zuschauerschichten ins Theater ziehen, die nicht das 'normale' bürgerliche Publikum ausmachen: "Merkwürdig war es gewiß, wie der Ruf von dem heiligen Schauspiel sich nach jeder Aufführung mehr verbreitete und ein Publikum in das Theater zog, das man sonst nie darin gesehen hatte. Alte Bürger mit ihren Frauen, die es sonst für sündlich geachtet hätten, das Theater zu besuchen, entschlossen sich hineinzugehen, wobei sie nicht vergaßen den Rosenkranz mitzunehmen, und mehrere Bänke des Parterres waren oft mit Geistlichen besetzt."[72]

Vor allem jedoch imaginieren die Romantiker klassenübergreifende Gemeinschaftserlebnisse, wenn sie sich in historischer Rückbetrachtung mit ihren beiden großen literarischen und theatergeschichtlichen Vorbildern beschäftigen, mit Shakespeare und Calderon. Deren uneinholbarer Vorbildcharakter gründet zum einen auf den poetischen Qualitäten ihrer Dramen und ihren 'romantischen', also vermeintlich vorbürgerlichen, Stoffen und Sujets, in denen die prosaische Welt der bürgerlichen Gesellschaft noch weitgehend ausgeklammert war. Der Vorbildstatus geht zum anderen darauf zurück, daß Shakespeare und Calderon zu ihren Lebzeiten nicht nur die literarisch Gebildeten, sondern auch das einfache Volk, ja die gesamte Gesellschaft begeistert hätten. Im Elisabethanischen Theater Shakespeares und im spanischen Theater des 'Goldenen Zeitalters' waren, so die romantische Überzeugung, alle Schichten und Klassen der Bevölkerung[73] vertreten, hier entfaltete sich eine später verloren gegangene Gemeinschaft von künstlerischer Intelligenz und 'einfachem' Volk: "(...) das Volk hegt eine große Anhänglichkeit an sie [an die alten spanischen Nationaldichter; R. R.], und in Mexiko wie in Madrid werden ihre Stücke noch immer mit leidenschaftlichem

71 Tieck, Briefe über Shakspeare, S. 162

72 E. Th. A. Hoffmann, Über die Aufführung der Schauspiele des Calderon de la Barca auf dem Theater in Bamberg, S. 542

73 Zur 'Verankerung' von Shakespeare und Calderon im 'ganzen' Volk siehe etwa: Tieck, Shakspeares Behandlung des Wunderbaren, S. 38 - 39; A. W. Schlegel, Ueber das spanische Theater; sowie insgesamt die Abschnitte über Shakespeare und das spanische Theater in A. W. Schlegels 'Vorlesungen über dramatische Kunst und Literatur'.

Beifalle aufgeführt."[74] - Und diese klassenübergreifende Gemeinschaft zwischen künstlerischer Intelligenz und Volk, wie sie die Romantiker bei ihren literarischen Vorbildern verwirklicht glauben, hat Modellcharakter für die 'Moderne', eine solche Gemeinschaft wünschen sich die Romantiker auch für ihre eigene Gesellschaft, innerhalb wie außerhalb des Theaters.

Die romantischen Gemeinschaftsentwürfe und -utopien haben einen zweifachen sozialen Inhalt. Sie sind zum einen kulturelle Gegenbilder zu den neu sich formierenden Klassengegensätzen zwischen Bürgern und vorproletarischen Schichten, zur Trennung zwischen Hand- und Kopfarbeit. Sie verweisen in der Form einer Medienutopie auf eine Gesellschaftsstruktur, in der die real existierenden antagonistischen Klassenverhältnisse unter 'Führung der künstlerischen Intelligenz' sich aufgelöst haben. Und dieses Gesellschaftsbild besitzt für die Romantiker, die generell durchaus sensible und scharfsichtige Kritiker der frühkapitalistischen Modernisierung und ihrer sozialen Folgen[75] sind, große Faszination. Zum anderen aber sind die theatralen Gemeinschaftserlebnisse auch aus 'ureigenen' sozialen Interessen für die Romantiker von Belang. In und mit Hilfe der kulturellen Praxis Theater soll nämlich die soziale und gesellschaftliche Isolation der romantischen Künstler-Generation durchbrochen werden. Durch die Gemeinschaft von einfachem Volk und künstlerischer Intelligenz im Theater, durch den Erfolg der dramatischen Poesie beim großen Publikum erhoffen sich die Romantiker gesellschaftliche Anerkennung für ihre Arbeit wie für ihre Lebensform und das Ende ihrer gesellschaftlichen Marginalisierung: die Lösung des romantischen Künstlerproblems. Die romantischen Gemeinschafts-Entwürfe also 'imaginieren' eine Auflösung der Klassenrealität ebenso wie eine Auflösung des problematisch-gespannten Gesellschaftsverhältnisses der romantischen Generation.

Die 'klassenübergreifenden' Gemeinschaftsentwürfe sowohl konservativer als auch 'antikapitalistischer' Provenienz sind medienprogrammatische Konzepte mit hochgradig utopischem Charakter. Sie beschreiben weniger reale Mediennutzungsformen der historischen Zuschauer als vielmehr dem Theater zugeschriebene oder von ihm erhoffte Funktionen, die sich allenfalls in ganz besonderen Theatersituationen, quasi als 'Spurenelement', verwirklichen. Die politischen Gemeinschaftsutopien stellen gleichsam spezifizierte 'Anwendungen' des allgemeinen Vergesellschaftungspotentials des Mediums dar, das grundsätzlich

74 A. W. Schlegel, Vorlesungen über dramatische Kunst und Literatur, Bd. II, S. 253

75 Zur zweifachen romantischen Kritik an spätfeudaler und frühkapitalistischer Gesellschaft siehe Heise 1978 und 1981, der diese doppelte Frontstellung überzeugend als Spezifik der romantischen 'Weltanschauung' faßt. Zum Syndrom des 'romantischen Anti-Kapitalismus', im besonderen der Kritik an Arbeitsteilung, Nützlichkeit, Eigennutz, an der Abstraktionskraft des Geldes, der Warenzirkulation, siehe Schulte-Sasse 1985, S. 87 - 96.

jeder Theaterveranstaltung zueigen ist. Offenbar schienen den historischen Subjekten - und das ist der eigentlich medienspezifische Grund für die politischen Gemeinschaftsutopien - unter der Bedingung personalen Zusammentreffens Klassengegensätze und soziale Konflikte noch auflösbar. Trotz ihres utopischen Charakters haben diese Entwürfe ihren berechtigten Platz in einer Archäologie der sozialen Funktionen der theatralen Öffentlichkeit. Denn sie sind im theatralen Diskurs der Zeit weit verbreitet und gehen deswegen in Form gedanklichen 'Materials', in Form von Medienerwartungen und -reflexionen in das Theatererlebnis selbst mit ein.

V. Arbeit - Alltag - Kultur
Das Unterhaltungsmedium Theater

> "Die Schaubühne ist die Stiftung, wo sich Vergnügen mit Unterricht, Ruhe mit Anstrengung, Kurzweil mit Bildung gattet (...). Wenn Gram an dem Herzen nagt, wenn trübe Laune unsre einsame Stunden vergiftet, wenn uns Welt und Geschäfte anekeln, wenn tausend Lasten unsre Seele drücken, und unsre Reizbarkeit unter Arbeiten des Berufs zu ersticken droht, so empfängt uns die Bühne"[1].

Ein Grundkonsens der Theater- und Literaturgeschichtsschreibung besteht darin, die Arbeit bestimmter Theater, Truppen, Schauspieler und Autoren des 18. Jahrhunderts als 'wirkliche Kunst' zu qualifizieren und von der Menge anderer theatraler Produktionen der Zeit abzusetzen, die bloß der 'niederen Unterhaltungskultur' zugehörig seien: Schröders Theaterarbeit gilt als Kunst, Schikaneders Theaterunternehmungen dagegen sind Unterhaltung; Lessings Stücke sind hohe Literatur, Kotzebues dagegen Trivialdramen. Dieses Bewertungs- und Ordnungsmuster liegt nicht nur den großen traditionalistischen Theatergeschichten Devrients oder Kindermanns zugrunde, sondern auch den meisten theatergeschichtlichen Darstellungen jüngeren Datums. Wird es nicht explizit entfaltet, so organisiert es doch - ebenso unproblematisiert wie wirkmächtig - die Auswahl und Kanonisierung von Gegenständen und Untersuchungsmaterialien, auf deren Basis dann Medien- und Theatergeschichten entworfen werden. Diese 'Dichotomisierung'[2] von hoher und niederer Kultur, von Kunst und Unterhaltung hat nichts mit der Theaternutzung und dem Theatererlebnis des 18. Jahrhunderts zu tun. Es handelt sich dabei vielmehr um eine Rückprojektion der dichotomisierten künstlerischen Praxis des 19. und 20. Jahrhunderts und um eine Rückübertragung kunsttheoretischer Prinzipien der Autonomie-Ästhetik auf ein kulturgeschichtliches Feld, das vollständig anders strukturiert und organisiert war: denn ein unüberbrückbares Gegeneinander von Kunst einerseits, Unterhaltung andererseits ist in den Künsten und Medien des 18. Jahrhunderts schlechterdings nicht auszumachen. Pointiert gesagt: alle bürgerliche Kultur des aufgeklärten 18. Jahrhunderts ist zuerst einmal

1 Friedrich Schiller, Was kann eine gute stehende Schaubühne eigentlich wirken?, S. 100
2 Zum Prozeß der 'Dichotomisierung von hoher und niederer Kultur' siehe den eher schwachen Sammelband von Bürger/Bürger/Schulte-Sasse 1982.

'Unterhaltung' in einem noch genauer zu bestimmenden Sinn. In diese kulturelle Unterhaltungspraxis aber sind - ohne daß es den Zeitgenossen irgendwie widersprüchlich oder unvereinbar erschiene - ästhetische, soziale, politische und ideologische Gehalte und Funtionen inkorporiert. In der aufklärerischen Kultur und Kunsttheorie werden - ganz im Unterschied zum 'modernen' Denken - Bildung, Aufklärung, Vergnügen und Kurzweil wie selbstverständlich miteinander verknüpft; konzeptionelle Bedeutungen, Ideologiebildungsprozesse und Sinnlichkeit schließen sich gerade nicht aus. Wird im 18. Jahrhundert um das Verhältnis von Unterhaltung einerseits, Ästhetik und Politizität andererseits gestritten, dann ist das eine Auseinandersetzung um die Proportionalität, nie aber um eine prinzipielle Unvereinbarkeit. Die in der Aufklärung wiederaufgenommene Formel vom "prodesse et delectare" als dem Zweck der Künste bezeichnet diese Vorstellung plastisch.[3]

Unterhaltung ist in der zweiten Hälfte des 18. Jahrhunderts eine ebenso selbstverständliche wie allgemein akzeptierte Zweckbestimmung der bürgerlichen Kultur. Ihre soziale Bedeutung ergibt sich daraus, daß sie eine Reproduktion der Arbeitsfähigkeit ermöglicht und gleichzeitig kommunikative und diskursive Zusammenhänge zwischen den bürgerlichen Rezipienten herstellt. Theatergeschichtlich spannend ist die Frage, wie sich diese grundlegenden sozialen Funktionen von 'kultureller Unterhaltung' im Theater verwirklichen und welche spezifischen Unterhaltungsmaterialien und Attraktionswerte das Medium in diesem Prozeß anzubieten hat. Gegenüber dem dabei erreichten 'Entwicklungsstand' der zweiten Jahrhunderthälfte findet am Ende des 18. Jahrhunderts eine fundamentale Veränderung statt: Sinnlich-bildliche Präsentationsmittel werden zum wesentlichen Reiz des Theatererlebnisses und 'überwuchern' zusehends die Sinndimensionen und Ideologiebildungsprozesse. Ein Funktionswechsel zeichnet sich ab: Das Theater verliert zusehends seine Bedeutung als Medium der Diskursivierung bürgerlicher Ideologie und gewinnt eine neue Funktion als Erlebnisraum sinnlich-spektakulärer Attraktionen und einer neuen Schaulust - eine Entwicklungslinie, die sich später in den populären Theatergenres des 19. und 20. Jahrhunderts, in Lustspiel, Posse, Operette, Varieté und Revue fortsetzt.

1. Unterhaltung als Funktionsbestimmung der bürgerlichen Kultur

Könnte man mit Methoden der empirischen Sozialforschung - mit teilnehmender Beobachtung und Interviews, mit Fragebögen und Rangskalierungen etc. - die Motive der Mediennutzung bei den Theaterzuschauern des 18. Jahrhunderts eruieren, mit Sicherheit nähmen 'Unterhaltung' und die ihr verwandten Motiva-

---

3 Zur aufklärerischen Kunsttheorie siehe den informativen Überblick bei Nivelle 1974.

tionskonstrukte des Zeitvertreibs und des Vergnügens, der Entspannung und Ablenkung von Arbeit und Alltag die herausragenden Plätze ein. Freilich bleibt die Anwendung dieses methodischen Instrumentariums bei historischen Kommunikationsformen ein hypothetischer Wunsch. Doch auch auf der Basis schriftlicher Quellen ist die Funktion des Theaters als Medium der Unterhaltung evident: In privaten Rezeptionsdokumenten (Briefe, Tagebücher, Autobiographien) werden Zerstreuung und Ablenkung als zentrale Erlebnisqualitäten des Theaterbesuchs beschrieben. In den Schauspieler-Autobiographien des 18. Jahrhunderts definieren Theaterkünstler ihre soziale und berufliche Praxis als Befriedigung der Unterhaltungsbedürfnisse des Publikums, ohne daran irgendwie Anstoß zu nehmen.[4] Und selbst in den aufklärerischen Theaterreformkonzepten spielt die Unterhaltungsfunktion des Mediums eine herausragende Rolle: Denn obwohl es den Aufklärern um eine Veränderung der vor-bürgerlichen, 'sittenlos-unterhaltenden' Theaterpraxen durch die Inkorporation politischer, sozialer und ideologischer Bedeutungen geht, geben sie die Unterhaltungsfunktion des Mediums doch niemals auf, sondern bewerten sie im Gegenteil als legitime und notwendige Aufgabe des Theaters. Ja genaugenommen ist der Unterhaltungsstatus des Theaters sogar ein Grund für das Medieninteresse der Aufklärung.[5]

Auf den Einwand einer fiktiven Briefpartnerin, der Theaterbesuch sei Zeit- und Geldverschwendung, antwortet Christian Fürchtegott Gellert im Rahmen seiner "Briefe, nebst einer Praktischen Abhandlung von dem guten Geschmacke" (1751) mit einem Plädoyer für den - freilich nicht 'sittenlosen' - Müßiggang: "Ein Vernünftiger, der nicht gebohren zu seyn glaubt, um sich bloß zu belustigen", so die einleitende Konzession an Vernunft und Arbeit als den ideologischen Dispositiven der Macht, "kann allerdings nie zu sorgfältig mit seiner Zeit umgehen. Indessen giebt es Stunden, wo man nicht mehr im Stande ist, etwas wichtiges zu verrichten. (...) Aber so viel ist doch gewiß, daß wir zuweilen von unsern ordentlichen Geschäften ausruhen müssen, um uns neue Munterkeit und Kräfte zu hohlen. In dieser Absicht ist das Vergnügen, eben so nothwendig, als die Arbeit, weil diese ohne jenes gar nicht, oder doch nur matt und schläfrig von statten geht. Wenn ich nun diese Erhohlung, dieses Vergnügen in der Comödie finden kann: so ist meine Zeit nicht übel angewandt."[6] Im Vergleich zur protestantisch-orthodoxen und pietistischen 'Philosophie' der Arbeit ist das Verhältnis von Arbeit und Müßiggang vollkommen neu bestimmt. Unterhaltung und 'Nicht-Arbeit' sind nicht

---

4 Ganz deutlich wird das etwa in den autobiographischen Erinnerungen von Joseph Anton Christ ("Schauspielerleben im 18. Jahrhundert") und von Karoline Schulze ("Ein fahrendes Frauenzimmer").

5 Siehe dazu rückblickend Kapitel II, Abschnitt 2.

6 Gellert, Briefe, nebst einer Praktischen Abhandlung von dem guten Geschmacke, in Briefen, S. 194

mehr als Praxen sozialer Devianz von vornherein verwerflich oder gotteslästerlich, sondern funktional notwendige Ausgleichsprozesse, 'Reproduktionsphasen' zur Wiederherstellung und Optimierung der Arbeitsfähigkeit. Schon allein deswegen ist der Besuch der 'Comödie' legitim. Und erst im Anschluß an dieses Plädoyer für die arbeitskompensatorische Funktion des Theaters kommt Gellert auf das Sittlichkeits-Theorem zu sprechen: "Allein die Comödie hat, außer dem Vergnügen, auch noch die Vorteile eines nutzbaren Zeitvertreibs. Unser Geschmack, unser Verstand, unser Herz, unsere Sitten und Lebensart können darinn verbessert werden."[7]

In nahezu identischer Manier argumentiert Sulzer in seiner "Allgemeinen Theorie der schönen Künste": "Nun sind zu beständiger Unterhaltung der innern Würksamkeit nur zwey Mittel vorhanden: Geschäffte und Zeitvertreib. Zu Geschäfften wird der Mensch durch die Noth getrieben; aber wenn sie auch sonst nichts verdrießliches haben, so ermüden sie zu sehr, als daß man ihnen beständig obliegen könnte (...). Darum ist es nothwendig, daß sie mit angenehmen Zeitvertreib abwechseln, und daß dieser die Menschen in größerer Anzahl zusammenbringe, als die Arbeit gewöhnlicher Weise verstattet."[8] - Und in einer 'medienspezifischen' Konkretisierung fährt Sulzer fort: "Der Schauplatz ist vornehmlich ein Ort des lebhaften Zeitvertreibes, nicht eine Schule der Sitten; er nimmt diesen Charakter nur zufällig an. Aber das ist wesentlich, daß der Zeitvertreib nicht zugleich schädlich sey. Der dramatische Dichter kann sich also dieses zur Maxime machen, daß er, um seinem Beruf gemäß zu handeln, die versammelte Menge unschädlich lebhaft zu belustigen, zugleich aber, so weit dieses mit jenem bestehen kann, nützlich zu unterhalten habe."[9]

Das Argument von der funktionalen Notwendigkeit und sozialen Legitimität der Unterhaltung wird im kunsttheoretischen Diskurs der mittleren und späten Aufklärung zum 'common ground'. Dabei kommt den Künsten und insbesondere dem Theater im Vergleich zu anderen zeitgenössischen Formen des Müßiggangs noch eine besondere Bedeutung zu: halten sie doch ab von verderblichen und verwerflichen Formen des Zeitvertreibs, von Spielsucht, Alkoholismus, sexuellen Rasereien oder 'tierischem Nichtstun', verhindern sie doch den 'Absturz in die moralische Zügellosigkeit'. In offensichtlichem Bezug auf Sulzers Ableitung etwa schwadroniert Schiller, wie üblich metaphern- und bildüberladen, in seiner "Schaubühnen"-Rede: "Die menschliche Natur erträgt es nicht, ununterbrochen und ewig auf der Folter der Geschäfte zu liegen, die Reize der Sinne sterben mit ihrer Befriedigung. Der Mensch, überladen von thierischem Genuß, der langen Anstrengung müde, vom ewigen Triebe nach Thätigkeit gequält, dürstet nach

7 Ebd., S. 194

8 Sulzer, Allgemeine Theorie der schönen Künste, Bd. IV, S. 253

9 Ebd., S. 258

bessern auserlesnern Vergnügungen, oder stürzt zügelloß in wilde Zerstreuungen, die seinen Hinfall beschleunigen, und die Ruhe der Gesellschaft zerstören. Bacchantische Freuden, verderbliches Spiel, tausend Rasereien, die der Müßiggang aushekt, sind unvermeidlich, wenn der Gesezgeber diesen Hang des Volks nicht zu lenken weiß. Der Mann von Geschäften ist in Gefahr, ein Leben, das er dem Staat so großmüthig hinopferte, mit dem unseligen Spleen abzubüßen - der Gelehrte zum dumpfen Pedanten herabzusinken - der Pöbel zum Thier: Die Schaubühne ist die Stiftung, wo sich Vergnügen mit Unterricht, Ruhe mit Anstrengung, Kurzweil mit Bildung gattet (...). Wenn Gram an dem Herzen nagt, wenn trübe Laune unsre einsame Stunden vergiftet, wenn uns Welt und Geschäfte anekeln, wenn tausend Lasten unsre Seele drücken, und unsre Reizbarkeit unter Arbeiten des Berufs zu ersticken droht, so empfängt uns die Bühne - in dieser künstlichen Welt träumen wir die wirkliche hinweg"[10]. - Und noch der Romantiker August Wilhelm Schlegel dekretiert 1809 in seinen "Vorlesungen über dramatische Kunst und Literatur" ebenso simpel wie 'aufklärungsnah': "(...) das Theater, sage ich, hat einen außerordentlichen Reiz für alle Alter, Geschlechter und Stände und war immer die Lieblingsergötzung geistreicher Völker. (...) alle finden Erholung und Aufheiterung und werden auf eine Zeit lang der Sorgen und des täglichen Drucks ihrer Lebensweise enthoben."[11]

Drei Punkte sind an den referierten Positionsbestimmungen festzuhalten. Erstens: Unterhaltung gilt, ohne daß es irgendwie problematisch oder anstößig erschiene, als zentrale Zweckbestimmung der bürgerlichen Kultur, weil sie zwei Funktionen erfüllt: Sie organisiert Entspannung, Zeitvertreib und Ablenkung und ermöglicht damit eine Reproduktion der Arbeitsfähigkeit wie eine Kompensation der Alltagsrealität. Sie stellt zum anderen - in der ursprünglichen Bedeutung des 'Sich Unterhaltens' - Kommunikativität, Gesellschaftlichkeit und Diskursivität unter den zunehmend vereinzelten bürgerlichen Subjekten her.[12] Zweitens: Schon die Befriedigung von Unterhaltungsbedürfnissen allein reicht, freilich unter der Voraussetzung sittlich 'unbedenklichen' Materials, als Minimalargument für die gesellschaftliche Akzeptanz des Theaters hin.[13] Zwar stellt die Inkorporation politischer und ideologischer Gehalte das Unterhaltungsangebot auf eine qualitativ neue Stufe - es entsteht dann der 'nutzbare Zeitvertreib' (Gellert), die 'nützliche Unterhaltung' (Sulzer) -, aber diese 'Veredelung' ist nicht zwingend notwendig. Drittens: Das Medium als Ganzes gilt den Zeitgenossen als Unterhaltung und

---

10 Schiller, Was kann eine gute stehende Schaubühne eigentlich wirken?, S. 99 - 100

11 A. W. Schlegel, Vorlesungen über dramatische Kunst und Literatur, Bd. I, S. 39

12 Siehe dazu rückblickend Kapitel IV, Abschnitt 1.

13 Zumindest gilt das auf der Ebene von Theorie und Programmatik. Sobald aufklärerische 'Kunstrichter' mit theatraler Unterhaltungspraxis konfrontiert werden, fällt das Urteil ambivalenter aus.

nicht bloß einzelne seiner Institutionen, Programmformen oder Genres. Das Theater war im 18. Jahrhundert Unterhaltungsmedium, so wie für uns heute - trotz seiner politischen, informativen, bildenden und künstlerischen Programmanteile - das Fernsehen.

Immer noch arbeiten Kunst- und Medienwissenschaften fast ausnahmslos mit einem Unterhaltungsbegriff[14], der unausgesprochen und unreflektiert mindestens drei Bornierungen enthält: Erstens: Unterhaltungsbedürfnisse und Unterhaltungsprodukte gelten gemeinhin als überhistorische Phänomene, als quasi ontologisches Gegenüber zur hohen Kunst in der gesamten Geschichte der kulturellen Kommunikation. Schlechten Geschmack und Trivialität, so die Konkretion dieser These, gab es immer. Man unterstellt dabei - zweitens - eine klare gegenständliche Trennung und analytische Differenzierbarkeit von Unterhaltungskultur und 'hoher' Kultur entlang institutioneller, medialer, genrespezifischer oder produktionsästhetischer Parameter. Gibt es denn 'Mischformen' - künstlerisch anspruchsvolle Unterhaltung oder unterhaltsame Hochkultur -, dann werden sie als Ausnahmen von der grundsätzlich gültigen Norm der klaren Differenzierbarkeit gedacht. Diese Differenzierung bzw. Dichotomisierung selbst ergibt sich - drittens - aus Abwertungs- und Simplifizierungsoperationen: denn Unterhaltung gilt der herrschenden Kulturwissenschaft in ästhetischer Hinsicht als trivial, simpel und eindimensional, in politischer Hinsicht als eskapistisch, herrschaftskonform und konservativ, in sozialer Hinsicht als Zurichtung, Anpassung und Unterordnung unter das jeweilige Herrschafts- bzw. Ausbeutungsverhältnis, als 'Manipulation der Subjekte'. Diese Abwertung von Unterhaltungskultur findet man im übrigen in der konservativ-bildungsbürgerlichen und ästhetizistischen Kritik genauso wie in den Positionen der Frankfurter Schule und in der 'linken' Massenkulturkritik der siebziger Jahre.[15]

Dieser enthistorisierende, normative und abwertende Unterhaltungsbegriff in seinen unterschiedlichen Facetten ist selbst - und das 'vergessen' seine Apologeten immer - ein kunstideologisches Produkt der Autonomie-Ästhetik und der Dicho-

---

14 Ich will nicht leugnen, daß es mittlerweile Gegenkonzepte zu diesem bornierten Unterhaltungsbegriff gibt. Aber in der Gegenstandskonstitution und in den Interpretationsparadigmen spielen solche Gegenkonzepte nach wie vor kaum eine Rolle. Das beste Beispiel dafür ist die in den letzten 20 Jahren entstandene Medienwissenschaft. Per Gegenstandsdefinition beschäftigt mit den Unterhaltungs-Massenmedien Film und Fernsehen, kapriziert sie sich auf die ästhetisch 'anspruchsvollen' Genres Fernsehspiel, Literaturverfilmung, Dokumentarfilm etc. und konzipiert diese Gegenstände auch noch nach dem klassischen Werkbegriff. An der kulturellen Praxis und den sozialen Funktionen massenmedialer Unterhaltung geht dieses Verfahren von vornherein vorbei.

15 Siehe zu dieser 'Übereinstimmung' zwischen politisch vorgeblich konträren Konzepten Müller-Sachse 1981, S. 59 - 69, der der 'linken' Kulturtheorie zu Recht einen "verdeckten Kulturismus" bescheinigt.

tomisierung von hoher und niederer Kultur seit Beginn des 19. Jahrhunderts. Sein strategischer Sinn liegt in der Nobilitierung und Autonomisierung der jeweils als 'hoch' definierten Kultur und gerade nicht in der Analyse von Unterhaltungskultur. Der herrschende Unterhaltungsbegriff simplifiziert die Widersprüchlichkeit und Komplexität von Unterhaltungsbedürfnissen und Unterhaltungsangeboten; vor allem vermag er auch nicht ansatzweise zu erklären, was historische Subjekte an 'Unterhaltungsprozessen' eigentlich fasziniert hat. Zum Verständnis dessen, was Unterhaltung im 18. Jahrhundert - also vor der kunstideologischen Inthronisierung der Autonomie-Ästhetik - bedeutet, welche sozialen Funktionen sie erfüllt, welche Bedürfnisse sie befriedigt und wie sie 'funktioniert', ist dieses Konzept gar völlig ungeeignet. Das wird sich, zumindest implizit, in den folgenden historisch-theoretischen und medienspezifischen Erläuterungen zeigen.

Unterhaltungsbedürfnisse und Unterhaltungskultur sind keineswegs, wie der mainstream der Kulturwissenschaft behauptet, 'überhistorische' Phänomene. Unterhaltung als spezifische Funktionsbestimmung kultureller Kommunikation und Kultur als ein verbesonderter Bereich der gesellschaftlichen Praxis mit eigenen Institutionen, Medien und Produkten entstehen erst mit dem Übergang von der feudalen zur bürgerlichen Gesellschaft, mit der neuen, warenförmig-kapitalistischen Formbestimmtheit gesellschaftlicher Produktion und neuen Bedürfnissen der historischen Subjekte.[16] Zwar gibt es selbstredend auch in vorbürgerlichen Gesellschaften kulturelle Produktion und Rezeption, die in Form, Material und Medialität der uns vertrauten 'Kultur' identisch scheinen. Theater wurde auch im klassischen Altertum, in der mittelalterlichen Stadt und am feudalabsolutistischen Hof 'gespielt'. Aber diese 'vorbürgerliche' Kultur ist immer eingebettet in weiterreichende, 'nicht-kulturelle' Handlungszusammenhänge, niemals eine 'verbesonderte' gesellschaftliche Praxis, wie sich auch eine partikularisierte Funktionsbestimmung 'Unterhaltung' in ihr und ihr gegenüber schlechterdings nicht nachweisen läßt. Das 'divertissement' am feudalabsolutistischen Hof etwa ist keine Unterhaltung, die der Reproduktion der Arbeitsfähigkeit, der Kompensation der Alltagsrealität und der Herstellung von Kommunikativität verpflichtet wäre, sondern dient der Darstellung der fürstlichen Macht wie der Repräsentation der exklusiven adligen Existenz als einer von der Notwendigkeit zur Arbeit befreiten. Darüber hinaus existiert am absolutistischen Hof kein qualitativer Unterschied zwischen den kulturellen und den 'nicht-kulturellen' Formen des divertissement,

16 Ich stütze mich im folgenden Exkurs zum Teil auf die theoretisch-historischen Kapitel von Karl H. Müller-Sachses Buch "Unterhaltungssyndrom" (Müller-Sachse 1981). Zur Theorie und Geschichte kultureller Unterhaltung im 17. und 18. Jahrhundert gibt es ansonsten - sieht man ab von einigen exemplarischen Analysen zum 'Trivialroman' des 18. Jahrhunderts - keine brauchbaren Forschungsbeiträge. Für eine ernstzunehmende Medien- und Kunstgeschichte wäre das ein wichtiges Forschungsfeld.

das der übergreifende, form- und funktionsbestimmende Handlungszusammenhang ist. Alles am Hof wird zum divertissement: die Jagd genauso wie die Opernaufführung, der Spieltisch genauso wie das Liebhaber-Theater. Das läßt sich im übrigen auch daran sehen, daß die professionellen kulturellen Produzenten am Hof (Schauspieler, Musiker, Tänzer, Maler etc.) im Normalfall - es mag da Ausnahmen durchaus gegeben haben - denselben sozialen Status besitzen wie die anderen 'Materialien' des divertissement, wie die Jagdhunde etwa oder die Pferde, die Friseure, die Schneider oder der Spieltisch.[17] Und interessanterweise wird es gerade zum Problem des höfischen Adels im 18. Jahrhundert, der tendenziellen Langeweile des immerwährenden divertissement zu entgehen. - Die Kulturformen des Mittelalters, geistliches Spiel etwa oder Karneval, bestätigen den Zusammenhalt der jeweiligen Produktionsgemeinschaften, tragen bei zur Bewältigung der bedrohlichen Kräfte der Natur und des Dämonischen und sind Phasen der partiellen Aussetzung bzw. Umkehrung der feudalen 'ordo'.[18] Sie dienen jedoch nicht der Befriedigung von Unterhaltungsbedürfnissen im uns vertrauten Sinn. Diese Formen der mittelalterlichen 'Volkskultur' konstituieren auch keine verbesonderte gesellschaftliche Praxis mit eigenen Institutionen, besonders qualifizierten 'Künstlern', eigenen Logiken der Zeit - also keinen spezifizierten Handlungszusammenhang 'Kultur' -, sondern sind fester Bestandteil des Alltags, eingebaut in den 'geregelten' Zyklus von Arbeit und Fest und von diesem übergreifenden Form- und Funktionszusammenhang auch bestimmt: "In der handwerklich-feudalen Gesellschaft ist der Vorgang 'Unterhaltung' noch im Sinn einer unmittelbaren Kommunikativität als integraler Bestandteil in die Alltagsabläufe der Menschen 'naturwüchsig' eingebunden. Sei es im Kontext der Feste und Riten oder in der Kommunikativität der Arbeit - 'Unterhaltung' bleibt hier im wesentlichen noch der zugehörige Bestandteil eines qualitativ als Arbeit, als Fest etc., bestimmten Handlungszusammenhangs, stellt also noch keine besondere Praxisform für sich dar. Erst mit der Auflösung der traditionalen Bornierungen z. B. ständisch-handwerklicher oder feudal-agrarisch bestimmter Lebensabläufe in der Folge des Verallgemeinerungsdrucks der kapitalistischen Produktionsweise werden die objektiven und subjektiven Voraussetzungen für die Möglichkeit der gesellschaftlichen Partikularisierung von kulturellen Praxisformen hervorgebracht. Erst indem kulturelle Produktion/Rezeption/Verkehr als gesellschaftliche Praxis partikularisiert, d. h. wirklich aus den alltäglichen Lebenszusammenhängen herausgelöst

---

17 Ein plastisches Beispiel dafür liefert die Aufnahme und Behandlung der Schauspielertruppe auf dem Schloß des Grafen im dritten Buch von Goethes "Wilhelm Meisters Lehrjahre" (S. 155 - 216).

18 Zu dieser 'oppositionellen' Funktion des Karnevals in der extrem 'verherrschten' mittelalterlichen Gesellschaft siehe insbesondere Bachtin 1990, S. 32 - 46.

und besondert wird, kann 'Unterhaltung' als besondere partikulare Form von kultureller Praxis auftreten."[19]

Welche Bedingungen sind verantwortlich für die gesellschaftliche Partikularisierung und institutionell-mediale Verbesonderung von Kultur und Unterhaltung im 17. und 18. Jahrhundert? Zum einen geht dieser Prozeß zurück auf die qualitativen Veränderungen der Arbeit und der gesellschaftlichen Produktion unter frühkapitalistischen Produktionsverhältnissen - Veränderungen, die in der Folge ein historisch neues Bedürfnis der historischen Subjekte nach kulturell verbesonderter 'Unterhaltung' erst hervorrufen. Insbesondere drei Punkte sind hier von Bedeutung: Die Arbeitsintensität wird im Frühkapitalismus im Vergleich zum Niveau der zünftlerisch-handwerklichen Produktion vehement gesteigert: durch effektivere Arbeitsorganisation und neue Produktionsmittel, durch erhöhte Leistungs- und Produktionsanforderungen, aber auch durch ein höheres Maß an Vorausplanung, vorausgesetzter Wissensakkumulation, Risikobereitschaft und Eigenverantwortung, wie es insbesondere für die frühbürgerlichen Berufsgruppen der Manufakturisten, Kaufleute, unabhängigen Handwerker, Verleger, strukturell jedoch auch für die bürgerlichen Intellektuellen und Wissenschaftler kennzeichnend ist. Gleichzeitig wird die tägliche Arbeitszeit[20] quantitativ ausgeweitet und in bislang unbekannter Form 'verregelt', gemessen, effektiviert, der arbeitende Mensch qua Zeit diszipliniert. Disfunktionale Bestandteile des Arbeitsalltags wie Arbeitskommunikation, Pausen und die - für das Mittelalter noch so wichtigen - Feste und Zusammenkünfte der Produktionsgemeinschaften werden ausgedünnt und verkümmern. Die abstrakte Maßeinheit 'Zeit', symbolisiert und materialisiert in der Mechanik und Monotonie des Uhrwerks, übernimmt die Herrschaft über die Arbeit.[21] Arbeit in der uns heute noch bekannten Form: als langandauernde, kaum durch Pausen unterbrochene, konzentrierte, angespannte und 'den ganzen Menschen fordernde' Tätigkeit hat hier, in der frühen Neuzeit, ihren geschichtlichen Ursprung. "Die gemessene und bezahlte Zeit muß auch eine Zeit ohne Fehl und Makel sein, eine Zeit guter Qualität, in welcher der Körper ganz seiner Pflichttätigkeit hingegeben ist. Die Genauigkeit und die Aufmerksamkeit bilden

---

19 Müller-Sachse 1981, S. 59 - 60

20 Zur Ausweitung des Arbeitszeit siehe die entsprechenden Kapitel im ersten Band von Marx' "Kapital" (Marx 1982, Bd. I, S. 245 - 320). Was Marx hier - neben der Steigerung der Intensität der Arbeit und der Kürzung des Arbeitslohnes - als Mittel zur 'Produktion' des Mehrwerts diskutiert, kennzeichnet natürlich gleichzeitig die neue 'gesellschaftliche Ökonomie der Zeit' insgesamt.

21 In der feudalen Gesellschaft gibt es keine abstrakte Maßeinheit Zeit, sondern nur Zeit in der durch die Natur (Tag und Nacht, Jahreszeiten, Aussaat- und Ernteperioden etc.) bestimmten Form. Die Sonnenuhr ist das adäquate Symbol dieser naturhaften Bestimmtheit von Zeit.

mit der Regelmäßigkeit die Kardinaltugenden der Disziplinarzeit."[22] - Als Reaktion auf die Steigerung von Arbeitsintensität und -zeit entsteht ein Bedürfnis nach Entspannung, Entlastung und Ausgleich, nach Reproduktion der Arbeitsfähigkeit - und zwar außerhalb der Arbeitszusammenhänge selbst. Eine der dafür 'eingerichteten' Praxisformen ist die kulturelle Unterhaltung. Darüber hinaus ist die Arbeitssituation der unabhängigen Warenproduzenten bestimmt von Vereinzelung und Anonymisierung, das soziale Verhältnis zu den anderen Warenproduzenten geprägt durch Konkurrenz und Eigennutz. In dem Maß, in dem sich die Warenförmigkeit der gesellschaftlichen Produktion verallgemeinert, Vereinzelung und Konkurrenz sich als soziale Verhaltensformen durchsetzen und Kommunikativität aus den Arbeitsverhältnissen selbst verschwindet, in dem Maß entsteht ein Bedürfnis nach 'Unterhaltung' in der ursprünglichen Bedeutung des 'Sich Unterhaltens': nach Kommunikativität, nach Gesellschaftlichkeit und nach Möglichkeiten des Zusammenkommens[23]; nach Formen der kollektiven Verständigung über die sozialen Bedingungen, nach Diskursen über das Gemeinsame der vereinzelten frühbürgerlichen Warenproduzenten - und zwar an besonderen Orten zu besonderen Zeiten außerhalb der alltäglichen Arbeitsabläufe.[24]

Die bürgerliche Unterhaltungskultur des 18. Jahrhunderts also erfüllt zwei soziale Funktionen: Sie ist reproduzierender Ausgleich zur Arbeit, Entlastung, Erholung und Zeitvertreib zum einen, Herstellung von Kommunikativität, Gesellschaftlichkeit und diskursiver Verständigung über die gemeinsamen sozialen, politischen und ideologischen Bedingungen zum anderen. Dieses zweifach konturierte Unterhaltungsbedürfnis schafft sich und 'benützt' ihm adäquate[25] Institutionen, Medien, Ausdrucksformen und Materialen; und das sind im 18. Jahrhundert für die bürgerlichen Schichten insbesondere die literarische Kommunikation und das Theater.

Für die gesellschaftliche Partikularisierung von Kultur und Unterhaltung im 17. und 18. Jahrhundert sind also zum einen neuentstandene Bedürfnisse eines 'bürgerlichen' Publikums verantwortlich, zum anderen aber auch die Warenförmigkeit der kulturellen Produktion selbst. Die zeitgenössischen 'Kultur-

22 Foucault 1977, S. 194. - Siehe zu diesem Thema insgesamt das Kapitel "Die Kontrolle der Tätigkeit" (ebd., S. 192 - 201), in dem Foucault unterschiedliche 'Techniken' der Zeitdisziplinierung im 17. und 18. Jahrhundert vorstellt.

23 Ein kulturgeschichtlicher Beleg dafür ist ja nicht nur - worum es in diesem Buch geht - die zunehmende Bedeutung des Theaters, sondern auch der Boom von Café- und Gasthäusern im 17. und 18. Jahrhundert.

24 Ich habe diesen kommunikativen und vergesellschaftenden Aspekt von 'Unterhaltung' in Kapitel IV, Abschnitt 1 diskutiert; ich erspare mir deswegen hier eine Rekapitulation.

25 Warum das bürgerliche Unterhaltungsbedürfnis ausgerechnet literarische Kommunikation und Theater 'instrumentalisiert', werde ich im nächsten Kapitel klären. Das hängt mit den besonderen Qualifikationen der beiden Kommunikationssysteme zusammen.

produkte' - die Zeitschriften, die pragmatische Gebrauchsliteratur, die Genres des bürgerlichen Romans, aber auch das nicht-subventionierte 'Geschäftstheater' der Prinzipale - tragen einerseits den Gebrauchswert der zweifach konturierten Unterhaltung in sich. Sie werden andererseits produziert um des Verkaufs willen, zur Realisierung des Tauschwerts und des in ihm eingeschlossenen Profits. Die einschlägigen Beiträge zur Sozialgeschichte des Buchmarkts und des literarischen Lebens im 18. Jahrhundert[26] haben plausibel gezeigt, daß der 'literarische Markt' in der zweiten Jahrhunderthälfte ein wichtiger Wirtschaftszweig der frühkapitalistischen Produktion war. Mit der Ausweitung der Unterhaltungsbedürfnisse entstehen neue Verlage und Buchhandlungen, erhöhen sich Auflagen und Titelzahlen enorm, arbeiten immer mehr 'freie' Autoren als lohnabhängige Kulturproduzenten. Eine 'Revolutionierung' des Kulturkonsums findet in der zweiten Jahrhunderthälfte statt. Der literarische Markt 'boomt', beschäftigt immer mehr Produzenten, organisiert sich in immer komplexeren Produktions- und Distributionsformen mit spezifischen Institutionen und reizt wiederum die Entwicklung neuer kultureller Konsumbedürfnisse im Publikum an. - Kultur also 'partikularisiert' sich auch deswegen, weil mit und durch ihre warenförmigen Produkte Geld zu verdienen ist; und diese Bestimmung trifft im 18. Jahrhundert ebenso auf das nicht-subventionierte Geschäftstheater zu, das für den Theaterunternehmer Gewinn abwerfen muß und vermittelt über den Eintritt allgemein zugänglich, also strukturell warenförmig ist: "Die bürgerliche Zuordnung kultureller Tätigkeit zu einer Sphäre jenseits der Arbeit resultiert dagegen objektiv aus der qua Warenform vermittelten Freisetzung kultureller Produktion aus anderen qualitativ bestimmten Lebenszusammenhängen. In der Warenform wird Kultur gegenständlich und als Konsumobjekt 'frei' zugänglich. Damit wird das Herrschaftsmoment in der kulturellen Praxis aus der Erscheinungsweise in eine strukturelle Dimension verlagert."[27]

Unterhaltungsbedürfnisse und Unterhaltungskultur entstehen historisch erst in der frühbürgerlichen Gesellschaft. Aus dieser Historizität des Unterhaltungssyndroms kann man für die Analyse einzelner Praxen von Unterhaltung schon so viel folgern: Unterhaltungskultur - als Syndrom, als mediale, institutionelle Praxis, als Genre usw. - ist immer nur im Rekurs auf ihre historischen, medialen und materialen Spezifika zu verstehen. Es gibt schlechterdings kein allgemeines 'Rezept' dafür, was Unterhaltung jeweils ist, was sie gesellschaftlich bedeutet und wie sie funktioniert. Das läßt sich erst in der spezifischen Analyse rekonstruieren; und dabei sind die Gebrauchs- und Nutzungsformen, die Bedürfnisse und Interessen der historischen Subjekte als Untersuchungsmaterial von entscheidender

26 Siehe etwa die summierenden Beiträge von Winckler 1973, Haferkorn 1974 und Ungern-Sternberg 1980.

27 Müller-Sachse 1981, S. 80

Bedeutung. Für solche 'unterhaltungsspezifischen' Analysen, wie ich sie im folgenden exemplarisch vorstelle, ist der enthistorisierende, ontologische, normative, monologisierende und abwertende Unterhaltungsbegriff der herrschenden Kulturtheorie prinzipiell untauglich. Die herrschende Kulturtheorie glaubt - ob der vermeintlichen Simplizität des Gegenstands Unterhaltung - zu wissen, was Unterhaltung ist; und weiß genaugenommen nur, was sie nicht ist: keine 'hohe Kunst' nämlich. "Was Unterhaltung jeweils geschichtlich ist und gesellschaftlich bedeutet, kann nicht durch den Begriff der 'eigentlichen' Kultur hindurch derart vorentschieden werden, daß Unterhaltung lediglich als deren konsequenter kommerzialisierte, trivialisierte Form erscheint, sondern der Gegenstand muß immer erst in den empirischen Bedingungen der wirklichen kulturellen Praxis gesucht und rekonstruiert werden. Das heißt aber auch, daß, zweitens, die Kategorie 'Kultur' für die Wahl des wirklichen empirischen Ansatzpunktes von Unterhaltungs-Analysen unbrauchbar ist, weil mit ihr die Vorstellung einer geschichtlichen Struktur bereits vorausgesetzt ist, in der die Massenhaftigkeit der Unterhaltung erst als Folge der Kommerzialisierung und Mediatisierung der bürgerlichen Kultur in den Blick gerät."[28]

2. Thesen zum 'Unterhaltungswert' des bürgerlichen Theaters

Das Unterhaltungsmedium Theater erfüllt, wie andere kulturelle Praxen des 18. Jahrhunderts auch, zwei grundlegende soziale Funktionen: es ermöglicht durch Ablenkung, Vergnügen und Zeitvertreib eine Reproduktion der Arbeitsfähigkeit; und es stellt Kommunikativität und diskursive Zusammenhänge zwischen den zunehmend vereinzelten bürgerlichen Subjekten her. Aber mit diesen sozialen Funktionen ist eigentlich nur wenig geklärt, denn: Was sind die spezifischen medialen, darstellungsästhetischen, thematischen, stofflichen und rezeptiven 'Materialien' dieser Unterhaltungspraxis, die überhaupt erst Zeitvertreib und Kommunikativität ermöglichen? Was eigentlich qualifiziert das Theater neben den Institutionen und Formen der literarischen Kommunikation zum wichtigsten bürgerlichen Unterhaltungsmedium des 18. Jahrhunderts? Welche besonderen Attraktions-Qualitäten 'unterhalten' in struktureller Hinsicht die Zuschauer im bürgerlichen Theater?[29] Dazu im folgenden einige Thesen, mit denen ich der Forderung nach unterhaltungsspezifischen Analysen nachkommen will.

---

28 Ebd., S. 68 - 69

29 Traditionelle Theater- und Literaturgeschichtsschreibung würde diese Fragen im Rekurs auf die trivial-komischen Genres zu beantworten suchen. Das ist natürlich Unsinn. Erstens ist Literatur nur ein - und nicht das wichtigste - Element des theatralen Unterhaltungsprozesses; zweitens meint Unterhaltung im 18. Jahrhundert mehr als nur das durch Komik hervorgerufene Lachen.

I

Das bürgerliche Theater des 18. Jahrhunderts trägt ansatzweise - selbst in seinen 'ärmsten' Varianten - den Charakter eines festlichen Ereignisses. Es ist aus den alltäglichen Handlungszusammenhängen sowohl der Arbeit als auch der privaten Sozialräume herausgelöst, es findet zu besonderen Zeiten, an einem auch architektonisch zumeist herausgehobenen Ort statt, auf dessen prächtige Innenausstattung insbesondere am Jahrhundertende immer mehr Aufmerksamkeit verwendet wird. Das Zusammenkommen der Zuschauer ist eine zweckgerichtete Aktivität, die Handlungsbereitschaft voraussetzt und Gebrauchserwartungen impliziert. Die 'Verkehrsform' Theater weist bestimmte soziale Regeln und Konventionen auf, etwa festliche Kleidung, repräsentative und auf die Öffentlichkeitssituation eingestellte Umgangsformen, Bereitschaft und Fähigkeit zum small talk, kulturelle Bildung. Darüber hinaus organisiert das Theater - zwar nicht ausnahmslos, aber doch schwerpunktmäßig - eine spezifische soziale Schicht: wissenschaftliche, künstlerische und beamtete Intelligenz, Kaufleute, Manufakturisten etc. Potentiell versammelt das Theater das gesamte bürgerliche Publikum einer bestimmten sozialen community. Durch das Zusammenkommen der Zuschauer stellen sich im Theater Kommunikation und Gesellschaftlichkeit faktisch und gleichsam a priori her - im Unterschied zu den literarischen Medien, bei denen Kommunikations- und Vergesellschaftungsprozesse immer an die diskursive Rezeption der 'Produkte' gebunden bleiben. Und diese innertheatrale Kommunikation in ihren verschiedenen Verlaufsformen und Ausprägungen ist selbst wiederum Gegenstand der Faszination und des spektatorischen Vergnügens der Zuschauer; entwickelt sich hier doch eine kulturelle Gegenerfahrung zur isolierten und privaten Existenz, ein kultureller Ausgleich von der Disziplinierung des Verhaltens und des Körpers sowie eine sinnfällige Selbst-Repräsentation der bürgerlichen Schichten. Das aber heißt, zusammengedacht: Ereignischarakter, Publikumsstruktur und Öffentlichkeit des Theaters konstituieren schon für sich einen einzigartigen 'Unterhaltungswert', noch bevor es um diskursive Bedeutungen - den 'Sinn' - und sinnliche Präsentationsformen der Produktionsseite geht, noch bevor irgendetwas auf der Bühne zu sehen ist. Ereignischarakter, die soziale Exklusivität des Publikums und Öffentlichkeit des Mediums allein sind 'unterhaltend'.

II

Das Theater kann im 18. Jahrhundert unter bestimmten 'tagesaktuellen' Bedingungen und in Verbindung mit aktualisierbaren Sujets und Stoffen zu einem dezidiert politischen Forum werden. Diese 'potentielle Politizität' des Mediums, deren strukturelle Basis die personale Öffentlichkeit des Mediums ist, dokumentiert sich in der Sorgfalt und Intensität der Beaufsichtigung, die die Obrigkeit dem Theater angedeihen ließ: Stücke wurden vorzensiert, die Aufführung selbst einer erneuten Zensur unterworfen, die Anwesenheit von Soldaten, die bei Aufruhr für die Wiederherstellung der 'polizeylichen' Ordnung zu sorgen hatten, war gängige Praxis. Die 'potentielle Politizität'[30] läßt sich darüber hinaus an Aufführungen verfolgen, in denen es zu expliziten politischen Willensbekundungen oder Skandalen kam; sie wird schließlich auch im theatertheoretischen Diskurs selbst reflektiert. In Deutschland sind dabei insbesondere zwei Konzepte von Belang: das Programm vom Theater als einem Gerichtshof, in welchem das bürgerliche Publikum anhand der symbolischen Repräsentationen auf der Bühne über moralische Laster und Fehler insbesondere des Adels in einer juristischen 'Ersatz-Inszenierung' zu Gericht sitzt.[31] Und zweitens das 'National-Theater-Konzept', dessen Verfechter mit einem Repertoire nationaler Stücke und den darin abgebildeten 'nationalen' Sitten und Lebensarten die Einigung des feudal zersplitterten Deutschland vorzubereiten oder gar zu forcieren hoffen.[32] - Die potentielle Politizität des Theaters ist ein aktualisierbarer Bestandteil des bürgerlichen Theatererlebnisses und macht eine wesentliche Attraktions-Qualität des Theaters aus. Diese Politizität besitzt für das bürgerliche Publikum 'Unterhaltungswert', weil hier - wie in prinzipiell jedem Unterhaltungserlebnis - realitätstranszendierende Elemente, politische Utopien, soziale Hoffnungen und Sehnsüchte eingelagert sind. Unschwer läßt sich erkennen, daß es dabei um die politische Ohnmacht des deutschen Bürgertums und um die historischen Klassenkämpfe geht. Im Deutschland des 18. Jahrhunderts sitzen die Bürger weder über ihre Fürsten zu Gericht noch sind sie dazu imstande, die nationale Einigung gegen die feudalen Partikularinteressen der Landesfürsten durchzusetzen. In der politisch 'aufgeladenen' Theatersituation aber imaginieren oder erleben sie jenen politischen Einfluß und jene soziale Hegemonie, welche sie de facto nicht besitzen. Diese kulturelle Gegenerfahrung zur

---

30 Ich betone die 'Potentialität' in Abgrenzung von Forschungspositionen, die - über die ideologiediskursivierende und -vergesellschaftende Rolle des Mediums hinaus - eine 'faktische' politische Qualität und Funktion des Theaters im 18. Jahrhundert unterstellen. Ich sehe dafür in der historischen Theaterrealität - unter der Voraussetzung, man beschäftigt sich mit dem Mediengebrauch der historischen Subjekte - wenig Belege. Ich denke vielmehr, daß die Politizität des Mediums erst in Verbindung mit anderen Faktoren aktualisiert und produziert wird.

31 Siehe etwa in Schillers 'Schaubühnen'-Rede, wenn er von der "Gerichtsbarkeit der Bühne" spricht und im Hinblick auf den Adel konkretisiert: "Eine merkwürdige Klasse von Menschen hat Ursache, dankbarer als alle übrigen gegen die Bühne zu seyn. Hier nur hören die Großen der Welt, was sie nie oder selten hören - Wahrheit; was sie nie oder selten sehen, sehen sie hier - den Menschen." (Schiller, Was kann eine gute stehende Schaubühne eigentlich wirken?, S. 97)

32 Ich verweise exemplarisch auf: Löwen, Vorläufige Nachricht von der auf Ostern 1767 vorzunehmenden Veränderung des Hamburgischen Theaters

realen politischen Ohnmacht und sozialen Entmündigung birgt für die historischen Subjekte - als Antizipation neuer Macht- und Gesellschaftsverhältnisse - einen hochgradigen Unterhaltungscharakter in sich.

III

Im Theater des 18. Jahrhunderts wird der bürgerliche Sozialcharakter mit seinen verschiedenen Nuancen in die Öffentlichkeit gestellt. Soziale, psychische, berufliche und alltägliche Bestandteile der bürgerlichen Existenz werden darstellbar und vom Publikum goutiert, wie es sich etwa paradigmatisch an den 'Archetypen' der neuen bürgerlichen Dramatik - Lillos "Der Kaufmann von London", Diderots "Der Hausvater"[33], Lessings "Miß Sara Sampson" und "Emilia Galotti" - sowie der begeisterten zeitgenössischen Rezeption der Stücke zeigt. Bürgerliche Moralphilosophie und die psychologisierten Subjektkonzepte mit ihren Eckpunkten der Emotionalität und der Individualität beherrschen in struktureller Hinsicht den Spielplatz. Durch die theatrale Darstellung und Veräußerlichung erhält der bürgerliche Sozialcharakter eine bislang unvorstellbare öffentliche Relevanz und Repräsentativität. 'Der' Bürger wird im Unterhaltungsmedium Theater öffentlichkeitsfähig und darstellbar - und damit gleichsam prinzipiell auf jener 'Fallhöhe' angesiedelt, die gemäß der klassischen Tragödientheorie und Dramaturgie bislang allein dem Adel vorbehalten war.[34] Diese prinzipielle Öffentlichkeitsfähigkeit des bürgerlichen Sozialcharakters besitzt für das zeitgenössische Publikum eine außerordentlich hohe Attraktions-Qualität. Denn sie postuliert im Rahmen der kulturellen Praxis Theater eine gesellschaftliche Dominanz bürgerlicher Lebensart und eine soziale Handlungsmächtigkeit, die in der gesellschaftlichen Realität des 18. Jahrhunderts allenfalls partiell möglich war. Unterhaltsam ist dieses Medienerlebnis, weil es 'Realitätsüberschreitendes' enthält, weil sich hier soziale Bedürfnisse, Wünsche und Utopien der historischen Subjekte - kulturell verbesondert und in symbolischer Repräsentation - realisieren. Gleichwohl hat das 'realitäts-transzendierende' Unterhaltungsmaterial organisierende, produzierende und funktionale Qualität bei der Diskursivierung und Vergesellschaftung bürgerlicher Ideologie.

---

33 Zur exemplarischen Bedeutung von Lillos Drama für die Geschichte und Poetik des bürgerlichen Trauerspiels siehe Szondi 1973 und Walach 1980; zur Bedeutung von Diderots "Der Hausvater" Szondi 1973.

34 In der vorbürgerlichen Dramatik sind die nichtadligen Rollenfiguren ja niemals als konfliktfähige bzw. tragische Protagonisten möglich.

IV

Das Theater des 18. Jahrhunderts ist ein Theater der Schauspieler; die Schauspieler sind die wichtigsten Produktionsmittel und 'gegenständlichen' Unterhaltungsmaterialien des Mediums. Der Schauspieler stellt, wie noch Rousseaus abwertende Einschätzung lautet, seinen Körper und seine Person öffentlich gegen Geld zur Schau. Schauspieler befriedigen dergestalt die voyeuristischen, sensationslüsternen, erotischen und sexuellen Bedürfnisse der Zuschauer und machen sich potentiell zum Gegenstand einer Verlachungs- und Beschimpfungspraxis. Dieser schauspielerische 'Unterhaltungswert' ist zwar vor allem für die vorbürgerlichen Theaterformen von Belang, aber auch im bürgerlichen Theater des 18. Jahrhunderts noch virulent.[35] - Spätestens ab Mitte des 18. Jahrhunderts produziert der Schauspieler demgegenüber etwas qualitativ Neues: er liefert in Verbindung mit der bürgerlichen Dramatik mit seinem Körper und seiner Person konkret-anschauliche Modelle bürgerlicher Subjektivität und bürgerlichen Sozialverhaltens. Dabei sind insbesondere vier Charakter-Typen von Bedeutung, die gleichsam einzelne Dimensionen des bürgerlichen Ichs repräsentieren und für die sich exemplarische Rollenfiguren und Schauspieler-Persönlichkeiten nennen lassen:[36] die sittlich geprägte und gleichwohl sinnlich empfindsame Frau mit leicht hysterischen Zügen ("Emilia Galotti", Charlotte Ackermann, die Figur der Aurelie in Goethes "Lehrjahren"); der rührend-empfindsame 'Hausvater' ("Der Hausvater", Ekhof und Iffland); der rebellisch-genialische Mann mit dämonischen Zügen (die Protagonisten der Sturm und Drang-Dramen und der Shakespeare-Tragödien; Schröder und Fleck); und schließlich, schon am Übergang zum 19. Jahrhundert, die tragische, in den Lauf der Geschichte eingreifende Heroine (Jungfrau von Orleans, Iphigenie; Friederike Bethmann-Unzelmann). - Man mag sich über die Stimmigkeit dieser Typologie streiten; unbestreitbar aber bleibt, daß die körperlich-leibhaftige Konkretion bürgerlicher Subjektivität und bürgerlicher Charaktere ein kulturgeschichtliches Novum darstellt und ein nur dem Theater vorbehaltenes Diskursangebot ist. Dieser medienspezifische Beitrag zur Diskursivierung des bürgerlichen Subjekts macht in erster Linie den Unterhaltungswert des Schauspielers im bürgerlichen Theater aus. Er produziert etwas, was in anderen Wissensformationen und kulturellen Praxen der Zeit nicht erfahrbar und nicht erlebbar ist. - Die historischen Rezipienten reagieren auf die glaubwürdige Darstellung exaltierter Subjektivität im 18. Jahrhundert mit einem 'Schock'.[37] Dieser

---

35 Ich habe dafür in Kapitel IV, Abschnitt 2 Beispiele gegeben.

36 Ich mustere hier die Dramatik, die Darstellungsästhetik und die Schauspieler-Typen des 18. Jahrhunderts und behaupte, daß man daraus eine Typologie von Subjektdimensionen extrahieren kann.

37 Siehe dazu Kapitel III, Abschnitt 3.

erregte Rezeptionsmodus ist ein publikums-empirischer Beleg für die Erfahrung eines qualitativ Neuen, das dergestalt Unterhaltungswert besitzt.

V

Die bürgerliche Dramatik des 18. Jahrhunderts etabliert gegenüber den klassischen, klassizistischen und vorbürgerlichen Dramenformen den Charakter und den Dialog als zentrale poetologische Elemente. Der Charakter postuliert das Konzept einer individualisierten Persönlichkeit mit einer je besonderen Struktur; der Dialog vergegenwärtigt auf der sprachlich-strukturellen Ebene - unabhängig von inhaltlich thematisierten Ungleichheits- oder Unterdrückungsverhältnissen - die Möglichkeit einer herrschaftsfreien, gleichberechtigten Kommunikation zwischen Charakteren, auch und gerade über Standesgrenzen hinweg. Charakter und Dialog repräsentieren und postulieren also in poetologischer und dramaturgischer Hinsicht das bürgerliche Ideal von Freiheit und Gleichheit, ohne daß davon in den Texten selbst die Rede sein muß. Auf diese hochinteressante Affinität zwischen den poetologischen Strukturen des bürgerlichen Dramas und der bürgerlichen Ideologie hat Jochen Schmitt-Sasse hingewiesen: "Dem Verkehr der bürgerlichen Individuen auf dem Fuße von Freiheit und Gleichheit entspricht auf der medialen Ebene des Theaters die verbale Interaktion der Rollenfiguren. Historisch ausgeprägt als Charakter und Dialog werden sie zu den zentralen Instanzen des bürgerlichen Theaters. Der Modus ihrer Wirkung war und blieb die Einfühlung. Präsentierte sich doch mit dem Dialog der Charaktere auf der Ebene der Form des Mediums Theater handgreiflich-sinnlich jenes Ideal von Kommunikation, das die realen Herrschaftsverhältnisse Tag für Tag als Schein entlarven mußten."[38] - Darüber hinaus räumt das bürgerliche Drama den dramatis personae - das macht die zweite strukturelle Neuerung gegenüber den vorbürgerlichen Dramenformen aus - eine Handlungsmächtigkeit ein, die bei allen graduellen Unterschieden doch wesentlich in ihnen selbst liegt - und nicht mehr in den Göttern, dem Schicksal, dem Rad des Glücks, dem Lauf der Geschichte oder der Standeszugehörigkeit. Das läßt sich noch an jenen dramatischen Charakteren belegen, die man ob ihrer vorgeblich beschränkten Handlungsfähigkeit als Gegenbeispiele gegen meine These anführen könnte: Emilia Galotti mag vom eigenen Vater getötet werden; aber dieser vom Vater ausgeführte 'Selbst-Mord' ist wesentlich ihre eigene Entscheidung. Lenz' 'Hofmeister' mag sich seiner Männlichkeit berauben, aber er tut es immerhin selbst. Man könnte also pointieren: die bürgerliche Dramatik stellt schon mit ihren poetologischen und dramaturgischen Strukturelementen Modelle von Freiheit, Gleichheit und Handlungsmächtigkeit des bürgerlichen Subjekts auf, unabhängig zuerst einmal von den

38 Schmitt-Sasse 1985, S. 17

spezifischen Themen, Stoffen und Konflikten der einzelnen Stücke. Sie zeigt sozusagen prinzipiell, begründet in ihrer dramatischen Struktur, Bilder eines besseren Lebens, auch in der Negativform des Scheiterns; sie zeigt Bilder einer freien, gleichen und handlungsmächtigen Existenz und besitzt deswegen für die zeitgenössischen Zuschauer Unterhaltungswert.

Die bürgerlichen Dramen des 18. Jahrhunderts - von ihren Archetypen (Lillos "Der Kaufmann von London", Diderots "Der Hausvater" und Lessings "Miß Sara Sampson" und "Emilia Galotti") bis zu ihren endlosen Variationen in den Erfolgsstücken Schröders, Ifflands und Kotzebues, von der 'rebellischen' Dramatik des Sturm und Drang bis zu den 'modischen' Ritter-und Geister-Dramen, von den exotischen Stücken bis zu den Geschichtsdramen des Idealismus und der Romantik[39] - liefern die variierenden Handlungs-, Stoff- und Konfliktmuster für die 'Veröffentlichung' des bürgerlichen Sozialcharakters und die schauspielerische Konkretion der bürgerlichen Subjektivität. Dabei eignet sich die bürgerliche Dramatik alle verfügbaren Stoffbereiche an: sie lotet zum einen die familiär-intimen Bezirke der bürgerlichen Welt aus, etwa im rührenden Lustspiel oder im Familiengemälde; sie 'transponiert' zum anderen bürgerliche Subjektmodelle durch alle historischen Zeitalter und Kulturkreise hindurch, so etwa in den Dramen des Sturm und Drang, in den Shakespeare-Tragödien, im Ritterdrama, im 'exotischen Drama' und in den Zauberopern. Die Stücke sorgen sozusagen für die Abwechslung im Gleichen und besitzen auch deshalb - als Variationsmaterial - Unterhaltungscharakter.[40]

VI

Das Theater gilt unter den Künsten und Medien des 18. Jahrhunderts als das mit Abstand illusionsmächtigste, vor allem wegen seiner präsentischen Bildlichkeit und der kollektiven Rezeptionssituation. Einer gekonnten, emotionalen, glaubwürdigen Darstellung kann der bürgerliche Zuschauer des 18. Jahrhunderts sich nicht entziehen: er fühlt sich in sie ein und geht gleichsam in ihr auf. Diese weitreichende Einfühlung macht für sich genommen einen zentralen Unterhaltungswert aus. Denn die größtmögliche Illusionierung bringt notwendig die größtmögliche Ablenkung und Zerstreuung mit sich. Man träume sich, so heißt es in

---

39 Jedes der zeitgenössischen Erfolgsgenres besitzt ein spezifisches Unterhaltungspotential, das ich hier nicht entfalten kann, weil ich mich für die 'strukturelle Quersumme' der bürgerlichen Dramatik interessiere. Im folgenden Unterkapitel werde ich zu einigen Genres unterhaltungsspezifische Analysen vorlegen.

40 Man mag das ein wenig despektierlich gegenüber den Gehalten und spezifischen Sinndimensionen der Stücke finden. Aber ich betrachte den 'Unterhaltungswert' der Dramatik in diesem Kapitel gleichsam durch die Aufführungssituation und die Theaterpraxis hindurch und komme deswegen zu solchen Thesen.

den zeitgenössischen Quellen immer wieder, im Theater von den Mühen des Alltags hinweg.[41] Aber die Unterhaltungsqualität der theatralen Illusionierung reicht weiter: Illusion meint im 18. Jahrhundert nicht eine quasi 'bewußtlose' Suggestion im Glauben an die vermeintliche Realität des fiktionalen Materials, sondern einen Prozeß der kontrollierten Einfühlung im Wissen um die Produziertheit des Darstellungsmaterials wie des eigenen Rezeptionserlebnisses.[42] Und in der Illusionierung entfalten sich emotionale Erfahrungen des Mitleids, der Rührung, der Sentimentalität, der psychischen Erregung etc. Die theatrale Illusionierung bringt also immer eine Selbstvergewisserung über das eigene 'innere Leben' mit sich, eine Selbsterfahrung des 'inneren Reichtums' bürgerlicher Subjektivität: zum einen durch die Selbstproduktion von Emotionen in Relation zum Darstellungsmaterial, zum anderen durch das Wissen um die eigene Fähigkeit zur Einfühlung. Solche kulturellen Prozesse der Erfahrung und des Spiels mit dem 'inneren Leben' sind für die Formierung bürgerlicher Individualität und Subjektivität von entscheidender Bedeutung; nicht zuletzt deswegen, weil bürgerlichen Handlungspotentialen im 'äußeren Leben' des 18. Jahrhunderts noch weitgehend enge Grenzen gesetzt sind.

VII

Das Theater offeriert im 18. Jahrhundert Bilder ästhetischer Vielfalt und Erlebnisse des sinnlichen Reichtums: Theateraufführungen setzen sich bis zur literarischen Theaterreform am Beginn des 19. Jahrhunderts aus verschiedenen Programmteilen zusammen. Ein Theaterabend bietet nicht ein einziges Stück, sondern besteht aus Vorspiel, 'Hauptstück' und Nachspiel, die zusammengehalten werden durch musikalische Intermezzi eines kleinen Orchesters, Gedicht-Rezitationen, Ballett-Einlagen, Illuminationen, Ansprachen, Programmhinweise usw. Die theatrale Aufführung ist also eine Art 'Nummern-Programm' mit einer internen Dramaturgie der Abwechslung, vergleichbar vielleicht der Varieté-Ästhetik des 19. und 20. Jahrhunderts.[43] Im Theater mischen sich überdies Darstellungsmittel und -elemente der verschiedenen Künste: nicht nur Schauspielerei und Literatur, sondern Ballett, Illuminationskunst, Bühnenmalerei, Dekorations- und

41 Siehe etwa das aus Schillers "Schaubühnen"-Rede stammende Motto am Anfang dieses Kapitels.

42 Das zeigt sich implizit daran, daß die Schauspieler-Theorien des 18. Jahrhunderts zu erkennen und zu beschreiben versuchen, wie der Schauspieler illusioniert, die Zuschauer in seinen Bann zieht und Einfühlung ermöglicht. Wie kommt die Illusionierung zustande, so lautet die implizite Frage in den zeitgenössischen Schauspieler-Theorien.

43 Der Vergleich hinkt ein wenig, weil im Varieté ein zentrales Mittelstück (also das mehraktige Drama) fehlt.

Kostümkunst, Musik[44], ja selbst - wenn man den Theaterbau mitberücksichtigt - Architektur und 'Innenausstattungskunst'. Darüber hinaus wurden gegen Ende des Jahrhunderts die sinnlich-bildlichen Ausstattungselemente (Bühnenbild, Requisiten, Kostüme und Statisterie) immer prächtiger, aufwendiger und opulenter. - Im Vergleich zu den zeitgenössischen Künsten und Medien bietet das Theater eine einzigartige Vielfalt, Variabilität und Pracht an sinnlichen Präsentationsformen und Darstellungsmitteln. Es ist das mit Abstand sinnlich reichste und reizvollste Medium der Zeit und offeriert dergestalt Bilder der Opulenz, der Verschwendung und der Unbegrenztheit des gesellschaftlichen Reichtums. Unterhaltungswert besitzt der sinnliche Reichtum des Theaters deswegen, weil er kulturelle Gegenerfahrungen zur Pauperität des Alltags und zur bürgerlichen Ideologie der Ressourcenbewirtschaftung und -kontrolle vermittelt.[45] Das Theater verweist mit seinem ästhetischen Reichtum an sinnlichen Präsentationsmitteln auf ein Leben - oder liefert einen Vorgeschmack davon -, das nicht von Mangel und Beschränkung, sondern von Genuß und der Verschwendung des gesellschaftlichen Reichtums gekennzeichnet ist.

VIII

Die wichtigsten Unterhaltungsmaterialien des Theaters im 18. Jahrhundert sind der Reichtum seiner sinnlichen Präsentationsformen, die schauspielerische Konkretion des bürgerlichen Sozialcharakters sowie der Ereignischarakter, die personale Öffentlichkeit und die Publikumsstruktur des Mediums. Diese theatralen Unterhaltungsqualitäten machen eine geradezu notwendige Ergänzung zu den Potentialen des literarischen Systems aus: Wo die literarischen Medien Öffentlichkeit über raumzeitliche Distanzen herstellen und die sozialen, politischen und ideologischen Diskurse der bürgerlichen Klasse zuallererst verbreiten, organisiert das Theater eine präsentische Öffentlichkeit mit höchstem Wirkungsgrad, in welcher bürgerliche Themen, Stoffe und Erfahrungen gleichsam vertieft werden. Während sich im literarischen Leben Öffentlichkeit nur über die Rezeption der konzeptiven Angebote der Texte herstellt, konstituiert sie sich im Theater schon

---

44 Die Bedeutung der Musik im bürgerlichen Theater reicht von musikalischen Zwischeneinlagen bis zur Aufführung von Singspielen. Generell waren im 18. Jahrhundert Sprech- und Musiktheater (abgesehen von den großen Hofopern) nicht institutionell voneinander getrennt.

45 Ich will nicht behaupten, daß der bürgerliche Alltag des 18. Jahrhunderts generell von Armut bestimmt gewesen sei. Natürlich gab es auch bürgerlichen Reichtum. Aber desungeachtet war die Ideologie der Beschränkung und der Kontrolle von materiellem Reichtum und Ressourcen für das frühbürgerliche Denken konstitutiv; sie war eine notwendige Bedingung für die Akkumulation von Waren und Kapital und eine Form der Zurichtung der Subjekte für die frühkapitalistische Mangelgesellschaft.

im Akt der Versammlung der Zuschauer selbst. Und während die literarischen Medien Diskurse auf hohem Abstraktions- und Verallgemeinerungsniveau präsentieren, tut das Theater dies in höchster, nämlich körperlicher Konkretion. Literatur und Theater ergänzen sich im Hinblick auf ihre Unterhaltungs- und Erlebnisqualitäten für die bürgerliche Klasse geradezu kongenial. Sie konstituieren - mit je unterschiedlichen Diskursivierungstechniken, Präsentationsformen und Erlebnisqualitäten - eine kulturelle Praxis, deren soziale Funktion die Reproduktion der Arbeitsfähigkeit und die Herstellung von kommunikativen und diskursiven Verbindungen zwischen den bürgerlichen Individuen über ihre gemeinsamen Lebensbedingungen ist. Sie tragen damit bei zur Formierung, Entwicklung und Vergesellschaftung der bürgerlichen Ideologie und verschaffen den Rezipienten gleichzeitig Erlebnisse und Erfahrungen von Sinnlichkeit. Und dies alles mit Hilfe von Materialien und Angeboten, die zum einen bürgerliche Realität abbilden und verhandeln und zum anderen Utopisches und Widerständiges, Wünsche und Bedürfnisse, Bilder vom 'besseren Leben' bieten.

IX

Methodisch läßt sich aus diesen Überlegungen so viel folgern: Die Analyse von Unterhaltungskultur hat auf die Historizität, die medialen, institutionellen und darstellungsästhetischen Besonderheiten der jeweiligen Unterhaltungspraxis sowie auf die sozialen Bedürfnisse und Interessen der Rezipienten zu rekurrieren. Vom Fetisch des Werks, von der einseitigen Orientierung auf die Produktionsangebote muß sie sich verabschieden. Denn Unterhaltungsprozesse und -erlebnisse können sich - wie ich hier gezeigt habe - auf potentiell allen Ebenen und Strukturelementen des Mediensystems abspielen. In einer solcherart erweiterten Analyseperspektive wird dann - zweitens - deutlich, daß Unterhaltung immer auch widerständige, realitätstranszendierende, utopische, anarchische oder gar rebellische Elemente enthält - sonst nämlich würde sie, ob der Redundanz und Reihung, die Unterhaltungspraxis eben auch kennzeichnet, überhaupt nicht funktionieren. Unterhaltung also ist - drittens - eine überaus komplexe, multifunktionale und überdeterminierte Praxis, der gegenüber sich eine monologische Bewertung als trivial, eskapistisch oder herrschaftskonform nicht nur verbietet, sondern geradezu als dumm desavouiert. Die zentrale Aufgabe der Mediengeschichtsschreibung, so kann man methodisch zuspitzen, liegt in der Dekonstruktion von 'Kunst' und in der Rekonstruktion von Unterhaltungspraxis, zumindest insoweit, als die 'autonome Institution Kunst'[46] noch nicht eingesetzt und gesellschaftlich verallgemeinert ist.

46 Siehe dazu ausführlich Kapitel VI, Abschnitt 4.

3. Spektakelästhetik und Schaulust an der Jahrhundertwende

Gegen Ende des 18. Jahrhunderts werden die Ausstattungselemente und visuellen Präsentationsmittel im traditionell 'armen' bürgerlichen Theater aufwendiger und variabler. Die 'Einheitskostüme' des 18. Jahrhunderts - römisch-antik, türkisch-orientalisch und 'modernes Zeitkostüm'[47] - werden durch historisierende, der Dramenstoffzeit angenäherte Kostüme abgelöst. Die wenigen Standard-Dekorationen des 18. Jahrhunderts - Landschaft/Wald, Zimmer, Schloßsaal und Gasthaussaal, perspektivisch gemalt auf Kulissen, Soffitten und Schlußprospekten[48] - werden sukzessive durch opulentere und stückspezifische Bühnenbilder ersetzt.[49] Requisiten nehmen erstmals in der Geschichte des bürgerlichen Theaters größere Bedeutung ein; auch sie werden der Stoffzeit nachempfunden und sollen den Eindruck sinnlicher Pracht vermitteln. Optisch-akustische Effekte und Spektakelszenen - Explosionen, Schießereien, Fechtkämpfe, Feuersbrünste, Gewitter, Naturkatastrophen, Gespenstererscheinungen etc. - erfreuen sich bei Theaterproduzenten und -rezipienten steigender Beliebtheit. Und nicht zuletzt werden erstmals größere Statisterien eingesetzt und choreographiert: die sogenannten 'Massenaufmärsche' mit mehr als 200 Statisten sind an der Jahrhundertwende theaterästhetisch der 'letzte Schrei'.

Zwischen 1780 und 1820 entwickelt sich eine spektakuläre Theaterästhetik, die vor allem auf visuellen Attraktionen und Darstellungsmitteln beruht. Die Ausstattungselemente 'verselbständigen' sich gegenüber Text und Darstellung, was insbesondere die Autoren anfangs skeptisch, später hochgradig angewidert kommentieren.[50] Diese spektakuläre Ästhetik ist für das bürgerliche Theater ein Novum und wird bald - neben der Ritualität und Öffentlichkeit, neben den konzeptiven Botschaften der Texte und der schauspielerischen Konkretion bürgerlicher Subjektivität - zum wesentlichen Unterhaltungswert des Mediums, der die anderen Unterhaltungsqualitäten zunehmend überdeckt oder verdrängt. Die Zuschauer interessieren sich nunmehr weniger für die Schauspieler und die Gehalte der Texte als vielmehr für die Pracht und Opulenz der Ausstattung. Die traditionelle Funktion des Theaters als Institution der bürgerlichen Öffentlichkeit und als Medium der Diskursivierung bürgerlicher Ideologie fasert zunehmend

---

47 Wobei auch diese Grundtypen kein historisch genaues Kostüm bezeichneten, sondern sich "(...) auf eine Ausstaffierung der französischen Rokokotracht mit den vermeintlich typischen antiken oder orientalischen Attributen" (Maurer-Schmoock 1982, S. 53) beschränkte. Siehe zum Kostüm im 18. Jahrhundert generell die entsprechende Passage aus Sybille Maurer-Schmoocks vorzüglich summierendem Buch.

48 Siehe Maurer-Schmoock 1982, S. 32 - 51

49 Auch wenn für bestimmte Stücke bzw. Aufführungen spezifische Bühnenbilder angefertigt wurden, verwendete man diese - im Unterschied zur heutigen Praxis - weiter.

50 Siehe Kap. VI, Abschnitt 1.

aus; und gleichzeitig gewinnt das Medium eine neue Funktion als Erlebnisraum sinnlich-spektakulären Reichtums, als Ort einer qualitativ neuen 'Schaulust'. Insbesondere an vier theatralen Erfolgs-Genres des Zeitraums - am Ritterdrama, an der Zauberoper, am 'hohen' historischen Drama und an der romantischen Oper - läßt sich diese Entwicklung eines neuen Unterhaltungssyndroms und einer neuen sozialen Funktion des Theaters[51] exemplarisch verfolgen.

Ab den achtziger Jahren des 18. Jahrhunderts erobert das sogenannte "Ritter- und Räuberdrama" im Gefolge der Stücke des Sturm und Drang relativ schnell die Spielpläne des deutschen Theaters. Die bekanntesten Exempel dieses Genres - Babos "Otto von Wittelsbach" (1782), Törrings "Agnes Bernauerinn" (1780) und "Kaspar der Thoringer" (1785), Jakob Maiers "Der Sturm von Boxberg" (1778) und "Fust von Stromberg" (1782), Hagemanns "Otto der Schütz" (1792) und "Ludwig der Springer" (1793), Spieß' "Klara von Hoheneichen" (1790)[52] - halten sich bis nach der Jahrhundertwende im Repertoire und sind ausgesprochene Publikums-Renner. Das Genre macht neben den Stücken Schröders, Ifflands und Kotzebues, der selbst wiederum mit eigenen Ritterstücken an den Modetrend anknüpfte, und dem neuen 'Singspiel' eine tragende Säule des zeitgenössischen Repertoires aus. Für den sensationellen Erfolg des Ritterdramas sind mehrere Faktoren verantwortlich: der stoffliche Rekurs auf die glorreiche mittelalterliche Geschichte der deutschen Nation[53], die exaltiert-rebellische Individualität der Helden, die sich zumindest zeitweise gegen die traditionellen Mächte auflehnen; die vollständige Aufgabe der 'Dramaturgie der drei Einheiten', die es ermöglicht, große Stoffmengen und langwierige zeitliche Entwicklungen zu komprimieren; der massive Einsatz von 'Effekt-Mitteln' und Effekt-Szenen (Scharmützel, Turniere, Zweikämpfe, Burgeroberungen etc.) mit spektakulären Maschinerien[54]; und nicht zuletzt die aufwendigen Ausstattungen der Inszenierungen, die von der

51 Man kann die Spektakelästhetik an der Jahrhundertwende als theatergeschichtlichen Ursprung oder 'Vorläufer' der sinnlichkeitsstrotzenden populären Genres des 19. (Lustspiel, Posse, Operette) und 20. Jahrhunderts (Revue, Varieté) begreifen. Diese Genealogie scheint mir deswegen plausibel, weil der soziale Inhalt der spektakulären Ästhetik und der Schaulust weitgehend gleich bleibt.

52 Das sind nur die bekanntesten und erfolgreichsten Ritterdramen; das Genre war weitaus breiter vertreten.

53 Angesichts der feudalen Zersplitterung Deutschlands am Ende des 18. Jahrhunderts war das ein durchaus politisch aufgeladener Rezeptions- und Aktualisierungsprozeß.

54 Schon diese wenigen Strukturmerkmale des Ritterdramas machen plausibel, warum die Zeitgenossen die Shakespeare-Tragödien und -Königsdramen, die Dramen des Sturm und Drang und die Ritterdramen als eine literarische Reihe betrachteten. Die Trennung zwischen Sturm und Drang ('Kunst') einerseits und Ritterdrama ('Trivialliteratur') ist erst ein Ergebnis der literaturwissenschaftlichen Rezeption des 19. und 20. Jahrhunderts, Ergebnis mithin eines Wertungs- und Kanonisierungsprozesses.

mittelalterlichen Stoffzeit und den kämpferisch-militärischen Sujets angeregt waren. Iffland beschreibt den Siegeszug des Ritterdramas folgendermaßen: "Als aber die Shakespearschen Stücke auf die Bühne gebracht wurden und diesen allmählig die Ritterstücke folgten (...); so ward das bisherige Verhältnis aller Directionen von Grund auf verändert. [Abs.] Die Zuhörer verwandelten sich an den mehrsten Orten fast ganz in Zuschauer. Bis auf wenige Meisterwerke und meisterliche Darstellungen - genügte ihnen fast nichts mehr, wo nicht Heerhaufen, eine vielfach gemarterte Unschuld, wechselnde Decorationsmenge, Turniere, Märsche, Gewitter, immerwährendes Toben sowohl der Helden, als auch ihrer Gefährten, ein riesenmäßiges Unglück - sie aufrüttelte und in Athem hielt. [Abs.] Eine Menge von Personen mußte angestellt werden, um die vielen benachbarten Ritter, Mönche, Frauen, Knappen, Hofleute, Kreißwärtel, Kampfrichter, Hauptleute, Rathsherren u. s. w., nur einigermaßen hörbar, leisten zu können."[55]

Dem theaterästhetisch neuen Niveau sinnlich-optischer Darstellungsmittel - dem Aufwand an Statisterie, Dekorationen und Effekt-Szenen - korrespondiert ein neues Rezeptionsverhalten: die 'Zuhörer', wie Iffland das schon historische Publikum des bürgerlichen Trauerspiels und des rührenden Lustspiels tituliert, verwandelten sich in 'Zuschauer'. Die spektakuläre Produktionsästhetik und die unbändige Schaulust des Publikums[56] begreifen die noch der Aufklärungstradition verbundenen Kritiker als Bedrohung für den Geltungsanspruch der Texte, den Stellenwert des Schauspielers und die sittlich-moralische wie politische Funktion des Theaters insgesamt. Deswegen wird das Genre schon in der zeitgenössischen Kritik meistens verrissen, was seinem Publikumszuspruch jedoch keinen Abbruch tut. Doch noch an den ironischen und sarkastischen Abrechnungen mit dem Ritterdrama wird das Innovationspotential der spektakulären Theaterästhetik ebenso deutlich wie die Faszination der Zuschauer ihr gegenüber. Ich will das mit Hilfe einiger zeitgenössischer Kritiken zeigen:[57]

"Das ist eines von unseren großen historischen Schauspielen," so Knigge in seinen "Dramaturgischen Blättern" über Babos "Otto von Wittelsbach", "eine

---

55 Iffland, Almanach fürs Theater und Theaterfreunde 1811, S. 44 - 45. Ifflands Essay mit dem Titel "Verhältnisse der gegenwärtigen Theaterdirectionen, im Vergleich mit denen, worin die Directionen der Theater vormals sich befunden haben" (Iffland, Almanach fürs Theater 1811, S. 38 - 82) entwickelt vor dem Hintergrund zunehmender finanzieller Probleme durch die 'Pracht-Inszenierungen' eine Genealogie des spektakulären Theaters.

56 Auch das 'vor-spektakuläre Theater' bedient die Schaulust der Rezipienten, jedoch auf einem sinnlich 'ärmeren' Niveau, mit signifikant weniger Darstellungsmaterialien.

57 Ich greife in diesem Kapitel vor allem auf zeitgenösssiche Kritiken zurück, weil die spektakulären Genres, obwohl mit die erfolgreichsten und publikumswirksamsten ihrer Zeit, in der auf die 'Hochkultur' fixierten Literatur- und Theatergeschichtsschreibung nicht oder nur am Rande behandelt werden. Eine angenehme Ausnahme ist hier Markus Krauses fundiertes Buch "Das Trivialdrama der Goethezeit, 1780 - 1805".

Haupt- und Staats-Aktion, in welcher wir ein Gewühle von Menschen vor unsern Augen ein Paar Jahre hindurch bald in Aachen, bald in Bamberg, bald in Bayern ihr Wesen treiben sehen; bald in Zimmern, bald in Sälen, bald auf öffentlichen Plätzen, bald vor dem Kaiser-Throne, bald bey der Wein-Flasche. Diese Menschen fliegen dann von Land zu Land, und den braven Mann, der noch zwey Auftritte früher in Bayern vor unsern Augen umherwandelte, finden wir, zehn Minuten nachher, um vier Wochen älter, in den Niederlanden. Die schöne Burg Wittelsbach, mit Leimfarbe auf Segeltuch gemalt, wird in weniger als einer Viertelstunde von zwölf Musketieren zertrümmert, so daß kein Stein auf dem anderen, oder vielmehr keine Rahme auf der anderen bleibt. Mit den Füßen trampelt man denn wacker herum, das Poltern der Steine auszuschmücken, und Wolken von Calphonium, die alle Logen nießen machen, stellen den fürchterlichsten Brand vor. - Wann wird doch einmal der Geschmack an solchen theatralischen Guckkasten-Spielen ein Ende nehmen?"[58]

Was Knigge da - neben den technischen und illusionsästhetischen Unzulänglichkeiten der spektakulären Ästhetik - mit besonderer Häme überzieht, ist die 'epische' Dramaturgie des Ritterdramas; vom Standpunkt der aufklärerischen Ästhetik ein Verstoß gegen die Glaubwürdigkeit und Natur der theatralen Darstellung, die von der Geltung der klassischen Einheits-Dramaturgie abhängen. Aber gerade diese 'regellose' Dramaturgie ist eine Voraussetzung für den Erfolg des Genres: ermöglicht doch erst sie die Darbietung großer Stoffmengen, weitgestreckter Zeitabläufe, konfliktreicher Konstellationen, 'action-geladener' Szenen sowie 'exotischer' und häufig alternierender Schauplätze. - Mit vergleichbarer Verachtung kommentiert Schink die neuen populären Genres, wobei er die Stücke des Sturm und Drang und die Ritterdramen gleichermaßen abkanzelt: "Jetzt muß in einem Drama, wenn es dem Publikum behagen soll, alle Augenblicke ein Vorhang aufrollen, bald ein Schloß, bald eine Bauernstube, bald ein Gefängnis, bald eine Landstraße, bald einen Turnierplatz, bald ein Feldlager produzieren. Entweder will man Kampf- oder Ritterspiele, in denen die Helden sich die Köpfe blutig schlagen, Blutschande, Ehebruch und alle möglichen Greuel treiben, die Pfalzgrafen, Herzöge und Könige eine Sprache reden, als ob sie in der Schenke groß geworden wären, und sich gebärden, als ob sie eben aus dem Stalle kämen; oder man will Ohnmachten, Fluch und Segen, Verzweiflung und laut wiehernde Freude, tragischen Bombast und Burleskenspaß in ein und demselben Stücke."[59] - Konstitutiv für die Rollengestaltung der Schauspieler war dabei eine 'kraft-genialische', 'rasend-exaltierte' Spielweise, die der rebellischen Individualität der Dramenfiguren adäquat schien und ebenfalls großen Publikumszuspruch erfuhr: "Die Rolle, nicht die Wahrheit der Darstellung, erwirbt ihren [der Zu-

58 Knigge, Dramaturgische Blätter, S. 89
59 Zitiert nach Devrient 1967, Bd. I, S. 510

schauer; R. R.] Beifall. Hat der Künstler oder die Künstlerin so einen Helden, so eine Heldin zu spielen, so werden sie beklatscht, bewundert, besungen, in Kupfer gestochen; und tragerirten, raaßten und winselten sie auch noch so sehr dem Dichter querfeld ein! Sind die Farben in ihrer Rolle nur hübsch hoch aufgetragen, haben sie nur (...) eine gute Lunge zum Schreien: so ist nach Kunst gar keine Frage, und der so glücklich begabte Schauspieler, die so günstig ausgestattete Schauspielerin, sind die Garriks, Le Kain's, Oldfields und Clairons ihres Publikums."[60] - Schütze resümiert in seinem "Satyrisch-ästhetischen Hand- und Taschen-Wörterbuch" unter dem Stichwort "Ritter- auch Spectakelstück": "(...) ein Stück, in welchem aus der alten deutschen Zeit Namen, Thaten, Knappen, Kumpen und Humpen vorkommen und viel Spectakel getrieben wird. Die darin zu spielen haben, müssen trotzen, brüllen, raufen, balgen, saufen können, cetera textus habet. Das übrige, d. i. Klatschen und Bravobrüllen, kommt von selbst hintenach."[61] - Und die spektakuläre Theaterästhetik befriedigte offenbar nicht nur die Schaulust in bislang unbekanntem Maße, sondern ermöglichte auch emotional extreme Rezeptionserlebnisse, sowohl in der Intensität wie in der Variabilität von Emotionen: "Eine einfache, menschliche Geschichte zieht sie [die Zuschauer; R. R.] nicht mehr an, sie wollen unaufhörlichen Wechsel von abentheuerlichen Begebenheiten und Vorfällen. (...) Nicht mehr weinen; heulen und schluchzen wollen sie, und nicht nur blos heulen und schluchzen, auch aufblakkern zum wilden Renomisten- und Dragonergelächter in dem nehmlichen Moment. Dann schreit der ganze unverständige Haufe ein freudiges Ahi, und bildet sich auf diese Unanständigkeit, die er mit dem Nahmen Toleranz und Menschlichkeit herausputzt, noch wer weiß, wie viel?, ein."[62]

Ab Mitte der achtziger Jahre setzt sich neben dem Ritterdrama ein musikalisches Genre[63] durch, das ebenfalls mit aufwendigen Ausstattungselementen und sinnlichen Präsentationsmitteln operiert: die im zeitgenössischen Diskurs sogenannte "Zauber- und Feen-Oper"[64], deren berühmtestes und schon zur Entste-

---

60 Schink, Dramaturgische Monate, Bd. IV, S. 1007

61 Schütze, Satyrisch-ästhetisches Hand- und Taschen-Wörterbuch, S. 136 - 137

62 Schink, Dramaturgische Monate, Bd. IV, S. 1005 - 1006

63 Eine klare institutionelle Trennung von Sprech- und Musiktheater existiert im 18. und frühen 19. Jahrhundert nicht. Abgesehen von den wenigen Hofopern war ein Nebeneinander von musikalischen und dramatischen Werken auf demselben Theater bzw. in derselben Wandertruppe und mit weitgehend demselben Personal die Regel. Ensemble-Mitglieder mußten sowohl spielen als auch mittelschwere Opernpartien singen können.

64 Die "Zauber- und Feen-Oper" ist das populärste Genre innerhalb der musikgeschichtlich neuen Gattung des deutschen Singspiels, das sich ab den achtziger Jahren des 18. Jahrhunderts von der bislang das Musiktheater dominierenden italienischen Hofoper absetzt. Vorreiterfunktion für das Singspiel haben die Opern Glucks, mit Mozarts "Entführung aus dem Serail", "Figaros Hochzeit", dem "Don Juan" und der "Zauberflöte" erreicht es

hungszeit erfolgreichstes Exemplar Mozarts und Schikaneders "Zauberflöte" ist: "Die Musik hatte indeß mehr und mehr in Deutschland ihr heiliges, schönes Recht geltend gemacht. [Abs.] Die bedeutenderen Werke Italiänischer, Französischer und Deutscher Meister machten das Toben der Herren und Knechte, das grimmige Auftreten der Stiefeln und das Geklirre der Sporen, den Witz aus der Stallkammer und die kalten Verwünschungen grober Bösewichter mehr und mehr verschwinden. [Abs.] Von Bendas, Reichards und Mozarts Genies angezogen und erfreut, von Glucks Allmacht tief erschüttert und erhoben, begann ein neuer Morgen zu dämmern; kraftvolle, kühne Gefühle stiegen auf, theilten sich mit, das Schöne und Große feierte seinen Triumph! [Abs.] Die vielstimmige Musik, die Macht der Finale, der neue Gebrauch der Blasinstrumente, die eindringende Gewalt der Chöre, bezauberte alle!"[65]

Die 'Zauberoper' - im weiteren Sinn das deutsche Singspiel - verdankt ihren Erfolg nicht nur ihrer antifeudalen Politizität, sondern auch ihrem musikalischen Innovationspotential. Die musikalischen Neuerungen brachten eine Vergrößerung von Chor und Orchester sowie eine höhere Zahl von auch qualitativ besseren Solisten mit sich - und damit schon auf der musikalischen Ebene eine 'prächtigere' Produktionsästhetik. Der Erfolg des Genres geht aber auch auf seine exotischen, märchenhaften und phantastischen Sujets zurück, die mit opulenten Ausstattungen und Überraschungseffekten bebildert wurden. Über die Uraufführung der "Zauberflöte" 1791 an Schikanders "Wiedner Theater" schreibt Kindermann: "Schikaneder stattete die Uraufführung der 'Zauberflöte' (...) mit allem Glanz des wienerischen Zaubertheaters aus: 'Es gab drei Versenkungen, zehn Verwandlungen auf offener Szene und zwölf neue Dekorationen. Dazu Feuer und Wasser, Sonne und Mond, Donner und Blitz, ein Blumenmeer, Gold- und Silberpalmen.' Szenen mit 'tiefer' und 'kurzer' Bühne wechselten systematisch ab. (...) Das 'Orientalische' Kolorit mit Spuk, Zauberei, Löwen, Schlangen, Vögeln und Affen verfehlte nicht seine Wirkung. (...) Der Erfolg aber greift von Wien - wo Schikaneder binnen einem Jahr hundert Aufführungen erreicht - sofort auf das gesamte Theater des deutschen Sprachgebietes über (...)."[66]

Schon in der Erwartungshaltung der Zuschauer haben die sinnlich-sensationellen Attraktionen der "Zauberopern" medienmotivierende Bedeutung; die Ausstattung allein besitzt Unterhaltungswert. Schütze etwa erinnert sich folgendermaßen an die Hamburger Erstaufführung der "Zauberflöte" im Jahr 1793: "Unter

---

seinen Höhepunkt. Die "Zauber- und Feen-Oper" ist um die Jahrhundertwende ein weitverbreitetes Genre; sie wird anfangs kaum an den Hofopern gespielt, sondern tritt ihren Siegeszug in den Wiener Vorstadttheatern und in den 'verbürgerlichten' Hoftheatern (Mannheim, Berlin, Weimar) an. Siehe zum Singspiel: Kindermann 1962, S. 308 - 328.

65 Iffland, Almanach fürs Theater und Theaterfreunde 1811, S. 47 - 48

66 Kindermann 1962, S. 313 - 314

den neuesten, diesjährigen Vorstellungen ist die am 15. November zuerst gegebne Zauberflöte, Singsp. mit Mozarts Musik, ein Gegenstand allgemeinerer Aufmerksamkeit geworden. Schon lange zuvor hatte man von den zu dieser neuen Opernvorstellung gemachten Voranstalten, von mehrern hundert Ellen zu Dekoration vermahlter feiner Leinwand, von Pracht-An- und Aufzügen, Schlangen und andern ungewöhnlichen Erscheinungen reden hören, welche diese Prachtoper zu verherrlichen in Arbeit waren. (...) Das Schauspielhaus war an den ersten, dieser Vorstellung gewidmeten Spielabenden ungemein voll (...). Die schönste Dekoration dieser neuen Oper war nicht die neueste, war unstreitig die treffliche Ruinenvorstellung an dem Versammlungsplatze der Priester; (...) Bei der 7ten Vorstellung fiel am Schlusse ein neuer Dekorationsvorhang, ein mit Guirlanden verzierter Salon, welchen die hocherfreute Menge zu beklatschen nicht mangelte. Die Oper soll der Direktion bei 4000 Mark gekostet und diese Auslage sich reichlich verinkassiert haben."[67]

Eine weitere Etappe der spektakulären Ästhetik markiert das meist versifizierte, 'hohe' Geschichtsdrama, das ab der Jahrhundertwende zum neuen Erfolgsgenre des bürgerlichen Theaters wird. An erster Stelle sind hier selbstredend die historischen Dramen Schillers - die "Wallenstein"-Trilogie, "Maria Stuart", "Jungfrau von Orleans", "Braut von Messina", "Wilhelm Tell"[68] - und Zacharias Werners - "Martin Luther oder Die Weihe der Kraft" (1806), "Attila, König der Hunnen" (1807), "Wanda, Königin der Sarmaten" (1808), "Kunigunde die Heilige, römisch-deutsche Kaiserin" (1809) und - wenngleich außerhalb der Reihe - "Der vierundzwanzigste Februar" (1815)[69] zu nennen; aber auch eine ganze Reihe von Apologeten und Nachahmern schließt sich dem Modetrend an.[70] Die historisch-militärischen Sujets gaben Gelegenheit zu historisierenden Kostüm- und Requisitenorgien und zum Aufmarsch gigantischer Statisterien. Iffland, als Direktor des Berliner National-Theaters von 1796 bis 1814 selbst maßgeblich an der Durchsetzung Schillers und Zacharias Werners beteiligt, schildert den typischen Ablauf solcher "Lärmstücke"[71] folgendermaßen: "Die Menge von Vorhängen,

---

67 Schütze, Hamburgische Theatergeschichte, S. 690

68 "Die Verschwörung des Fiesco zu Genua" und "Don Carlos" gehören zwar in die literarische Reihe der historischen Dramen Schillers, jedoch nicht zum Syndrom des spektakulären Theaters. Beide Dramen wurden an der Jahrhundertwende selten gespielt und vor allem nicht unter dem Paradigma der Schaulust rezipiert. Deswegen führe ich sie hier nicht auf.

69 "Der vierundzwanzigste Februar" war der Beginn der romantischen Schicksals- und Schauerdramatik.

70 Ich nenne als Beispiele Kotzebues "Die Kreuzfahrer", Collins "Regulus" und Theodor Körners "Zriny" (1812).

71 Iffland, Almanach fürs Theater 1811, S. 61. Dieses abwertende Verdikt bezieht Iffland natürlich nicht auf Schiller, sondern auf dessen Nachahmer, für die Massen- und Pracht-

Flügeln, Zauberwerken aller Art, rauschen auf und nieder, herein und heraus. Die Helden und Heere tummeln sich umher, kämpfen, marschiren, eine Völkerschaft dringt gegen die andere heran. Nachdem ihre Massen, so lange sie hinter den Wänden auf einander gepropft stehen, allem Überblick des Ganzen den Raum, sich selbst und den handelnden Personen Luft, Muth und Kraft benehmen, hebt sich die Verzweiflung aller Theile, wenn endlich das Zeichen erscheint, daß sie sich heraus bewegen und entwickeln dürfen. [Abs.] Sie erscheinen gekleidet, stehen, so gut es seyn kann, an Ort und Stelle, gehen wieder fort, wenn es Zeit ist, und haben gekleidet, gerichtet, gewaffnet da gestanden. (...) Man denkt aber fast gar nicht daran, was bedacht, angeschafft werden mußte, ehe diese Menschenmassen so vor dem Publikum erscheinen konnten, und wie sehr solche, ganz neue Kleiderkammern, Magazin-Rücksichten, Aufsichten und Erhaltungen (...) von der feinern Kunstleitung abführen und auf nicht angenehme, fast beklagenswerte Weise zwischen Ankauf im Großen und Trödelbudenverkehr in der Mitte stehen lassen."[72]

An Ifflands berühmter Inszenierung der "Jungfrau von Orleans" 1801 am Berliner Nationaltheater - einer der teuersten und erfolgreichsten seiner Direktionszeit - läßt sich der bei den 'Prunk-Inszenierungen' typische Aufwand verfolgen. Für die Aufführung wurden durchweg neue Dekorationen in Auftrag gegeben, eigens ein Marsch für die Krönungsszene komponiert; und alle 297 Figuren, die Schiller bei der Krönungsszene anführt, marschierten auch tatsächlich, im vollen historischen Kostüm, ausgestattet mit den Zeichen und Insignien ihrer Macht, quer über die Bühne - in einer Szene wohlgemerkt, die keinen gesprochenen Text enthält, die man heute also ohne große Skrupel streichen würde. Iffland benötigt für die bloße Aufzählung des gesamten Figurentableaus über vier Seiten und faßt schließlich zusammen: "Es sind mithin 297 Personen, welche, jede nach ihrem Range und ihrem Kostume gekleidet, erscheinen müssen. [Abs.] In den ersten Akten sind von den Soldaten Fünf und Zwanzig Mann als Engländer gekleidet. Rechnet man dazu dreißig Anzüge der Schauspieler und zehn Umkleidungen derselben bei dem Krönungszuge, so sind überhaupt drei Hundert Zwei und Sechzig ganze Anzüge zu dieser Vorstellung erforderlich. [Abs.] Die Anzahl der Decora-

---

Szenen zum Selbstzweck geworden seien, während Schiller damit nur das verwöhnte Volk an das Verständnis der hohen Dichtung habe heranführen wollen (ebd., S. 56 - 57): "Endlich erschien Schillers Jungfrau von Orleans. So wie dieses Werk hoch erfreut hat, gab es dann ebenfalls wieder aus unbegreiflichem Missverstande das Signal zu sclavischen, kalten Nachahmungen und zu solchen Zusammenhäufungen von Schicksal, Pracht, Raserei, Geschwätz und Decorationsveränderungen, daß der Leser zwischen Erstaunen und Unwillen nicht weiß, wie dergleichen mit dem Zwecke, daß es vorgestellt werden soll, zu reimen ist." (Ebd., S. 52.) Iffland formuliert hier eine Wertung, die sich später in der Literaturgeschichtsschreibung in genau dieser Fassung durchgesetzt hat.

72 Iffland, Almanach fürs Theater 1811, S. 62 - 64

tionen dieses Schauspiels ist bekannt. Da sie sämmtlich vollständig ausgeführt sind, läßt sich denken, daß eine große Zahl von Arbeitern dazu erforderlich ist. Eben so gehören zu der Ankleidung, zu den Beleuchtungs- und Feueranstalten viele Personen."[73]

Der Publikumserfolg der "Jungfrau"-Inszenierung war überwältigend: in den fünf Wochen nach der Erstaufführung wurde sie dreizehnmal gegeben.[74] In ganz Deutschland sorgte der Krönungszug, angepriesen in hymnischen Kritiken, für Aufsehen. Gängige Rezeptionspraxis war es, das Stück wegen des opulenten Krönungs-Marsches, und deswegen auch durchaus mehrmals, zu besuchen; die "Jungfrau"-Inszenierung war ein Schauvergnügen[75]: "Der Krönungszug, wie er gegenwärtig erscheint, ist eine Feierlichkeit, wie sie vielleicht noch nie auf einer Bühne gesehen worden ist. Die Menge und Mannigfaltigkeit der Personen, das richtige und schöne Kostüm, die Pracht der Anzüge, der Geschmack und Glanz, der alles umgiebt, und - der vortreffliche Marsch, der dem Ganzen Leben und Seele giebt; - es ist ein hoher Genuß für Sinn und Gemüth!"[76] - Zelter schreibt in einem Brief an Goethe: "Wenn Schiller seine 'Jungfrau von Orleans' jetzt sehen will, so muß er nach Berlin kommen. Die Pracht und der Aufwand unserer Darstellung ist mehr als kaiserlich; der vierte Act derselben ist hier mit mehr denn 800 Personen besetzt und, Musik und alles andere mit inbegriffen, von so eklatanter Wirkung, daß das Auditorium jedesmal in Extase davon geräth."[77]

Mit Graf Brühl, Ifflands Nachfolger als Generalintendant der Königlichen Schauspiele in Berlin (1815 - 1828), erfährt die spektakuläre Theaterästhetik einen neuen Schub. Brühls besonderes Interesse, theaterhistorisch rubriziert unter dem Stichwort der "Brühlschen Kostümreform"[78], galt historisch 'genauen oder richtigen' Kostümen und Requisiten - ein Prinzip, das bei Ifflands Prunk-Inszenierungen noch keine Bedeutung besaß. Zu diesem Zweck unternahm Brühl kulturgeschichtliche Kostümstudien mit nahezu wissenschaftlicher Akribie. Die Zerstörung der Magazine beim Brand des Schauspielhauses 1817 führte dazu, daß Brühls ästhetische Vorstellungen durch den Aufbau eines völlig neuen Fundus

---

73 Ebd., S. 69 - 70

74 Siehe Kindermann 1962, S. 230

75 Die Ausstattungspracht der "Jungfrau"-Inszenierung machte zwar Furore, war aber kein Einzelfall: auch andere Berliner Inszenierungen des 'hohen' Geschichtsdramas - etwa Werners "Weihe der Kraft" oder Collins "Regulus" wurden vergleichbar aufwendig ausgestattet und waren deswegen Publikumserfolge.

76 Brennus, Bd. 4/1803, S. 818

77 Goethe, Briefwechsel zwischen Goethe und Zelter, Bd. I, S. 85. - Zelter übertreibt maßlos, wenn er von 800 Mitwirkenden spricht, wie sich an den vorherigen Ausführungen Ifflands zeigt. Interessanterweise wird in der Forschung immer diese höhere - also falsche - Zahl ungeprüft übernommen, etwa bei Kindermann 1962, S. 230.

78 Siehe etwa Kindermann 1962, S. 244 - 270

auch tatsächlich verwirklicht wurden. Das Prinzip der 'historischen Genauigkeit' beschränkte sich nicht auf die Herstellung einer mehr oder weniger stimmigen Affinität zur Kultur und Mode der jeweiligen Stoffzeit, sondern ging bis in die Details der Ornamentik, der Webe- und Verarbeitungstechniken und der Stoffstruktur. Schmuckverzierungen wurden aus echten Materialien gearbeitet; für die Requisiten wurden detailgetreue Kopien von Originalen angefertigt: "Besonders weit ging Graf Brühl in der historischen Treue der auf der Bühne verwendeten Requisiten. So ließ er das Schwert Wallensteins einer Waffe nachformen, die damals in der Rüstkammer des Schlosses zu Dux (Böhmen) aufbewahrt wurde. Oder für Kaiser Heinrich IV. (in der Oper 'Agnes von Hohenstaufen') ließ er Schwert und Krone genau den Reichsinsignien Karls des Großen nachbilden."[79] Für Kostüme und Requisiten wurden demzufolge bis dato unvorstellbar hohe Summen ausgegeben.[80] - Die zweite Ausstattungsinnovation im romantischen Theater, für das die Brühlsche Intendanz in Berlin exemplarisch steht, betrifft das Bühnenbild, auf das selbst bei den vorhergehenden spektakulären Genres nur wenig Aufmerksamkeit verwendet wurde. Während der Theatermaler des 18. Jahrhunderts im Normalfall nur ein ausführender Handwerker war, der Vorlagen transformierte oder die Standard-Dekorationen immer nur reproduzierte[81], engagierte Brühl mit Karl Friedrich Schinkel, der auch als Architekt für den Neubau des Schauspielhauses am Gendarmenmarkt (gebaut 1817 - 1821) verantwortlich zeichnete, einen ausgewiesenen Maler, Architekten und Illusionskünstler[82] als Bühnenbildner. Das Bühnenbild erreicht mit Schinkels Arbeiten eine eigenständige künstlerische Bedeutung; für jede größere Inszenierung wurden - im 18. Jahrhundert ein undenkbares Verfahren - neue Dekorationen entworfen und gemalt. Jenseits seiner ingeniösen Bildeinfälle zeichnen Schinkels bühnenbildnerische Arbeit drei strukturelle Prinzipien aus: neue räumliche und optische Wirkungen durch die Verwendung von Rundhorizonten anstelle des perspektivischen Systems von Kulissen, Soffitten und Prospekten des 18. Jahrhunderts; Ansätze zu halbplastischen Bühnenbildern[83]; und die besonders gelungene Dar-

79 Kindermann 1962, S. 257

80 Ebd., S. 255

81 Siehe Maurer-Schmoock 1982, S. 32 - 51

82 Vor seiner Theaterarbeit stellte Schinkel zusammen mit Wilhelm Gropius transparente Dioramen und Panoramen her und war damit als Illusionskünstler in Berlin stadtbekannt. Panorama und 'mechanisches Theater' waren in den zehner Jahren äußerst beliebte und populäre Schaumedien (siehe dazu Weil 1932, S. 55). Es lohnte zu untersuchen, ob die bühnenbildnerischen Innovationen Schinkels sich den Illusionstechniken und der Darstellungsästhetik des Panoramas verdanken.

83 Insbesondere durch die plastisch-materielle Wirkung der gemalten Dekorationen und durch die 'vorsichtige' Verwendung plastischer Bühnenbildelemente. In Privataufführungen erprobte Schinkel sogar die 'geschlossene Zimmerdekoration', die sich erst in der

stellung 'wild-romantischer' Landschafts- und Natur-Szenen, das theatrale Pendant zur romantischen Landschaftsmalerei.[84] Insbesondere bei den Inszenierungen der romantischen Opern[85] und der romantischen Schicksals- und Schauerdramatik[86] machte diese perfektionierte Ausstattungskunst Furore. Für den überwältigenden Erfolg von Hoffmanns/Fouqués "Undine" (1816), der Neuinszenierung der "Zauberflöte" (1816) oder Webers "Freischütz" (1821) waren - neben ihrem musikalischen und stofflichen Innovationspotential - auch Schinkels und Brühls neue und opulente Bild-Ästhetiken wesentlich mitverantwortlich. Beider Arbeiten wurden auch in Buchform veröffentlicht; und der Publikationsvorgang selbst ist wiederum ein Beleg für den Attraktionswert und den Modellcharakter der romantischen Ausstattungskunst.[87]

Die strukturelle Gemeinsamkeit zwischen Ritterdrama und Zauberoper, zwischen hohem Geschichtsdrama und romantischer Oper liegt in der zunehmenden Bedeutung und Opulenz sinnlich-optischer Präsentationsmittel. Dieses bildlich-spektakuläre Innovationspotential ist jedoch nicht auf die vier Genres beschränkt, sondern kennzeichnet die theaterästhetische Entwicklung zwischen 1780 und 1820 insgesamt.[88] In diesem Zeitraum werden - und zwar in allen Genres und in allen größeren, stehenden Theatern - Kostüme, Requisiten, Bühnenbilder, Maschinen-Effekte und Statisterie zu exponierten Materialien der Aufführung, die von den Produzenten besonders gepflegt werden, bis schließlich sogar eigene künstlerische Spezialisten dafür zuständig sind. Gleichzeitig werden diese sinn-

---

zweiten Hälfte des 19. Jahrhunderts durchsetzt. Siehe dazu Kindermann 1962, S. 266 - 267.

84 'Natur', die im Bühnenbild des 18. Jahrhunderts nur typologisch und 'gezähmt' abgebildet werden konnte, wird nun 'realitätsnäher' darstellbar. Das ist die innovative Dimension des romantischen 'Natur-Bühnenbilds'.

85 Siehe dazu Greisenegger 1972, S. 299 - 301

86 Siehe dazu Fischer-Lichte 1986

87 Karl Graf Brühl: Neue Kostüme auf den beiden Kgl. Theatern in Berlin unter der General-Intendantur des Herrn Grafen von Brühl. Berlin 1819 - 1831; Karl Friedrich Schinkel: Dekorationen auf den beiden Kgl. Theatern unter der General-Intendantur des Herrn Grafen Brühl. Berlin 1819

88 Deswegen ist es auch falsch, den Ursprung einer spektakulären Produktionsästhetik auf das romantische Theater zu beziehen, wie es etwa Erika Fischer-Lichte tut: "Um 1815 setzt dagegen eine Entwicklung ein, die häufig als 'Rebarockisierung' des Theaters bezeichnet wird: Die Ausstattung avanciert zu einem der wesentlichsten Faktoren einer Aufführung, Oper und Ballett treten wieder verstärkt neben das Sprechtheater, drängen es sogar zunehmend mehr und mehr in den Hintergrund. Das Sprechtheater nimmt seinerseits Elemente aus Oper und Ballett in sich auf, läßt den Sprechstil zunehmend zur hohlen Deklamation verkommen und wendet sich mit besonderer Sorgfalt der Pflege der visuell-theatralischen Komponenten - Posen, Kostüme, Dekorationen, Beleuchtung - zu." (Fischer-Lichte 1986, S. 154 - 155).

lich-spektakulären Materialien immer prächtiger und aufwendiger und gar - etwa auf den Programmzetteln der Wiener Vorstadttheater - als eigenständige Attraktionswerte angekündigt. In den Großstädten setzen sich sogar 'reine' Schauereignisse innerhalb der lizensierten Theater mit großem Erfolg durch, die ganz ohne Dramentexte und schauspielerische Darstellung im herkömmlichen Sinn auskommen: Schütze berichtet über Fechtspektakel im Hamburgischen Theater[89]; in England waren Inszenierungen politischer und tagesaktueller Ereignisse (Sturm auf die Bastille, Meuterei auf der "Bounty")[90] oder Box-Partien, Pferdejagden, Fuchshetzen und Seeschlachten besonders beliebt.[91] Komplementär dazu goutierten die Zuschauer die spektakuläre Ästhetik als besonderen Reiz des Theatererlebnisses: Man geht ins Theater, um sich - die Finalität ist entscheidend - an spektakulären Schauereignissen und am sinnlichen Reichtum des Mediums zu vergnügen. Das Theater wird zu einem Medium der Schaulust.

Im Vergleich zur Aufführungsästhetik der sechziger und siebziger Jahre des 18. Jahrhunderts, die vor allem vom Wort (Drama), vom Körper (Schauspieler) und von der Musik konstituiert war, wird das Theater der Jahrhundertwende um ein neues Unterhaltungs-Element, das opulent-spektakuläre Bild, erweitert. Angesichts dieser allgemeinen theaterästhetischen Entwicklungslinie sind die Unterschiede zwischen einzelnen Theatern und Theatertraditionen in bezug auf das Ausmaß spektakulärer Ästhetik nur graduell. Zwar spielen sinnlich-optische und spektakuläre Effekte in den Wiener Vorstadttheatern eine wichtigere Rolle als in den meisten anderen deutschen Theatern. Eine qualitative Differenz jedoch, die es rechtfertigte, das Wiener Volkstheater als Spektakeltheater, Ifflands Prunkinszenierungen dagegen als Kunst zu rubrizieren, ist daraus nicht abzuleiten.

Die objektive Voraussetzung für die Entwicklung des spektakulären Theaters ist die 'Seßhaftwerdung' der ehemals fahrenden Gesellschaften. Erst als sich in den siebziger und achtziger Jahren des 18. Jahrhunderts in größerem Umfang Truppen bzw. Prinzipale an einem Ort niederlassen - ablesbar etwa an der Lizensierung der drei bekanntesten Wiener Vorstadttheater[92] oder an der Vergabe des französischen Komödienhauses am Berliner Gendarmenmarkt an Doebbelin (1786) -, ist es produktionstechnisch überhaupt möglich, komplizierte und aufwendige Ausstattungen zu verwenden. Zur Zeit der 'fahrenden' Existenz mußten Kostüme, Requisiten und Dekorationen - ganz zu schweigen von Maschinerien

89 Schütze, Hamburgische Theatergeschichte, S. 621 - 622

90 Annalen des Theaters, H. 8/1791, S. 101 - 112

91 Annalen des Theaters, H. 13/1794, S. 78

92 Das Leopoldstädtertheater wurde 1781 gegründet, das Theater an der Wien (ursprünglich im Freihaus auf der Wieden) 1786 und das Theater in der Josefstadt 1788. Daneben gab es in Wien noch eine Reihe kleinerer Vorstadttheater.

oder Statisterien - disponibel und transportabel sein. - Was jedoch sind die subjektiven Bedingungen für den Erfolg der spektakulären Theaterästhetik? Was macht den Unterhaltungswert dieses theatergeschichtlich neuen Materials aus - für den literarisch sozialisierten Theaterhabitué, der bei der Krönungs-Szene der "Jungfrau" in Ekstase gerät, genauso wie für den Besucher einer spektakulären Produktion Schikaneders in der Wiener Vorstadt? Welche sozialen Funktionen und Bedeutungen sind in der theatralen Schaulust an der Jahrhundertwende eingelagert?

Erstens: Am Ende des 18. Jahrhunderts sind die wichtigsten sozialen Funktionen des aufklärerischen Theaters für die Rezipienten schon mehr oder weniger historisches Erbe: die Popularisierung der bürgerlichen Moralphilosophie ist für die Zeitgenossen allenfalls noch ein medienlegitimierendes Argument ohne praktische Bedeutung; das Erlebnis des inneren Reichtums bürgerlicher Subjektivität prägt ebenfalls schon seit Jahrzehnten den Mediengebrauch der bürgerlichen Zuschauer. In dieser Situation entwickelt sich bei den Rezipienten ein Bedürfnis nach innovativen, nach unbekannten Reizen und Attraktionen, die die bekannten und zivilisationsgeschichtlich auch zunehmend obsoleten verdrängen. Besonderer Beliebtheit erfreuen sich dabei Theaterformen bzw. Dramenstoffe, die eine Verbindung von spektakulärer Ästhetik einerseits und der Entfaltung des Inneren andererseits gewährleisten, was etwa auf die Shakespeare-Tragödien oder die Ritterdramen zutrifft. Das Vergnügen am 'äußeren', sinnlichen Reichtum der theatralen Darstellung ersetzt - als neues, innovatives Medienerlebnis - zunehmend die Lust an der Entdeckung des Inneren.

Zweitens: Eine auf optischen Präsentationsmitteln beruhende spektakuläre Ästhetik ist, phänomenologisch betrachtet, keine 'Erfindung' der bürgerlichen Kultur, sondern schon im höfischen Barocktheater, in der feudaladligen Fest- und Repräsentationskultur des 17. und 18. Jahrhunderts und bei der italienischen Hofoper anzutreffen. Erstmals jedoch werden an der Wende zum 19. Jahrhundert Ausstattungspracht und -opulenz außerhalb feudaladliger Gebrauchs- und Funktionszusammenhänge produziert und rezipiert. Sie werden gleichsam transformiert in ein Theatersystem, das, historisch hervorgegangen aus der Verbindung von Wandertruppen und höfisch finanzierten Theaterformen, zu einer Institution und einem Unterhaltungsmedium der bürgerlichen Klasse geworden ist. Bürgerlichen Zuschauern stehen damit kulturelle Reize, Attraktionen und Reichtümer zur Verfügung - und zwar gegen Eintritt prinzipiell immer verfügbar -, deren Genuß vordem ein Klassenprivileg des Feudaladels war. Umgekehrt dokumentiert das bürgerliche Theater mit seinen spektakulären Attraktionen eine kulturelle und ästhetische Leistungsfähigkeit, die mit der feudaladligen Kultur konkurrieren kann. Diese klassen-kulturelle und politische Bedeutung der spektakulären Theaterästhetik macht einen wesentlichen Grund für ihren Unterhaltungswert aus.

Drittens: Die Schaulust der Zuschauer bezieht sich nicht einfach auf die Schönheit, die Ausdruckskraft oder die Sinn-Dimensionen der Kostüme und Requisiten, sondern auf deren Menge, Variabilität, Massierung, Pracht und Opulenz. Die spektakulären Ausstattungen fungieren als 'kulturelle Projektionsflächen' eines grundlegenderen Bedürfnisses nach sinnlichem Reichtum bzw. nach dem medialen Schein materiellen Reichtums. Nicht das einzelne Kostüm, sondern die Menge prächtiger Kostüme versetzt die Zuschauer in Ekstase. Nicht einige wenige Szenen- und Bühnenbild-Wechsel reizen die Zuschauer, sondern deren Massierung. Nicht der Einsatz von Statisten an sich ruft Begeisterungsstürme hervor, sondern der Einsatz ganzer Hundertschaften. Die spektakuläre Ästhetik also liefert Bilder des überbordenden sinnlichen Reichtums und Bilder von der Verschwendung dieses Reichtums; erst das rechtfertigt es, den theatergeschichtlichen Bedeutungszuwachs für die visuellen Darstellungsmittel als spektakuläre Ästhetik zu qualifizieren. Nicht zufällig ist in den zeitgenössischen Quellen im Hinblick auf die Schaulust immer wieder von 'Luxus', von 'Sinnlichkeit' und 'Sinnenreichtum' die Rede.

Der sinnliche Reichtum spektakulärer Ästhetik im Theater und die Lust der Zuschauer auf Opulenz, Pracht und Verschwendung widersprechen eigentlich der Ethik des Verzichts und den Dispositiven der 'sparsamen Ressourcenbewirtschaftung', die für die gesellschaftliche Produktion, die Ideologie und die sozialen Verkehrsformen der bürgerlichen Klasse in der Vorbereitungsperiode der industriellen Revolution kennzeichnend sind. Sozial- und Mentalitätsgeschichte[93] haben gezeigt, daß Verzicht, Sparsamkeit und Disziplinierung nicht bloß Regularien für das 'Wirtschaftsverhalten' im 18. und 19. Jahrhundert sind, sondern prägend auch für das gesellschaftliche Verhältnis der Subjekte zueinander und zu sich selbst, sich niederschlagend in der Bedürfnisstruktur, in der Sinnlichkeit und im Körper. Insbesondere in der Geschichte der Sexualität und der sexuellen Verhaltensformen - jenem menschlichen Bezirk, der bürgerlicher Ideologie und Wissenschaft als der am meisten 'natürlich-triebhafte', ungesellschaftliche gilt - läßt sich jene umfassende gesellschaftliche Prägung der historischen Subjekte zu Kontrolle, Sparsamkeit und Verzicht verfolgen: "Der Zwang zu verzichten, auch auf sexuelle Wünsche, geht einher mit wirtschaftlichen Mangelsituationen, in denen alle Kräfte für das Überleben oder für den Aufbau der Wirtschaft mobilisiert werden müssen, also dann, wenn mehr Bedürfnisse vorhanden sind, als befriedigt werden können. Typisch dafür ist die frühe Industrialisierungsphase westlicher Gesellschaften, also das 'viktorianische' 19. Jahrhundert. In dieser Phase mußten alle erwirtschafteten Überschüsse zum Aufbau der Wirtschaft, zur Gewinnmaximierung möglichst wieder investiert werden, Konsum und Bedürf-

93 Siehe Weber 1973 und Foucault 1983

nisbefriedigung wurden aufgeschoben. Eine Verzichtsmoral war hier ebenso sexuell repressiv wie funktional. Sie betraf (...) keineswegs nur die Sexualität, sondern alle sinnlichen und intimen Bedürfnisse. Der Körper wurde diszipliniert und damit verplanbar für disziplinierte Arbeit."[94]

Spektakuläre Ästhetik und Schaulust ermöglichen kulturelle Gegenerfahrungen zur Mangelgesellschaft, zur bürgerlichen Verzichtsethik und zur Ideologie der 'sparsamen Ressourcenbewirtschaftung'. Der innermediale sinnliche Reichtum verweist - als ein ästhetisch-utopisches Versprechen - auf die Entgrenzung und Entdisziplinierung sinnlicher Bedürfnisse wie auf den Genuß und die Verschwendung gesellschaftlichen Reichtums. Die Spektakelästhetik liefert damit strukturell - unabhängig von den 'Inhalten' der einzelnen Aufführungen - Bilder eines anderen, eines besseren Lebens; sie vermittelt - medial und institutionell verbesondert und als Unterhaltungskultur von vornherein realitätsdistanziert - einen 'Vorgeschmack' auf ein Leben jenseits von Verzicht und Disziplinierung, auf ein Leben, das von sinnlichem Genuß und der Verschwendung gesellschaftlichen Reichtums geprägt ist. Das macht in letzter Instanz den Reiz des spektakulären Darstellungsmaterials aus.

Für dieses soziale und utopische Potential der spektakulären Theaterästhetik hat die traditionelle Theater- und Literaturgeschichtsschreibung keinen Blick. Wenn man das Spektakuläre denn überhaupt der Erwähnung für wert befindet, wird es entweder als triviale Abweichung von der wirklichen Kunst disqualifiziert oder - was derselben Logik entspringt - als bloßes Transportmittel für die hohe Dichtung legitimiert. Diese Abwertungslogik gegenüber dem bildlich-spektakulären Unterhaltungsmaterial an der Jahrhundertwende entledigt sich a priori dessen, was eine zentrale Aufgabe der Theatergeschichtsschreibung wäre: die sozialen Funktionen theatraler Unterhaltung zu erklären.

---

94 Schmidt 1988, S. 49 - 50. Gleichzeitig führen, wie Foucault in "Sexualität und Wahrheit I" gezeigt hat, die Prozeduren des Verzichts und der Disziplinierung, die Formen der Kontrolle und Unterdrückung gerade zur diskursiven Anreizung und Entdeckung dessen, was kontrolliert werden soll - der Sexualität.

VI. 'Der Grund, warum das Theater da ist, ist das Gedicht' Der Ursprung des Literaturtheaters in der Kunstperiode

> "Endlich (...) ist es mir gelungen, eine Gesellschaft zusammenzubringen, die ob ihrer Vortrefflichkeit, vorzüglich aber ob ihrer herrlichen einträchtigen Sinnesart, mir noch nie den mindesten Verdruß, sondern nur Freude gemacht hat. Kein einziges Mitglied gibt es, das sich rücksichts der Art zu sprechen, zu gestikulieren, sich anzukleiden und so weiter nicht unbedingt meinem Willen, wie ihn das aufzuführende Dichterwerk bestimmt, fügen und die Rolle auch in den kleinsten Momenten diesem Sinn gemäß ausführen sollte."[1]

An der Wende vom 18. zum 19. Jahrhundert vollziehen die Weimarer Klassiker und die aufmüpfigen Frühromantiker - zwar nicht allein, aber doch an vorderster Kampffront - einen Bruch mit den Theaterkonzepten und der Theaterästhetik der Aufklärung, wie er radikaler kaum ausfallen könnte. Die für das Aufklärungstheater relevanten Funktionen und Funktionskonzepte - moralische Besserung, Popularisierung der bürgerlichen Moralphilosophie, Einübung des Mitleids, Diskursivierung des Inneren, Unterhaltung, Vergesellschaftung der bürgerlichen Subjekte etc. - werden für lächerlich und obsolet erklärt und durch das Programm der "Autonomie der Kunst" ersetzt. Das Theater gilt nun, wie Kunst generell, als ein von der 'übrigen Gesellschaft' streng geschiedener Bezirk, dessen Darstellungsmaterial eine 'naturalistische'[2] Nachahmung der zeitgenössischen Wirklichkeit verweigert und dessen Wirkungspotenzen allenfalls noch in der über das Kunsterlebnis vermittelten 'ästhetischen Erziehung' und 'allseitigen Bildung' der Persönlichkeit liegen[3]; eine schroffe Abkehr von der 'imitatio naturae' als der

1 E. Th. A. Hoffmann, Seltsame Leiden eines Theaterdirektors, S. 469

2 In Schillers Vorrede zur "Braut von Messina" heißt es programmatisch, Ziel des neuen dramatischen Materials und der neuen Theaterästhetik sei es auch, "(...) dem Naturalism in der Kunst offen und ehrlich den Krieg zu erklären" (Schiller, Ueber den Gebrauch des Chors in der Tragödie, S. 11).

3 Jüngst haben Jutta Linder (1990) und Erika Fischer-Lichte (1993, S. 143 - 164) die Theaterarbeit der Weimarer Klassik unter dem Paradigma der 'ästhetischen Erziehung und Bildung' interpretiert. Diese Interpretationslinie ist nicht falsch, aber doch ziemlich aus-

produktionsästhetischen Maxime der Aufklärung wie von der 'lebenspraktisch-orientierenden' Funktion von Kunst als der wirkungsästhetischen Maxime der Aufklärung. Während in der Theatertheorie und in der Theaterpraxis des 18. Jahrhunderts die kommunikativen und sozialen Prozesse zwischen Bühne und Publikum bzw. unter den Zuschauern im Zentrum des Theatererlebnisses standen, macht die Autonomieästhetik das 'Artefakt' der Inszenierung zum exklusiven Mittelpunkt des Mediums. Mit der 'Autonomisierung' und 'werkästhetischen Vereinseitigung' des Theaters geht drittens eine umfassende 'Literarisierung' des Mediums einher, die alle theatralen Produktions- und Rezeptionselemente durchgreifend verändert.[4] Der dramatische Text - genauer gesagt: das den künstlerischen Ansprüchen der Autonomieästhetik genügende 'poetische Drama' - wird gegenüber den anderen Theaterelementen, insbesondere gegenüber den im 18. Jahrhundert absolut dominanten Schauspielern, eminent herausgehoben. Das poetische Drama wird zur 'hegemonialen', zur einzig bedeutungskonstituierenden Infrastrukturebene der Aufführung hypostasiert, von der aus alle anderen Aufführungselemente 'semiotisiert' und strukturiert werden. Während sich Klassik und Romantik also von allen lebenspraktisch-orientierenden Funktionen des Theaters verabschieden und das Medium als eine 'funktionslos-autonome' Institution begreifen, weisen sie ihm doch wieder eine - freilich binnenästhetische - Funktion zu: die 'adäquate Reproduktion' der hohen dramatischen Dichtung zu gewährleisten.

In der Theaterarbeit und -theorie von Klassik und Romantik wird historisch erstmals in Deutschland eine dezidiert literaturzentrierte Theaterästhetik entwickelt und erprobt, die im späten 19. und im 20. Jahrhundert zu einer verbreiteten Praxisform, vor allem jedoch zur wichtigsten Funktionsbestimmung des bürgerlichen Theaters geworden ist. Alle ästhetischen Prinzipien und Ideologeme des Literaturtheaters, wie wir sie heute - freilich schon etwas angestaubt - noch kennen, lassen sich auf die Theaterreform der Kunstperiode[5] zurückverfolgen: das

---

geleiert, denn sie überträgt simpel die einschlägigen Konzepte der Autonomieästhetik auf das Theater; man interpretiert sozusagen 'mit Goethe' und 'mit Schiller'. Mich interessiert diese Interpretationslinie nicht weiter; sie ist in der Forschungsgeschichte schon tausendmal entfaltet worden. Ich denke vielmehr, daß die Literarisierungsreform der Kunstperiode theatergeschichtlich viel bedeutsamer und folgenreicher ist.

4 Ich trenne die Literarisierung von der Autonomisierung und Werkfixierung, weil das Drama nicht zwangsläufig das Zentrum eines autonomen und produktionsästhetisch konzipierten Theaters sein muß. Die 'Retheatralisierungsbewegung' an der Wende vom 19. zum 20. Jahrhundert kämpft vehement gegen die Unterordnung des Theaters unter die Literatur, hält aber an der Autonomie der Kunst und an einem werkfixierten Theaterbegriff durchaus fest.

5 Ich ziehe den Epochenbegriff "Kunstperiode" zur Kennzeichnung des kulturgeschichtlichen Zeitraums von 1790 bis 1830 den anderen gängigen Epochenbegriffen und konzep-

Theater als dienende Instanz der Literatur, die Schauspieler als 'Interpreten' des Dichters, die kontemplative Versenkung der Rezipienten in den Werkgehalt, das Erlebnis der Ingeniosität des Dichters im Medium der Aufführung usw. Der Ursprung des bürgerlichen Literaturtheaters des späten 19. und des 20. Jahrhunderts liegt in der Theaterarbeit und -theorie von Klassik und Romantik - und nicht schon in den Theaterreformen des 18. Jahrhunderts, wie in der Forschung immer behauptet wird.[6] Diesen 'Ursprung' des Literaturtheaters will ich im folgenden in seiner Entstehung, in seinen programmatischen und ästhetischen Positionen und in seinen sozialen Inhalten und Funktionen beschreiben.

1. Die Polemik gegen das Gegenwartstheater und das Subservierungstheorem

Schon als ausgesprochen junge Leute haben sich die Dichter und Publizisten der Frühromantik - an vorderster Stelle Tieck, die Brüder Schlegel und Tiecks Schwager Bernhardi - mit den meisten Größen des zeitgenössischen Kunst- und Literaturbetriebs angelegt. Irritierend für die angegriffenen Vertreter der Spätaufklärung waren an diesen Debatten und Auseinandersetzungen[7] nicht nur der neue, autonome Kunstbegriff und die revolutionär-anstößigen Inhalte und Strukturen der frühromantischen Kunst, sondern wesentlich auch die Form und das Aggressionspotential dieser Auseinandersetzungen. Denn die Frühromantiker verweigerten sich ziemlich konsequent dem, was im aufklärerischen Denken als 'vernünftiger und regelhafter' Diskurs über Fragen der Kunst und der Gesellschaft galt: trugen sie ihre Positionen und Angriffe doch nicht in logischen, die Argumente abwägenden Essays, in langatmigen Abhandlungen oder raffinierten Dialogen vor, sondern verschrieben sich im Kampf mit den spätaufklärerischen Gegnern gänzlich der Satire, der Ironie, der Polemik, der Persiflage, dem Pasquill oder gar der literarischen und persönlichen Denunziation - und schreckten dabei vor ausgesprochenen Geschmacklosigkeiten auch nicht zurück. Dem vom russi-

---

ten - 'Goethezeit', 'Deutsche Klassik', 'Idealismus' etc. - vor. Das Epochenkonzept Kunstperiode schließt alle ästhetischen Strömungen der Zeit (Weimarer Klassik, Romantik, Spätaufklärung, jakobinisch-demokratische Kultur, Trivial- und Massen-Kultur) ein und erkennt doch die 'relative Dominanz' des neuen, autonomen Kunstbegriffs an. Zur Begründung des Epochenkonzepts siehe den vorzüglichen Aufsatz von Peter Weber (1982 a).

6 Ich setze mich anschließend in Kapitel VII mit diesem Forschungsproblem auseinander und unterbreite dabei einen Systematisierungsvorschlag zur 'Literarisierung des deutschen Theaters'.

7 Siehe dazu Dahnke/Leistner 1989 und Oskar Fambachs wunderbare Quellensammlung, die reiches Material zu den Auseinandersetzungen um den "Ion" A. W. Schlegels enthält (Fambach 1958, S. 564 - 621).

schen Zaren nach Sibirien verbannten Kotzebue wirft August Wilhelm Schlegel - vielleicht das spektakulärste Beispiel - eine Persiflage seiner Dramatik unter dem Titel "Ehrenpforte und Triumphbogen für den Theaterpräsidenten von Kotzebue bei seiner gehofften Rückkehr ins Vaterland" (1800) hinterher, in der just diese Verbannung als Handlungsrahmen fungiert. Die beleidigten Gegner aus der Front der Spätaufklärung und der 'Trivial'-Literatur wehren sich mit ähnlichen Mitteln: Kotzebue zum Beispiel weist 1797 mit seinen "Fragmenten über Recensenten-Unfug" Angriffe Hubers in der "Allgemeinen Literaturzeitung" ziemlich grobschlächtig zurück oder persifliert 1799 mit seinem Einakter "Der hyperboreeische Esel oder Die heutige Bildung. Ein drastisches Drama, und philosophisches Lustspiel", in dem genialisch-romantische Jünglinge wirres Zeug quasseln[8], unverkennbar die Schlegels und Tieck. Den Witz, die Schärfe und die Frechheit der frühromantischen Polemiken und Satiren erreichen diese Retourkutschen jedoch nie; sie wirken immer etwas schwerfällig und bemüht, wie ein mittelalterliches Schwert im Vergleich zu einem grazilen Florett.

In den frühromantischen Polemiken ist das Theater der Spätaufklärung mit seinen exponierten Vertretern Iffland und Kotzebue - die mit Abstand meistgespielten und erfolgreichsten Theaterautoren zwischen Anfang der neunziger Jahre des 18. und Anfang der zehner Jahre des 19. Jahrhunderts - ein besonders beliebter Gegenstand: läßt sich hier doch die - in romantischer Sicht - Lächerlichkeit und Trivialität der aufklärerischen Kunst besonders anschaulich decouvrieren. In Ludwig Tiecks "Denkwürdiger Geschichtschronik der Schildbürger", einer überaus lesenswerten Satire auf die Gesellschaft und das Denken der Spätaufklärung[9], in der sich gleichsam der ödipale Vatermord vollzieht, werden der Mediengebrauch der Zuschauer und die sozialen Funktionen des Theaters drastisch ironisiert: "Die Schildbürger waren eine so edelmüthige Nation, daß sie ihre Schaubühne zu nichts Anderm brauchen wollten, als nur zu einem Anhange des Lazareths, um sich darin zu bessern. Sie sahen ein, daß sie viele Fehler an sich hatten, und deshalb gingen sie in's Theater, um sich davon zu reinigen. Das Schauspiel war also nicht etwa nur ein Spiel der Phantasie, oder ein Ort, wo man die Zeit mit angenehmen Possen hinbrachte, sondern eine wahre Schule der Sitten. (...) Sie bekümmerten sich nichts darum, ob ein König sein Reich verlor und er im Elend verschmachten mußte, denn sie sahen ganz richtig ein, daß sie hier

8 Kotzebue hat hier aus dem Zusammenhang gerissene Ausschnitte aus Friedrich Schlegels "Lucinde" und seinen "Fragmenten" und Aphorismen montiert.

9 Die satirische Konstruktion erfolgt über die fiktive historische Rückbetrachtung auf eine längst verschwundene Gesellschaft und über die Zuordnung der Aufklärer zur Schildbürger-Tradition - eine ungeheure Provokation! - Der Text erschien 1796 in den von Tieck geschriebenen und herausgegebenen "Volksmährchen" bei Friedrich Nicolai, dem bekanntesten Aufklärungs-Verleger.

nicht mitfühlen könnten, weil sie keine Könige wären. Sie verstanden es nur, wenn einer unter ihnen Schulden hatte, oder einen Sohn, der lieber Geld verzehrte, als verdiente; hier waren ihre Herzen diesen tragischen Eindrücken offen, und die edlen Thränen ergossen sich haufenweise (...). Man sieht, auf welcher hohen Stufe der Cultur diese unsere Vorfahren, die von Manchen verachtet worden, gestanden haben"[10].

Tieck amüsiert sich hier - und insofern stellen diese 'lockeren' ironischen Bemerkungen einen Generalangriff dar - über zwei wesentliche Erlebnisqualitäten und Funktionen des aufklärerischen Theaters: die moralische Läuterung der Zuschauer einerseits, die Emotionalisierung, Einfühlung und Mitleidsfähigkeit andererseits. Tieck polemisiert darüber hinaus gegen das, was noch in der Theorie des bürgerlichen Trauerspiels und des rührenden Lustspiels als revolutionäre Innovation des bürgerlichen Theaters galt; die Darstellbarkeit und das heißt: die 'tragische Höhe' des bürgerlichen Alltags und bürgerlicher Charaktere. Die beiden satirischen Angriffspunkte amalgamieren sich in der hier nicht weiter ausgeführten Kritik, daß das Aufklärungstheater mit seinen Funktionen, Rezeptionsweisen und Darstellungsmaterialien am Wesen und an der Spezifik von Kunst - genauer gesagt: an dem, was für die Romantik Kunst ist - vorbei gehe: der autonomieästhetische Standardvorwurf gegenüber der Kunstproduktion und -theorie der Aufklärung. Denn: moralische Läuterung und Emotionalisierung sind auch in anderen gesellschaftlichen Bereichen und Verkehrsformen erfahrbar (dafür also bräuchte man die Kunst nicht); und die Darstellung der prosaischen bürgerlichen Welt bringt nur eine simple, quasi analoge Reproduktion dessen, was eh alltägliche Erfahrung des bürgerlichen Publikums ist. In der Kunst, im neuen, literarisch reformierten Theater jedenfalls haben Moralisierung, Einfühlung und bürgerlicher Alltag nichts zu suchen.

Die autonomieästhetische Polemik gegen das Theater der Spätaufklärung richtet sich nicht nur gegen seine grundlegenden Funktionsweisen, Rezeptionsstrukturen und Darstellungsmaterialien, sondern zentriert sich insbesondere - und erreicht hier teilweise haßerfüllte Schärfe - auf seine produktivsten und erfolgreichsten Dramatiker, August von Kotzebue und August Wilhelm Iffland. Ihnen wird nicht nur vorgeworfen, daß sie das der aufklärerischen Institutionalisierung von Kunst adäquate dramatische Material liefern, sondern spezifischer noch, daß ihre Themen, Stoffe und dramaturgischen Mittel immer nach demselben Strickmuster funktionierten und dabei nicht einmal 'handwerklich-literarischen' Qualitätsmaßstäben genügten. Es geht um den Vorwurf der Trivialität. In unverhohlener Anspielung auf Iffland ("Augustus") und Kotzebue ("Hans Knopfmacher") schreibt Tieck in seiner "Geschichtschronik": "Es wird vielleicht nicht undienlich

10 Tieck, Denkwürdige Geschichtschronik der Schildbürger, S. 54 - 56

seyn, die beiden hauptsächlichsten Dichter nur ganz kurz zu charakterisiren, die sich in der blühendsten Periode um die Nation verdient machten. Zu bedauern ist es, daß ihre Schriften verloren gegangen sind, so daß wir nur dunkeln Traditionen folgen können, die uns keine recht deutlichen Begriffe geben.[11] [Abs.] Der hauptsächlichste ihrer Dichter und der am meisten vergöttert wurde, hieß Augustus. Er war es vorzüglich, der den vorhin geschilderten Geschmack veranlaßt hatte. Ihm hatten die Schildbürger die schöne Erfindung zu danken, daß gegen Ende der Stücke ein edler Mann auftrat, der Schulden bezahlte, und der jedesmal die einzige Ursach war, daß die Zuschauer mit ziemlich leichtem Herzen nach Hause gehen konnten. (...) Er soll auch die Präsidenten und vornehmen Bösewichter erfunden haben, an denen der Tugend zum Besten Exempel statuirt wurden, so daß die Biederkeit mit Recht den Sieg davon trug. Dieser große Mann schrieb sehr viel, und erschöpfte sich doch nie, denn er wußte einen einzigen trivialen Satz geschickter als der beste Musikus zu variiren. [Abs.] Der zweite große Mann war Hans Knopfmacher. Er war der Erste, der in seinen Stücken die damals neue Maske der ehrlichen, fast zu tugendhaften Huren erfand. Diese Vorstellungen besserten die Schildbürger ganz ungemein, und Mädchen und Weiber bildeten sich nach diesen zarten Charakteren. Er liebte es sehr, wenn seine Stücke keinen Zusammenhang hatten (...)"[12].

Ich will nicht auf die Monita im einzelnen - Ifflands mangelhafte Handlungsmotivation, seine moralisierende 'Biederkeit', seine stoffliche und thematische Monotonie, Kotzebues 'bedenkliche' Sittlichkeit und die fragile dramaturgische Einheit seiner Stücke - eingehen, die von der romantischen Kritik immer wieder vorgebracht wurden und von da aus Eingang in die Wertungs- und Kanonisierungsoperationen der Literaturgeschichte gefunden haben. Klar und deutlich wird an Tiecks Invektive immerhin, daß die literarischen Theaterreformer die spielplanbeherrschenden Dramatiker für trivial halten, ihren Werken den Status als ernstzunehmende dramatische Kunst bestreiten und sie aus dem Repertoire verbannt sehen möchten.

Tiecks Schwager August Ferdinand Bernhardi zeichnet von 1798 bis 1800 für die Theaterkritiken in der Monatszeitschrift "Berlinisches Archiv der Zeit und ihres Geschmacks" verantwortlich. Bernhardis Rubrik unter dem Titel "Deutsches Theater" bezieht sich durchgehend auf Aufführungen des Berliner National-Theaters unter der frühen Direktion Ifflands und ist, so weit ich sehe, die einzige kontinuierliche Theaterkritik der Frühromantik. Wie für die jungen Romantiker

---

11 Eine ausgesprochene Gemeinheit, den beiden erfolgreichsten Dramatikern der Zeit zu bedeuten, daß ihre Werke verloren gegangen seien. Im Prozeß der Rezeption ist das - zwar nicht faktisch, aber doch im Hinblick auf die literaturgeschichtliche Kanonisierung Kotzebues und Ifflands - auch tatsächlich so gekommen.

12 Tieck, Denkwürdige Geschichtschronik der Schildbürger, S. 56 - 57

üblich geht auch Bernhardi überaus polemisch, ironisch und frech mit dem Gegenwartstheater und dessen Berliner Gallionsfigur Iffland[13] um, was zu Beschwerden an die Herausgeber des "Berlinischen Archivs", schließlich zum öffentlichen Eklat und zu Bernhardis Bruch mit der Zeitschrift führt.[14] Seine polemischen Einwände gegen das Aufklärungstheater unterscheiden sich - abgesehen vom Genre der Kritik und vom Publikationszusammenhang - inhaltlich kaum von den satirischen Spitzen Tiecks in seiner "Denkwürdigen Geschichtschronik". In einer verallgemeinernden Bemerkung zum Genre 'Familiengemälde' etwa schreibt Bernhardi: "Überhaupt hat wohl nichts leicht die Reizbarkeit für Poesie so sehr gestumpft und die Kritik irre geleitet als die Familiengemählde und der Begriff Natur. Daß sich die Plane zu jenen zu Dutzenden machen lassen; und daß es, wenn man nur auf einen Schauspieler rechnen kann, die größte Kleinigkeit von der Welt ist, ein mattherziges Publikum in lächerliche Thränen zerfließen zu lassen, versteht sich. - Aber, da sey Gott vor, dies elende, zusammengeblasene Zeug für Poesie auszugeben. Nie kann das, was instinktmäßig wirkt, irgend eine Näherung an die Kunst seyn."[15]

Auf kürzestem Raum streift Bernhardi hier gleich vier Standardargumente gegen das unliterarische und kunstferne Aufklärungstheater: seine Fixierung auf die 'naturalistische' Reproduktion der prosaischen bürgerlichen Welt, die Trivialität des dominierenden Genres 'Familiengemälde', das die immer gleiche dramaturgische Struktur endlos perpetuiert, die Emotionalisierung und Einfühlung der Zuschauer und - quasi als Zusammenfassung - die Entfernung des Gegenwartstheaters von wirklicher 'dramatischer Poesie'. Und selbstverständlich polemisiert auch Bernhardi gegen die moralische Instrumentalisierung des Mediums, die den klassisch-romantischen Autoren als Gipfel der Lächerlichkeit erscheint. Anläßlich einer Iffland-Aufführung mit vielen moralischen Lebensweisheiten und Sentenzen wird Bernhardi geradezu sarkastisch: "Diese Sätze, welche nur der bezweifeln kann, der gar keine Erfahrung hat, verdienen in der That beherzigt zu werden; und es ist daher nicht zu tadeln, wenn man in der Kunst, welche die Menschen zarter und besser, daher die Zuchthäuser und Galgen leerer macht, an einer fingierten Person ein Exempel statuiert, wie man in der wirklichen Welt in effigie zu hängen und zu verbrennen pflegt. Einer hochlöblichen Zuhörerschaft wird auf diese Art,

13 Wobei die Kritik sich immer auf den Stückeschreiber und Theaterleiter Iffland, der das Repertoire zu verantworten hat, bezieht, kaum jedoch auf den Schauspieler. Bernhardi etwa veröffentlicht im "Berlinischen Archiv" eine durchaus lobende Würdigung von Ifflands Spiel. - Siehe Bernhardi: "Ueber Ifflands mimische Darstellungen".

14 In der letzten Nummer des "Berlinischen Archivs" (Nr. 12/1800) werden die Streitereien zwischen Bernhardi und den Herausgebern mit gegenseitigen Schuldzuweisungen öffentlich ausgetragen.

15 Berlinisches Archiv der Zeit und ihres Geschmacks, Nr. 7/1799, S. 68

ein moralischer Satz in das Gewissen geschoben; und sie erhält beiläufig einige Begriffe von moralischen Exekutionen, um die physischen zu ersparen."[16] - Die 'moralischen Exekutionen' im Theater gelten - wie schon bei Tieck - als ebenso banal wie kunst-unspezifisch: denn erstens lernt man hier etwas, was man eh schon weiß; und zweitens braucht man dafür die Kunst nicht, gibt es doch Galgen, Zuchthäuser und Lazarette.

Tiecks "Schildbürger"-Satire auf der einen, Bernhardis Theaterkritiken auf der anderen Seite summieren pointiert die autonomieästhetischen Argumente und Angriffe gegen das Aufklärungstheater, die man in vielen weiteren Essays und Vorlesungen, Satiren und Pasquillen immer wieder finden kann. Besondere Erwähnung verdienen dabei die beiden witzigsten und frechsten dramatischen Abrechnungen mit dem Aufklärungstheater, Tiecks "Der gestiefelte Kater" und August Wilhelm Schlegels "Ehrenpforte und Triumphbogen für den Theater-Präsidenten von Kotzebue". - Tieck persifliert in seiner 'Märchenkomödie' mit Hilfe einer Stück-im-Stück-Dramaturgie die typischen Rezeptionsparadigmen und Erwartungshaltungen des 'aufgeklärten' bürgerlichen Theaterpublikums und die darin sichtbaren Funktionen des zeitgenössischen Theaters. Die in Tiecks Stück auftretenden Zuschauer, mit denen er zum Teil Zeitgenossen[17] karikierte, beharren gegenüber dem 'poetischen' Märchenstoff, der keinerlei Funktionen und Nutzanwendungen erfüllen soll, penetrant auf Rührung, Mitleid, moralischen Sentenzen, politischen Parolen und Unterhaltung. Sie decouvrieren damit ihre Rezeptionserwartungen als völlig inadäquat gegenüber dem poetischen Drama und sich selbst als lächerliche Kunst-Banausen, die den bloß poetischen Sinn des Märchens nicht verstehen. - Schlegel nimmt in seiner dramatischen Satire die literarischen und dramaturgischen Mängel des Erfolgsautors Kotzubue sozusagen in praxi aufs Korn; einerseits indem er in traditionell 'hohen' lyrischen Genres (Ode, Sonnett) Kotzebue beschimpft oder Lobhudeleien präsentiert, andererseits indem er mit der Verwendung von Figuren und typischen dramaturgischen Strukturen der Kotzebue-Stücke - sowie der Figur Kotzebue selbst - das 'Strickmuster' des Autors offenlegt.

Die für die Frühromantik kennzeichnenden Polemiken, Satiren und Persiflagen verschwinden nach der Jahrhundertwende in dem Maß, in dem die romantische Bewegung selbst 'verspießert'. An die Stelle von Epigramm, Fragment, Aphorismus und Spottgedicht treten nun literaturgeschichtliche Vorlesungen[18], an die

---

16 Berlinisches Archiv der Zeit und ihres Geschmacks, Nr. 12/1799, S. 547 - 548

17 So etwa mit dem "Bötticher" den Weimarer Pädagogen und Publizisten Carl August Böttiger und seine "Entwickelung des Ifflandischen Spiels in vierzehn Darstellungen" (1796).

18 Prototypisch dafür ist die Veränderung der Literatur- und Kunstkritik von August Wilhelm und Friedrich Schlegel...

Stelle von Satiren bemühte und langatmige literaturkritische Essays.[19] Die Vorwürfe und Attacken gegen die Wirkungsästhetik und das Darstellungsmaterial des spätaufklärerischen Theaters aber bleiben dieselben - trotz veränderter Form der Kritik und trotz der fast schon historisch-überlebten Bedeutung des Aufklärungstheaters. In seinen zwischen 1809 und 1811 erschienenen "Vorlesungen über dramatische Kunst und Literatur" kommt August Wilhelm Schlegel im letzten Abschnitt über das Gegenwartstheater - nach seinem historischen Durchgang durch die gesamte dramatische Weltliteratur - erneut auf Iffland und Kotzebue zu sprechen. Schlegels Ton ist nun gesetzter geworden, seine Attitüde professoral, die Argumente jedoch sind aus Tiecks 15 Jahre zuvor veröffentlichter "Schildbürger"-Satire vertraut. Familiengemälde und rührendes Drama seien, so heißt es hier, "zwei Aftergattungen"[20]. Iffland und Kotzebue, die nicht einmal namentlich genannt werden, hätten "(...) das Wesen der dramatischen Poesie verkannt und sich einen angeblich moralischen Zweck vorgesetzt; dem einen wäre aber die Sittlichkeit bloß unter der beschränkten Gestalt der Häuslichkeit, dem anderen als Weichherzigkeit erschienen"[21]. Und genre- bzw. autorenspezifisch fährt Schlegel fort: "Das Familiengemälde soll den alltäglichen Lebenslauf der mittleren Stände schildern. (...) Die Zuschauer verstehen solche Schilderungen nur allzu gut, denn jeder weiß, wo ihn der Schuh drückt; es kann ihnen recht heilsam sein, daß jeder einmal wöchentlich vor dem Schauplatz das Verhältnis seiner Ausgabe zu seiner Einnahme in Gedanken überschlägt; aber Gemütserhebung und Erholung werden sie schwerlich dort schöpfen, denn sie finden auf der Szene eben das wieder, was sie vom Morgen bis in den Abend zu Hause haben. [Abs.] Der rührende Dichter hingegen macht es ihnen desto leichter ums Herz. Seine allgemeine Lehre ist eigentlich, daß ein sogenanntes gutes Herz alle Fehltritte und Ausschweifungen wieder gut mache und daß man es mit der Tugend nicht so strenge nach Grundsätzen zu nehmen habe. (...) Weiß er nun durch schlaffe, mehr sinnliche als sittliche Rührungen zu bestechen, (...) so gefällt es den verwöhnten Herzen außerordentlich; es ist ihnen zu Mute, als hätten sie selbst edle Taten verrichtet, ohne doch in ihre eigne Tasche zu greifen: alles wird aus dem Beutel des freigebigen Dichters bestritten."[22]

An der Jahrhundertwende polemisieren die literarischen Theaterreformer der Klassik und Romantik - das macht Schlegels im Prinzip schon 'historischer' Rückblick noch einmal deutlich - gegen die moralische Funktionalisierung des Theaters und gegen die mangelnden poetischen Qualitäten der repertoire-

19 ... und prototypisch dafür Tiecks literaturkritische Essayistik und Herausgebertätigkeit nach 1810.

20 A. W. Schlegel, Vorlesungen über dramatische Kunst und Literatur, Bd. II, S. 284

21 Ebd., S. 285

22 Ebd., S. 285 - 286

beherrschenden Stücke[23], allgemeiner gesagt: gegen die Grundprinzipien des Aufklärungstheaters, das an lebenspraktischen Funktionen der Kunst und an der Abbildung der prosaischen bürgerlichen Welt festhält. In den zehner und zwanziger Jahren des 19. Jahrhunderts haben sich die Frontverläufe und Auseinandersetzungen im Zusammenhang mit neu entstandenen Theaterformen verändert. Jetzt kämpfen die Reformer gegen den Modetrend der 'spektakulären Theaterästhetik'[24], die mit ihrer Betonung von Bühnenbild, Ausstattung, Kostümen, Requisiten und Statisterie den Stellenwert des dramatischen Texts im Gesamtzusammenhang der Inszenierung bedroht. Die Aufwertung der sinnlich-visuellen Präsentationsmittel im Theater der zehner und zwanziger Jahre - insbesondere bei hohem Geschichtsdrama und romantischer Oper - geht an den Kern der literarischen Theaterästhetik; stellt sie doch die Entbehrlichkeit, zumindest jedoch die Zweitrangigkeit des dramatischen Texts grundsätzlich und praktisch unter Beweis. Dementsprechend harsch fallen die Verdikte romantischer Autoren aus. Exemplarisch dafür ist eine Artikelserie Clemens Brentanos 1815 in den "Berlinischen Nachrichten", in der er sich anläßlich der Oper "Achilles" von Ferdinand Paër - einer zeitgenössischen Prunk- und Prachtoper[25] - programmatisch über das Verhältnis von Text, Darstellung und Ausstattung ausläßt. Brentanos 'wilde' Metaphorik und seine überraschenden Argumentationsfiguren, generell ein Kennzeichen seiner Theaterkritik, lassen dabei an polemischer Deutlichkeit nichts zu wünschen übrig:

"Unter das größte Unglück, welches das moderne allgemeine europäische Theaterwesen am Halse hat, gehört vor allem das betrübte Vorurteil der Dekorationen. Ohne Blüte und Frucht ist das Theater gänzlich ins Kraut geschossen, und ganz zur Luxussache geworden; ohne alle innere Heiligkeit und Lebendigkeit und Würde, liefert es eine fortlaufende Gallerie mittelmäßiger und schlechter Gemälde in den prächtigsten vergoldeten Rahmen, eine Bibliothek von Makulatur in den kostbarsten Einbänden. Das edlere Dichtertalent geht mit Ekel an ihm vorbei, und das Schauspielertalent findet sich höchstens als zufälliges Strandgut auf demselben. Die Ursache, warum es da ist, das Gedicht, ist ihm so fremd, daß vielleicht keine Theaterdirektion in Europa heutzutage mit vollem Bewußtsein imstande sein wird, ein alles erfreuendes und treffliches Schauspiel vor der Aufführung zu würdigen, alle Bedingungen hiezu sind den Vorstehern gänzlich

23 Das trifft im übrigen auch auf das Ritter- und Räuberdrama zu; siehe A. W. Schlegel, Vorlesungen über dramatische Kunst und Literatur, Bd. II, S. 284

24 Siehe dazu ausführlich Kapitel V, Abschnitt 3.

25 Die Oper wurde an der Berliner Lindenoper, im Jahr 1811 mit dem Schauspielhaus zu den 'Königlichen Schauspielen' vereinigt, zwischen 15. Oktober 1810 und 13. November 1815 insgesamt sechsmal aufgeführt. Auf die letzte dieser Aufführungen bezieht sich Brentanos Artikelserie.

verloren gegangen. (...) Der Dichter ward zur Nebensache, der Leib der Schauspieler ward zur verzerrten, mittelmäßigen Hauptsache, und das ganz Untergeordnete, ja das beim vortrefflichen Gedicht und dem vortrefflichen Schauspieler im geringsten Grade Hinreichende, der Rock und das Lokal, die Dekoration, ward zur Hauptursache und diese in dieser verkehrten Welt immer steigernd geht die Kunst mit Verschwendung einem innern geistigen, moralischen und äußern bürgerlichen Tode in Europa entgegen."[26]

Brentanos Zustandsbeschreibung ist ebenso drastisch - "Tod der Kunst" - wie simpel. Die in seiner Sicht nebensächlichen Ausstattungselemente und sinnlich-visuellen Präsentationsmittel - man beachte die Metaphorik von Außen und Innen, von Unterordnung und Überordnung - sind zum Zentrum der Produktionsästhetik und der Rezeptionserwartungen geworden; auf Kosten des dramatischen Texts, der nur noch "Nebensache" ist, und, wenngleich in geringerem Maß, auf Kosten der schauspielerischen Darstellung. Demgegenüber insistiert Brentano, und zwar in einem gleichermaßen selbstverständlichen wie unhinterfragbaren rhetorischen Gestus, auf der Zentralstellung des dramatischen Texts und der Dominanz des Dichters im Ensemble der an der Inszenierung beteiligten Künste. Diese Überzeugung, bei Brentano besonders pointiert und polemisch formuliert, ist für das autonomieästhetische Theaterkonzept insgesamt verbindlich.[27] Die Hegemonie von Text und Dichter macht eine 'conditio sine qua non' für die Theatertheorie und -ästhetik von Klassik und Romantik aus. Nirgends zeigt sich dieser ästhetische Grundsatz deutlicher als in jenem Aperçu aus Brentanos Text, den ich auch als Titel dieses Kapitels gewählt habe: 'die Ursache, warum es [das Theater; R. R.] da ist, ist das Gedicht'. Dieser SATZ beinhaltet nicht nur ein Konstitutions- und Funktionstheorem - der historische Ursprung des Theaters ist das Drama, und dem Drama ist es funktional verpflichtet -, sondern stellt vor allem ein hierarchisches Verhältnis zwischen Drama und Theater her, in dem das Theater den Status des dienenden, des bloß 'reproduzierenden' Mediums gegenüber der dominierenden Dichtung erhält. In nuce umreißt dieser Satz das Programm der literarischen Theaterreform.

Die autonomieästhetischen Polemiken gegen das Theater der Spätaufklärung und das spektakuläre Theater der zehner und zwanziger Jahre offenbaren neben den 'points of criticism' auch deutlich die Zielsetzungen der literarischen Theaterreform, deutlicher vielleicht als alle langatmigen Programmschriften, die es im übrigen in der Menge und Intensität wie im 18. Jahrhundert gar nicht mehr gibt.[28]

---

26 Brentano, Über das moderne Theaterwesen, S. 1130 - 1131

27 Ich verweise exemplarisch auf: Hoffmann, Seltsame Leiden eines Theaterdirektors, S. 430 - 431; Tieck, Dramaturgische Blätter, Bd. I, S. 143 - 144 und Bd. II, S. 9 und S. 72.

28 Ein diskursanalytischer Beleg dafür, daß das Medieninteresse nach der 'Nobilitierung' des Theaters von vornherein unproblematischer ist als im 18. Jahrhundert.

Die Grundprinzipien des 'Literatur-Theaters', wie sie sich in diesen Polemiken herausschälen, lassen sich in vier Punkten zusammenfassen: Erstens: Mit der Anwendung der Autonomieästhetik auf das Medium Theater wird eine Abkehr von allen auf die bürgerliche Lebenspraxis bezogenen Funktionen und Inhalten von Kunst gefordert; Theater soll nicht mehr den bürgerlichen Alltag zeigen und nicht mehr auf die bürgerliche Lebenspraxis - in welcher spezifizierten Form auch immer - Einfluß nehmen, sondern als Sphäre 'jenseits' der Realität nurmehr ästhetische Erfahrungen vermitteln. Zweitens: Notwendige Konsequenz daraus ist die Abwendung vom kommunikativen Theaterbegriff der Aufklärung und die Entwicklung eines ausgeprägt werkästhetischen Theaterbegriffs. Theater - bzw. das Spannende am Theater - ist nun nicht mehr das Verhältnis von Produktion und Rezeption, von Bühne und Publikum, sondern ausschließlich das Produktionsangebot, das 'Artefakt' der Inszenierung; im Vergleich zur Aufklärung bedeutet das eine 'Monologisierung', eine 'produktionsästhetische Vereinseitigung' der theatralen Kommunikation. Drittens: Mit der Abkehr von 'lebenspraktischen' Funktionen, Bezügen und Inhalten der Kunst geht zwingend das Bemühen um ein neues Repertoire einher. Ausschlaggebendes Kriterium für die Stückauswahl wird nun die 'Poetizität'[29] des dramatischen Texts. In den Repertoirebemühungen der Kunstperiode wird jener Kanon von Dramen gebildet, der uns als 'frühe oder klassische dramatische Weltliteratur' vertraut ist: die Stücke der griechischen und römischen Klassik, Calderon, Shakespeare, Gozzi, Molière, die Stücke des französischen Klassizismus, Schiller, Goethe, und - mit Abstrichen - Lessing. Viertens: Zur wichtigsten produktionsästhetischen Maxime wird die 'Literarizität der Aufführung'. Das 'poetische Drama' gilt unter den Theater konstituierenden Künsten definitorisch als das mit Abstand wichtigste Element; seine Bedeutungspotenzen - das meint Form und Inhalt, Stoff, Komposition und Dramaturgie - werden zur beherrschenden Infrastrukturebene der Inszenierung, der alle anderen Darstellungselemente untergeordnet bzw. 'dienend' verpflichtet sind. Sinn, Bedeutung und Struktur des dramatischen Texts sollen mit den Mitteln des Theaters versinnlicht werden; das poetische Drama mutiert zur hegemonialen Instanz gegenüber dem Theater.

Mit der literarischen Theaterreform der Kunstperiode wird erstmals in der deutschen Theatergeschichte eine Beziehung zwischen Drama und Theater etabliert, die man begrifflich als Subservierungs- und Reproduktionstheorem

---

29 Die 'Poetizität' ist schon in der romantischen Terminologie selbst ein äußerst schillernder und unscharfer Begriff. Poetizität meint die literarische Qualität des Dramas, seine Distanz zur zeitgenössischen Realität und seinen Gehalt an 'Ideen', "(...) d. h. notwendige und ewig wahre Gedanken und Gefühle, die über das irdische Dasein hinausgehen" (A. W. Schlegel, Vorlesungen über dramatische Kunst und Literatur, Bd. I, S. 34 - 35).

fassen kann.[30] Das Theater steht im philosophischen System der Künste unter dem Drama, es hat eine dienende Rolle gegenüber dem Text, und die Funktion des Mediums insgesamt liegt darin, den Bedeutungs- und Strukturgehalt des dramatischen Kunstwerks zu reproduzieren. Diese Unterordnung oder Abwertung des Theaters geht wesentlich auf seine Transitorik zurück, die für die produktionsfixierte Autonomieästhetik ein Malum darstellt. In dem Maß, in dem die Werkästhetik die aufklärerische Wirkungsästhetik verdrängt, in dem Maß, in dem 'Kunst' gleichgesetzt wird mit dem 'Artefakt', in dem Maß auch wird die Tatsache zum Problem, daß das Theater keine materiellen, notierbaren und zeitüberdauernden Werke hervorbringt, sondern nur flüchtige Prozesse. Klassik und Romantik 'lösen' dieses Medienproblem, indem sie das einzige werkästhetischen Bestimmungen genügende Theaterelement - den dramatischen Text, der materiell, notierbar und zeitüberdauernd ist - zur semiotisierenden Infrastrukturebene des Theaters aufbauen. In der Theatertheorie und -praxis des 18. Jahrhunderts wäre das Subservierungs- und Reproduktionstheorem im wahrsten Sinne des Wortes 'un - denk - bar' gewesen. Zwar wurde schon in den aufklärerischen Ästhetiken der Dichtung der oberste Rang im System der Künste zuerkannt[31]; aber eine dienende Unterordnung und eine reproduzierende Funktionalisierung des Theaters gegenüber der Literatur folgte daraus im 18. Jahrhundert gerade nicht. Viel zu sehr interessiert waren Zuschauer und Theaterleute an der 'Veräußerlichung' der Innenwelt in der schauspielerischen Darstellung und an den Erlebnisqualitäten der theatralen Öffentlichkeit, als daß sie sich auf ein Medienbild eingelassen hätten, das das Theater zum Ort der Reproduktion der Literatur 'monologisiert'. Selbstredend ging es im Theater der Aufklärung auch um neue Stücke und neue Spielweisen für das 'bürgerliche' Drama. Aber die Dominanzen waren fundamental anders gesetzt: im Theater des 18. Jahrhunderts war das Drama Spielmaterial und nicht Sinn und Zweck des Theaters. Die 'Eigenwertigkeit' des Mediums, die Spezifik von theatraler Produktion, Rezeption und Öffentlichkeit, hatte einen viel höheren Stellenwert als in der Kunstperiode und der Theaterästhetik des 19. und 20. Jahrhunderts.

Subservierungs- und Reproduktionstheorem erhalten im Medienbild des 19. Jahrhunderts - vermittelt über die philosophischen Ästhetiken und die universitäre Etablierung der Literaturgeschichte als nationaler Wissenschaft - normativen Rang und unhinterfragbare Gesetzeskraft. Robert E. Prutz, einer der Gründerväter der deutschen Literaturgeschichte, schreibt beispielsweise in seinen 1847 ver-

30 So weit ich sehe, hat Jan Berg diese Begriffe in den wissenschaftlichen Diskurs eingeführt und in seiner Habilitationsschrift erstmals die "Problemgeschichte" von Drama und Theater historisch und systematisch untersucht. Siehe dazu Berg 1985 b, S. 117 - 148, insbesondere S. 117 - 126

31 Berg 1985 b, S. 118 weist darauf hin.

öffentlichten "Vorlesungen über die Geschichte des deutschen Theaters"[32]: "Auch hierüber werden wir uns sehr leicht vereinigen, sobald Sie sich erinnern wollen, was eigentlich Inhalt und Grundlage des Theaters ist, nämlich die dramatische Literatur. Daß aber, aus dem gesammten Umkreis der Literatur, ja aller Künste überhaupt, das Drama die vollendetste und reifste Blüthe, der wahre Gipfel und Abschluß aller Dichtung ist, dies ist ein Satz, der nachgerade so trivial geworden, daß Sie mir den besondern Beweis dafür an diesem Orte wohl erlassen. - [Abs.] Das Drama also ist die vollendetste Kunstgattung. Aber diese vollendetste Kunstgattung bedarf, eben zu ihrer Vollendung, der Erscheinung auf der Bühne, das heißt des Theaters. (...) erst in diesem Augenblick vollendet sich jene großartige Reihe plastischer Momente, jene absolute Selbstentäußerung, jene völlige, thatsächliche Verwirklichung der Idee, welche eben das Wesen der dramatischen Dichtung bildet und um deren willen wir eben in ihr den Gipfel und letzten Abschluß aller Kunst zu verehren haben."[33] - Während Subservierungs- und Reproduktionstheorem in der 'Retheatralisierungsbewegung' am Anfang des 20. Jahrhunderts und in den Avantgarde-Bewegungen der zwanziger und dreißiger Jahre schon außer Kraft gesetzt wurden[34], behaupteten sie im hohen bürgerlichen Theater (insbesondere bei Klassikerinszenierungen) und in den wissenschaftlichen Diskursen zählebig ihre Gültigkeit bis in die sechziger Jahre des 20. Jahrhunderts - in einzelnen besonders bornierten Varianten gar bis in unsere Gegenwart. Die literarische Ausrichtung des Theaters, historisch entstanden zu Beginn des 19. Jahrhunderts in der Kunstperiode, mutierte in diesen Praxiszusammenhängen und Diskursen zur Naturalform, zum 'überhistorischen Wesen allen Theaters'.

2. Reform des Spielplans und Entwicklung der Produktionsdramaturgie

"Briefe über das neue Theater" überschreiben Achim von Arnim und Clemens Brentano einen fiktiven Briefdialog zwischen einem "Theaterdirektor" (Arnim) und einem "Poeten" (Brentano), den sie 1818 in der Zeitschrift "Wünschelruthe" veröffentlichen. Die beiden Romantiker 'inszenieren' in diesem Text einen Streit der beiden Figuren, der sich am Vorschlag des Poeten entzündet, ein von im übersetztes Stück Calderons zur Aufführung zu bringen - ein Ansinnen, das der "Direktor", ganz Praktiker des Theaters, mit Verve zurückweist: "Schreiben Sie mir im Ernst, ich sollte eins der beiden Stücke des Calderon, deren Übersetzung ich Ihnen hiebei ohne Dank zurücksende, zur Einweihung unsres neuen Theaters

32 Ich verdanke den Hinweis auf das Zitat Berg 1985 b, S. 124

33 Prutz 1847, S. 9

34 In den 'nicht-bürgerlichen' Theaterformen und -praxen des 19. und 20. Jahrhunderts galten sie im übrigen nie.

aufführen? Herr Poet, Sie rasen und Serenissimus ließe mich auch ins Tollhaus bringen - und das mit Recht."[35] Nicht weniger harsch reagiert "der Poet" auf diesen Affront: "Nun auf den Calderon. Serenissimus würde Sie ins Tollhaus setzen? und mit Recht, meinen Sie, wenn Sie dergleichen aufführten. Ich sage dasselbe, und wäre ich Serenissimus, ich täte es schon, ohne daß Sie den Calderon aufführten. Sie müßten mir wegen des ersten besten Stücks mit teuern Dekorationen und prächtigen Kleidern und schlechten Schauspielern hinein. Auch Sie können also nie heraus, lieber Herr Direktor. [Abs.] Warum ich Ihnen den Calderon geschickt, will ich Ihnen sagen. Ich wollte, daß Ihnen etwas zugemutet werde; denn das geschieht das ganze Jahr nicht. Sie gehen mit ihrer Kunst im ewigen Einerlei unter. Sie haben bei dieser Gelegenheit den Calderon doch gelesen, Sie haben doch gefühlt, daß die Bühne einst etwas konnte, wovon sie keinen Begriff mehr hat."[36] - Unversöhnlich stehen sich hier die Ansprüche der Theaterpraxis auf der einen, die literarischen Reform-Ambitionen auf der anderen Seite gegenüber; der "Direktor" wirft dem "Poeten" im weiteren Verlauf des Streits völlige Unkenntnis der Theaterarbeit und der Publikumserwartungen vor, der Poet spricht dem Gegenwartstheater, weil es sich poetischen Stücken wie denen Calderons entzieht, jede künstlerische Qualität ab.

Arnims und Brentanos "Briefe" illustrieren auf ebenso anschauliche wie pointierte Weise den ersten zentralen Programmpunkt[37] der literarischen Theaterreform, die Durchsetzung eines neuen Repertoires, das vor allem aus - wie es in der zeitgenössischen Terminologie heißt - 'poetischen Dramen' und Stücken der 'dramatischen Weltliteratur' bestehen soll. "Die erste Erfordernis," so Friedrich Schlegel in seinen Theaterkritiken mit diktatorischem Gestus, "um das deutsche Theater aus dem Zustande der Unvollkommenheit emporzuheben, die erste Grundlage überhaupt einer jeden guten und gebildeten Bühne ist die immer mehr vervollkommnete Darstellung derjenigen anerkannten dramatischen Meisterwerke der ernsten Gattung, deren Vortrefflichkeit für die Mitwelt und Nachwelt den eigentlichen Maßstab für die Bildung einer Nation und eines Zeitalters abgibt."[38] Damit sind, wie schon in den Polemiken gegen das spätaufklärerische Theater, Stücke gemeint, die sich durch Thema, Stoff sowie die dramatische und dramaturgische Struktur dem der Autonomieästhetik so verhaßten 'Naturalismus' entziehen und deren literarische Qualitäten schon im literaturkritischen Diskurs selbst ausgewiesen sind. Die Forderung nach poetischen Stücken bleibt nicht auf der programmatischen Ebene stehen: in der Theaterarbeit Goethes und Schillers

35 Arnim/Brentano, Briefe über das neue Theater, S. 1154

36 Ebd., S. 1160

37 Ich systematisiere einzelne 'Schritte' der klassisch-romantischen Theaterreform, die in der Theaterpraxis und -theorie natürlich miteinander verknüpft sind.

38 Friedrich Schlegel, Theaterrezensionen, S. 203

am Weimarer Hoftheater und mit den Übersetzungsprojekten, Stücksammlungen und dramaturgischen Veröffentlichungen der Romantiker wird diese 'literarische Reform' des Spielplans auch tatsächlich begonnen, und im Prinzip jener Kanon von frühen 'Theaterklassikern' produziert, der heute noch sakrosankter Bestandteil des Repertoires ist.

Nach seinem Rückzug aus den Regierungsgeschäften und dem 'Geheimen Consilium' des Staates Sachsen-Weimar-Eisenach übernimmt Goethe im Jahr 1791 neben anderen kultur- und bildungspolitischen Aufgaben die Intendanz des Weimarer Hoftheaters; er wird, ohne daß es diese Amtsbezeichnung damals gegeben hätte, eine Art 'Kultusminister' des thüringischen Kleinstaats[39]. Goethes Interesse für das Theater ist in den ersten Jahren seiner Intendanz ausgesprochen lau, sporadisch und sprunghaft; erst als er Schiller 1796 für die Mitarbeit am Hoftheater gewinnt, und verstärkt seit Schillers Umzug nach Weimar Ende 1799, wird die Theaterarbeit für beide zu einem Schwerpunkt ihrer Tätigkeit und kontinuierlicher betrieben.[40] Eine zentrale Zielsetzung der gemeinsamen Theaterarbeit an der "Experimentierbühne der Klassiker"[41] wird die Erarbeitung eines neuen Repertoires; es gehe darum, so Goethe, "(...) eine gewisse Anzahl vorhandener Stücke auf dem Theater zu fixieren und dadurch endlich einmal ein Repertorium aufzustellen, das man der Nachwelt überliefern könnte"[42]. - Diese Spielplanreform war kein 'jakobinisch-bilderstürmerischer' Akt; selbstverständlich blieben auch in Weimar weiterhin die Erfolgsstücke Ifflands, Kotzebues, Schröders und das Singspiel tragende Säulen des Spielplans. Mit einer gewissen Kontinuität und Systematik aber wurden darüber hinaus Stücke und Stücktraditionen belebt, die bislang nicht zum 'Spielmaterial' des deutschen Theaters gehört hatten: an erster Stelle natürlich die Dramen der beiden Weimarer Klassiker selbst, daneben die bedeutenden Dramen der europäischen Theatergeschichte, die damals freilich noch nicht als Klassiker galten und oftmals das Stigma der 'Unspielbarkeit', der 'mangelnden Theatertauglichkeit' besaßen.[43] Eine kurze und

---

39 Zur Entwicklung der kulturpolitischen Amtstätigkeit Goethes siehe den instruktiven Überblick bei Linder 1990, S. 15 - 58.

40 Siehe dazu Devrient 1967, Bd. I, S. 613 - 619, der in diesem Punkt die 'Klassikerlegende' von einer angeblichen Hingabe Goethes ans Theater zu Recht relativiert.

41 Fischer-Lichte 1993, S. 143 - Eine schöne und zutreffende Kennzeichnung der Weimarer Theaterarbeit.

42 Goethe, Weimarisches Hoftheater, S. 700 - 701

43 Norbert Oellers hat in einem kursorischen Repertoirevergleich zwischen Weimar, Hamburg und Berlin nachgewiesen, daß 'klassische Dramen' in Weimar signifikant häufiger gespielt wurden als an den anderen beiden Bühnen. An der Vormachtstellung Kotzebues - Kotzebues Anteil lag in Weimar bei etwa 13 Prozent im Vergleich zu 20 Prozent in Berlin und Hamburg - änderte aber auch dieser neue Schwerpunkt nichts: "Goethe ließ an etwas über 4000 Spieltagen rund 650mal Stücke von Shakespeare, Lessing, Schiller und sich

lückenhafte Aufzählung: 1792 kommen Goethes "Clavigo" und "Die Geschwister", beide Teile von Shakespeares "Heinrich IV." sowie eine von Schiller bearbeitete Fassung seines "Don Carlos" auf die Bühne, 1793 Goethes "Der Bürgergeneral". 1796 bearbeitet und inszeniert Schiller Goethes "Egmont", die monumentale "Wallenstein"-Trilogie wird 1798/99, nunmehr in Goethes 'Einrichtung', uraufgeführt. Ab der Jahrhundertwende kümmern sich Goethe und Schiller neben der Pflege ihrer eigenen Werke verstärkt um eine Inkorporation ausländischer 'Klassiker' ins Weimarer Repertoire, und zwar mit Hilfe neuer Übersetzungen und Bearbeitungen: 1799/1800 übersetzt und inszeniert Goethe Voltaires "Mahomet", ebenfalls 1800 kommt Shakespeares "Macbeth" in einer - ziemlich rigiden - Bearbeitung Schillers heraus sowie die "Maria Stuart". 1801 dann wird Voltaires "Tancred" in Goethes Übersetzung gegeben, die "Brüder" des Terenz sowie Lessings "Nathan" in einer Bearbeitung Schillers, 1802 - wiederum in einer Bearbeitung Schillers - Gozzis "Turandot", August Wilhelm Schlegels "Ion", Goethes "Iphigenie" und Friedrich Schlegels "Alarcos", 1803 folgt die Uraufführung der "Braut von Messina", eine verspätete Aufführung der "Jungfrau von Orleans", Shakespeares "Julius Cäsar" in Schlegels Übersetzung, Picards "Der Neffe als Onkel" und "Der Parasit" (jeweils übersetzt und bearbeitet von Schiller), 1804 die Uraufführung des "Wilhelm Tell", 1805 dann Schillers Übersetzung der "Phädra" des Racine, Goethes "Mitschuldige", "Laune des Verliebten" und eine neubearbeitete "Stella". Nach Schillers Tod am 9. Mai 1805 kommt noch Shakespeares "Othello" heraus, 1806 dann Corneilles "Cid" (bearbeitet von Einsiedel), Plautus' "Die Gefangenen", "König Johann" in Schlegels Übersetzung, 1807 Goethes "Torquato Tasso", schließlich noch Sophokles' "Antigone" (1809), "Hamlet", wiederum übersetzt von Schlegel (1809), Voltaires "Zaïre" (1810), Calderons "Der Standhafte Prinz" (1811) und "Das Leben ein Traum" (1812), "Romeo und Julia" und "Der Kaufmann von Venedig" in Schlegels Übersetzungen (1812) und Calderons "Zenobia" (1815).[44]

Im Unterschied zu den Weimarer Klassikern hatten die romantischen Autoren nicht die 'exklusive Verfügungsgewalt' über ein Theater und damit auch nicht die Möglichkeit, poetische Dramen tatsächlich aufzuführen und in der Theaterpraxis duchzusetzen. Einzig E. Th. A. Hoffmann war von 1808 und 1813 als Kapellmeister, Regieassistent, Direktionsgehilfe und Bühnenarchitekt am Bamberger Theater beschäftigt (1813 noch für kurze Zeit in Leipzig) und hier besonders um die Durchsetzung und die Realisierung der 'poetischen' Stücke Calderons

---

selbst spielen, und damit erschienen diese vier Dramatiker genausooft auf dem Programm wie Kotzebue allein." (Oellers 1980, S. 271)

44 Ich habe hier nicht alle Weimarer 'Repertoire-Innovationen' aufgeführt - die romantische Schicksals- und Schauerdramatik etwa habe ich ausgespart -, sondern nur das, was sich als 'klassisches' Repertoire des deutschen Theaters gehalten hat.

bemüht.[45] Gleichwohl sind auch die Romantiker für die Etablierung eines Kanons 'literarischer' Stücke im Theater der Kunstperiode wesentlich mitverantwortlich: zum einen durch ihre mannigfaltigen Übersetzungsprojekte und Stücksammlungen, mit denen poetische Dramen - insbesondere die der romantischen 'Heroen' Shakespeare und Calderon - überhaupt erstmals in 'unverstümmelter Gestalt' zugänglich gemacht wurden; zum anderen durch ihre dramaturgischen und dramengeschichtlichen Veröffentlichungen, in denen sie massiv für die Aufführung poetischer Stücke und eine durchgreifende Spielplanreform warben.

Besonderen Stellenwert hat in diesem Zusammenhang das monumentale Projekt einer 'getreuen' und künstlerischen Übersetzung aller Shakespeare-Stücke, das - eine Pioniertat ohnegleichen - von August Wilhelm Schlegel zwischen 1797 und 1810 mit 18 Stücken begonnen und unter redaktioneller Aufsicht Ludwig Tiecks von 1825 bis 1833 von Tiecks Tochter Dorothea und Wolf Graf von Baudissin vervollständigt und beendet wurde. Mit der Schlegel/Tieckschen Übersetzung entstand ein Textkorpus, der für die Aufführungspraxis Shakespeares in Deutschland bis in die jüngste Vergangenheit geradezu kanonischen Rang besaß. Bis zum Ende des 18. Jahrhunderts waren die Shakespeare-Tragödien - die Komödien und Königsdramen waren in den Spielplänen sowieso kaum vertreten - nur in den Prosa-Übersetzungen Wielands und Eschenburgs und in meist ziemlich rigiden Bühnen-Bearbeitungen präsent. Durchaus üblich war es, die Tragödien mit einem happy end zu versehen, also zum Beispiel Hamlet mit Ophelia zu verheiraten. Mit der romantischen Übersetzung lag nun der 'ganze' Shakespeare in zugleich 'getreuer' und 'poetischer' Textgestalt[46] vor - die Verssprache, Reimstruktur und den 'literarischen' Reichtum der Dramen kongenial reproduzierend. Jetzt konnten die 'poetischen Stücke' Shakespeares erstmals 'im Sinne des Dichters' - eine Formel, die für das Literaturtheater programmatischen Charakter gewinnt - gespielt werden. - Eine ebenfalls 'repertoire-innovative' Bedeutung kam August Wilhelm Schlegels Übertragung von Stücken Calderons zu, die er 1803 und 1809 in den Bänden "Spanisches Theater" veröffentlichte. Diese Übersetzungen waren die Grundlage für die Calderon-Aufführungen am Weimarer Hoftheater und am Bamberger Theater durch E. Th. A. Hoffmann; mit ihnen erst wurde Calderon auf dem deutschen Theater 'eingeführt'. - Kaum mehr bekannt ist

---

45 Siehe E. Th. A. Hoffmann, Über die Aufführung der Schauspiele des Calderon de la Barca auf dem Theater in Bamberg. Explizit verweist Hoffmann hier auf die 'Bereicherung des Repertoires' durch Calderons Dramen.

46 Mit dem Begriff der 'getreuen' Übersetzung schließe ich mich dem romantischen Sprachgebrauch an. Ich will damit nicht behaupten, daß die Übersetzung nicht auch Interpretation und Veränderung des Ursprungstexts sei. Das ist sie immer. Gleichwohl macht es einen Unterschied, ob Stücke in Prosa statt in Versen oder mit veränderten Handlungsabläufen übersetzt wurden.

heute die weitverzweigte Übersetzer- und Herausgebertätigkeit Tiecks: bislang in Deutschland nicht zugängliche Stücke aus dem Umkreis Shakespeares übersetzte und veröffentlichte er in den Bänden "Alt-Englisches Theater" (1811) und "Shakespeare's Vorschule" (Bd. I 1823; Bd. II 1829). Dramatische Texte aus dem 16. und 17. Jahrhundert edierte er in der Sammlung "Deutsches Theater" (1817). Schließlich fungierte er noch als Herausgeber der "Hinterlassenen Schriften" (1821) und der "Gesammelten Schriften" (1826) Heinrich von Kleists sowie der "Gesammelten Schriften von J. M. R. Lenz" (1828).[47]

Mit den Übersetzungs- und Editionsprojekten - und zumindest auch potentiell mit ihren eigenen Dramen[48] - stellte die Romantik dem deutschen Theater 'poetische Dramen' de facto als Spielmaterial zur Verfügung. Darüber hinaus warben die Romantiker in ihren dramaturgischen und 'literaturwissenschaftlichen' Veröffentlichungen massiv für die Aufführung dieser Stücke: August Wilhelm Schlegels frühe dramaturgische Essays "Etwas über William Shakespeare bei Gelegenheit Wilhelm Meisters" (1796) und "Über Shakespeares Romeo und Julia" (1797) oder Tiecks "Briefe über Shakspeare" (1800) enthalten explizit oder implizit ein Plädoyer für die 'Spielbarkeit' der Dramen Shakespeares. Auch die 'großen' literaturgeschichtlichen Vorlesungen der Romantik haben einen strategischen Sinn im Rahmen der Spielplanreform: August Wilhelm Schlegels "Vorlesungen über dramatische Kunst und Literatur" (1809 - 1811) und Adam Müllers Vortragszyklus "Über die dramatische Kunst" (1808) sind nicht nur akademisch-enzyklopädische Projekte, sondern dienen ohne Zweifel auch dazu, öffentliches und theatrales Interesse für die poetischen Dramen der Weltliteratur zu erzeugen. Die 'akademischen', dramengeschichtlichen Vorlesungen sind durchaus mit Blick auf die Etablierung eines neuen Repertoires geschrieben.[49]

Bei den Bestrebungen, den Spielplan zu reformieren, bleiben die Apologeten des Literaturtheaters nicht stehen. Genauso wichtig wie die Adaption der poeti-

47 Zur Herausgebertätigkeit Tiecks siehe den instruktiven Überblick bei Paulin 1987, insbesondere S. 95 - 113.

48 Die Romantiker haben eine stattliche Anzahl von Dramen geschrieben und hatten durchweg großes Interesse am Theater. Allerdings fielen die meisten romantischen Dramen - ausgenommen die romantische Schicksals- und Schauerdramatik und die Stücke Zacharias Werners - im zeitgenössischen Theater durch oder wurden erst gar nicht gespielt. Siehe dazu den informativen Überblick bei Paulin 1970. Exemplarisch läßt sich das am "Ion" A. W. Schlegels und am "Alarcos" Friedrich Schlegels verfolgen, die 1802 in Weimar uraufgeführt wurden und 'untergingen'. Siehe dazu das Quellenmaterial bei Fambach 1958, S. 564 - 621 sowie Reichard 1987.

49 Das zeigt sich etwa bei Schlegels zweiter Vorlesung, in der er im Rekurs auf den Begriff der 'Theatralität' Überlegungen zur 'Aufführbarkeit' von poetischen Dramen anstellt. In der letzten Vorlesung ("Siebenunddreissigste Vorlesung") entwirft er gar Schwerpunkte eines neuen Repertoires.

schen Dramen ist es, den neuen Textmaterialien einen 'exklusiven und hegemonialen' Stellenwert in der Theaterarbeit und in der Inszenierung zu sichern. Nicht nur die Textmaterialien selbst also, sondern auch ihr Status und der Umgang mit ihnen verändern sich radikal. In Konkretion des Subservierungs- und Reproduktionstheorems heißt das: Der Text wird zum wichtigsten Produktionsmaterial des Theaters, und die Inszenierung hat die Aufgabe, den Bedeutungsgehalt und den Formenreichtum des dramatischen Kunstwerks "im Sinne des Dichters"[50] zur Anschauung zu bringen. Theatergeschichtlich löst damit das Drama den Schauspieler, der im 18. Jahrhundert im Mittelpunkt der Theaterarbeit und des Rezeptionsinteresses stand, als wichtigstes theatrales 'Produktionsmittel' ab.

Der 'hegemoniale Status' des Dramas - programmatisch immer und immer wieder eingefordert - hat mehrere Konsequenzen für die Art und Weise der 'Implementierung' des poetischen Texts in die Theaterarbeit - im Vergleich zu den Standards des 18. Jahrhunderts: das Drama erhält nun zum erstenmal in der deutschen Theatergeschichte einen vergleichsweise 'sakrosankten' Status, was Bearbeitungen zum grundsätzlichen Problem macht; es muß vor der eigentlichen Proben- und Inszenierungsarbeit ausführlich 'studiert' werden, um seinen Bedeutungsgehalt überhaupt zu verstehen. Und es bedarf einer neuen Produktionsinstanz am Theater, die sich spezifisch um Gestalt und Gehalt des Werks, um die Interpretation und den theatralen Transfer seiner Bedeutungen kümmert: ein Arbeitsbereich, den man als Produktionsdramaturgie fassen kann. Zusammenfassend läßt sich sagen: Der Umfang der analytischen und dramaturgischen Beschäftigung mit dem Text vor der Probenarbeit nimmt im Rahmen der literarischen Theaterästhetik deutlich zu, und das diskursiv-konzeptionelle Denken verlagert sich in die Theaterpraxis hinein. Ich will das ein wenig plausibler machen:

Im Theater des 18. Jahrhunderts wurden dramatische Texte ohne große Rücksicht auf ihre Form und Dramaturgie nach den Erfordernissen der jeweiligen Theaterpraxis ziemlich rigide bearbeitet - derselbe Befund trifft im übrigen auch auf die Übersetzungspraxis zu -, ohne daß das irgendwie anstößig gewesen wäre: tragische show downs wurden mit Hinweis auf die mangelnde 'Belastbarkeit' des Publikums in happy ends verwandelt, Szenen und ganze Akte wurden umgruppiert, zusammengezogen oder gestrichen, Rollen umgeschrieben und auf

---

50 Die Forderung nach einer "am Sinn des Dichters" orientierten Theaterarbeit ist die meistverbreitete Denkfigur des Literaturtheaters, tausendfach paraphrasiert in den ästhetischen und programmatischen Texten der Kunstperiode, so daß ich mir Belege erspare. Dieser SATZ formuliert in knappster Form, was Klassik und Romantik vom Theater erwarten; er besitzt darüber hinaus auch legitimatorische Funktion: das Ergebnis der eigenen Aneignungs- und Interpretationspraxis wird unter Berufung auf das, 'was der Autor gemeint hat', als Wahrheit etabliert.

weniger Personal verteilt, neue Überleitungen und Verbindungstexte hinzugesetzt usw. usw. Der unbekümmerte Eingriff in den Text war selbstverständlich und für Produzenten wie Zuschauer kein diskutierenswertes Problem. Schon im Zusammenhang mit der Shakespeare-Rezeption in den siebziger Jahren des 18. Jahrhunderts, verstärkt dann in der Kunstperiode selbst, äußert sich gegen diese Praxis der Bearbeitung und der 'sorglosen' Übersetzung massiver Protest. Bearbeiter werden nun als 'Zuschneider' oder "Fleischhacker"[51] apostrophiert, Bearbeitungen als verwerfliche "Verstümmelungen"[52], denn, so Tieck im Hinblick auf die gängigen Bearbeitungen Shakespeares, "(...) jene halbe Kennerschaft, oder das Naschen an seinen Werken, sie hie und da billigen, umgestalten, aufputzen und mit einigem hinzugefügten Flitterstaat, nachdem man die Schönheit unter Schminke begraben hat, sie unsern Bühnen und dem Volke zu geben, hat immer nur zu Unheil geführt."[53] Das Skandalon jeder Bearbeitung liegt darin, daß das in sich schon vollendete dramatische Kunstwerk verändert und damit der 'Sinn des Dichters' verfälscht, die Dignität des Texts mißachtet wird. Dagegen wird nun für das poetische Drama ein sakrosankter Status reklamiert, der ihm bislang in der Theaterpraxis selbst nicht zukam. Der Eingriff in den Text gilt nun als ein Sakrileg; und in der Theatergeschichte des 19. und 20. Jahrhunderts läßt sich verfolgen, daß dieser Grundsatz insbesondere bei der Inszenierung 'klassischer' Texte zunehmend normative Geltung erlangt, bis er schließlich mit den provokativen Klassikerinszenierungen der zwanziger Jahre erstmals in breiterem Umfang 'aufgekündigt' wird.[54]

Akzeptabel erscheinen den literarischen Theaterreformern Bearbeitungen und Übersetzungen nur unter der Voraussetzung, daß sie von Künstlern oder literarischen Kennern ausgeführt werden; verfügen sie doch von vornherein über Einblick in Sinn und Struktur der poetischen Vorlage und sind damit zur kongenialen - zu einer, wie es in der zeitgenössischen Terminologie heißt, 'mit dem Dichter dichtenden' - Bearbeitung in der Lage. In demutsvoller und taktisch motivierter Verbeugung vor Goethe wünscht sich August Wilhelm Schlegel eine "Hamlet"-Bearbeitung aus dessen Feder nach dem in den "Lehrjahren" skizzierten Plan: "Soll indessen Hamlet unter uns verändert aufgeführt werden, wie es bisher immer geschehen, (...) so ist nichts mehr zu wünschen, als daß die von Wilhelm

51 Brentano, Theaterrezensionen, S. 1104

52 Friedrich Schlegel, Theaterrezensionen, S. 173

53 Tieck, Dramaturgische Blätter, Bd. I, S. 171

54 Man denke zum Beispiel an Piscators "Räuber"-Inszenierung von 1926 (Berlin, Staatliches Schauspielhaus) oder an Brechts/Feuchtwangers Bearbeitung und Inszenierung von Marlowes "Leben Eduard II. von England" (Münchner Kammerspiele, 1924). Zu den Klassiker-Inszenierungen in der Weimarer Republik siehe insgesamt Weimarer Republik, S. 738 - 759.

Meisters Geschichtsschreiber erregte Hoffnung bald erfüllt werden mag. Eine solche neue Bearbeitung würde durch ihren Wert alle künftigen überflüssig und durch ihr Ansehen verdächtig machen. Daß niemand mehr Beruf haben kann, in Shakespeares Sinne zu dichten als der Schöpfer des Götz (...), leuchtet von selbst ein."[55] Exemplarisch verwirklicht scheint den Zeitgenossen eine solche 'kongeniale' Bearbeitungs- und Übersetzungspraxis in der Theaterarbeit Goethes und Schillers, in deren Adaption der europäischen Klassiker am Weimarer Hoftheater. Die Herstellung einer zugleich poetischen und spielbaren Textgestalt ist hier erstmals eine aufwendige, eigenständige und von künstlerischen Kriterien geleitete Tätigkeit, für die es besonderer literarischer Qualifikationen und 'verbesonderter' Produzenten bedarf. Im Theater des 18. Jahrhunderts wurden Bearbeitungen und meist auch Übersetzungen von den Theaterleuten selbst und eher 'nebenher' durchgeführt; mit der literarischen Theaterreform wird die Bearbeitung, wenn sie schon unumgänglich ist, zu einer eigenständigen künstlerischen Praxis im Rahmen der Theaterarbeit.

Im Theater des 18. Jahrhunderts war der 'Weg' vom Text zur Aufführung zeitlich relativ kurz und 'unproblematisch'. Für die Theaterproduzenten waren die Texte in erster Linie durch Stoff und Charaktere interessierende Spielmaterialien oder Spielanlässe, die in wenigen Tagen - in vielen Fällen in noch kürzeren Zeiträumen - ohne größere konzeptionelle oder dramaturgische Reflexionen einstudiert wurden. Durchaus üblich war es zum Beispiel, daß Schaupieler nicht das ganze Stück, sondern nur ihre eigenen Rollentexte und die Anschlußstichwörter kannten. In Absetzung von dieser relativ unbekümmerten Adaptionspraxis insistieren die Theoretiker und Praktiker des Literaturtheaters auf einer eigenständigen und intensiven Phase des Text-Studiums, die der eigentlichen Proben- und Inszenierungsarbeit vorgelagert ist, gleichwohl aber als ein unverzichtbarer Bestandteil zur Theaterarbeit gehört. "Es gibt nur eine richtige Art," so dekretiert Friedrich Schlegel in seiner unnachahmlichen Art, "einen Macbeth, Hamlet, Othello, Richard III. darzustellen; jede andere Art, jede Abweichung von der einzig richtigen ist durchaus verwerflich und fehlerhaft. Auch ist wohl keine der genannten Rollen, die nicht ein jahrelanges Studium erforderte. Dieses tiefe Studium der Rolle und des Dichters ist für den tragischen Schauspieler das erste aller Erfordernisse, und muß immer das höchste Ziel seiner Anstrengungen bleiben."[56] - Das "Studium des Texts" meint eine diskursiv-hermeneutische Inter-

---

55 A. W. Schlegel, Etwas über William Shakespeare bei Gelegenheit Wilhelm Meisters, S. 97 - 98

56 F. Schlegel, Theaterrezensionen, S. 209. Das Zitat ist einem Exkurs Schlegels über den 'Zweck der Schauspielkunst' entnommen: "Soll sie bloß den Sinn des Dichters getreu zur Anschauung bringen, nur seine Darstellung ganz wie er es gewollt und gemeint hat, wiedergeben, weder mehr noch minder? Oder kann und darf sie eine von dem Dichter und

pretation des poetischen Dramas, eine - so die zeitgenössische Terminologie - 'tiefe Versenkung in den Text', in deren Verlauf Idee und Fabel, Charaktere und die poetischen und dramaturgischen Mittel, Struktur und Komposition, kurz: die Ästhetik des dramatischen Kunstwerks in toto erfahren und entfaltet werden. Und diese neu in die Theaterarbeit integrierte bzw. für die Theaterarbeit reklamierte Form der Textaneignung wird nicht nur für die künstlerisch Verantwortlichen verbindlich, sondern zunehmend auch als Anforderung an Schauspieler und Zuschauer herangetragen.

Ein anschauliches Beispiel für das diskursiv-hermeneutische Studium als der neuen Form der theatralen Text-Aneignung liefern die "Hamlet"-Passagen in Goethes "Lehrjahren". Wilhelm Meister, auf Anregung Jarnos mit den Werken Shakespeares bekannt geworden und insbesondere vom "Hamlet" hingerissen, initiiert nicht einfach nur die Aufführung in Serlos Theater und stellt dafür eine neue Bearbeitung her. Der theatralen Realisierung geht vielmehr eine langdauernde Auseinandersetzung mit dem Text voraus, in deren Verlauf immer wieder neue Bedeutungen, Zusammenhänge und Interpretationslinien akzentuiert, verworfen und wiederum neu entwickelt werden - bis Wilhelm in die kleinsten Verästelungen und Sub-Schichten einerseits, in das eigentliche 'Zentrum' des Werks andererseits vorstößt. Dieses diskursiv-reflexive Studium des Textkorpus vollzieht sich zuerst in der einsamen Lektüre noch auf dem Schloß des Grafen (Drittes Buch), in den Vorträgen und Erläuterungen Wilhelms gegenüber den Schauspielern der Melina-Gesellschaft (Viertes Buch), schließlich in den kontinuierlichen dramaturgischen Diskursen zwischen Wilhelm, Serlo und Aurelie (Viertes und Fünftes Buch). Programmatisch wie strukturell skizziert Wilhelm die diskursive Aneignungsform im ersten Bericht über sein Hamlet-Studium: "Es ist nicht genug, sagte er [Wilhelm; R. R.] zu ihnen [Schauspieler der Melina-Gesellschaft; R. R.], als sie des andern Tages wieder zusammen kamen, daß der Schauspieler ein Stück nur so ohnehin ansehe, dasselbe nach dem ersten Eindruck beurteile, und ohne Prüfung sein Gefallen oder Mißfallen daran zu erkennen gebe. Dies ist dem Zuschauer wohl erlaubt, der gerührt und unterhalten sein, aber eigentlich nicht urteilen will. Der Schauspieler dagegen soll von dem Stücke und von den Ursachen seines Lobes und Tadels Rechenschaft geben können: und wie will er das, wenn er nicht in den Sinn seines Autors, wenn er nicht in die Absichten desselben einzudringen versteht? Ich habe den Fehler, ein Stück aus einer Rolle zu beurteilen, eine Rolle nur an sich und nicht im Zusammenhange mit dem

---

seinem Werke ganz unabhängige und verschiedene Wirkung hervorbringen und beabsichtigen?" (Ebd., S. 208) - Schlegel löst die Frage genrespezifisch: in der Tragödie dürfe nur der Sinn des Dichters reproduziert werden, im Lustspiel sei der Spielraum der Darstellung dagegen größer.

Stück zu betrachten, an mir selbst in diesen Tagen so lebhaft bemerkt"[57]. - Erst dieses analytisch-diskursive Verfahren, "(...) ein Stück (...) zu studieren und den Sinn des Verfassers zu entwickeln"[58], macht eine Bearbeitung und Inszenierung des "Hamlet" möglich, die den Ansprüchen der literarisch Gebildeten gerecht wird. Das aber heißt auch: Das reflexiv-diskursive Studium des Texts wird zum unverzichtbaren Bestandteil der literarisch orientierten Theaterarbeit. Ein 'Studium' dramatischer Werke - wenngleich mit deutlich anderen inhaltlichen Interessen - gab es selbstverständlich auch schon im 18. Jahrhundert, wie sich unschwer an der Vielzahl dramaturgischer Erörterungen erkennen läßt. Aber dieses Studium war eine Sache der Gelehrten, der Publizisten oder der Autoren, die im wesentlichen außerhalb der eigentlichen Theaterarbeit stattfand und der philosophischen und literaturkritischen Praxis zugehörig war. Mit dem neuen Grundsatz eines 'theaterinternen' Text-Studiums wird nun historisch erstmals eine 'wissenschaftlich-literarische' Aneignungs- und Produktionsform in die Theaterpraxis inkorporiert; sie tritt dort in Konkurrenz mit der alten schauspielerischen Form der Textaneignung, der spielerisch-erprobenden Verkörperung von relativ standardisierten Haltungen, Typen und Charakteren[59]; ja mancherorts, etwa in Weimar, soll das 'Studium' diese schauspielerspezifische Form der Textaneignung sogar völlig ablösen.

Weil das poetische Drama im Zentrum der Theaterarbeit steht, weil es poetisch übersetzt, künstlerisch bearbeitet, diskursiv studiert und sein Bedeutungsgehalt in die Inszenierung 'transformiert' werden soll, bedarf es einer neuen Produktionsinstanz in der Theaterpraxis, die diese Aufgaben übernimmt: der Produktionsdramaturgie. Wilhelm Meister wäre demnach der erste literarisch geschilderte Produktionsdramaturg in der deutschen Theatergeschichte. Dramaturgie war im Theater des 18. Jahrhunderts, wie sich etwa an der Arbeit des Dramaturgen Lessing bei der Hamburger Entreprise verfolgen läßt, noch eine Tätigkeit an der Schnittstelle zwischen Produktion und Rezeption. Die Aufgabe des Dramaturgen lag darin, in periodischen Veröffentlichungen die Arbeit des Theaters gegenüber dem Publikum zu erläutern, wie umgekehrt auch Kritik und Ansprüche der Öffentlichkeit gegenüber den Produzenten aufzunehmen und zu formulieren; wenn man so will: ein Prozeß der Geschmacksbildung und Kritik im Hinblick auf Zuschauer und Theaterleute gleichermaßen. In jedem Fall aber setzte

---

57 Goethe, Wilhelm Meisters Lehrjahre, S. 231

58 Ebd., S. 234

59 A. W. Schlegel etwa fordert Schauspieler zur Berücksichtigung der Hamlet-Interpretationen und der Hamlet-Bearbeitung aus Goethes "Lehrjahren" auf: "Was die Aufführung betrifft, so ist sehr zu wünschen, daß jeder Schauspieler, der sie künftig anordnen oder nur daran teilnehmen soll, die darüber gegebenen Winke auf das sorgfältigste erwäge und beherzige." (Etwas über William Shakespeare bei Gelegenheit Wilhelm Meisters, S. 95)

die Arbeit des aufklärerischen Dramaturgen ex post, nach der Aufführung und im Anschluß an die Produktion an; und zwar sogar dann, wenn er vom Theater selbst bezahlt wurde. Mit der Theaterreform der Kunstperiode werden dramaturgische Tätigkeiten in die Theaterarbeit integriert, die Dramaturgie wird zu einer Produktionsinstanz innerhalb der Theaterpraxis, die schon an der konzeptionellen Vorbereitung der Aufführung maßgeblich beteiligt ist. Das Literaturtheater der Kunstperiode ist der Ursprung der Produktionsdramaturgie im uns vertrauten Sinn. - Paradigmatisch für diesen 'Inkorporationsprozeß' und das früheste Institutionalisierungs-Beispiel ist wiederum die Arbeit Schillers und Goethes am Weimarer Hoftheater: beide entwickeln neue Repertoirekonzeptionen, fördern die Entstehung und Inszenierung neuer Stücke[60], übersetzen und bearbeiten europäische Theaterklassiker, bearbeiten und inszenieren wechselseitig ihre eigenen dramatischen Werke, interpretieren in kontinuierlichen Diskursen Gehalt und Ästhetik der aufzuführenden Dramen, entfalten aus dem Studium des Texts konzeptionelle Überlegungen für die Inszenierung und geben das im Studium gewonnene Werkverständnis und Inszenierungskonzept in Erläuterungen, Vorträgen, in Leseproben und noch in der Probenarbeit selbst an die Schauspieler weiter - Tätigkeiten allesamt, die wir heute als Produktionsdramaturgie qualifizieren würden. Insbesondere Schiller scheint sich nach den Berichten der Weimarer Schauspieler[61] ausgesprochen engagiert um die Vermittlung dramaturgischer Reflexionen - und das heißt auch: um eine 'Erziehung' der Schauspieler zum dramaturgischen Denken - bemüht zu haben.

Die 'Transformation des Werkgehalts' in die Inszenierung, die 'Reproduktion des poetischen Dramas im Sinne des Dichters' bezeichnen in knappster Form die 'ultima ratio' des klassisch-romantischen Theaterprogramms. Was aber 'verbirgt' sich hinter jenem so zweifelsfrei feststehenden 'Werkgehalt'? Welche spezifischen Bedeutungsschichten der Texte sind mit der Berufung auf den 'Sinn des Dichters' eigentlich gemeint? - Jedes Werk, jeder Text birgt, wie sich im Prozeß der Rezeption zeigt, unterschiedliche, viele Bedeutungen. Jede Zeit, jede Gesellschaft, jeder Rezipient akzentuiert andere Sinn- und Formgehalte in der Auseinandersetzung mit einem überlieferten 'Werk'. Und es ist noch sehr die Frage, ob diese 'Werkgehalte' tatsächlich 'Gehalte des Werks' selbst sind oder

60 Man denke zum Beispiel an die 'dramatische Preisaufgabe für ein Intriguenstück', die 1800 in den "Propyläen" ausgelobt wurde (Brentanos "Ponce de Leon" war eine der Einsendungen); an die Inszenierung des "Ion" und des "Alarcos" der Schlegel-Brüder im Jahr 1802, an die Aufführungen der Schiller-Dramen, an die erfolglose Uraufführung von Kleists "Zerbrochenem Krug" (1808) oder an die entschiedene Förderung, die Goethe Zacharias Werners Stücken angedeihen ließ.

61 Siehe dazu die (Auto-) Biographien der Weimarer Schauspieler: Jagemann, Die Erinnerungen der Karoline Jagemann, S. 286 - 287 und Genast, Aus Weimars klassischer und nachklassischer Zeit, S. 64 - 91.

nicht vielmehr immer wieder neu produzierte Aneignungs- und Interpretationsergebnisse.[62] Was also interessiert die 'Architekten' des Literaturtheaters in verallgemeinerbarer Hinsicht - unabhängig von der Besonderheit einzelner Stücke - an den poetischen Dramen? Welche spezifischen Bedeutungsschichten und Strukturelemente des Dramas akzentuieren sie und wollen sie in der Inszenierung 'reproduziert' sehen?

In der frühen und mittleren Aufklärung - exemplarisch zu verfolgen an der Dramaturgie und Theatertheorie Gottscheds[63] - kreiste die dramaturgische Reflexion vor allem um die Fabel, den plot, die Handlung der Stücke, denn auf der Text-Ebene der Fabel beweist sich die Vorbildhaftigkeit oder die moralische Läuterung des Helden; der plot ist damit der entscheidende Bezugspunkt für die moralische Erziehung der Zuschauer. In der mittleren und späten Aufklärung - exemplarisch zu verfolgen an der Dramaturgie und Theatertheorie Lessings[64] - standen die Charaktere der Dramen im Mittelpunkt der Reflexion: lieferten sie doch das dramatische Material für die Darstellung und das Erlebnis der bürgerlichen Innenwelt, für die 'Kenntnis der Seele'. - In den Dramaturgien und Theaterkritiken der Kunstperiode artikuliert sich demgegenüber ein völlig neues Interesse. Die Analyse des plots, der Charaktere und der Figurenkonstellation wird zwar nicht aufgegeben; aber ins Zentrum des dramaturgischen 'Studiums' rücken nun die poetisch-rhetorischen Mittel der Sprachverwendung zum einen, die Komposition und die Struktur des dramatischen Kunstwerks zum anderen: August Wilhelm Schlegels Essay "Etwas über William Shakespeare bei Gelegenheit Wilhelm Meisters" zum Beispiel, eine verschlüsselte Ankündigung seines poetischen Übersetzungsprojekts, beschäftigt sich fast ausschließlich mit den Mikrostrukturen der Shakespeare-Dramen und ihren Bedeutungen: mit den sozialen und psychischen Konnotationen der alternierenden 'hohen' und 'niedrigen' Sprache, mit dem Verhältnis von Poesie und Prosa, den Reimstrukturen und -schemata, den Vers- und den Silbenmaßen, dem Rhythmus der Sprache und dem Stil. "Shakespeares eigentümliche Form der Darstellung"[65] wird zum nahezu exklusiven 'item of interest' der dramaturgischen Analyse. Und was Schlegel als Ziel seiner poetischen Übersetzung formuliert, kann man gleichzeitig als konzeptionelle Vorgabe der literarischen Inszenierungsästhetik festhalten: "Wenn es nun möglich wäre, ihn [Shakespeare; R. R.] treu und zugleich poetisch nachzubilden, Schritt vor Schritt dem Buchstaben des Sinnes zu folgen, und doch einen Teil der

62 Über das spezifische Verhältnis von Werkgehalt und aktuellen Aneignungsinteressen im 'Interpretationsergebnis' forscht die Rezeptionstheorie, so lange es sie gibt.

63 Siehe Kapitel II

64 Siehe Kapitel III, Abschnitt 1.

65 A. W. Schlegel, Etwas über William Shakespeare bei Gelegenheit Wilhelm Meisters, S. 101

unzähligen, unbeschreiblichen Schönheiten, die nicht im Buchstaben liegen, die wie ein geistiger Hauch über ihm schweben, zu erhaschen!"[66] - In den ausführlicheren Drameninterpretationen seiner "Dramaturgischen Blätter" kapriziert sich Tieck - um ein zweites Beispiel zu geben - immer auf das 'harmonische', 'innere Einheit vermittelnde' Verhältnis von Stoff, Thema und dramatischer Form. Die Frage nach der Adäquatheit der dramatischen Komposition und Struktur in Relation zum ideellen Gehalt, zu Thema und Stoff ist der rote Faden seiner "Dramaturgischen Blätter"[67].

Die klassisch-romantischen Dramaturgen, Autoren und Theaterleute interessieren sich signifikant für die Sprachverwendung, die Metaphorik, die Bilder, Symbole, für Silben- und Versmaß, für die Reimstruktur usw. zum einen, für die Komposition, den Aufbau, die Struktur des Stücks zum anderen, das heißt zusammengefaßt: für die Mikro- und die Makroebene der Form des Texts. Und bewertet werden diese Strukturebenen des dramatischen Texts - wie auch Thema, Stoff, plot, Charaktere, Figurenkonstellation und deren Verhältnis zur Form - nach den Kriterien der klassischen Ästhetik: nach den Prinzipien der Harmonie, der Ganzheit, der inneren Einheit, der Geschlossenheit und des Zusammenhangs. Ein poetisches Drama erscheint deswegen von besonderer Qualität, weil - beispielsweise - Thema, Stoff und Form in harmonischem Verhältnis stehen, weil die 'Idee' des Stücks sich in den kleinsten poetischen Mitteln spiegelt, weil Kontraste symmetrisch angelegt sind etc. Die autonomieästhetische Dramaturgie hat ihren Schwerpunkt in der Auseinandersetzung mit den formal-strukturellen Dimensionen der Dramen. Sie entdeckt und etabliert die literarischen Formen und Strukturen als bedeutungskonstituierende Ebenen des Texts und fordert deren Darstellung, deren Reproduktion in der Inszenierung ein.[68] Auch dieser spezifische 'Werkgehalt' muß neben dem plot und den Charakteren, die historisch schon in der Aufklärung in die Theaterarbeit implementiert wurden, in die Aufführung transformiert werden. Denn erst durch die Reproduktion auch der Form und der poetischen Mittel des Texts kann die 'Einheit und Harmonie' des poetischen Dramas in der Aufführung sinnlich erfahrbar werden.

---

66 Ebd., S. 101

67 Repräsentativ dafür ist Tiecks ausführliche Besprechung von Schillers "Wallenstein"-Trilogie, Dramaturgische Blätter, Bd. I, S. 37 - 62.

68 Das ist ja generell die große Leistung und analytische Innovation der romantischen Kritik: die Form als Bedeutungskonstituens der Kunst zu etablieren.

3. Literarische Erziehung der Schauspieler

Am Wiener Burgtheater wird 1814 Clemens Brentanos Drama "Valeria" uraufgeführt, eine Umarbeitung seines 14 Jahre zuvor entstandenen "Ponce de Leon". Auf Einladung der Intendanz hat Brentano diese 'bühnentaugliche' Neufassung selbst hergestellt und dabei Anregungen und Einwände der Regisseure des Burgtheaters berücksichtigt; an dramaturgischen Vorgesprächen und sogar an der Probenarbeit ist der Autor ebenfalls beteiligt. Gleichwohl gerät die Aufführung zur Katastrophe, das Stück fällt sang- und klanglos durch, und die Schuldigen für dieses Fiasko hat Brentano schnell und mit Bestimmtheit ausgemacht: "Nun ward ich zur Leseprobe eingeladen. Ich bat um die Erlaubniß den versammelten Mitspielenden das Stück vorzulesen, damit sie es alle kennen lernten, ohne welches keine Aufführung denkbar ist. Aber es wurde mir erklärt, daß dieses nicht gewöhnlich sei (...). Ich mußte mich fügen, jeder laß seine Rolle, kein einzelner hörte auf das Ganze, die meisten sprachen mit einander, viele blieben gar nicht da, wenn sie grade nichts zu reden hatten. Als ich diese Leseprobe verließ, wuste ich bereits das Geschick meines Stücks. (...) Nach vier Tagen sollte das Stück aufgeführt werden, welches bereits wenigstens zwei Monate übergeben war, wenige Personen hatten auch nur eine Idee von ihrer Rolle, (...) während nun die Spielenden um den Soufleur herumstanden und ihm langsam nach sprachen, stürmten allerlei Leute, die ich nie gesehen, mit allerlei Mundarten, die ich nie gehört mit allerlei Fragen, die ich nicht verstand, zugleich auf mich ein (...). Ich bat eine Hauptrolle um die Erlaubniß, ihr die Rolle einstudieren zu dürfen, mir ward die Erklärung, daß dies nicht angehe. (...) Wann Tag wann Nacht sein sollte wuste kein Mensch, ich habe es wohl zehnmal gesagt, und ward in der lezten Probe doch nochmals drum gefragt. (...) Jede Probe kam mir verwirrter vor, einzelne Schauspieler bedurften in der lezten Probe noch ununterbrochen den Soufleur. Als ich bei der Aufführung vor dem Aufgang in den Coulissen stand, wuste ein Mann, den ich nicht kenne noch nicht wann er in dem Schloße Sarmientos oben Musick machen sollte und während ich es ihm mit göstem Erstaunen sagte, hörte ich eine Stimme, wie die Posaune des jüngsten Gerichts hinten hervor schallen: wenn nur erst das verfluchte Stück herunter wäre."[69]

An Brentanos theaterpraktischen Erfahrungen, die er verallgemeinert zu einer "Kurzgefasste(n) Anweisung, ein jedes Schauspiel, es sey von welchem Werthe es wolle, auf eine unfehlbare Art duchfallen zu machen"[70], zeigt sich gleichsam ex negativo, daß die literarische Theaterästhetik mit der Adaption poetischer Dramen und ihrer dramaturgischen Aufbereitung allein noch lange nicht ver-

69 Brentano, Zur Aufführung der Valeria, S. 932 - 933
70 Ebd., S. 937 - 939

wirklicht war. Darüber hinaus mußten auch die Schauspieler, als die faktisch immer noch wichtigsten 'Produktionsmaterialien' des Theaters, dazu bewegt oder gezwungen werden, das Primat der dramatischen Dichtung anzuerkennen und ihre Probenarbeit und Darstellungsästhetik danach auszurichten. Damit der Transfer des Werkgehalts in die Aufführung gelingt, mußten die Schauspieler 'literarisch diszipliniert', ihre Arbeitsinhalte, Produktionsformen und Ausbildungsschwerpunkte nach literarischen Prinzipien umgestaltet werden. Die Reform der Schauspieler-Arbeit oder genauer gesagt: die literarische 'Erziehung' der Schauspieler, wurde also zu einer zwingend notwendigen Aufgabe. Im Rahmen dieses schauspielerpädagogischen Projekts sind für Klassik und Romantik fünf Punkte entscheidend: das diskursive Studium der Rolle und des Gesamttexts, die Verbesserung der Sprechkultur, die Ausbildung von Ich-Distanz, die Entwicklung eines harmonischen Ensemblespiels und die Etablierung einer Leitungsinstanz gegenüber den Schauspielern, die man als - freilich literaturzentrierten - Vorläufer der heutigen Regie begreifen kann.

Im literarischen Theater gilt nicht nur für die konzeptionell Verantwortlichen, sondern auch für die Schauspieler die diskursiv-analytische Aneignung des Texts, das 'Studium' des Werks, als verbindliche Norm, als Anforderungsprofil.[71] Schon vor der eigentlichen Probenarbeit sollen die Schauspieler Sinn und Struktur des Stücks, den Bedeutungsumfang 'ihres' dramatischen Charakters, dessen Verhältnis zu den anderen Rollen und damit die 'Absicht des Autors' durchdenken, entschlüsseln und entfalten - sei es durch eigene Interpretationen oder im denkenden Nachvollzug der literarischen Studien der Autonomieästhetiker. Je höher dabei der poetische Wert eines Stücks ist, desto notwendiger werden "außerordentliche Studien", "Fleiß und Eifer"[72]. Weil aber Schauspieler mit Technik und Verfahren des Textstudiums wenig vertraut sind, bedarf es nach klassisch-romantischer Überzeugung eines spezifischen Unterrichts. In der Skizze eines Ausbildungsprogramms für angehende Schauspieler fordert August Wilhelm Schlegel neben dem Training von Gestik, Mimik, Sprechkultur und Deklamation auch einen Kursus in Dramenanalyse und Dramentheorie: Ein angehender Schauspieler brauche "(...) endlich einen Lehrer der dramatischen Kunst, der ihn über das Wesen und den innern Zusammenhang poetisch dargestellter Charaktere, über den Unterschied zwischen natürlichen, nationalen und idealischen, phantastischen, ferner über die Bedingtheit eines dramatischen Charakters durch seine Stellung gegen die übrigen und das Ganze der Komposition, zuletzt über die Art

71 Ich befasse mich hier nur kurz mit dem 'Studium des Texts', weil ich diesen Komplex bereits im vorhergehenden Abschnitt zur Produktionsdramaturgie ausführlich diskutiert habe.

72 Tieck, Dramaturgische Blätter, Bd. II, S. 33, bei der lobenden Erwähnung einer hervorragenden "King Lear"-Darstellung.

wie der Stil des Drama die mimische Darstellung bestimmen muß, aufklärte. Dieser letzte Lehrer möchte etwan nicht gar leicht zu finden sein."[73]

Die schauspielerische Sprechkultur war im Theater des 18. Jahrhunderts relativ wenig entwickelt. Weitverbreitet sind in den zeitgenössischen Kritiken und Theaterberichten die Klagen über mangelhafte Textkenntnis oder gänzliche Textunkenntnis[74], nachlässiges Memorieren, unzureichende Verständlichkeit oder Dialektverwendung bei den Schauspielern. Bei vielen Theaterpublizisten findet sich der ironische Kommentar, daß man dasselbe Stück in einer Aufführung zweimal 'gehört' habe - einmal vom Souffleur und einmal von den Schauspielern. Noch in Goethes "Lehrjahren" läßt sich diese mangelhafte Sprechkultur der Schauspieler verfolgen: während der "Hamlet"-Proben bittet Wilhelm die beiden Theaterenthusiasten darum, mit Schlüsseln zu pochen, falls Textpassagen nicht zu verstehen seien: "Die pochenden Schlüssel hörte man bei jeder Probe weniger; nach und nach ließen sich die andern dieselbe Operation gefallen, und man konnte hoffen, daß das Stück endlich in allen Winkeln des Hauses von jedermann würde verstanden werden."[75] - Gegen diese relativ nachlässige und 'unkonzentrierte' Sprechpraxis melden die Vertreter des Literaturtheaters massiven Protest an. Wo sie sich schauspielerpädagogisch äußern oder gar, wie etwa Goethe und Schiller am Weimarer Hoftheater, mit Schauspielern arbeiten, geht ihre erste Sorge dahin, die marode Sprechkultur zu verbessern.

Goethes berühmt-berüchtigte "Regeln für Schauspieler" (1803), jene Sammlung von Lehrsätzen, die er während der Ausbildung seiner jungen Schauspieler Pius Alexander Wolff und Karl Franz d'Akács, genannt Grüner, entwickelte, zeigen sehr deutlich, welchen herausragenden Stellenwert die Sprecherziehung in der Theorie und Praxis des Literaturtheaters einnimmt. Von den insgesamt 91 Regeln behandeln allein 30, also ein Drittel, Fragen der Aussprache und des Vortrags. Dezidiert und versehen mit einzelnen Lehrbeispielen fordert Goethe hier die Vermeidung des Dialekts auf der Bühne (§§ 1 - 2) sowie die 'reine und vollständige Aussprache' und Betonung einzelner Wörter (§§ 3 - 17); Grundsätze der Rezitation, Deklamation und des rhythmischen Vortrags werden festgelegt (§§ 18 - 33), besonders wichtig natürlich deswegen, weil mit der poetischen Repertoirereform nun verstärkt versifizierte Schauspiele aufgeführt werden, deren Vortrag die Schauspieler erst erlernen müssen. Bis in Details wie das Verschlucken von Endsilben und -konsonanten oder die Lautähnlichkeit verwandter

---

73 A. W. Schlegel, Theaterkritiken, S. 217

74 Auch das natürlich eine Konsequenz der kurzen Probenzeiten bzw. der großen Zahl von Stücken, die Schauspieler 'beherrschen' mußten. Weil das potentielle Publikum klein war, mußten viel mehr unterschiedliche Stücke bzw. Programme aufgeführt werden, als das etwa heute üblich ist.

75 Goethe, Wilhelm Meisters Lehrjahre, S. 336

Konsonanten verliert sich Goethe; das Ganze mutet schon ein wenig klippschulartig an. Und immer ist es der Inhalt der Dichtung, der den Stil von Aussprache, Betonung und Vortrag zwingend festlegt - ein Prinzip, das in Regel 22 explizit formuliert wird: "Wenn ich zunächst den Sinn der Worte ganz verstehe und vollkommen inne habe, so muß ich suchen solche mit dem gehörigen Ton der Stimme zu begleiten und sie mit der Kraft oder Schwäche, so geschwind oder langsam aussprechen, wie es der Sinn jedes Satzes selbst verlangt."[76]

Die Konzentration auf Sprecherziehung und Sprechkultur kennzeichnet nicht nur die unmittelbare pädagogische Arbeit mit Schauspielern, sondern auch die Theaterkritiken der Kunstperiode. Ein besonders anschauliches Beispiel dafür sind Brentanos Kritiken über Aufführungen des Burgtheaters, die er 1814 im Wiener "Dramaturgischen Beobachter" veröffentlicht. Brentanos Theaterrezensionen zeichnen sich durch eine - im Vergleich zum 'state of the arts' der zeitgenössischen Kritik - außergewöhnlich hohe Sensibilität für die schauspielerische Arbeit und Rollendarstellung aus. Mit dem für ihn typischen Maß an Ironie und Selbstironie beschreibt er die einzelnen Rollengestaltungen auf ausgesprochen plastische Weise[77], kritisiert seiner Ansicht nach falsche oder mißglückte Rollenkonzepte und schlägt, oft im direkten Appell an die betroffenen Schauspieler, Veränderungen oder 'Übungsprogramme' vor. Die Bewertung der sprachlichen Leistung und der Sprechmanier der Schauspieler ist ein Standardkriterium in Brentanos Kritiken, das in jeder einzelnen Rezension und zum Teil sehr ausführlich behandelt wird.[78] Die Bandbreite der angesprochenen Themen reicht dabei von Exkursen über den grundsätzlichen Stil der Bühnenhochsprache[79] und rollenspezifische Besonderheiten der Artikulation[80] bis hin zu Fehlern, Übertreibungen oder Manierismen in der Aussprache - und immer liegt Brentanos Sprechkritik ein deutlich spürbarer pädagogischer Impetus zugrunde: "Bei weisem Rat und gar keiner Eitelkeit", so zum Beispiel zum Darsteller des Don Cesar (Koberwein) in der "Braut von Messina", "könnte dieser herrlich begabte Mann ein Künstler werden, der das meiste vermöchte. Eines nur hat er in seiner Tonschwelgerei ganz ins Unleidliche übertrieben, es sind die Diphtongen in der Aussprache. Kein i, das er nicht zum ü, kein ei, das er nicht zum eu, kein eu, das er nicht zum äu verüppichte. Das ist das größte Unglück, welches einem hochdeutschenden Heros

76 Goethe, Regeln für Schauspieler, S. 731

77 Der plastische Eindruck, den Brentanos Kritiken vermitteln, ist wirklich eine Innovation. Theaterkritiken des 18. Jahrhunderts, ja noch der Kunstperiode, wirken dagegen ausgesprochen stereotyp und standardisiert, so daß man die Besonderheit der jeweiligen schauspielerischen Rollendarstellung oft überhaupt nicht nachvollziehen kann.

78 Am deutlichsten in der Besprechung der "Braut von Messina"; Brentano, Theaterrezensionen, S. 1080 - 1085

79 Brentano, Theaterrezensionen, S. 1069

80 Ebd., S. 1090

begegnen kann; dänn ös üst eugentlüch um keun Haar bösser, als wönn eun ödler Provünzüaldüalöktspröscher, um hochdäutsch zu röten, statt Not Nat, statt Brot Brat, statt Person Persan sprücht. (...) Man will hochdeutscher sprechen, als es möglich ist, und spricht dadurch kein Deutsch mehr."[81]

Der strategische Sinn der sprachzentrierten Schauspieler-Pädagogik und Rollenkritik ist offenkundig: erst bei genauer Textkenntnis, fehlerlosem Memorieren, dialektfreier und deutlicher Aussprache sowie der Fähigkeit zum sinngemäßen Vortrag von Versen und Reimen wird der sakrosankte Status des dramatischen Texts im Theater auch tatsächlich respektiert. Sprecherziehung und entwickelte Sprechkultur werden im Literaturtheater wichtig, damit das poetische Drama in Gänze und 'unverletzt' - 'so wie der Dichter es geschrieben hat' - zur Aufführung kommt: "Die Versifikation ist unläugbar ein akustisches Hilfsmittel. Von Meisterwerken der dramatischen Kunst darf keine Silbe verlorengehen. Dies kann ohne übermäßige Anstrengung der Stimme geleistet werden, durch reine Artikulation, richtige Betonung und die Beobachtung der gehörigen Pausen. Wenn unsere Schauspieler sich diese Kunst erst ganz zu eigen gemacht haben, dann werden wohl auch die häufigen Klagen über die fehlerhafte akustische Beschaffenheit der Theater wegfallen."[82] - Die Verbesserung der Sprechkultur, wie sie das literarische Theater der Kunstperiode anstrebt, verlangt eine einschneidende Veränderung der schauspielerischen Probenarbeit: Die sprachlich-rhetorische Arbeit mit und am Text wird im Vergleich zu den Produktionsstandards des 18. Jahrhunderts eminent ausgeweitet und zu einem Schwerpunkt der Theaterarbeit. In der Rückerinnerung an die Durchsetzung des dramatischen Verses an der Jahrhundertwende markiert August Wilhelm Schlegel diesen Bruch mit spürbarer Ironie: Bei der Einführung versifizierter Stücke gebärdeten die Schauspieler sich "(...) ungefähr wie jemand, dem zum ersten Mal eine Ananas dargeboten wird, und der die unbekannte Frucht mit der stachligen Krone voran zum Munde führt. Insbesondere schienen unsere jungen Helden und ersten Liebhaber überzeugt gewesen zu sein, es sei die Hauptsache bei der Schauspielkunst, sich mit einer stattlichen Figur auf den Brettern zu spreizen; man müsse mit seiner Person bezahlen, die Worte der Rolle seien dabei nur ein notwendiges Übel, womit man sich so wohlfeil abfinden dürfe wie möglich. (...) Man fand es sehr

81 Ebd., S. 1084. - In der Auseinandersetzung mit der schauspielerischen Sprechkultur sind zwei Phasen zu unterscheiden: An der Jahrhundertwende fordern Klassik und Romantik im Zusammenhang mit der Durchsetzung versifizierter Stücke die Einübung von Vers-Rezitation und hoher Deklamation; ab Mitte der zehner Jahre tritt man dagegen wieder verstärkt für eine 'natürliche' Sprechmanier und das Ende der 'hohlen Deklamation' ein; Brentanos Kritiken gehören schon zur zweiten Phase. Siehe dazu auch Devrient 1967, Bd. II, S. 76.

82 A. W. Schlegel, Etwas über William Shakespeare bei Gelegenheit Wilhelm Meisters, S. 122

unbequem, genauer auswendig lernen zu müssen, als es bei der bisherigen platten Prosa nötig gewesen war."[83]

Was Schlegel hier im Hinblick auf das Verhältnis von Schauspieler und Rolle andeutet, läßt sich verallgemeinern: im Theater des 18. Jahrhunderts setzte sich die schauspielerische Rollengestaltung zusammen aus der Darstellung des dramatischen Charakters und der 'Ausstellung' der Persönlichkeit des Schauspielers. Das Changieren zwischen dem Potential des Charakters und der Individualität des Schauspielers interessierte die Rezipienten in besonderem Maß; die Erfahrung der 'tiefsten Geheimnisse der Seele' bezog sich auf die dramatische Figur und die Person des Schauspielers gleichermaßen.[84] Dieser, wenn man so will, 'changierenden' Darstellungsästhetik gegenüber postuliert das Literaturtheater eine ganz andere 'Rollenphilosophie': Wichtigstes Erfordernis für die Rollengestaltung des Schauspielers wird jetzt die Zurückdrängung oder 'Ausblendung' der eigenen Persönlichkeit und - als grundlegende Haltung - die Ausbildung von Ich-Distanz. Ausschließlich das Bedeutungspotential des dramatischen Charakters soll in Rollenprofil und Rollengestaltung eingehen.[85] - In E. Th. A. Hoffmanns "Seltsame(n) Leiden eines Theaterdirektors", einem der produktivsten theatertheoretischen Texte der Kunstperiode, entwickelt Hoffmanns 'brauner Theaterdirektor' dieses Grundprinzip der klassisch-romantischen Schauspielertheorie: "Gibt es denn noch eine Kunst, die so ganz auf die Persönlichkeit des Künstlers basiert zu sein scheint, außer der Schauspielkunst? Ihre Ausübung ist bedingt durch das Zur-Schau-Tragen der Person, wie es schon das Wort: Schauspiel - Schauspieler andeutet. Nun ist aber wohl zu beachten, daß eben das Zur-Schau-Tragen der eignen individuellen Person gerade der gröbste Fehler des Schauspielers ist. (...) Sprache, Gang, Haltung, Gebärde gehören nicht mehr dem individuellen Schauspieler, sondern der Person an, die, die Schöpfung des Dichters, wahr und lebendig in ihm aufgegangen und die nun so blendend herausstrahlt, daß sein Ich darüber wie ein farblos nichtiges Ding verschwindet. Das gänzliche Verleugnen oder vielmehr Vergessen des eignen Ichs ist daher gerade das erste Erfordernis der darstellenden Kunst."[86]

---

83 Ebd., S. 121 - Die beiden Zitate sind aus dem "Zusatz zum neuen Abdruck. 1827", den Schlegel bei der Neuausgabe seines Aufsatzes als rückblickende theatergeschichtliche Erläuterung schrieb.

84 Siehe Kapitel III, Abschnitt 2. - Natürlich geht in jede Rollengestaltung die Individualität des Schauspielers ein. Aber im 18. Jahrhundert war dieses Changieren gewünscht und ein wesentlicher Bestandteil des Spiels; im Literaturtheater dagegen ist dieses Changieren definitiv verpönt.

85 Das klingt für uns so selbstverständlich. Aber im theatergeschichtlichen Kontext war das in der Tat eine Innovation.

86 Hoffmann, Seltsame Leiden eines Theaterdirektors, S. 390 - 391

Das Ideal vom 'Vergessen des eignen Ichs' hat nicht nur programmatische und kunsttheoretische Bedeutung, sondern wird auch als Anforderungsprofil in der Theaterpraxis zu etablieren versucht: In einem reichlich geschönten Bericht über die Leistungen des "Weimarischen Hoftheaters" - so auch der Titel seines Essays - nennt Goethe als einen der 'vornehmsten Grundsätze seiner Theaterarbeit': "(...) der Schauspieler müsse seine Persönlichkeit verleugnen und dergestalt umbilden lernen, daß es von ihm abhange, in gewissen Rollen, seine Individualität unkenntlich zu machen."[87] Diese konzeptionelle Zielvorgabe soll durch die Absonderung der Rollen voneinander, durch ein je spezifisches Rollenprofil also, erreicht werden. Darüber hinaus fungiert die Ich-Distanz auch als zentrales Bewertungskriterium in der Theaterkritik. In seinen Aufführungsrezensionen untersucht Brentano jede Rollendarstellung unter diesem Parameter und moniert Verstöße dagegen explizit: "Sie waren um ein Haar," so gegenüber einem Schauspieler, "aber auch nur um ein Haar zu selbstgefällig, Sie hörten sich einigemal und sahen sich öfters selbst zu; dieses nicht zu tun ist die größte Kunst des Schauspielers, der sonst nie ganz die Person wird, die er spielt. (...) Es ist dies übrigens ein Fehler, mit dessen Ablegung alle Kunst ihren Anfang macht, weil alle Kunst in der Entäußerung des Selbstgefühls beginnt (...). In der Mode zeigt sich ein solches Selbstgefühl meistens bei denjenigen, welche einen Zipfel des Schnupftuches aus der Tasche hängen lassen, und einer Rolle, welche so gespielt wird, hängt allerdings die Person des Schauspielers wie jenen das Schnupftuch aus der Tasche."[88]

Strategisch betrachtet geht es bei der Forderung nach der 'Verleugnung des eigenen Ichs' (E. Th. A. Hoffmann) darum, nicht die eigene Person zum herausragenden theatralen Attraktionswert zu machen und damit gleichsam 'auf Kosten der Literatur' zu spielen. Denn konzeptionelle Vorgaben und Inhalt der Rollendarstellung sind allein und ausschließlich durch den Text determiniert; sie ergeben sich aus dem Studium des Stücks und der einzelnen dramatischen Charaktere. Exemplarisch läßt sich das wiederum an Brentanos Theaterkritiken verfolgen. Immer vergleicht er die Rollengestaltung der Schauspieler mit den 'outlines' der dramatischen Charaktere, wie er sie in seiner Stück-Interpretation festgelegt hat. Und immer bewertet er die schauspielerische Leistung danach, inwieweit der von vornherein feststehende Bedeutungsgehalt des dramatischen Charakters getroffen bzw. verfehlt worden sei.[89] Weil jeder dramatische Charakter - durch seinen spezifischen Bedeutungsgehalt, sein Verhältnis zu den anderen dramatischen Figuren, durch die Struktur des Dramas etc. - ein eigenständiges Profil besitzt,

87 Goethe, Weimarisches Hoftheater, S. 694

88 Brentano, Theaterrezensionen, S. 1067

89 Besonders prägnant etwa in der Besprechung einer "Othello"-Inszenierung; Brentano, Theaterrezensionen, S. 1103 - 1108

muß auch jede einzelne Rolle spezifisch erarbeitet und als 'verbesonderte' gestaltet und gespielt werden. Jede Form typisierender oder standardisierter Darstellung ist der klassisch-romantischen Fraktion ein Greuel; gegen die zeitgenössische Praxis der Rollenfächer regt sich deswegen massiver Widerstand: "Wodurch erlangen große Künstler die Fähigkeit, jeden Helden anders, ganz anders darzustellen, als dadurch, daß sie früher sich die mannigfaltigsten Aufgaben gelöst haben? Aber dieses in die Manier Geraten ist die Folge des leidigen Rollenwesens und der beinah lächerlichen Fächer auf der Bühne, wodurch lauter feststehende Masken erzogen werden"[90].

Mit dem ausschließlich an der Rolle orientierten Darstellungsideal des Literaturtheaters ist die grundsätzliche Spielhaltung des Schauspielers noch nicht festgelegt. Die romantischen Autoren und Theaterleute plädieren in dieser Frage vehement für eine vollkommen 'identifikatorische' Spielhaltung, bei der der Schauspieler seine eigene Identität und Individualität gänzlich 'vergißt' und vollständig - bis zur Gefährdung der eigenen psychischen und physischen Gesundheit - in der Rollenfigur aufgeht, 'sich in ihr verliert'. An den beiden berühmtesten Schauspielern der Romantik, den 'dämonischen' Mimen Fleck und Ludwig Devrient, wird dieser Spielgestus als Gipfel aller Schauspielkunst immer und immer wieder gerühmt: "Fleck war vielleicht der einzige deutsche Schauspieler, welcher ganz diese oder jene Rolle darstellte, weil er in seiner Seele dieser oder jener war, und nicht weil er wie dieser oder jener sich betrug."[91] - Demgegenüber treten Goethe und Schiller in ihrer Theaterarbeit für einen eher distanziert-kontrollierten Spielgestus ein: In Goethes "Regeln" wird, wo es um Fragen der Mimik und Gestik, der Körperhaltungen und -bewegungen geht, auf die Betonung der Künstlichkeit des Darstellungsprozesses und der Aufführung abgezielt. Durch diese Normen ist eine identifikatorische, 'sich verlierende' Spielhaltung zumindest erschwert. - Die alte Debatte über das 'heiß oder kalt' spielen, die schon den schauspielertheoretischen Diskurs des 18. Jahrhunderts durchzogen hat, findet in dieser unterschiedlichen Akzentuierung zwischen Romantik und Klassik gleichsam seine Fortsetzung ins frühe 19. Jahrhundert.

Das vierte Element der schauspielerischen Arbeit, das mit der literarischen Theaterreform grundlegend verändert wird, ist die Art und Weise des Zusammenspiels. Im aufklärerischen Theater wurde das präzise Ineinandergreifen der einzelnen Auftritte und Szenen nicht besonders wichtig genommen; eine Ensemble-Ästhetik war kaum entwickelt und interessierte die Produzenten und Rezipienten auch nur wenig. An der Aufführung faszinierten die einzelnen, besonders leidenschaftlichen Szenen, an den Schauspielern die einzelnen, emotional aufrührenden Auftritte, die denn bei Gefallen auch durchaus wiederholt wurden. In Absetzung

---

90 Ebd., S. 1101
91 Ebd., S. 1121

von dieser stark fragmentierten, auf das einzelne Spektakuläre zentrierten Spielweise fordern die literarischen Theaterreformer nun ein 'harmonisches und rundes Zusammenspiel'. Das harmonische Zusammenspiel meint zum einen den technisch präzisen Ablauf der Aufführung ohne Stockungen, Brüche, fehlerhafte oder verpatzte Anschlüsse, Textaussetzer etc.; es meint zum zweiten die Existenz eines einheitlichen Spielgestus bei allen Beteiligten; und es bedeutet zum dritten die Entwicklung einer Ensemble-Ästhetik, bei der die 'harmonische Wirkung des Ganzen' gegenüber segmentierten Attraktionswerten - etwa der Virtuosität eines Schauspielers - im Vordergrund steht und von den Beteiligten auch als konzeptionelle Vorgabe und ästhetisches Ziel der Inszenierung akzeptiert wird. Insbesondere die Durchsetzung einer Ensemble-Ästhetik ist in der deutschen Theatergeschichte eine Innovation mit weitreichender Folgewirkung für die Theaterästhetik des späten 19. Jahrhunderts.[92]

Im Rahmen seiner 'Schauspieler-Reform' war Goethe neben der Sprechkultur besonders an der Entwicklung eines harmonischen Zusammenspiels gelegen. Selbst jene Zeitgenossen, die der Autonomie-Ästhetik und der Weimarer Theaterarbeit eher kritisch gegenüberstanden, haben das Ensemblespiel immer als ausgesprochene Stärke der Truppe hervorgehoben: "Der zweite Vorzug der Weimarischen Bühne", so Kotzebue in der "Zeitung für die elegante Welt", "ist das rund zusammen spielen, das Ensemble. Hier heißt es nicht: Jeder für sich, und Gott für uns Alle! Hier steht Jeder zuerst für Alle und zuletzt für sich da. Hier sucht sich Keiner vorzudrängen, um allein zu glänzen; hier wechseln die Schauspieler ihre Reden Schlag auf Schlag und, wenn sie lebhafte Tiraden vorzutragen haben, so geschieht das ganz mit der Schnelligkeit, die erforderlich ist, um in dem Zuschauer die Täuschung zu erregen, daß Alles eben jetzt aus dem Inneren des Redenden hervorströmt. Dabei muß freilich der Souffleur, zum großen Vorteil des Zuschauers, verstummen."[93] - Für einen einheitlichen Spielgestus - den 'hohen', anti-naturalistischen, die Künstlichkeit der Darstellung betonenden 'Weimarer Stil' - sorgte Goethe schon in der Erziehung seiner Schauspieler und der Probenarbeit mit ihnen. Einen präzisen Ablauf der Inszenierung erreichte er durch seine eigene Regie-Aufsicht und durch eine im Vergleich zur Praxis anderer Theater außergewöhnlich hohe Zahl an Lese-, Stell- und Bühnenproben. Das zeitgenössische Virtuosen-System - Gastspielreisen einzelner berühmter Schauspieler ohne Einbindung in ein Ensemble - lehnte Goethe strikt ab und ließ sie bis auf wenige Ausnahmen in Weimar nicht zu; wie er umgekehrt auch seinen eigenen Schauspielern auswärtige Gastspiele untersagte. Und selbst von seinen hervorragendsten Kräften verlangte er die Übernahme von Nebenrollen und Statisten-

---

92 Die Bezüge zwischen dem Ideal des harmonischen Zusammenspiels und - um nur ein Beispiel anzuführen - der Ensembleästhetik der Meininger sind offensichtlich.

93 Kotzebue, zit. nach: Linder 1990, S. 134

aufgaben, eine Einordnung ins Ensemble also. Zweifellos am deutlichsten jedoch dokumentiert sich die Weimarer Ensemble-Ästhetik in Goethes und Schillers Faible für ausgefeilte Szenen-Tableaux und die 'harmonische Wirkung' des theatralen Gesamtbilds. Bei wichtigen Inszenierungen komponierten Goethe und Schiller die einzelnen Szenen nach bildlich-visuellen Gesichtspunkten, gleichsam als 'bewegtes Gemälde': Von der Körperhaltung der Protagonisten über ihre Stellung zueinander bis hin zu den Gängen, von der Anordnung und räumlichen Staffelung einzelner Gruppen bis zu ihrer bewegten Choreographie, von der abgestimmten Farbgebung bei Bühnenbild, Dekoration und Kostümen bis hin zum Stil der Bühnenmusik - alles wurde bis ins Detail so festgelegt, daß ein 'harmonisches Bild des Ganzen', ein 'abgestimmter Gesamteindruck' entstand. Insbesondere an den überlieferten Szenenbildern des Weimarer Theaters läßt sich diese auf die Ensemble-Wirkung bauende Inszenierungsästhetik anschaulich verfolgen[94]; im Paragraph 83 der "Regeln für Schauspieler" findet sie ihren bündigkurzen Ausdruck: "Das Theater ist als ein figurenloses Tableau anzusehen, worin der Schauspieler die Staffage macht."[95]

Das harmonische Ensemblespiel ist für das literarische Theater deswegen so wichtig, weil sich vorzüglich auf dieser Ebene der theatralen Darstellung die Harmonie und Einheit des poetischen Dramas 'reproduziert'. Umgekehrt gesagt: so lange das Zusammenspiel zerrissen, uneinheitlich, wenig abgestimmt und disharmonisch wirkt, kann sich der sinnliche Eindruck einer Einheit und Harmonie des Texts in der Aufführung gar nicht erst herstellen. In einer verallgemeinernden Bemerkung zu den Kennzeichen einer "guten Aufführung" bringt Brentano diesen Zusammenhang zwischen der Ensemble-Ästhetik und der theatralen Reproduktion des poetischen Dramas auf den Punkt: "Eine gute Aufführung aber nenne ich eine solche, in welcher alle Schauspieler in gleichem Grad wahr, deutlich, bestimmt und scharf spielen. In einer guten Aufführung kann keinem einzelnen Schauspieler geklatscht werden, sondern nur der ganzen Darstellung am Schlusse; denn die einzelnen Personen sollen nicht dargestellt werden, sondern die ganze Handlung. (...) Dazu gehört aber Einheit, Gleichheit der Bildung, gleich guter Wille, gleiche Bescheidenheit oder Unterordnung unter ein einziges überwiegendes Gesetz. So etwas ist aber nicht auf unserer Bühne zu denken, und ist ein Schauspieler da, der das Seinige tut, und es zu tun vermag, so befindet er sich unter den andern wie Robinson auf der Affeninsel. Jedes Schauspiel, das man sieht, stellt ein Bild dar, das in tausenderlei Manieren ausgeführt ist. Der eine malt im edlen Stil, der andre schmiert, der dritte hebt sich im Basrelief hervor, der vierte arbeitet in Mosaique, der fünfte schattiert mit gehackten Haaren, der

94 Siehe die bei Kindermann 1962, S. 193ff. (Bildteil) oder bei Devrient 1967, Bd. I, S. 624ff. (Bildteil) veröffentlichten Szenen- und Bühnenbilder.

95 Goethe, Regeln für Schauspieler, S. 744

sechste malt Fresko, der siebente mit Federn, der achte macht übertriebene Arbeit, der neunte malt gar nicht, er singt, ein anderer quickt, ein andrer quackt usw., wie soll da das Bild des Dichters herauskommen?"[96]

Auffällig oft erläutern die literarischen Theaterreformer das harmonische Zusammenspiel im Verweis auf die Musik und die musikalische Aufführung, das Konzert. Dort scheint ihnen das grundsätzliche 'mediale' Problem aller 'reproduzierenden' Künste, daß die Ausführenden nicht identisch sind mit dem 'Schöpfer' des Werks und daß die Herstellung des Produkts kollektiv erfolgt, viel besser beherrschbar zu sein als in der theatralen Aufführung. Tieck beispielsweise beschreibt eine seiner Ansicht nach vollendete "Tasso"-Inszenierung folgendermaßen: "Die ganze Darstellung läßt sich mit einem schön ausgeführten Concert vergleichen, in welchem Virtuosen, die ihrer Kunst mächtig sind, das herrliche Werk eines großen Meisters vortragen, kein Instrument, kein Ton überschreit oder fehlt"[97]. - Das Surplus der musikalischen Aufführung hat zwei Gründe: erstens scheinen in der Partitur die Intentionen des Schöpfers genauer festgelegt als im dramatischen Text; der exaktere Notationsgrad der Musik beschränkt den Interpretationsspielraum. Zweitens wacht über die musikalische Aufführung der Dirigent - eine mit institutioneller und disziplinarischer Macht ausgestattete Leitungsinstanz -, der zumindest idealtypisch den Intentionen des Schöpfers verpflichtet ist und das harmonische Zusammenspiel durchsetzt: "Jedes Schauspiel ist wie eine Art Musik auf Noten geschrieben, die Musik aber wird elend, wenn jeder aus einer andern Tonart spielt und einige forte sind, wenn der andere piano ist. Der höchste Beweis, wie viel weiter die Musik als die Schauspielkunst ist, geht daraus hervor, daß alle Musiker dirigiert werden, die Schauspieler aber alle ad libitum spielen."[98]

Brentanos launiger Hinweis auf den Dirigenten läuft auf die Etablierung einer literarischen Leitungsinstanz im Theater hinaus, positionell vergleichbar der heutigen Regie. Und tatsächlich wird diese Forderung in den Programmschriften des Literaturtheaters auch massiv erhoben; sie macht den fünften Punkt in der Reform der Schauspielerarbeit aus. August Wilhelm Schlegel etwa will 'Kenner der dramatischen Kunst' als 'Aufsichtspersonal' eingesetzt wissen: "Die Schauspielergesellschaften sollten unter der Aufsicht von einsichtsvollen Kennern und Ausübern der dramatischen Kunst stehen, die nicht selbst Schauspieler wären. Engel hat eine Zeit lang dem berlinischen Theater vorgestanden, und die Augenzeugen versichern allgemein, daß er es zu einer ungewöhnlichen Höhe erhoben hatte. Was Goethe durch seine Leitung des weimarischen Theaters in einer kleinen Stadt und mit geringen Mitteln leistet, wissen alle Kenner. Seltne Talente

96 Brentano, Theaterrezensionen, S. 1111
97 Tieck, Dramaturgische Blätter, Bd. II, S. 255
98 Brentano, Theaterrezensionen, S. 1112

kann er weder schaffen, noch belohnen, aber er gewöhnt die Schauspieler an Ordnung und Schule, wovon sie sonst meistens nichts wissen wollen, und gibt dadurch seinen Vorstellungen oft eine Einheit und Harmonie, die man auf größeren Theatern vermißt, wo jeder spielt, wie es ihm eben einfällt."[99] - Brentano sieht den literarisch versierten Regisseur als 'conditio sine qua non' bei der Inszenierung poetischer Dramen: "Zu einer vollkommenen Aufführung dieses edelsten Werkes", so in einer Besprechung der "Braut von Messina", "gehört die strengste Leitung eines tieffühlenden und reinpoetisch fühlenden Denkers, in dem die Gesetze aller Künste vereinigt sind, gehört weiter frömmster Gehorsam aller Spielenden"[100].

Der literarischen Leitungsinstanz, wie sie von Schlegel und Brentano skizziert wird, obliegen zwei Aufgaben: zum einen ist sie zuständig für den Transfer des Werkgehalts in die Aufführung, für die Herstellung der 'Harmonie des Ganzen'. Die literarisch orientierte Regie liefert und verwirklicht eine künstlerische Gesamtkonzeption der Aufführung; und erst ab diesem Punkt der theatergeschichtlichen Entwicklung kann man genaugenommen von einer "Inszenierung" sprechen. Gleichzeitig aber ist die Regie auch Disziplinar- und Sanktionsinstanz, die, abgesichert durch institutionelle Macht, die künstlerische Gesamtkonzeption gegenüber den Schauspielern durchsetzt und deren Unterordnung unter den Text garantiert oder erzwingt. Ein derart qualifizierter Aufgabenbereich war im Theater des 18. und frühen 19. Jahrhunderts gänzlich unbekannt. Die Arbeit des 'Regisseurs' bestand dort in der Verteilung der Rollen, der Festlegung und Organisation der wenigen Proben, der Aufzeichnung von Verstößen gegen die Theatergesetze etc., vergleichbar dem also, was heute Disposition und Künstlerisches Betriebsbüro leisten. Erst im literarischen Theater der Kunstperiode gibt es als theatergeschichtlich neuen Arbeitsbereich die Regie im modernen Sinn, erstmals hier wird - nach literaturzentrierten Prinzipien - tatsächlich 'Regie geführt'. Und nirgends läßt sich dieser Prozeß sowie die Kombination originärer 'Inszenierungs'-Arbeit und disziplinarischer Macht anschaulicher verfolgen als in Goethes Weimarer Theaterarbeit, in seinem ausgesprochen autokratischen Theater-Regime.[101]

99 A. W. Schlegel, Vorlesungen über dramatische Kunst und Literatur, Bd. II, S. 287

100 Brentano, Theaterrezensionen, S. 1082

101 Sehr anschaulich mit vielen hübschen Beispielen und bislang unveröffentlichtem Quellenmaterial beschreibt Jutta Linder Goethes 'Disziplinarregime'. Siehe Linder 1990, insbesondere S. 101 - 117 und S. 135 - 154. Spannendes Material zu Goethes Proben-, Inszenierungs- und Disziplinarpraxis auch in den (Auto-) Biographien der Weimarer Schauspieler, insbesondere bei Genast ("Aus Weimars klassischer und nachklassischer Zeit"), der hier Aufzeichnungen seines Vaters, des Weimarer Schauspielers und Regisseurs Anton Genast, publiziert.

Die Reform der schauspielerischen Arbeit und Darstellungsästhetik brachte eine enorme Ausweitung der Probenarbeit und der Probenzeit - bezogen auf jede einzelne Inszenierung - mit sich. Die traditionelle Praxis, neue Stücke in wenigen Tagen, manchmal gar von einem Tag auf den anderen, auf die Bühne zu stellen, war unter den Bedingungen des Textstudiums, der Sprechpflege, der spezifizierten und ich-distanzierten Rollendarstellung und des abgestimmten Ensemblespiels nicht mehr durchzuhalten. Existierende Proben-Formen wurden ausgeweitet, neue Proben-Formen wurden entwickelt. In Weimar etwa waren konzeptionelle Erläuterungen der 'Regisseure' Goethe und Schiller durchaus Bestandteil des Probenprozesses, Lese- und Einzelproben - bislang in der Theaterpraxis zwar nicht unbekannt, jedoch kaum praktiziert - wurden besonders ausführlich gepflegt, die Zahl der Durchlaufproben deutlich erhöht: "Goethe hielt gewöhnlich eine Reihe von Leseproben ab und anschließend einige Bühnenproben. Seine Probenzeiten mögen im Vergleich mit der heutiger Regisseure eher als eine quantité négligeable erscheinen, im Kontext des zeitgenössischen Theaters dagegen waren sie außergewöhnlich lang."[102]

Alle Reformpunkte, die das Literaturtheater seinen Schauspielern abverlangt, scheinen bei einer von E. Th. A. Hoffmann geschilderten Schauspielergesellschaft realisiert: In seinem Theaterdialog "Seltsame Leiden eines Theaterdirektors" schwärmt einer der beiden Direktoren ("Der Braune") von seiner in jeder Hinsicht perfekten Truppe, die er nach vielen Enttäuschungen um sich versammelt habe. Das Primat des dramatischen Texts und die literarische Leitungsinstanz sind hier anerkannt, Text- und Rollenstudium ebenso wie das harmonische Ensemblespiel verwirklicht:

> "Der Braune: (...) Endlich, nach vielen bittern Erfahrungen, nach vielen ausgestandenen Leiden und Qualen ist es mir gelungen, eine Gesellschaft zusammenzubringen, die ob ihrer Vortrefflichkeit, vorzüglich aber ob ihrer herrlichen einträchtigen Sinnesart, mir noch nie den mindesten Verdruß, sondern nur Freude gemacht hat. Kein einziges Mitglied gibt es, das sich rücksichts der Art zu sprechen, zu gestikulieren, sich anzukleiden und so weiter nicht unbedingt meinem Willen, wie ihn das aufzuführende Dichterwerk bestimmt, fügen und die Rolle auch in den kleinsten Momenten diesem Sinn gemäß ausführen sollte.
> Der Graue: Kein Mitglied - niemals die geringste Opposition?
> Der Braune: Niemals! Hierzu kommt, daß jeder, jede die Rolle aufs Und studiert und sich niemals eine Änderung, eine Auslassung erlaubt. Wir spielen ohne Souffleur.
> Der Graue: Das ist nicht möglich! - Wissen auch die Schauspieler ihre Rollen auswendig, so werden sie doch bestürzt, sobald sie keinen Kopf im Kasten erblicken.
> Der Braune: Wir spielen ohne Souffleur, und niemals Stockung - niemals auch nur ein augenblickliches ängstliches Zögern. Rechne ich hinzu, daß im Auf- und Abtreten, in dem Gruppieren um so weniger jemals Verwirrung herrscht, als es sich keiner einfallen läßt,

102 Fischer-Lichte 1993, S. 152

> sich auf Kosten des andern vorzudrängen, so können Sie sich die gefällige Ründe unserer Darstellungen denken."[103]

Doch Hoffmanns Theaterdialog endet mit einer großen Überraschung; auf Drängen des 'grauen' Theaterdirektors stellt ihm 'der Braune' seine Gesellschaft vor: "Der Braune nahm den Grauen bei der Hand, stieg mit ihm die Treppe herauf und öffnete ein Zimmer, in dessen Mitte ein großer Kasten stand. Mit den Worten: "Hier ist meine Gesellschaft!" schlug der Braune den Deckel des Kastens zurück. - Und der Graue erblickte eine gute Anzahl der allerzierlichsten und wohlgebautesten Marionetten, die er jemals gesehen."[104] - Hoffmanns Schlußpointe spielt sicher in erster Linie auf die Schwierigkeiten der literarischen Theaterreform an; gleichzeitig birgt sie ein überaus treffendes Bild jener Unterordnung und Disziplinierung der Schauspieler, die das Literaturtheater anstrebt und die sich theatergeschichtlich im Verlauf des 20. Jahrhunderts durchgesetzt hat: die Schauspieler als Marionetten in den Händen des Regisseurs.

4. Funktionen des Literaturtheaters

Im klassisch-romantischen Medienverständnis besitzt das literarisch reformierte Theater keine gesellschaftlichen Funktionen mehr. Die für die Aufklärung relevanten Funktionsbestimmungen und Medienutopien werden in der ästhetischen Theorie und Praxis der Kunstperiode radikal verworfen und durch das Programm der "Autonomie der Kunst" ersetzt. Der klassischen Kunstdoktrin zufolge ist jede 'wirkliche Kunst' - und damit auch das Literaturtheater - von einem funktionalen und 'dienenden' Verhältnis gegenüber der zeitgenössischen Wirklichkeit befreit. Die 'autonome' Kunst separiert sich als besonderer Bereich gesellschaftlicher Praxis von der sie umgebenden Realität und besitzt allein ästhetische Bedeutungen und Funktionen. Autonome Kunst hat weder die Aufgabe, Wirklichkeit abzubilden und mit künstlerischen Mitteln zu 'erläutern', noch genügt sie der Verpflichtung, durch wie immer spezifizierte Aufklärungsoperationen und Verhaltensänderungen bei den Rezipienten zum gesellschaftlichen Fortschritt beizutragen. Zweck der künstlerischen Praxis ist allein die Produktion von 'in sich selbst vollendeten' Werken (Karl Philipp Moritz), die derart das Signum ästhetischer Schönheit, Harmonie, Geschlossenheit und Ganzheit in sich tragen. Und der Zweck der Kunstrezeption besteht allein darin, durch die Auseinandersetzung mit den Einzelwerken ästhetische Erfahrungen und längerfristig einen Prozeß ästhetischer Bildung und Erziehung des Individuums zu ermöglichen. Von allen 'heterogenen', kunstfremden Zwecken, Aufgaben und Funktionen

103 Hoffmann, Seltsame Leiden eines Theaterdirektors, S. 469 - 470
104 Ebd., S. 473

also scheint die autonome Kunst gänzlich befreit. In einem Brief an Herder, der am aufklärerischen Kunstbegriff festhält und sich deswegen zusehends den Weimarer Klassikern entfremdet, entwickelt Schiller diesen Separationsprozeß: "Es läßt sich, wie ich denke, beweisen, daß unser Denken und Treiben, unser bürgerliches, politisches, religiöses, wissenschaftliches Leben und Wirken wie die Prosa der Poesie gegenübergesetzt ist. Diese Übermacht der Prosa in dem Ganzen unsres Zustandes ist, meines Bedünkens, so groß und so entschieden, daß der poetische Geist, anstatt darüber Meister zu werden, notwendig davon angesteckt und also zugrunde gerichtet werden müßte. Daher weiß ich für den poetischen Genius kein Heil, als daß er sich aus dem Gebiet der wirklichen Welt zurückzieht und anstatt jener Koalition, die ihm gefährlich sein würde, auf die strengste Separation sein Bestreben richtet. Daher scheint es mir gerade ein Gewinn für ihn zu sein, daß er seine eigene Welt formieret und durch die griechischen Mythen der Verwandte eines fernen, fremden und idealischen Zeitalters bleibt, da ihn die Wirklichkeit nur beschmutzen würde."[105]

Paradoxerweise geht die Autonomisierung der Kunst - die Trennung von Kunst und Lebenspraxis - auf gesellschaftskritische Beobachtungen und gesellschaftstheoretische Reflexionen zurück, die Entfremdungs- und Dissoziationserfahrungen des Zivilisationsprozesses und der frühkapitalistischen Gesellschaft in ihren Folgen für das Individuum mit großer Sensibilität fassen. Deutlich läßt sich das an jenen kunsttheoretischen Aufsätzen Karl Philipp Moritz'[106] und Friedrich Schillers verfolgen, in denen die Grundzüge der Autonomieästhetik entfaltet werden. Moritz etwa wendet sich gegen eine Gesellschaftsverfassung, die die Zweckrationalität, das Prinzip der Nützlichkeit und der ökonomischen Verwertbarkeit zum Maßstab aller Dinge und Handlungen gemacht hat. Dezidiert kritisiert er die Trennung von Kopf- und Handarbeit, die daraus für die 'abhängigen Handarbeiter' folgende Behinderung einer umfassenden Entwicklung ihrer menschlichen Potenzen sowie - zumindest im Ansatz - die klassenantagonistische Struktur der Gesellschaft.[107] In den "Briefen über die ästhetische Erziehung des Menschen", der geschichtsphilosophischen Fundierung der Autonomieästhetik, setzt Schillers Argumentation beim Verlust der gesellschaftlichen Totalität im Verlauf des Zivilisationsprozesses an. Im Vergleich zum klassischen Griechenland, dem

---

105 Schiller an Herder, 4. Nov. 1795; zit. nach Bürger 1977, S. 79

106 Ich verweise auf drei besonders wichtige Aufsätze Moritz': "Versuch einer Vereinigung aller schönen Künste und Wissenschaften unter dem Begriff des in sich selbst Vollendeten"; "Über die bildende Nachahmung des Schönen"; "Grundlinien zu einer vollständigen Theorie der schönen Künste". Alle Aufsätze in: Moritz, Schriften zur Ästhetik und Poetik.

107 Zu den gesellschaftskritischen Elementen von Moritz' Kunsttheorie siehe Bürger 1977, S. 119 - 130.

Exempel der idealen, vor-modernen Welt, scheint ihm die Moderne gekennzeichnet durch die Auflösung eines sinnlich erfahrbaren Zusammenhangs und Zusammenhalts der Gesellschaft, durch den Verlust allgemein-verbindlicher Sinn- und Deutungsmuster, durch immer schärfere Widersprüche zwischen den Interessen des Individuums und der Gesellschaft, durch Prozesse der Arbeitsteilung, der Vereinzelung und der Fragmentierung des Subjekts, dem so die Möglichkeit zur umfassenden Entfaltung der Persönlichkeit benommen ist. Gegenüber einer derart strukturierten Realität wird die Kunst als autonome Praxis etabliert, die sich den beschriebenen Entfremdungserfahrungen der 'modernen' Gesellschaft entziehen kann. Denn das Kunstwerk als in sich selbst vollendetes, harmonisches Ganzes, das keine anderen Bedeutungen und Funktionen als ästhetische besitzt, verweigert sich per definitionem allen Verwertungsinteressen[108] und Nützlichkeitsmaßstäben, wie es gleichzeitig die Möglichkeit einer nicht-fragmentierten und nicht-zerstückelten Existenzform ästhetisch zur Anschauung bringt. Die Kunstrezeption ermöglicht damit Gegenerfahrungen zu den herrschenden Vergesellschaftungsbedingungen, die nach Meinung der Autonomieästhetiker nur in der Kunst möglich sind und deswegen geradezu existentielle Bedeutung gewinnen. In Moritz' eher kontemplativ-resignativer Theorie versöhnt die Kunstrezeption mit der schlechten Realität, macht sie im wahrsten Sinn des Worts erträglicher: "Der Akt der Rezeption, wie Moritz ihn beschreibt, bringt den Rezipienten nicht nur in eine harmonische Übereinstimmung mit der Schönheit, die er im Werk betrachtet, sondern auch mit der ihn umgebenden Realität."[109] Bei Schiller, politisch und geschichtsphilosophisch reflektierter als Moritz, birgt die Kunsterfahrung die Chance zur Entfaltung der in der Realität verkümmerten Fähigkeiten und Bedürfnissse - deswegen nimmt das 'Spiel' eine so herausragende Bedeutung in den "Briefen über die ästhetische Erziehung des Menschen" ein - und die Möglichkeit zur ästhetischen Erfahrung oder 'Vorahnung' einer gesellschaftlichen Totalität des Menschen. Durch den Prozeß der kontinuierlichen Auseinandersetzung mit Kunst, durch das Projekt ästhetischer Erziehung, verwirklicht sich damit das Humanitätsideal des 18. Jahrhunderts, das Ideal der freien und umfassenden Entfaltung der bürgerlichen Persönlichkeit. In Schillers geschichtsphilosophischem Modell hat dieses ästhetische Bildungsprogramm auch wieder eine politische Dimension: ist es doch Voraussetzung dafür, daß sich in einer fernen Zukunft freie und entwickelte Individuen in einer neuen Form gesellschaftlicher Assoziation zusammenfinden und damit die im Prozeß der Zivilisation verlorene gesellschaftliche Totalität auf einer qualitativ und historisch

---

108 Der Status auch der 'autonomen Kunstwerke' als Kulturwaren, an die selbstredend Verwertungsinteressen geknüpft sind, bleibt innerhalb der klassisch-romantischen Kunsttheorie weitgehend ausgeklammert.

109 Bürger 1977, S. 128

neuen Stufe wiederherstellen: "Nicht durch eine Revolution also sollen die Bedingungen geschaffen werden, die jedem Bürger eine freie Entfaltung seiner Persönlichkeit erlauben würden, sondern auf dem Wege einer ästhetischen Erziehung. Damit wird dem Theater (und generell der Kunst) die Funktion zugewiesen, dem Menschen die in der historisch-gesellschaftlichen Wirklichkeit verlorene Totalität wiederherzustellen."[110]

Die Autonomieästhetik - und das macht sie trotz aller idealistischer Kruditäten historisch verständlich - stellt den Versuch dar, das alte Versprechen der Aufklärung von der Verbindung des gesellschaftlichen und individuellen Fortschritts einzulösen - unter den neuen sozialen Bedingungen an der Wende vom 18. zum 19. Jahrhundert und mit der Akkumulation der historischen Erfahrungen der bürgerlichen Klasse. Für den theoretisch und künstlerisch avanciertesten Teil der bürgerlichen Intelligenz ist trotz des gesellschaftlichen Fortschritts und der weltgeschichtlichen Umbrüche zwischen Anfang und Ende des 18. Jahrhunderts das Postulat der allseitig entwickelten Persönlichkeit, die die Aufklärung eben auch versprochen hatte, auf der Strecke geblieben.[111] Der exemplarische Roman der deutschen Klassik, der exemplarische bürgerliche Roman schlechthin, handelt bezeichnenderweise davon, wie der sozial privilegierte Bürgersohn Wilhelm Meister, der von den gesellschaftlichen und ökonomischen Entwicklungen des 18. Jahrhunderts objektiv profitiert hat, geradezu besessen das Projekt seiner individuellen Vervollkommnung verfolgt - ein Ziel, das wiederum erst durch die langsame Auflösung der feudal-absolutistischen Gesellschaft 'denkbar' und 'möglich' geworden ist. Die Kunst scheint diesem Teil der bürgerlichen Intelligenz unter den neuen sozialen Bedingungen am Jahrhundertende ein wesentliches, wenn nicht das einzige Mittel - auch diese 'Instrumentalisierung' der Kunst wird in Goethes "Lehrjahren" ja anschaulich geschildert -, das Ideal der allseitig entfalteten, nicht-entfremdeten Persönlichkeit zu verwirklichen; freilich um den Preis des Ausschlusses aller sozialen Wirkungen und Funktionen der Kunst. Damit kultiviert die Autonomieästhetik einen Denkfehler, der für den deutschen Idealismus und die bürgerliche (Kunst-) Ideologie insgesamt konstitutiv ist: die Vorstellung, individuelle Entwicklungsprozesse könnten sich auf Dauer unabhängig von der gesellschaftlichen Realität und gesellschaftlichem Fortschritt realisieren. Schon die historisch-sozialen Voraussetzungen für die Entstehung der Autonomieästhetik liefern dafür den Gegenbeweis.

---

110 Fischer-Lichte 1993, S. 162

111 Es wäre falsch, die Autonomieästhetiker zu Kapitalismuskritikern zu stempeln. Ihre gesellschaftskritischen Argumente sind in erster Linie durch die Verkümmerung des individuellen Entwicklungsanspruchs motiviert, weniger dagegen durch die sozialen Verhältnisse der frühkapitalistischen Gesellschaft - was die Erfahrung und Beschreibung von Entfremdungserscheinungen ja nicht ausschließt.

Die Funktion des literarischen Theaters liegt also - das läßt sich aus dieser Skizze der klassisch-romantischen Kunstdoktrin ableiten - in der Produktion ästhetischer Erfahrungen, die in einem längerfristigen Prozeß ästhetischer Erziehung zur allseitigen Bildung des bürgerlichen Menschen führen sollen. An die Stelle sozialer Wirkungen und Funktionen des Theaters, die für die Aufklärung interesseleitend waren, sind nunmehr ausschließlich ästhetische Funktionen gerückt. Dieser neue Kunst- und Theaterbegriff bringt einschneidende Veränderungen der Rezeptionsnormen und -formen mit sich:

Wie von ihren Schauspielern verlangen die literarischen Theatermacher auch von den Zuschauern eine gedanklich-konzeptionelle Vorbereitung auf die Aufführung - und da der Text im Mittelpunkt des theatralen Kunstwerks steht, heißt das: ein diskursives Studium des poetischen Dramas. Der 'unvorbereitete' Besuch des literarischen Bildungstheaters gilt nun als verpönt. In unübersehbarer Arroganz gegenüber dem Publikum beruft sich Goethe auf dieses Prinzip: "Man kann dem Publikum keine größere Achtung bezeigen, als, indem man es nicht wie Pöbel behandelt. Der Pöbel drängt sich unvorbereitet zum Schauspielhause, er verlangt, was ihm unmittelbar genießbar ist, er will schauen, staunen, lachen, weinen und nötigt daher die Direktionen, welche von ihm abhängen, sich, mehr oder weniger, zu ihm herabzulassen und von einer Seite das Theater zu überspannen, von der andern aufzulösen. Wir haben das Glück, von unsern Zuschauern, besonders wenn wir den jenaischen Teil, wie billig, mit rechnen, voraussetzen zu dürfen, daß sie mehr als ihr Legegeld mitbringen und daß diejenigen, denen bei der ersten sorgfältigen Aufführung bedeutender Stücke, noch etwas dunkel, ja ungenießbar, bliebe, geneigt sind, sich von der zweiten besser unterrichten und in die Absicht einführen zu lassen."[112] - Implizit spiegelt sich diese Anforderung gegenüber dem Publikum auch in den Theaterkritiken, den dramengeschichtlichen und dramaturgischen Veröffentlichungen der Kunstperiode. Diese Textsorten dienen ja nicht nur der Explikation des literarischen Theaterverständnisses selbst, sondern haben auch pragmatisch die Funktion, das Publikum im Vorfeld der eigentlichen Aufführungsrezeption literarisch zu sensibilisieren.

Von den Zuschauern wird - zweitens - erwartet, daß sie alle nicht produktionsgebundenen Attraktionswerte der Theatersituation ausblenden und sich ausschließlich auf die Inszenierung selbst konzentrieren. Während sich im Theatererlebnis des 18. Jahrhunderts immer Unterhaltungsqualitäten der Produktionsseite

---

112 Goethe, Weimarisches Hoftheater, S. 696 - 699. Dieses Zitat hat es in sich, wenn man seinen strategischen Sinn rekonstruiert. Goethes Aufsatz ist eine (geschönte) Rechtfertigung seiner Theaterarbeit nach dem Skandal um A. W. Schlegels "Ion" (1802), das beim Weimarer Publikum durchgefallen war. Vor diesem Hintergrund heißt dieses Zitat also: wäre das Weimarer Publikum nicht unvorbereitet, "wie Pöbel", ins Theater gekommen, hätte Schlegels "Ion" reüssiert.

mit jenen der öffentlichen Rezeptionssituation amalgamierten, der Blick des Zuschauers gleichsam zwischen Bühne und Publikum hin- und herschweifte, soll sich nun die Aufmerksamkeit des Zuschauers allein auf die Bühne focussieren - im mediengeschichtlichen Vergleich eine fundamentale Einschränkung und Vereinseitigung der theatralen Kommunikation. Gegenüber dem zentralisierten Kunstwerk der Inszenierung sollen die Zuschauer darüber hinaus auf alle unmittelbar-spontanen Reaktionsweisen, die konstitutiv für den Mediengebrauch des 18. Jahrhunderts waren, verzichten und stattdessen eine kontemplative Rezeptionshaltung einnehmen. Eine ruhige und konzentrierte 'Versenkung' in den Werkgehalt ist erwünscht, alle aktualisierenden und unmittelbaren Rezeptionsformen sind verpönt. Erst am Ende der Vorstellung darf in 'gesitteten' Formen der Beifall kundgetan werden. Wird diese Rezeptionsnorm verletzt, geht - um eine berühmte Anekdote als Beispiel anzuführen - die Intendanz des Weimarer Hoftheaters gegen dieses Gebaren vor. Als es während der Uraufführung von Friedrich Schlegels "Alarcos" zu Tumulten und Gelächter kommt, steht der Intendant Goethe auf und schreit ins Publikum: "Man lache nicht!"[113]

Das dritte Rezeptionsdogma des Literaturtheaters fordert anstelle der traditionellen Rezeptionsmodi der Einfühlung und Illusionierung die Ausbildung einer 'ästhetischen Distanz' gegenüber dem Kunstwerk. Die Einfühlung in Charaktere, Konfliktkonstellationen, soziale Konfigurationen etc. war für die Aufklärung der zentrale ästhetische Transfermechanismus zur Produktion sozialer Wirkungen bei den Zuschauern. Gleichzeitig erlaubte die Einfühlung - und nur in dieser doppelten Funktionalität ist ihre immense Bedeutung im 18. Jahrhundert zu begreifen - den Zuschauern das Erlebnis ihrer eigenen Innenwelt. Mit der Abwendung der Autonomieästhetik von einem wirkungsästhetisch konzipierten Kunstbegriff und ihrem Verzicht auf alle sozialen Funktionen der Kunst wird auch das Konzept der Einfühlung obsolet. Störend an der Einfühlung ist insbesondere, daß sie bestimmte Bedeutungselemente des Kunstwerks partikularisiert und eben nicht das Werk im Gesamt seiner formalen und inhaltlichen Bedeutungen als ein 'in sich vollendetes Ganzes' faßt. Im Vorwort zur "Braut von Messina" legitimiert Schiller den erstmals im 'neuzeitlichen' Drama wieder verwendeten Chor als dramaturgisches Mittel zur Verhinderung der Einfühlung, als ein 'illusionsbrechendes' Mittel - und erhebt gleichzeitig die 'ästhetische Distanz' zum einzig 'kunstgemäßen' Rezeptionsmodus: "Denn das Gemüth des Zuschauers soll auch in der heftigsten Passion seine Freiheit behalten, es soll kein Raub der Eindrücke seyn, sondern sich immer klar und heiter von den Rührungen scheiden, die es erleidet. Was das gemeine Urtheil an dem Chor zu tadeln pflegt, daß er die Täuschung aufhebe, daß er die Gewalt der Affekte breche, das gereicht ihm zu seiner

---

113 Siehe Devrient 1967, Bd. I, S. 622

höchsten Empfehlung, denn eben diese blinde Gewalt der Affekte ist es, die der wahre Künstler vermeidet, diese Täuschung ist es, die er zu erregen verschmäht. Wenn die Schläge, womit die Tragödie unser Herz trifft, ohne Unterbrechung auf einander folgten, so würde das Leiden über die Thätigkeit siegen. Wir würden uns mit dem Stoffe vermengen und nicht mehr über demselben schweben."[114]

Für uns als Erben des autonomieästhetischen Kunstkonzepts wirken diese Rezeptionsnormen nicht weiter irritierend. Sie kennzeichnen trotz einiger Veränderungen im wesentlichen auch noch unseren Umgang mit Kunst. Im historischen Kontext jedoch, in Relation zu den Rezeptionsformen des Aufklärungstheaters, markieren diese Normen einen tiefen Einschnitt: laufen sie doch auf eine 'literarische Disziplinierung' der Rezipienten hinaus, auf eine Unterordnung der Zuschauer unter Werk und Künstler. Diese Unterordnung wäre im Medienbild der Aufklärung, die Kunst immer unter der Perspektive einer intendierten Wirkung auf die Zuschauer betrachtete, unvorstellbar gewesen. Die Disziplinierung der Zuschauer verweist darüber hinaus auf eine grundsätzliche Aporie der Autonomieästhetik: Während in den kunsttheoretischen Diskursen die 'ästhetische Erfahrung' als Praxis der 'freien und umfassenden Entfaltung der Persönlichkeit' beschworen wird, entpuppt sie sich in der ästhetischen und rezeptiven Praxis als eine ziemlich rigide Unterordnung der Rezipienten unter das Kunstwerk und die Intentionen des Künstlers. Das liegt darin begründet, daß die Autonomieästhetik - im Unterschied zur wirkungsästhetischen Fundierung der Aufklärungskunst - eine Werkästhetik ist. Die ästhetische Erfahrung ist per definitionem untrennbar an das autonome Werk selbst gebunden, sie setzt die kontemplative Versenkung in das in sich selbst vollendete Kunstwerk zwingend voraus, dem gegenüber andere, 'partikulare' Rezeptionsinteressen zurücktreten, ja vernichtet werden müssen. Darin liegt ein "(...) Widerspruch der klassischen Ästhetik: die verheißene Befreiung von den Zwängen der Realität meint nicht die Autonomie des Rezipienten, den sie vielmehr zum Objekt der schöpferischen Tätigkeit des Kunstproduzierenden macht."[115] Ich will das ein wenig zuspitzen: bei der ästhetischen Erfahrung als der zentralen Funktion des literarischen Theaters geht es faktisch weniger um die Bildung und Freiheit der Rezipienten, als vielmehr um die Selbstverwirklichung des Künstlers im 'Medium' seiner Rezipienten.

Im klassisch-romantischen Medienverständnis also besitzt das Theater außer der Vermittlung und Initiierung ästhetischer Erfahrungen keine weiteren - und schon gar nicht soziale - Funktionen. Das Theater ist eine Institution der autonomen Kunst, die sich gerade durch die Abkehr von allen 'kunstfremden' Zwecken definiert. Freilich ist das nur eine - gleichsam die 'offiziöse' - Seite der Medaille: denn auch im 'autonomisierten' Literaturtheater sind soziale Bedeutungen und

---

114 Schiller, Ueber den Gebrauch des Chors in der Tragödie, S. 14

115 Bürger 1977, S. 138

Funktionen virulent, die in den programmatischen und kunsttheoretischen Reflexionen jedoch völlig ausgeblendet werden. Um sie zu erkennen und zu beschreiben, muß man nach den Gründen für die Literarisierungs-Reform fragen und dabei insbesondere die sozialen Interessen der Autoren und die Erlebnisqualitäten der Rezipienten untersuchen, statt simpel die autonomieästhetischen Positionen auf die Theaterarbeit zu deduzieren.[116] Ich will im folgenden die Grundzüge einer solchen sozialgeschichtlichen Interpretation skizzieren.

Die literarische Theaterreform wird vor allem von Autoren vorangetrieben und von der literarischen Intelligenz massiv unterstützt. Zwar setzt sich dieses Theaterkonzept seit dem letzten Drittel des 19. Jahrhunderts als eine Praxisform des bürgerlichen Theaters auch 'in der Breite' durch; zwar wird zwischen den siebziger Jahren des 19. und den sechziger Jahren des 20. Jahrhunderts die 'Pflege der klassischen dramatischen Dichtung' zur dominanten Funktionsbestimmung des 'hohen' Theaters im bürgerlichen Kulturverständnis. In seinem Ursprung aber ist das literarische Theaterkonzept vor allem eine Sache der Autoren und eines kleinen Publikums von literarisch Interessierten. Dieses Reformprojekt ist weniger - wie uns die Theatergeschichtsschreibung immer glauben machen will - vom quasi zweckfreien Willen zur ästhetischen Perfektionierung des Mediums getragen als vielmehr von sozialen Interessen. Denn das reformierte Theater erscheint der literarischen Intelligenz als soziale Praxis, die ihr problematisch-gespanntes Verhältnis zur Gesellschaft partiell und situativ bewältigen und ihre soziale Isolation aufheben kann. Um diese These plausibel zu machen, schiebe ich einen kleinen Exkurs zur Sozialgeschichte der literarischen Intelligenz ein.

In seiner immer noch lesenswerten Studie "Bürgerliche Intelligenz um 1800"[117] hat Hans Gerth als soziologisches Spezifikum dieser Gruppe eine durch 'Bildung' vermittelte relative Loslösung von der ständischen Gesellschaftsordnung und den in ihr lebenslang festgelegten sozialen Positionen beschrieben. In der Tat ist diese "horizontale und vertikale Mobilität"[118] der bürgerlichen Intelligenz sozialgeschichtlich ein Novum, denn noch in der spätfeudalen Gesellschaft des

---

116 Dieses Deduktionsverfahren gegenüber dem klassisch-romantischen Theaterkonzept ist typisch für Literatur- und Theatergeschichtsschreibung, jüngst etwa bei Linder 1990 und Fischer-Lichte 1993, S. 143 - 164. Man bleibt auf der Ebene der Autoren-Programmatik stehen - man interpretiert sozusagen 'mit Goethe und Schiller' - und blendet weitergehende historisch-soziale Bedeutungen der ästhetischen Theorie und Praxis aus. Dieser merkwürdige Verzicht auf kritisch-wissenschaftliche Maßstäbe hängt offenbar damit zusammen, daß die klassische Ästhetik für die meisten Wissenschaftler immer noch normativen Status besitzt; und deswegen ein über die Autorenprogrammatik hinausgehender sozialer 'Hintersinn' gar nicht erst in Betracht gezogen wird.

117 Das Buch entstand 1933 als Dissertation. Ich zitiere nach der überarbeiteten Neuausgabe von 1976.

118 Gerth 1976, S. 54

18. Jahrhunderts sind der Platz und die Entwicklungsmöglichkeiten des einzelnen im Prinzip durch die Standeszugehörigkeit ab der Geburt unveränderlich festgelegt. Die bürgerliche Intelligenz wäre demnach die erste soziologisch relevante Gruppe, die beschränkte Möglichkeiten zur 'individuellen Überwindung' der sozialen Normierungen und Positionierungen der Ständegesellschaft besaß. Diese Mobilität ermöglichte und förderte einerseits Erfahrungen von relativer Freiheit, Individualität und Subjektivität; sie brachte andererseits, indem sie die Intelligenz partiell aus der traditionellen Ordnung katapultierte, einen überaus labilen Sozialstatus und die Gefahr gesellschaftlicher Isolation mit sich: "Gerade das Enthobensein aus dem Bereich ständisch genormter und institutionell gebundener Verhaltensweisen liefert uns den Schlüssel zum Verständnis einer völlig labilen Situation, die den Intellektuellen sozial isolierte und in den 'Lücken' des ständischen Gefüges plazierte."[119] - Die von Gerth beschriebene Dialektik der Mobilität und relativen Freiheit um den Preis sozialer Instabilität, Isolation und Verunsicherung liefert eine allgemeine Matrix auch für die Situation des 'freien Schriftstellers', jenes historisch neuen Autoren-Typus, der sich in der zweiten Hälfte des 18. Jahrhunderts auszubilden beginnt.[120] Dessen 'Freiheit' von den Normierungen der Ständegesellschaft geht einher mit der Auslieferung an den literarischen Markt, auf dem er sich reproduzieren muß[121], und mit dem Verlust eines institutionell verbürgten und gesellschaftlich abgesicherten Sozial-Status, wie er den früheren Autoren-Typen durchaus zukam: der in mäzenatischer Abhängigkeit lebende Hofpoet besaß durch seine literarische Arbeit eine genau umrissene Funktion und soziale Position am Hof. Der Gelehrten-Dichter des 17. und 18. Jahrhunderts war als Lehrer, Professor oder Theologe fest eingebunden ins ständische Gefüge und über diesen Status als Staatsbeamter auch sozial definiert; seine literarische Tätigkeit erfolgte mehr oder weniger 'nebenher'. Solche stabilen sozialen Positionierungen und Bedeutungszuweisungen sind dem freien Autor nicht mehr zugänglich. Seine "(...) soziale Handlungsmächtigkeit, aus der allein Positionalität sich konstituiert, schrumpft gleichsam zusammen auf den Schreib-

119 Ebd., S. 51

120 Zur Entwicklung des literarischen Markts und des 'freien Schriftstellers' siehe Winckler 1973, Winckler 1986, S. 7 - 129, Haferkorn 1974 und Ungern-Sternberg 1980. - Von den bekannten Autoren der zweiten Hälfte des 18. Jahrhunderts hat kaum einer ausschließlich als 'freier' Schriftsteller gelebt bzw. leben können. Vorherrschend waren 'Mischverhältnisse' zwischen Beamtenstatus, mäzenatischen Zuwendungen und freier Künstlerexistenz. Erst die romantische Generation ist die literaturgeschichtlich erste, die sich ausschließlich über den Markt und die Instanzen des literarischen Lebens zu reproduzieren versucht.

121 Ein wichtiger Unterschied zu jenem Teil der bürgerlichen Intelligenz, der - etwa als Beamte im Staatsdienst - diese zugespitzte Form sozialer 'Instabilität' nicht kennt.

akt."[122] Und soziale Anerkennung wie gesellschaftliche Relevanz kann der freie Autor nur vermittelt und ex post - über den Erfolg seines Produkts auf dem Buchmarkt und in den Instanzen des literarischen Lebens - erfahren.

Die objektive soziale Dissoziierung und Isolation der 'freischwebenden' künstlerischen Intelligenz wird in den zeitgenössischen Genie-Konzepten und Künstler-Ästhetiken emphatisch aufgewertet und subjektiv radikalisiert. Der Genie-Gedanke des 18. Jahrhunderts läßt sich, wie Martin Fontius gezeigt hat, als Reaktion auf die kapitalistische Produktivkraftentfaltung interpretieren. Je stärker die Arbeit des 'mechanischen Künstlers', des kunstfertigen Handwerkers also, durch Arbeitsteilung und Maschinisierung in der Manufakturperiode entwertet wird, desto vehementer stilisieren sich die literarischen, bildenden und musikalischen Künstler zu Genies, deren vorgeblich intuitive und genialische Potenzen sich weder planvoll erlernen noch durch Arbeitsteilung und Maschinisierung ersetzen lassen.[123] Das Genie-Konzept postuliert besondere Begabungen, Fähigkeiten und Rechte, einzigartige Sensibilität und Empfindsamkeit, hypertrophierte Subjektivität und Individualität; es billigt dem Künstler einen gesellschaftlichen Sonderstatus und eine Überlegenheit gegenüber dem 'Rest' der Gesellschaft zu. Dieses aufgeladene Subjektkonzept verlangt zur Bestätigung seiner selbst nach gesellschaftlicher Anerkennung und sozialen Aktionsräumen; dafür aber stehen ihm in der 'Übergangsgesellschaft' am Ende des 18. Jahrhunderts keine adäquaten Praxisformen und Aktionsräume zur Verfügung.[124] Auf diese Diskrepanz zwischen der Selbstwahrnehmung und den subjektiven Ansprüchen des bürgerlichen Künstlers auf der einen Seite, den beschränkten Möglichkeiten zur Vergesellschaftung dieser hypertrophierten Subjektivität auf der anderen, reagieren die Künstler-Genies des 18. und frühen 19. Jahrhunderts unterschiedlich: Mit Verzweiflung, die zu Selbstmord oder 'Wahnsinn' führen kann, wie bei Lenz, Wezel, Hölderlin und Kleist, mit der rigiden Trennung zwischen der bürgerlichen Berufs-Karriere und der 'eigentlichen' künstlerischen Tätigkeit wie bei Goethe oder mit der aggressiven Abgrenzung von allem Gesellschaftlichen und dem Rückzug in ein ästhetizistisches Exil, wie es für die Romantik typisch war. In all diesen Reaktionsformen aber ist ein Gemeinsames: Die Erfahrung sozialer und ökonomischer Instabilität, die Nicht-Existenz eines gesicherten Sozialstatus, der als bedrohlich empfundene Mangel an gesellschaftlicher Anerkennung und Relevanz. Für die soziale Praxis und die Ideologie der künstlerischen Intelligenz

---

122 Jaumann 1981, S. 54

123 Ich resümiere hier den überaus klugen Aufsatz von Fontius 1977.

124 In bezug auf die romantische Künstler-Generation hat Wolfgang Heise diese Diskrepanz zwischen den subjektiven Ansprüchen des künstlerischen Genies und der gesellschaftlichen Behinderung der subjektiven Handlungsmöglichkeiten wunderbar geschildert. Siehe Heise 1978 und 1981.

ist von da an ein problematisches Verhältnis zur Gesellschaft, das Syndrom des 'Leidens an der Gesellschaft' kennzeichnend.

Was hat die Sozialgeschichte der künstlerischen Intelligenz mit der Literarisierung des Theaters zu tun? Ich denke soviel: Während das aufklärerische Medieninteresse von der Wirkungsmacht des Theaters motiviert war, sind Klassik und Romantik vom Vergesellschaftungs- und Öffentlichkeitspotential des Mediums fasziniert, das sie ausschließlich auf Drama und Dichter beziehen. Das Theater reizt die autonomieästhetischen Autoren als Medium der Vergesellschaftung des sozial dissoziierten und flottierenden Autors. Das freilich setzt die literarische Reform des Gegenwartstheaters zwingend voraus. Denn die Vergesellschaftung des Autors kann erst dann gelingen, wenn das Drama als Zentrum der Theaterarbeit und die Aufführung als Ausdruck des Dichters begriffen werden. Die Focussierung auf die Person des Autors ist der Angelpunkt in der Theaterästhetik der Kunstperiode. Den literarischen Theaterreformern geht es ja nicht, was auch eine mögliche Konzeption eines literarischen Theaters sein könnte, um die Inszenierung unterschiedlicher Bedeutungsschichten des Texts, sondern einzig und allein um die Darstellung der 'Absicht des Autors', um den sinnfälligen 'Ausdruck des Dichters'. Garlieb Merkel, Exponent der mit der Romantik verfeindeten Berliner Aufklärung, hat in einer Polemik gegen August Wilhelm Schlegel diesen letztendlich 'personalisierenden' Theaterbegriff treffsicher ironisiert: Schlegel solle "(...) um der bekannten Dummheit des Publikums zu Hilfe zu kommen, nicht übel thun, sich aufs Proszenium zu setzen, und durch allgemein verständliche Zeichen anzukündigen, welche Eindrücke die Zuschauer zu äußern haben. Wenn er, wo er Rührung beabsichtigte, sich die Augen wischte, und wo er etwas weise meinte, den Finger an die Nase legte: - es müßte gehen!"[125] - Ist diese letztlich autorzentrierte Theaterästhetik institutionalisiert, dann kann der Dichter in der Theatersituation - über die Vergesellschaftung seiner Person im 'Medium' der Aufführung - jene gesellschaftliche Anerkennung und Relevanz erfahren, der er in der außertheatralen Realität entbehrt. Er kann es vorzüglich deswegen, weil das Theaterpublikum als sinnfällig-konkretes Modell, als Repräsentant der Gesamtgesellschaft fungiert. Die Diskrepanz zwischen genialisch-hypertrophiertem Selbstbild und realer gesellschaftlicher Marginalisierung der künstlerischen Intelligenz wäre damit in der Mediensituation überwunden, die soziale Isolation und das gespannte Gesellschaftsverhältnis zumindest partiell und situativ aufgehoben. Das Literaturtheater würde die objektive gesellschaftliche Marginalisierung und die subjektive Entfremdung der literarischen Intelligenz von der Gesellschaft verringern oder gar beenden.

---

125 Garlieb Merkel, Briefe an ein Frauenzimmer über die wichtigsten Produkte der schönen Literatur, 6. Bd., S. 510; zit. nach: Fambach 1958, S. 608

Man kann gegen meine Erklärung zwei Einwände geltend machen: Nichts unterscheidet, so könnte man sagen, den Theatererfolg vom Erfolg auf dem Buchmarkt, der dem Autor ebenfalls die gesellschaftliche Relevanz seiner Arbeit und Person spiegelt. Eine spezifische soziale Funktion hat das Theater deswegen nicht. Dieses Argument ignoriert die Besonderheit der Mediensituation, die ein exklusives Gratifikationserlebnis ermöglicht: Denn gegenüber der raumzeitlich disparaten, anonymen und vereinzelten Rezeption literarischer Werke weist die theatrale Kommunikation zwischen Publikum und Autor drei wesentliche Vorteile auf: In der zeitlichen Konvergenz von Produktion und Rezeption organisiert das Theater eine 'präsentische' Rezeptionssituation, die dem Autor eine unmittelbare, sofortige, quasi leibhaftige Anerkennung verschafft. Im Theater versammelt sich ein großes, massenhaftes Publikum, das beim Autor das Bewußtsein weitreichender Wirkung und durchschlagender Relevanz entstehen lassen kann. Dieses Publikum erscheint drittens als modellhafte Repräsentation der Gesamtgesellschaft. Damit kann der Autor in der Theatersituation seine Dichtung als bedeutsam für die ganze Gesellschaft erleben, wie er umgekehrt die Bedeutung seines Werks und seiner Person als von der ganzen Gesellschaft akzeptiert erfährt. Die Vergesellschaftung der literarischen Intelligenz im Theater und die gedankliche Antizipation dieses Prozesses liefern deswegen ein weit bedeutsameres Gratifikationserlebnis als der Erfolg auf dem literarischen Markt. Der zweite Einwand wäre pragmatischer Art: Setzt die mediale Vergesellschaftung des Autors, so könnte man fragen, nicht die Aufführung nur seiner eigenen Dramen voraus, was de facto zu selten geschieht, als daß daraus eine identitätsstabilisierende Erfahrung entstehen könnte? Dem läßt sich entgegnen: Das Gratifikationserlebnis kann sich auch in der ideellen Identifizierung mit dem aufgeführten Genie-Kollegen entfalten, wie umgekehrt die Verpflichtung des Theaters auf die Reproduktion der hohen Dichtung - also der 'Gebrauch' einer Institution der Öffentlichkeit als 'Praxisform' der Literatur - insgesamt positive Rückwirkungen auf Sozialstatus und Selbstbewußtsein der literarischen Intelligenz zeitigt. Das hat auch ökonomische Gründe: verknüpft mit der Literarisierung des Theaters fordern die Autoren eine neue Praxis der Honorierung. Anstelle des bislang üblichen Manuskript-Verkaufs insistiert man nun auf der Beteiligung an den Einspielergebnissen, auf einer Tantiemenregelung also.[126]

Für die Entstehung des Literatur-Theaters in der Kunstperiode sind nicht nur die Reformbemühungen und die sozialen Interessen der Autoren ausschlaggebend. Sie müssen mit Bedürfnissen der Zuschauer und mit Interessen der Instanzen der Macht koinzidieren, sonst wäre die literarische Theaterästhetik nur eine 'Kopfgeburt' seiner Erfinder geblieben und nicht an einigen ambitionierten

126 Siehe etwa A. W. Schlegel, Vorlesungen über dramatische Kunst und Literatur, Bd. II, S. 288

Theatern in der ersten Hälfte des 19. Jahrhunderts auch tatsächlich erprobt und praktiziert worden.[127] Welche Erlebnisqualitäten also bietet das Literatur-Theater in der ersten Hälfte des 19. Jahrhunderts den zeitgenössischen Zuschauern? Was ist an die Stelle der Attraktionswerte und Unterhaltungsmaterialien des Aufklärungstheaters getreten, deren Umfang und Intensität auf den ersten Blick im literarischen Theater reduziert zu sein scheint?

Christa Bürger hat in ihrem Buch "Der Ursprung der bürgerlichen Institution Kunst" eine signifikante Veränderung des Rezeptionsverhaltens an der Wende vom 18. zum 19. Jahrhundert - am Übergang von der aufklärerischen zur bürgerlich-autonomen Institution Kunst - beschrieben: das Interesse der Rezipienten verschiebt sich, so Bürgers an Rezeptionsdokumenten belegte Beobachtung, vom mimetischen und konzeptiven Gehalt der Werke auf die Person des Künstlers. Bürger erklärt diesen epochalen Wandel des Rezeptionsverhaltens mit der Durchsetzung der Autonomieästhetik und der zunehmenden Trennung von Kunst und Lebenspraxis: während sich die autonome Kunst - durch die Abkehr von der imitatio naturae und die Zurückweisung von Handlungsanleitungen - lebenspraktisch-orientierenden Bedeutungen und Funktionen verweigert, halten die Rezipienten weiter an der aus der Aufklärung tradierten Vorstellung fest, die Kunst solle Orientierungen für ihre soziale und ideologische Praxis bereitstellen. Weil dieses Bedürfnis des bürgerlichen Publikums aber gegenüber den autonomen Werken ins Leere läuft, focussiert sich das Rezeptionsinteresse auf die Künstlerpersönlichkeit: sie dient nun als Bezugspunkt für ein weiterexistierendes lebenspraktisches Interesse an Kunst, welches jedoch auf die Ebene subjektiver Identitätsbildung und individueller Vorbildhaftigkeit transformiert worden ist. Die Künstlerpersönlichkeit liefert ein biographisches Modell, dem gegenüber sich lebenspraktische Interessen auf der Ebene subjektiver Identitätsbildung realisieren können: "Es liegt nahe, die Auratisierung der Künstlerpersönlichkeit (...) als eine Reaktionsbildung zu begreifen auf die sich langsam durchsetzende Autonomie der Kunst. Die vom avanciertesten Teil der bürgerlichen Intelligenz ausgearbeitete Kunstideologie (das Dogma von der Autonomie der Kunst) und die realen Rezeptionsgewohnheiten des bürgerlichen Lesepublikums stimmen nicht überein. (...) Das Publikum vermag den neuen Kunstbegriff, wie er im Kreise der Weimarer Klassiker entwickelt wird, sich keineswegs umstandslos zu eigen zu machen; vielmehr hält es an bestimmten Momenten des bürgerlich aufklärerischen Literaturbegriffs fest, nämlich an der Vorstellung von der praktischen

127 Nebem dem Weimarer Hoftheater, das exemplarische Bedeutung für die Entwicklung des Literaturtheaters hat, wäre hier die Arbeit Klingemanns in Braunschweig (1813 - 1831), Schreyvogels Arbeit als Dramaturg am Wiener Burgtheater (1814 - 1832), Tiecks Tätigkeit am Dresdner Hoftheater (1825 - 1831) sowie Immermanns Theaterprojekt in Düsseldorf (1832 - 1837) zu nennen.

Funktion der Kunst. Insofern die Werke sich aber in zunehmendem Maße einem solchen Literaturverständnis entziehen, bleibt als Gegenstand praktischer Aneignungsbemühungen nur die Künstlerpersönlichkeit übrig. [Hinzu kommt, daß die Vorstellung von Praxis selber eine einschneidende Verengung erfährt. Nicht mehr eine auf kollektiven Verständigungsprozessen basierende gesellschaftliche Praxis ist Ziel der Bemühungen, sondern die Vervollkommnung der Einzelpersönlichkeit.] Die Antwort der primären Rezipienten auf die historisch neue Institutionalisierung der Literatur in der bürgerlichen Gesellschaft leitet eine Entwicklung ein, die bis heute die durch die offiziellen Bildungsinstitutionen tradierten Rezeptionsgewohnheiten und die literarische Kanonbildung bestimmt: eben die Verschiebung des Rezeptionsinteresses vom Werk auf die Person des Autors und, als quasi natürliche Folge, dessen Auratisierung. Diese wiederum verlangt als Rezeptionshaltung 'Ehrfurcht'."[128]

Mit der Fixierung auf die Künstlerpersönlichkeit und dessen 'Auratisierung' reagiert ein Teil der zeitgenössischen Rezipienten auf den Funktionsverlust der autonomen Kunst. Die Kunstwerke werden unter dem interpretativen Paradigma der Biographie und subjektiven Entwicklung des Künstlers - eben als 'Ausdruck des Künstlers' - verstanden, weil sie keine anderen für die bürgerliche Lebenspraxis orientierenden Modelle, Konzepte und Funktionen mehr bieten. Für dieses auf die Künstlerpersönlichkeit zentrierte Rezeptionsinteresse bietet das Theater im Vergleich zur literarischen Rezeption wesentliche Vorteile. Denn die Aufführungen lassen sich nicht nur als 'Ausdruck des Dichters' begreifen, sondern ermöglichen vielmehr ein nachgerade authentisches und personales Erlebnis des auratisierten Künstlers in einzigartiger sinnlicher Präsenz und Materialität; vorausgesetzt freilich, Drama und Dichter stehen im Zentrum der Theaterästhetik. Der historisch neue, personalisierende Rezeptionsmodus findet im literarischen Theater das ihm adäquateste Aktionsfeld - und zwar aus drei Gründen: Die zeitliche Konvergenz von Produktion und Rezeption verschafft dem Rezipienten im Theater den Eindruck größerer Nähe zum Dichter; entsteht das Werk doch sozusagen im Beisein des Zuschauers. Zweitens eröffnet die sinnfällige Materialisierung der Dichtung dem Autor den Status sinnlich-leibhaftiger Präsenz in der Theatersituation. Der Dichter ist quasi personal im Theater anwesend - er schwebt gleichsam im Raum -, wenn eines seiner Werke in seinem Sinn auf-

128 Bürger 1977, S. 108 - 109. Die Zentrierung auf die Künstlerpersönlichkeit trifft nur auf den 'kompetentesten Teil' des Publikums zu. Der weitaus größere Teil der zeitgenössischen Rezipienten reagiert auf die Trennung von Kunst und Lebenspraxis, indem sie sich von der Autonomieästhetik gänzlich abwenden und sich ausschließlich mit der - ab den neunziger Jahren des 18. Jahrhunderts 'boomenden' - Unterhaltungs- und Massenliteratur beschäftigen, die weiterhin Handlungsanleitungen und Angebote zur Klärung des eigenen Selbstverständnisses bietet. Siehe dazu Bürger 1977, S. 109 - 110.

geführt wird. Und drittens wird in der Theatersituation die Auratisierung der Dichter-Persönlichkeit zur gesellschaftlichen Praxis, sie wird institutionalisiert und zelebriert. Denn in der kollektiven Rezeptionssituation kommen viele Zuschauer zusammen, um den herausgehobenen Dichter zu erleben und zu feiern, um ihm - so sehen es die Regeln des literarischen Theaters vor - in 'Ehrfurcht' und Unterordnung gegenüberzutreten.

Das intensive, personale Erlebnis des auratisierten Dichters bleibt die wichtigste Qualität des bürgerlichen Literaturtheaters über seine gesamte Entwicklungsgeschichte hinweg. Besonders deutlich zeigt sich diese Funktion in Rezeptionsdokumenten aus der Hochzeit des Literaturtheaters im Zeitraum zwischen den siebziger Jahren des 19. und den sechziger Jahren des 20. Jahrhunderts. In bemerkenswerter Stabilität über einen Zeitraum von nahezu 100 Jahren hinweg lauten die stereotypen Muster zur Beschreibung des Medienerlebnisses ungefähr so: 'Man habe im Theater Schiller in seiner ganzen Größe, so wie er wirklich war, erlebt'; 'Goethes Genialität habe einem in der Aufführung angeschauert'; 'tief empfunden und gefühlt habe man heute wieder, vermittelt durch die dienende Schauspielkunst, die Riesenhaftigkeit Shakespeares'. Noch 1980 war ich Zeuge, als ein bildungsbürgerlicher Rezipient gegenüber einer politisierenden "Iphigenie"-Inszenierung lautstark darauf bestand, 'jetzt Goethe sehen' zu wollen. Das bürgerliche Literaturtheater fungiert als Erlebnisraum, in dem sich der auratische und vorbildhafte Status der Künstlerpersönlichkeit in einzigartiger Intensität und Sinnfälligkeit entfaltet. Das Erlebnis der Dichtung, das das Literaturtheater in seinen programmatischen Bestimmungen verspricht, entpuppt sich als Erlebnis des Dichters. Und dieses Personalisierungs-Syndrom gehört zum bürgerlichen Literaturtheater wie das Salz in die Suppe.

Das Erlebnis des Dichters ist am Ursprung des literarischen Theaters eine Reaktion auf den Funktionsverlust der autonomen Kunst. Ab den siebziger Jahren des 19. Jahrhunderts gewinnt diese Erlebnisqualität - und erst deswegen und erst ab diesem Zeitpunkt avanciert das literarische Theater zu einem wichtigen und verbreiteten Typus des bürgerlichen Theaters - neue soziale Bedeutungen und Funktionen. Denn mit der Zentrierung auf den auratischen Dichter, der ehrfurchtsvollen Unterordnung der Rezipienten und dem kollektiven 'Erleben' dieses Verhältnisses in der Medienrezeption diskursiviert und vergesellschaftet das Theater als kulturelle Praxis den 'Mythos' der großen Männer, der nationalen Heroen und Vorbilder, der 'Über-Väter' - jener Ideologie also, die für das Funktionieren der kapitalistisch-patriarchalen Gesellschaft so wichtig ist. Der Mythos der großen Männer, den das Literaturtheater strukturell immer und immer wieder diskursiviert, fungierte im wilhelminischen und faschistischen Deutschland als Material bei der Ausbildung einer 'nationalen Identität', weswegen die Institutionen der Macht im späten 19. und im 20. Jahrhundert immer großes Interesse an diesem Theatertypus hatten. Der Mythos der 'großen Männer' diente gleichzeitig als identitätsstiftendes und -stabilisierendes Modell insbesondere für die männlichen Mitglieder der bürgerlichen Gesellschaft. Sie selbst sollten und wollten zu Heroen, Kriegern, willensstarken Kämpfern auf den Schlachtfeldern des Geistes, der Wissenschaft, der Wirtschaft und des Krieges werden; sie selbst sollten und wollten die Zweiteilung der Gesellschaft in Führer und Ausführende - in der Fabrik, vor Verdun und in Auschwitz - 'internalisieren' und erhielten ihre identitätsmodellierenden Leitbilder dafür - sicher nicht exklusiv, aber eben doch auch - in der kulturellen Praxis des Theaters. Das bürgerliche Literaturtheater[129] zwischen 1870 und 1970, das sich seinem Selbstverständnis nach um nichts anderes bekümmert als um die Pflege der hohen dramatischen Dichtung, ist als Medium der Bourgeoisie durchdrungen und besetzt von solchen sozialen Inhalten und Funktionen. Sie zu erkennen und zu beschreiben - und nicht auf den Mythos des 'autonom Ästhetischen' hereinzufallen - wäre Aufgabe einer materialistischen Theatergeschichtsschreibung.

129 In 'linken' Theatergeschichten wird das Literaturtheater des späten 19. und frühen 20. Jahrhunderts als Medium der kulturellen Repräsentation der Bourgeoisie beschrieben, in klarer Abgrenzung von kleinbürgerlichen und proletarischen Theaterpraxen. Parameter für diese klassenspezifische Zuordnung sind das Spielmaterial, die Klassenzugehörigkeit der Zuschauer und die kulturellen Verkehrsformen. Zu diesen Parametern müßte man die sozialen Funktionen kooptieren, die ich eben diskutiert habe. Sie erst machen das literarische Theater zu einem wirklich 'bourgeoisen' Medium.

VII. Literarisierung des Theaters und Literaturfixierung der Theatergeschichtsschreibung

> "Die Literaturgeschichte hebt aus der Vielzahl theatraler Praxen einige hervor, weil diese sich in ihrer Richtung bewegen und macht sie zum Gründungsdiskurs des literarischen Theaters für den ganzen deutschen Kulturraum. (...) In dieser und an dieser Tradition webte und webt die germanistische und theaterwissenschaftliche Sekundärliteratur, weil sie selbst entsteht als ein sekundäres System, das sich dieser Weichenstellung verdankt."[1]

Ich will mich abschließend mit einigen Problemen, Bornierungen und Konstruktionsbildungen der Theater- und Literaturgeschichtsschreibung beschäftigen, die mittelbar oder unmittelbar durch die große Bedeutung des Literaturtheaters und des literarischen Theaterkonzepts im späten 19. und im 20. Jahrhundert bedingt sind. Ich beginne mit dem für jede Kulturgeschichtsschreibung notorischen Periodisierungsproblem, in diesem Fall der historischen Zuordnung und Systematisierung des Literarisierungsprozesses. Die etablierte Theaterhistoriographie schreibt den Ursprung eines literarischen Theaters in Deutschland der frühen und mittleren Aufklärung zu und nicht der Kunstperiode, wie ich es im vorhergehenden Kapitel getan habe. Die 'Literarisierung des deutschen Theaters', so der Forschungskonsens, beginnt und vollendet sich in den beiden ersten Dritteln des 18. Jahrhunderts; an den Reformbemühungen und Dramaturgien Gottscheds und Lessings wird dieser Prozeß gemeinhin exemplifiziert. Die Kriterien für die Zuordnung der literarischen Theaterreform zur Aufklärung sind bekannt und im Hinblick auf die beschriebenen Einzelphänomene auch durchaus stimmig: Die Frühaufklärung polemisiert heftig gegen die zu Beginn des 18. Jahrhunderts dominierenden Theaterformen und -genres, gegen Possen, Harlekinaden und Stegreifspiele, gegen die Haupt- und Staatsaktionen und vor allem gegen Oper und Ballett, die als Medien der feudaladligen Repräsentation zunehmend auch politisch motivierter Kritik unterworfen sind. Der Kampf gegen diese 'vorbürgerlichen' Theaterpraxen konzentriert sich auf die 'lustige Figur' - den Hanswurst, Harlekin etc.[2] - und die vor allem für ihn typische Praxis des Extem-

---

1 Graf 1987, S. 42

2 Siehe dazu Asper 1980

porierens. In einer symbolischen Aktion verbannt die Neuberin den Harlekin 1737 von der Bühne - keine Theatergeschichte kommt ohne den Hinweis auf diese vorgeblich so einschneidende Zäsur aus. Die frühaufklärerischen Theaterenthusiasten stören sich, systematisch gesprochen, an der 'Unliterarizität' und der 'Regellosigkeit' der zeitgenössischen Theaterpraxen; sie vermissen Spielmaterialien, die im weitesten Sinn auf die 'sich verbürgerlichende' Welt Bezug nehmen. Dementsprechend setzt die frühbürgerliche Theaterreform an der Durchsetzung 'regelmäßiger' Stücke an, die Gottsched und seine Schule aus dem französischen Klassizismus adaptieren und auf der Basis der Regel-Dramaturgie selbst verfertigen. Erstmals versuchen dabei Gelehrte, Philosophen, Lehrer und Aufklärer auf die Theaterpraxis direkt Einfluß zu nehmen und treten zu diesem Zweck in kooperative Arbeitszusammenhänge mit Prinzipalen und Truppen, was früher wegen der outlaw-Existenz der Schauspieler undenkbar gewesen wäre. Die zeitweilige Verbindung zwischen Gottsched und der Neuberin ist dafür exemplarisch. Auch das Publikum muß für das neue, bürgerliche Theaterprojekt gewonnen werden; und deswegen entstehen erstmals in nennenswertem Umfang dramaturgische und theaterkritische Zeitschriften, literarische Diskursformen über das Theater also. Schließlich gibt es ab der Jahrhundertmitte geradezu einen Schub 'deutscher Originaldramen' - eine alte Programmforderung der Frühaufklärung, die von ihr selbst jedoch nicht eingelöst wurde - mit dezidiert bürgerlichen Themen, Stoffen, Konflikten und Figuren. Mit dem 'rührenden Lustspiel' und dem 'bürgerlichen Trauerspiel' löst sich die neue dramatische Produktion auch dramaturgisch von der bislang normgebenden Poetik des klassizistischen Dramas ab. Die Bedeutung schriftlich fixierter, neu geschriebener, literarisch anerkannter und meist auch über den Druck verbreiteter Dramentexte also nimmt in der Theaterpraxis im Verlauf des 18. Jahrhunderts mit Sicherheit zu. Und ebenso wächst der Einfluß von Gelehrten und Autoren auf die Entwicklung des deutschen Theaters, wie umgekehrt auch Schauspieler und Prinzipale zunehmend literarisch sensibilisiert werden. Vorzüglich auf diese Entwicklungslinien stützt sich die Forschung, wenn sie den Ursprung des Literaturtheaters in die Aufklärung verlegt. Jüngst etwa veranschlagt Erika Fischer-Lichte einen Zeitraum von ungefähr 40 Jahren für die Literarisierung, von den ersten Reformversuchen Gottscheds zu Beginn der dreißiger Jahre bis zum Hamburger Nationaltheater[3]: "In den siebziger Jahren war die angestrebte Literarisierung des deutschen Theaters weitgehend durchgesetzt. Ob damit auch das zugrundeliegende Ziel verwirklicht wurde, das Theater zum Instrument der Aufklärung zu machen, bleibt allerdings fraglich."[4]

Trotz der stimmig beschriebenen Einzelphänomene weist diese Periodisierung zwei grundlegende Probleme auf. Erstens: Die Literarisierung des deutschen

3 Fischer-Lichte 1993, S. 88 - 98

4 Ebd., S. 97

Theaters mag zwar in den siebziger Jahren programmatisch und theoretisch weitgehend durchreflektiert und von einzelnen avancierten Truppen auch zeitweise realisiert worden sein; in der Breite der Theaterpraxis aber ist sie als ästhetische Norm beileibe nicht durchgesetzt. Neben dem sich entwickelnden 'literarischen Theater' existieren weiterhin viele andere theatrale Praxen, die sich nicht oder kaum um 'regelmäßige' dramatische Texte mit 'bürgerlichen' Sujets kümmern. Noch bis Ende des Jahrhunderts etwa - wenn man die Wiener Vorstadttheater berücksichtigt, sogar bis weit ins 19. Jahrhundert hinein - erfreuen sich Harlekin-Darsteller und Stegreif-Komiker mit ihrer Ästhetik des Extemporierens[5] großer Beliebtheit. Darüber hinaus bleibt auch an den stärker 'literarisierten' Häusern - bei der Hamburgischen Entreprise, am Mannheimer und am Berliner Nationaltheater etwa - die Aufführung bis Anfang des 19. Jahrhunderts eine Art Nummernprogramm; das literarische Drama ist nur ein Element des spektatorischen Ereignisses und wird eingerahmt von Pantomimen, Balletten, einaktigen Singspielen und Komödien, von Sinfonien, Zueignungen, Ansprachen etc. Man wird also von einer signifikanten Diskrepanz zwischen der Programmatik und Theorie der Literarisierung einerseits, der Theaterpraxis andererseits ausgehen müssen.[6] Die These von der bereits in der Aufklärung durchgesetzten Literarisierung des Theaters stützt sich eher auf die programmatischen Forderungen und auf den Aufschwung der Dramenproduktion als auf die 'breite' Theaterrealität in all ihren Formen. Zweitens ignoriert das herrschende Systematisierungsschema den essentiellen Beitrag der Kunstperiode zum Syndrom 'Literaturtheater'. Die klassisch-romantische Theaterarbeit mit ihrem Autonomie-Konzept erscheint zwar als 'künstlerischer Höhepunkt' der bürgerlichen Theaterreform, als 'Summe der Bestrebungen des Jahrhunderts'; in den Literarisierungsprozeß jedoch wird sie

---

5 Die Praxis des Extemporierens hat selbstredend eine eminent politische bzw. 'polizeyliche' Bedeutung. Man könnte dergestalt die Literarisierung des Theaters, die das Extemporieren abschafft, auch als eine Praxis der Disziplinierung durch die Instanzen der Macht interpretieren, als einen kulturellen Sonderfall des 'modernen' Disziplinarregimes.

6 Wo Theatergeschichtsschreibung sauber arbeitet, bemerkt sie dies auch. Siehe etwa Fischer-Lichte 1993, S. 92 - 93 und S. 96 - 97. Auch Hilde Haider-Pregler registriert eine vergleichbare Diskrepanz zwischen dem sittlich-moralischen Theaterprogramm und der zeitgenössischen Medienpraxis: "Nun war es 1742 bereits ein Gemeinplatz, so nachdrücklich auf die Funktion des literarisch-szenischen Kunstwerks als Verkünder bürgerlich-rationalistischer Gesellschaftslehren hinzuweisen. Beachtenswert ist hingegen die Sicherheit, mit der diese These vertreten wird. Denn im gesamten deutschsprachigen Raum gab es damals kein öffentliches Theater, das konsequent und vorbildhaft als Tugendschule für den sittlichen Bürger gewirkt hätte." (Haider-Pregler 1980, S. 8) - Beide Autorinnen ziehen jedoch aus der Beobachtung dieser Diskrepanz keine forschungspraktischen Konsequenzen im Hinblick auf ihre Periodisierungsvorschläge und Arbeitsergebnisse.

nicht eingeordnet, scheint doch alles in diesem Zusammenhang Relevante schon in der Aufklärung verwirklicht worden zu sein.[7] Das aber ist falsch, mindestens jedoch ignorant. Denn das Subservierungs- und Reproduktionstheorem, die 'funktionale Anbindung' des Mediums Theater an das Drama und der ausschließlich literarische Theaterbegriff haben ihren historischen Ursprung erst in der Kunstperiode, wie ich im vorhergehenden Kapitel dargelegt habe.

Die beiden Periodisierungsprobleme lassen sich leicht auflösen, wenn man von zwei deutlich unterscheidbaren Phasen der Literarisierung im 18. und frühen 19. Jahrhundert ausgeht und den Literarisierungsprozeß im Hinblick auf seine theaterpraktische Durchsetzung in die zweite Hälfte des 19. Jahrhunderts hinein verlängert. Ich will dazu einen Vorschlag unterbreiten: In der Aufklärung findet eine 'gegenständliche oder faktische Literarisierung' des deutschen Theaters statt. Schriftlich fixierte, neu geschriebene und literarisch kanonisierte Stücke mit bürgerlichen Stoffen, Sujets und Konflikten werden zu einem wichtigen Produktionsmaterial des Theaters; ein Produktionsmaterial, auf das sich zunehmend auch das Interesse von Produzenten und Publikum richtet, das bislang fast ausschließlich von der schauspielerischen Darstellung gefangen war. Im Vergleich zu den unliterarischen oder weniger literarisierten Theaterpraxen der Zeit ist diese 'faktische' oder 'gegenständliche' Aufwertung des Texts unübersehbar. Von dieser Phase der Literarisierung ist jedoch die 'funktionale' Literarisierung des Theaters zu unterscheiden, die erst in der Kunstperiode, an der Wende vom 18. zum 19. Jahrhundert, programmatisch entfaltet und praktisch erprobt wird. Der Text ist hier nicht mehr ein wichtiges, sondern wird zum hegemonialen Produktionsmaterial des Theaters; die Funktion des Mediums insgesamt liegt nun in der 'adäquaten Reproduktion' der hohen Dichtung, in der sinnlichen Transposition des Dichters - und nicht mehr in der Verbreitung der Moralphilosophie, der Diskursivierung bürgerlicher Emotionalität und Ideologie. Diese ausschließlich literarische Mediendefinition - die Instrumentalisierung des Theaters als Institut und Medium der Literatur - wäre für die Aufklärung undenkbar gewesen; sie wird in der gesamten aufklärerischen Dramaturgie und Theatertheorie mit keinem Wort erwähnt. Für die Aufklärung waren der dramatische Text und die Literarisierungsreform Mittel zum Zweck, für Klassik und Romantik dagegen wird die 'Pflege' des dramatischen Texts zur eigentlichen Aufgabe, ja zum Zweck der Theaterarbeit: "Goethe und Schiller hatten wesentlich die Mission: die Poesie zu heben, das geistige Leben der Nation in höhere ideale Regionen zu versetzen; die Literatur war ihr nächster Zweck, die Bühne erst der zweite, ja, sie war ihnen wohl nur Mittel zum Zweck. Mit ganzer Hingebung an die Schauspielkunst, nur für sie und durch sie zu wirken, wie Molière und Shakespeare, das fiel ihnen nicht ein; (...)

7 Siehe wiederum Fischer-Lichte 1993, S. 143 - 164, und Linder 1990, die den Aspekt der 'Literarisierung' in der Weimarer Theaterarbeit mit keinem Wort erwähnen.

Der uralte Zwiespalt der Gattungen trat wieder hervor, das gelehrte wieder dem volkstümlichen Drama gegenüber, die Dichtung gewann wieder die Suprematie über die Schauspielkunst."[8] Man kann sich die beiden Phasen der Literarisierung aus der Perspektive des durchgesetzten Literaturtheaters retrospektiv vergegenwärtigen: Das Syndrom Literaturtheater, wie es seit den siebziger Jahren des 19. Jahrhunderts herrscht, umfaßt im wesentlichen zwei Elemente: Das Drama ist das wichtigste Produktionsmaterial des Theaters, und die Funktion des Theaters insgesamt liegt in der dienenden Reproduktion des Texts. Den historischen 'Ursprung' für eine Theaterform, die literarisch kanonisierte Texte aufführt, kann man mit Fug und Recht in die Aufklärung verlegen; die ausschließlich literaturzentrierte Mediendefinition jedoch hat ihren historischen Ursprung in der Kunstperiode. Und erst beide Elemente zusammengenommen, die gegenständliche und die funktionale Literarisierung, machen das Syndrom 'Literaturtheater' komplett.

Die Beziehung zwischen den beiden Phasen des Literarisierungsprozesses läßt sich dergestalt als ein Verhältnis von Kontinuität und Diskontinuität bestimmen. Die funktionale Literarisierung des Theaters in der Kunstperiode baut auf den Bedingungen und Resultaten der aufklärerischen Literarisierung auf. Ohne die faktische Aufwertung des dramatischen Texts im Verlauf des 18. Jahrhunderts hätten die literaturzentrierten Reformkonzepte und Medienbilder von Klassik und Romantik nicht entstehen können. Gleichzeitig jedoch markieren die Inthronisierung des Dramas zum hegemonialen Zentrum der Theaterarbeit und die literarische Funktionsbestimmung des Mediums, welche alle aufklärerischen Funktionsbestimmungen restlos aufkündigt und ersetzt, auch eine tiefe Zäsur in der Geschichte des bürgerlichen Theaters. Es findet ein fundamentaler Wechsel im gesellschaftlichen Gebrauch und in der sozialen Funktion des Theaters statt, der wiederum erst Form, Funktion und 'Ideologie' des bürgerlichen Theaters im 19. und 20. Jahrhundert verständlich macht. Dieser 'zäsurale' oder 'diskontinuierliche' Aspekt der klassisch-romantischen Theatertheorie und -praxis wird in der Theatergeschichtsschreibung überhaupt nicht oder nicht ausreichend berücksichtigt; auf diese Zäsur wollte ich aufmerksam machen und sie als gesicherten Wissensbestand der Theaterhistoriographie etablieren.

In einer kulturgeschichtlich weitgreifenden Perspektive stellt sich die Frage, warum es überhaupt zu einer Literarisierung nicht nur des deutschen, sondern - freilich mit zeitlichen Divergenzen - des gesamten europäischen Theaters gekommen ist. Warum werden im Verlauf des 18. Jahrhunderts schriftlich fixierte

---

8 Devrient 1967, Bd. I, S. 620. Devrient ist einer der wenigen Theaterhistoriker, der - wie ich selbst - das klassisch-romantische Theater als Zäsur im Literarisierungsprozeß bzw. als radikalisierte Phase des literarischen Syndroms begreift. Diese Sensibilität geht zum einen auf seine Nähe zur Schauspielerei zurück - Devrient war kein 'deutscher Professor' -, zum anderen auf die historische Nähe zum Gegenstand.

und literarisch kanonisierte Texte zunehmend wichtiger für die Theaterpraxis? Warum ist der dramatische Text für die bürgerlichen Theaterreformer so bedeutsam? - Im ersten Drittel des 18. Jahrhunderts beginnen sich aufgeklärte Philosophen und Gelehrte für das Theater zu interessieren, weil es als vorgeblich wirkungsmächtigstes Massenmedium der Zeit in besonderer Weise geeignet scheint für die Popularisierung der bürgerlichen Moralphilosophie und im weiteren Sinn der bürgerlichen 'Ideologie'. Allerdings stehen die Aufklärer vor dem entscheidenden Problem, daß das zeitgenössische Theater in all seinen Genres und Typen schlichtweg keine 'Spielmaterialien' vorweisen kann, die sich im weitesten Sinn mit bürgerlichen Erfahrungen und Interessen beschäftigen. Um dieses signifikante Defizit zu überwinden, springen die frühbürgerlichen Theaterreformer selbst in die Bresche; sie selbst produzieren oder 'organisieren' neue, stofflich und thematisch adäquate Spielmaterialien und greifen dabei auf jene Ausdrucks- und Diskursformen zurück, die ihnen als Gelehrte, Philosophen und Autoren vertraut sind: auf schriftlich-literarische Diskursformen und Traditionen nämlich. Die Aufklärer schreiben, weil das 'ihre' Welt ist, Dramentexte - und eben nicht, was ja zumindest hypothetisch denkbar wäre, Szenarien und grobe Handlungsfäden für Possen oder Stegreifstücke oder Ballette mit bürgerlichen Inhalten. Dabei spielt sicher auch eine Rolle, daß man im Anschluß an die 'hohen', literarischen Traditionslinien des europäischen Theaters - von der Aristotelischen Theorie der Tragödie über die Dramen der griechischen Klassik bis zum französischen Klassizismus - eine kulturelle Nobilitierung des Mediums zu erreichen hofft.

Ein weiterer Grund für die Literarisierung liegt in den medialen Spezifika der schriftlich-literarischen Diskursformen: Dramatische Texte können komplexere Bedeutungen und Sinnstrukturen darbieten und verhandeln als die 'unliterarischen' Spielmaterialien. In Texten lassen sich Strukturelemente der zeitgenössischen Realität, soziale, politische und psychische Konflikte, die psychologische Wahrscheinlichkeit der dramatis personae, Umfang und Profil der Charaktere, vor allem aber Entwicklungen der Figuren und des Handlungsverlaufs viel nuancen-, beziehungs- und umfangreicher, viel komplexer und vielschichtiger entfalten, als das mit den relativ statischen Handlungsschemata und Figurenensembles etwa des Stegreifspiels oder bei Oper und Ballett möglich war. Darüber hinaus basieren dramatische Texte auf der Darbietung sprachlicher Kommunikation; ihr Material ist der sprachlich-'logische' Diskurs von Rollenfiguren. Dramentexte und literarisches Theater besitzen dergestalt eine grundlegende strukturelle Affinität zum aufklärerischen Ideal der diskursiven Verständigung und herrschaftsfreien Kommunikation. Die schriftlich-literarischen Diskursformen als neues Spielmaterial des bürgerlichen Theaters zeigen strukturell und medial, wie der vernünftige Diskurs der Bürger ablaufen soll.

Im Unterschied zu den unliterarischen Spielmaterialien können schriftlich fixierte Texte auch über den Druck verbreitet werden. Genau das wird sukzessive ab Anfang des 18. Jahrhunderts zum Normalfall. Während für die Stücke Shakespeares und Molières die Bühne noch die wichtigste 'Existenzform'[9] war, sind die neu entstehenden Stücke der Aufklärung ebensosehr für den Druck und die Lektüre bestimmt wie für die Aufführung. Diese zweifache mediale Existenzform sichert den literarischen Spielmaterialien gleichzeitig eine zweifache Wirkung: die Wirkungstiefe des Theaters ebenso wie die Wirkungsbreite der Print-Medien in der literarischen Öffentlichkeit. Dem aufklärerischen Bestreben nach Diskursivierung und Vergesellschaftung bürgerlichen Denkens kam diese hohe Verbreitungsmöglichkeit der schriftlich-literarischen Spielmaterialien besonders entgegen. Die schriftlich-literarischen Diskursformen und die Print-Medien sind die dem Projekt der Aufklärung adäquatesten Medien; sie organisieren ein Kommunikations-Netz, das die Basis für die diskursive Verständigung der bürgerlichen Schichten abgibt; und sie ermöglichen die Darbietung zeitgenössischer Realität in höchster Komplexität und Dichte. Auch deswegen kommt es zu einer Literarisierung des deutschen Theaters. Die aufklärerische Inbesitznahme und Reform des Theaters also muß geradezu notwendig von der Aufwertung dramatischer Texte ausgehen: Verbürgerlichung und Literarisierung des Theaters im 18. Jahrhundert gehören untrennbar zusammen; es sind zwei Seiten derselben Medaille.

Erst zu Beginn des 19. Jahrhunderts ist das literarische Theaterkonzept in seinem ganzen Bedeutungsumfang, in der Kombination von gegenständlicher und funktionaler Literarisierung, definiert und wird in der Arbeit einiger avancierter Theater - exemplarisch dafür steht das Weimarer Hoftheater - verwirklicht. Der 'Ursprung' des Syndroms 'Literaturtheater' in seiner entwickelten und für die Zukunft prägenden Fassung liegt in der Kunstperiode. Auch bei dieser theatergeschichtlich präziseren Periodisierung darf man allerdings die Prozessualität der Entwicklung und die Diskrepanz zwischen den Ursprungsdiskursen und -praxen der literarischen Ästhetik einerseits und der 'breiten' Theaterrealität andererseits nicht aus den Augen verlieren: Der historisch neue Typus Literaturtheater ist Resultat eines von sozialen und ästhetischen Interessen getragenen Interventionsprozesses gegen eine Vielzahl anderer theatraler Praxen, die im 18. und frühen 19. Jahrhundert noch existieren. Das literarische Theater ist in diesem Zeitraum keineswegs der hegemoniale Theatertypus, sondern eine Form von Theater neben

---

9 Von den 37 Shakespeare zugeschriebenen Stücken wurden bis zu seinem Tod im Jahr 1616 nur 15 in kleinen und wahrscheinlich nicht vom Autor beaufsichtigten Ausgaben gedruckt. Erst mit der berühmten Folio-Ausgabe von 1623 - also sieben Jahre nach Shakespeares Tod - wurden die nur im Manuskript überlieferten Dramen (mit Ausnahme des "Perikles") erstmals im Druck veröffentlicht. Und Shakespeare war zu seinen Lebzeiten ein durchaus bekannter und gefeierter Theaterautor und -unternehmer.

vielen anderen. Das Literaturtheater ist nicht einfach da, es entsteht, es wird - aus rekonstruierbaren Gründen - 'gemacht'. Über diese Produktions- und Interventionsprozesse jedoch geht der mainstream der Literatur- und Theatergeschichtsschreibung ebenso vornehm wie ignorant hinweg; das literarische Theater erscheint hier in einer enthistorisierenden Rückprojektion als eine Art theatraler Naturform, die die gesamte Kulturgeschichte 'durchzieht' bzw. im Verlauf des 18. Jahrhunderts 'zu sich selbst kommt'. - Auch wenn am Anfang des 19. Jahrhunderts die literarische Ästhetik bei einzelnen Theatern modellhaft erprobt wird, erhält sie doch erst in der zweiten Hälfte des 19. Jahrhunderts größere Bedeutung in der Theaterpraxis und -programmatik. Man könnte die erste Hälfte des 19. Jahrhunderts als Abschnitt der langsamen Verbreitung bestimmen und das zum Beispiel an der Theaterarbeit Klingemanns, Immermanns und des späten Tieck exemplifizieren.[10] Als dominierender Typus wird das Literaturtheater erst in der entwickelten Literaturgesellschaft, im letzten Drittel des 19. Jahrhunderts, etabliert. Das hängt zum einen damit zusammen, daß nach der Reichsgründung der Bedarf an diskursiven Praxen zunimmt, die die nationale Identität und den patriarchalen Mythos der großen Männer vergesellschaften. Das geht zum anderen auf die Wiederannäherung zwischen hoher Gegenwartsdramatik und Theaterpraxis im Naturalismus zurück.[11] Ab diesem Zeitpunkt bis in die sechziger Jahre des 20. Jahrhunderts besitzt das Literaturtheater in der kulturellen Praxis und Ideologie des Bürgertums einen, wenn man so will, 'hegemonialen' Status.

Drei Einschränkungen sind dabei zu machen. Freilich gibt es auch unter der Hegemonie des Literaturtheaters zwischen 1870 und den sechziger Jahren des 20. Jahrhunderts weiterhin andere theatrale Praxen, die weder literarisch kanonisierte Texte pflegen noch gar einer literarischen Mediendefinition genügen: Lustspiel, Possen und Varieté, Boulevard und Revuen, Kabarett und Agit-Prop, um nur einige Beispiele zu nennen, ja die gesamte kleinbürgerliche und proletarische Theaterkultur mit ihren Unterhaltungsfunktionen oder politischen Intentionen wäre hier zu nennen. Allerdings galten diese Theaterformen, selbst wenn sie von einem bürgerlichen Publikum genutzt wurden, im bürgerlichen Kulturbewußtsein nicht als 'ernstzunehmendes' Theater; in den Selektionsprozessen der Kulturgeschichtsschreibung sind sie aus dem Kanon untersuchungswürdiger Gegenstände weitgehend eliminiert worden. Zweitens: Auch das hohe bürgerliche Theater selbst, wie es insbesondere an den Hof-, Staats- und Stadttheatern und an den literarisch ambitionierten Privatunternehmungen gepflegt wurde, war zwi-

10 Siehe dazu Devrient 1967, Bd. II, S. 124 - 130 (Tieck als Dramaturg am Dresdner Hoftheater), S. 137 - 139 (Klingemann) und S. 219 - 234 (Immermann).

11 Ich kann die sozial- und mediengeschichtlichen Gründe für die Verbreitung des literarischen Theatersyndroms hier nur andeuten. Im Rahmen einer Rekonstruktion der Mediengeschichte des späten 19. Jahrhunderts wäre das ein überaus spannendes Thema.

schen 1870 und 1970 nicht ausschließlich und immerwährend der literarischen Theaterästhetik verpflichtet; weder in bezug auf das Repertoire noch in bezug auf die Intentionen der Produzenten und die Erlebnisqualitäten der Zuschauer. Gleichwohl galt in diesem Zeitraum die 'adäquate Reproduktion der dramatischen Dichtung' unbestritten als wichtigste und vornehmste Aufgabe des bürgerlichen Theaters, auch wenn sie nicht ständig erfüllt wurde. Gleichwohl gab es einen nahezu normativen Konsens darüber - tausendfach vermittelt und bekräftigt durch die Bildungsinstitutionen (Schule, Universität) und die Kulturpolitik -, daß das Literaturtheater der ästhetische Gipfel allen Theaters sei. Diese dominante literarische Theater-'Ideologie' geht aber - in Form von Anforderungsprofilen, Legitimationsargumenten, Positionsbestimmungen, Rezeptionserwartungen und Reflexionshorizonten - auch in die Theaterarbeit und in das Theatererlebnis mit ein. Drittens hat es auch immer 'theaterinterne', künstlerische Kämpfe gegen das Literaturtheater, seinen hegemonialen Status sowie die damit verknüpfte 'Autonomisierung der Kunst' gegeben. Man könnte die Geschichte der Theateravantgarde in Deutschland vom Anfang des 20. Jahrhunderts bis zum Faschismus als ästhetisch-politischen Angriff auf die literarische und autonome Institutionalisierung des Theaters begreifen und darstellen: von der Retheatralisierungsbewegung am Jahrhundertanfang über die spektakulären und sinnlichkeitsstrotzenden Inszenierungen Reinhardts bis hin zum politischen Theater Piscators, Brechts und ihres Umfelds.[12] Gleichwohl haben diese künstlerischen Interventionen und Angriffe, die zum Teil auch wieder in die literarische Ästhetik re-integriert wurden, die Hegemonie des Literaturtheaters nicht grundsätzlich brechen können. Im bürgerlichen Kulturbewußtsein ist es zur 'theatralen Naturform' mutiert, zum 'überhistorischen' Wesen allen Theaters.

Der herausragende Stellenwert des Literaturtheaters in der kulturellen Praxis und Ideologie des Bürgertums hat fundamentale Auswirkungen auf Untersuchungsperspektiven, Modelle und Konzepte der Theatergeschichtsschreibung, die sich als Forschungsgebiet seit Anfang des 20. Jahrhunderts in der Literaturwissenschaft und in der neu gegründeten Theaterwissenschaft etabliert hat. Die Entwicklung des Gegenstands hat die Axiome, Ideologeme und Strukturen seiner 'Beforschung' geprägt und determiniert. Wie im bürgerlichen Kulturbewußtsein das Literaturtheater zur theatralen Naturform wurde, hypostasierte auch die akademische Theaterhistoriographie diese spezifische theatrale Praxis zum überhistorischen Wesen allen Theaters. Das betrifft nicht nur, wo es sich noch am ehesten vermuten läßt, die Kanonisierungsprinzipien, sondern weit grundsätz-

12 Auch das Regietheater seit den sechziger Jahren des 20. Jahrhunderts wäre in diesem Zusammenhang zu nennen. Allerdings ist die literarische Theaterideologie zu diesem Zeitpunkt schon 'brüchig' und nicht mehr die dominante Funktionsbestimmung des bürgerlichen Theaters.

licher noch die Gegenstandskonstitution, den Medienbegriff, die Untersuchungsmaterialien, die Methoden und Kategorien der Theatergeschichtsschreibung. Sie 'baut' und 'strukturiert' ihren Untersuchungsgegenstand explizit oder implizit nach dem Fetisch Literaturtheater. Die meisten Bornierungen, systematischen Blindstellen und methodischen Probleme der Theatergeschichtsschreibung rühren von dieser monologischen, enthistorisierenden und normativen Orientierung auf das ästhetische Modell des Literaturtheaters her. Ich will diese 'Literaturfixierung der Theatergeschichtsschreibung' mit einigen systematisierenden Bemerkungen veranschaulichen; ich kritisiere dabei nicht einzelne theatergeschichtliche 'Schulen' oder Konzepte, sondern kennzeichne strukturelle Probleme und Bornierungen, die 'querbeet' verbreitet sind:

Jede Form von Kunst- und Kulturgeschichte ist eingestandener- oder uneingestandenermaßen mit dem Kanonisierungsproblem konfrontiert, mit der Frage, welche Gegenstände, Praxen, Prozesse etc. als wichtig und exemplarisch für die eigene Geschichtskonstruktion betrachtet und ausgewählt werden. Die traditionelle Theatergeschichtsschreibung unterliegt, ohne daß sie diese Orientierung noch durchschauen würde, ausschließlich literarischen Kanonisierungsprinzipien. Nicht-literarische Theatertraditionen wurden aus der Darstellung des 18. und 19. Jahrhunderts weitgehend verdrängt; Kämpfe und Auseinandersetzungen zwischen den unterschiedlichen Theaterpraxen entlang der Frontlinie 'Literarisierung' - und den darin eingekapselten sozialen Inhalten - wurden ignoriert, Interventionen und Zäsuren durch das entstehende Literaturtheater nicht markiert, der soziale Inhalt der literarischen Theaterreform nicht expliziert. Derart wurde eine absolut 'literatur-teleologische' Theatergeschichte konstruiert, die in Wirklichkeit eine Rückprojektion des Fetisches 'Literaturtheater' auf ein kulturgeschichtliches Feld darstellt, das in einer derartigen Eindimensionalität niemals existiert hat. Die Geschichte des Mediums wird gemäß den theaterästhetischen Normen und Leitbildern der Wissenschaftler 'erzählt'. Ruedi Graf hat diesen Kanonisierungs- und Selektionsmechanismus scharfsichtig decouvriert: "Die Literaturgeschichte hebt aus der Vielzahl theatraler Praxen einige hervor, weil diese sich in ihrer Richtung bewegen und macht sie zum Gründungsdiskurs des literarischen Theaters für den ganzen deutschen Kulturraum. Sie macht das deshalb, weil sich in den Bemühungen einiger weniger bürgerlicher Intellektueller in Leipzig und einigen norddeutschen Städten der Beginn einer hegemonialen Strategie abzeichnet, die erst in der entwickelten Literaturgesellschaft voll zum Tragen kommt. Die Literaturgeschichte ist nur das Resultat einer Bewegung, die schon mit Gottscheds Bemühungen einer selektiven Traditionsbildung einsetzt, und deren Entwicklung Gottsched selbst überholt und zurücksetzt. [Abs.] Es handelt sich dabei nicht um ein bloßes Versäumnis der Sekundärliteratur, das leichthin wettzumachen wäre; es handelt sich vielmehr um eine systematische Weichenstellung an einem bestimmten Punkt der kulturellen Entwicklung, die das, was zu jener Zeit als anderes Theater vorhanden war, systematisch bekämpft und verdrängt, ihm die Stimme raubt und die Sprache entzieht, um an dessen Stelle die eigene Tradition als einzig mögliche darzustellen. In dieser und an dieser Tradition webte und webt die germanistische und theaterwissenschaftliche Sekundärliteratur, weil sie selbst entsteht als ein sekundäres System, das sich dieser Weichenstellung verdankt."[13]

Man kann die literaturfixierte Kanonisierung und Traditionsbildung unschwer an den Schwerpunkten der einschlägigen Theatergeschichten und an den bevorzugten Untersuchungsgegenständen der Forschungsliteratur verfolgen. Im allgemeinen behandeln sie im 18. Jahrhundert nur solche Theaterleute, Truppen, Theater, Episoden und Phänomene, die sich als Vorgeschichte oder Ursprungsdiskurs des Literaturtheaters interpretieren lassen. Kindermann etwa beschäftigt sich im IV. Band seiner "Theatergeschichte Europas" schwerpunktmäßig mit Gottsched und der Neuberin, mit Ekhof, Lessing und dem Hamburger Nationaltheater, mit Schröder und dem literarischen Theater des Sturm und Drang, mit dem Mannheimer Nationaltheater sowie - der einzige Gegenstand außerhalb der 'literarischen' Reihe - mit dem 'Rokoko-Theater der deutschen Fürstenhöfe'. Im V. Band stellt er das Wiener Theaterleben, das in einer gewissen Breite behandelt wird, das Weimarer Hoftheater und das Berliner Nationaltheater vor. Die bevorzugten Gegenstände der germanistischen Theatergeschichtsschreibung im 18. Jahrhundert sind immer und immer wieder Gottsched, Lessing und das Weimarer Hoftheater. Glaubte man diesen 'Erzählungen', bekäme man ein schlichtweg falsches Bild von der historischen Medienrealität; auf der Basis dieser Kanonisierungsergebnisse könnte man annehmen, das literarische Theater sei schon im 18. Jahrhundert tatsächlich der dominierende Theatertypus gewesen. Die literarischen Traditionsbildungen entledigen sich der Verpflichtung, eine gewisse Breite der Medienentwicklung abzudecken. Diesem Problem jedoch, wenn es auch nie vollständig zu lösen ist, hat sich jede Kulturgeschichtsschreibung zumindest zu stellen.

Der Fetisch Literaturtheater hat nicht nur die Kanonisierungsprinzipien, sondern auch die Gegenstandskonstitution und das methodische und kategoriale Instrumentarium der Theatergeschichtsschreibung in entscheidendem Maß beeinflußt. Der mainstream der Theaterhistoriographie seit Anfang des 20. Jahrhun-

13 Graf 1987, S. 42. - Im übrigen trifft diese literaturfixierte Kanonisierung nicht nur auf die Darstellung des Theaters im 18. und 19. Jahrhundert zu. Generell neigt die Theatergeschichtsschreibung dazu, Perioden, in denen große dramatische Werke hervorgebracht wurden, viel ausführlicher zu behandeln als weniger literarisch geprägte Perioden. Mit der zeitgenössischen Bedeutung und Funktion des Theaters koinzidiert das nicht zwangsläufig.

derts stützte sich in seinen mediengeschichtlichen Forschungen nahezu ausschließlich auf die Analyse der Dramentexte sowie der Theorien und Programmatiken über das Theater. Weil das Theater als Reproduktionsmedium der Literatur verstanden wurde, schien der eindimensionale Bezug auf sein hegemoniales Produktionselement auch für die historische Darstellung vollkommen hinreichend. Durch diese gegenständliche und methodische Fixierung auf die Dramen und Theorien entstand eine Form von Theatergeschichtsschreibung, die zwar programmatisch eine Rekonstruktion des Mediums behauptete, genaugenommen jedoch nur eine Geschichte der Dramen, der Dramentheorien, der Dramaturgien, der Theatertheorien und - freilich eher selten - der Schauspielertheorien bot. Theatergeschichte wurde so de facto zur Dramengeschichte, die Geschichte des Mediums mit der Geschichte der Texte für und über das Theater gleichgesetzt.

Gegen die Beschäftigung mit Dramen und Theorien ist solange überhaupt nichts einzuwenden, wie diese Objekte als Teilbereich der Theatergeschichte, abhängig von ihrer Bedeutung in der jeweiligen geschichtlichen Periode, verstanden werden. Genau diese Relativität oder Partialität der Texte aber erkennt die manisch auf Drama und Theorien fixierte Theatergeschichtsschreibung insbesondere germanistischer Provenienz nicht an. Mit der Textexegese sieht sie ihre Aufgabe als weitgehend erledigt an; die anderen Elemente, die Theater phänomenologisch überhaupt erst konstituieren - vom Publikum zur Öffentlichkeitsstruktur, von der schauspielerischen Verkörperung zur Visualität des Mediums etc. -, sind ihr als 'Appendices' des vorgeblich medienkonstituierenden Literarischen allenfalls eine Randbemerkung wert, wenn sie als Untersuchungsobjekte nicht gar gänzlich ignoriert werden. Schon auf der simplen phänomenologischen Ebene also ist der Blick für Spezifik und Struktur des Theaters reichlich getrübt. - Noch problematischer an der literaturzentrierten Theatergeschichtsschreibung ist ihre Neigung, die allein aus der Textexegese gewonnenen Untersuchungsergebnisse als historische Medienrealität auszugeben. Die in den Texten vertretenen Positionen und die an ihnen ablesbaren materialen, ästhetischen, politischen und sozialgeschichtlichen 'Entwicklungsstände' werden umstandslos zu 'Entwicklungsständen' der Medienpraxis selbst umgeschrieben, ohne die Diskrepanz von Literatur und Programmatik einerseits, der theatralen Praxis andererseits zu bedenken. So kann es denn passieren, daß mit Lillos "The London Merchant", dem ersten genuin bürgerlichen Drama, gleich die Verbürgerlichung des Theaters ausgerufen wird. So kann es passieren, daß man Gottscheds Programm eines semipädagogischen Theaters umstandslos zur realen Funktion des Theaters in der ersten Hälfte des 18. Jahrhunderts transformiert; oder daß Lessings, Mendelssohns und Nicolais poetologische Diskussion um das 'Mitleid' gleich als Beweis für die tatsächliche Vergesellschaftung des Mitleids im bürgerlichen

Theater herhalten muß. Die literaturzentrierte Theatergeschichtsschreibung produziert in der medialen Verallgemeinerung ihrer partikularen, nämlich literaturspezifischen Ergebnisse 'Kurzschlüsse' im wahrsten Sinn des Worts, die der mediengeschichtlichen Realität nicht gerecht werden und in ihrem Erkenntniswert nur mit äußerster Vorsicht zu genießen sind.

Die 'Kehrseite' der auf Drama und Theorien fixierten Theatergeschichtsschreibung liegt in einer gänzlichen Unsensibilität gegenüber den Medienspezifika des Theaters im allgemeinen und ihrer jeweiligen historischen Ausprägung im besonderen. Das betrifft nicht nur die schon erwähnte phänomenologische Ignoranz gegenüber den 'textfernen' Theaterelementen, sondern grundsätzlicher noch den Verzicht auf eine Forschungsperspektive, die sich für die besonderen Abbildungsmöglichkeiten, Diskursivierungspotentiale, Funktionen und Erlebnisqualitäten des Theaters im Unterschied zu anderen Medien und kulturellen Praktiken interessiert und zu deren Beforschung adäquate Kategorien und methodische Modelle entwickelt. Damit begibt sich die literaturzentrierte Historiographie a priori Fragestellungen und Erkenntnisinteressen, die für die mediengeschichtliche Forschung und Darstellung überaus produktiv sind. Sie tut das, weil sie in der historischen Rückprojektion des literarischen Theaterbegriffs das Theater als kulturelles System entwirft, das besondere, medienspezifische Potenzen und Funktionen gar nicht besitzt; sie tut das, weil sie, mit einem Wort, über einen medienspezifischen Theaterbegriff nicht verfügt. - Die literaturzentrierte Theatergeschichtsschreibung ist im übrigen kein wissenschaftsgeschichtlich bereits überholtes 'Feindbild': Die genannten Gegenstandsverengungen und Bornierungen beschreiben nicht nur die Forschungsstandards am Jahrhundertanfang, sondern treffen auch heute noch auf die meisten theatergeschichtlichen Arbeiten insbesondere germanistischer Herkunft zu. Der Gegenstand der Theatergeschichtsschreibung liegt für diese Forschungspraxis nach wie vor in der Geschichte der Dramen und ihrer Theorien, ihre wichtigsten Untersuchungsobjekte sind Texte. Ist man nur ein wenig mit der Mediengeschichte des 18. Jahrhunderts vertraut, mit ihrer 'Ungleichzeitigkeit', Widersprüchlichkeit und Breite, gerät man ob der Blauäugigkeit und Problemlosigkeit, mit welcher in dieser Traditionslinie Mediengeschichte erzählt wird, in blankes Erstaunen. Die Simplizität der wissenschaftlichen Konzeption und Untersuchungsperspektive führt zur Glättung und Simplifizierung der mediengeschichtlichen Entwicklung.

Den pauschalen Vorwurf einer literaturzentrierten Theatergeschichtsschreibung kann man der Theaterwissenschaft, die sich zu Beginn des 20. Jahrhunderts akademisch zu etablieren beginnt, nicht machen. Fachgründung und 'Fachidentität' beruhen - glaubt man den programmatischen Entwürfen - auf der Abkehr vom literarischen Theaterbegriff, auf der Behauptung eines literaturdifferentiellen

'Kerns' des Theaters - Mimus, Tanz, Spieltrieb etc.[14] - und auf der Konstitution eines fachspezifischen Gegenstands, der Inszenierung.[15] Als zentrale Aufgabenstellung der Theatergeschichtsschreibung galt nun die Rekonstruktion von Inszenierungen, Aufführungspraxen und Bühnenformen. Die Geschichte des Mediums, so Max Herrmann, einer der Gründerväter der jungen Disziplin, ist etwas anderes als die Geschichte der Texte; die Theaterhistoriographie klammert das Drama programmatisch aus: "Das Drama als dichterische Schöpfung geht uns aber in der Theatergeschichte nichts oder nur insoweit etwas an, als der Dramatiker bei der Abfassung seines Werkes auch auf die Verhältnisse der Bühne Rücksicht nimmt, und insofern also das Drama uns einen unbeabsichtigten Ausdruck vergangener Theaterverhältnisse liefert (...). Das spezifisch Dichterische aber bleibt für uns ganz außer Betracht"[16]. - Jedoch: auch diese 'autonome', auf das theaterspezifische Kunstwerk der Inszenierung ausgerichtete Theatergeschichte ist stark vom Syndrom Literaturtheater geprägt. Denn mit ihrem werkzentrierten Gegenstandsverständnis, das programmatisch als Befreiung vom Joch des Literarischen gefeiert wurde, fügt sie sich gleichwohl in die produktionsästhetische Vereinseitigung der theatralen Kommunikation ein, die sich mit der Theorie und Praxis des Literaturtheaters durchgesetzt hat. Den erst im Literaturtheater des frühen 19. Jahrhunderts entwickelten Medienbegriff, der Theater als Aufführung und nicht als Verhältnis von Bühne und Publikum definiert, reproduziert die sich emanzipierende Theaterhistoriographie strukturell mit ihrer gegenständlichen Zentrierung auf die Aufführung. In dieser - strukturellen - Hinsicht ist auch sie ein Kind ihrer Zeit, determiniert vom dominanten Theaterkonzept der bürgerlichen Gesellschaft.

Die inszenierungsfixierte Theatergeschichtsschreibung ist mit drei methodischen Problemen konfrontiert, die aus ihrem produktionsästhetisch verengten Gegenstandskonzept herrühren. Zum ersten muß der Versuch, historische Aufführungspraxen - insbesondere vor der Existenz audio-visueller 'Reproduktionsmedien'[17] - zu 'rekonstruieren', permanent vor der Transitorik des Mediums

---

14 Siehe dazu die im Sammelband von Klier 1981 abgedruckten Aufsätze von Max Dessoir (1906), Julius Petersen (1935), Artur Kutscher (1936), Heinz Kindermann (1950) und Carl Niessen (1956), die allesamt Konstitutions-Konzepte für das Theater bzw. für die akademische Disziplin Theaterwissenschaft postulieren, meistens im Bezug auf den 'Mimus' als einem vermeintlichen 'Urtrieb' des Menschen.

15 Siehe dazu den überaus instruktiven Beitrag von Berg 1984 zur Entstehung der Theaterwissenschaft sowie den fachgeschichtlichen Abschnitt in seiner Habilitationsschrift, Berg 1985 b, S. 126 - 148.

16 Max Herrmann, zit. nach Groß 1981, S. 42 - 43. Der Aufsatz von Groß stammt aus dem Jahr 1919.

17 Mit der Entwicklung und problemlosen Anwendung von Video-Aufzeichnungen ab Mitte der siebziger Jahre schien vielen Fachvertretern das Transitorik-Problem endgültig gelöst.

versagen. Was sich an 'Relikten' sinnlicher Theaterpraxis dem Vergessen der Vergangenheit entreißen läßt, sind allenfalls materielle Fetzen des 'Kunstwerks' (Kostüme, Theaterarchitektur, Bühnenbilder etc.) oder aber sekundäre schriftliche Quellen (Theaterberichte, Kritiken, Auto-Biographien etc.). Mit Hilfe solcher Quellenformen Aufführungen zu rekonstruieren und auf der Basis einer Folge von Inszenierungen wiederum eine Mediengeschichte aufzubauen, ist faktisch unmöglich und erkenntnistheoretisch-hermeneutisch ein einziger Unsinn. Die ganze 'frühe' werkzentrierte Theatergeschichtsschreibung ist von dieser fundamentalen Aporie gekennzeichnet, die Fachentwicklung selbst war dadurch über Jahrzehnte hinweg behindert.[18] Als Ausweg aus dieser Aporie blieb die Methode des 'munteren Drauflosfabulierens', die in der Tat von vielen Theatergeschichtlern zum bevorzugten Darstellungsmodus erkoren wurde, ohne daß sie sich überhaupt noch mit methodischer Reflexion belastet hätten. Sie 'erzählen' von Theateraufführungen, die sie niemals sinnlich erfahren konnten, mit einem Gestus der Authentizität, als seien sie selbst dabei gewesen. Insbesondere Kindermann neigt an manchen Stellen seiner "Theatergeschichte Europas" zum Stil der Live-Reportage.[19] - Ein zweites schwerwiegendes Manko der Werkzentrierung liegt darin, daß sie die jenseits der Produktionsebene liegenden Medienspezifika systematisch vernachlässigt. Im Vergleich zur literaturzentrierten Theatergeschichtsschreibung besitzt die inszenierungsfixierte Variante durchaus Gespür für die medialen Besonderheiten des Theaters, insoweit sie mit der Aufführung und der Produktionsebene verknüpft sind: für die schauspielerische Darstellung etwa, für Mimik, Gestik, Dramaturgie, Visualisierung, betriebliche Strukturen etc. Alles jedoch, was - metaphorisch gesprochen - vor oder neben der Bühne ist, erscheint ihr nur als Appendix des 'Eigentlichen', nicht jedoch als konstitutiv für das Medium insgesamt. Und so entstehen Forschungslinien und Veröffentlichungen wie - ein konstruiertes Beispiel, auch wenn es die Titel gibt - "Das Theater und sein Publikum" oder "Theater und Öffentlichkeit", bei denen sich schon in der Überschrift die methodische Marginalisierung jenes 'Uneigentlichen' abzeichnet.

Idealbild war die lückenlose Dokumentation aller wichtigen Aufführungen; man freute sich über einen festen 'Korpus von Gegenständen' wie ihn die Germanistik mit ihren Texten immer schon besaß. Freilich: Was da entsteht, ist nicht Theater, sondern Video, das Theater zeigt. Darüber hinaus ist auch die audiovisuelle Dokumentation eindimensional auf die Produktionsseite fixiert. Die erkenntnistheoretisch-hermeneutischen Probleme der Theatergeschichtsschreibung löst Video nicht. Ein kommunikatives und funktionales Konzept, wie es meiner Argumentation zugrundeliegt, führt demgegenüber weiter.

18 Siehe zum Programm der Rekonstruktion Groß 1981 und zur Kritik des Rekonstruktionskonzepts Berg 1985 b, S. 136 - 141.

19 Prüft man Kindermanns 'authentische Erlebnisberichte' genauer nach, merkt man, daß er zeitgenössische Quellen bis hin zur wortwörtlichen Zitation anführt oder paraphrasiert, ohne das zu annotieren.

Drittens fehlt der werkzentrierten Theaterhistoriographie gemeinhin jede Sensibilität für das historische Ensemble von Medien und Kommunikationssystemen. Das Verhältnis des Theaters zu den anderen ästhetischen und nichtästhetischen Kommunikationsformen der jeweiligen Zeitperiode, seine Einbindung im System der Medien und der Institutionen der Öffentlichkeit - für mich einer der wichtigsten Parameter bei der Frage nach der gesellschaftlichen Funktion des Theaters - spielt ob der 'autonomistischen' Gegenstandskonstitution meist keine Rolle.

Redlicherweise bleibt anzumerken, daß eine ausschließlich auf Inszenierungen aufbauende Theatergeschichte nicht existiert. Bei längeren Untersuchungsperioden ließe sich ein solcher Darstellungsmodus ob der Transitorik des Mediums gar nicht durchhalten. Deshalb wurde die Geschichte der Inszenierungen meist kombiniert mit einer - mehr oder weniger positivistischen - Geschichte der Institutionen und Personen, oft zusammengehalten durch ein geistesgeschichtliches Periodisierungs- und Ordnungsschema.[20] Das ändert jedoch nichts daran, daß die Werkzentrierung in programmatischer Hinsicht das normbildende Model7l, ja der Fetisch der Theatergeschichtsschreibung war und weitgehend auch noch ist.

Der Kreis vom Ansatz meiner Argumentation, wie ich ihn im ersten Kapitel dargelegt habe, über die einzelnen Funktionsstudien bis zu dieser Kritik der Theatergeschichtsschreibung schließt sich: Ich wollte in diesem Buch zum einen den Boom des bürgerlichen Theaters im 18. Jahrhundert erklären, zum anderen eine funktionszentrierte Theatergeschichte in praxi erproben. Das methodisch-historiographische Interesse geht in erster Linie auf meinen Ärger über die Bornierungen, Blindstellen und Enthistorisierungstendenzen der vorliegenden theatergeschichtlichen Darstellungen und Konzepte zurück, wie ich sie hier systematisierend beschrieben habe. Kaum eine theatergeschichtliche Veröffentlichung zum 18. Jahrhundert schien mir befriedigend; die wenigen positiven Ausnahmen habe ich im Verlauf dieses Buchs explizit gewürdigt. Aber eine methodisch-historiographische Kritik muß so lange 'oberlehrerhaft' und besserwisserisch bleiben, wie sie nicht selbst die Möglichkeit von Alternativen praktisch unter Beweis stellt. Und so entstand die Idee, an den Nutzungsformen der historischen Rezipienten und den Erlebnisqualitäten des Mediums anzusetzen, um daraus eine Funktionsgeschichte des Theaters im 18. und frühen 19. Jahrhundert zu konstruieren. Ich bin bei diesem theatergeschichtlichen Modell und meinen Funktionsstudien nur von drei gedanklichen und methodischen Grundsätzen ausgegangen; insofern war das Ganze ein offenes Projekt, ein wissenschaftliches Abenteuer: von einem kommunikativen Theaterbegriff, der auf das Verhältnis von 'Bühne' und 'Publikum' abzielt; von der Spezifik des Mediums Theater gegenüber anderen

20 So könnte man etwa die Grundprinzipien von Kindermanns "Theatergeschichte Europas" umreißen.

ästhetischen und nicht-ästhetischen Kommunikationsformen und seiner Einbettung ins zeitgenössische Ensemble der Medien; und drittens, so banal wie wesentlich, von der Historizität des Theaters und seiner sozialen Funktionen.

Im Vergleich zu den traditionellen theatergeschichtlichen Modellen und Darstellungsverfahren besitzt eine derart konturierte Funktionsgeschichte wesentliche Vorteile, denn bestimmte Bornierungen und problematische Konstruktionen treten hier von vornherein erst gar nicht auf: Traditionelle Theatergeschichtsschreibung entlehnt ihre Ordnungs- und Periodisierungskonzepte der Geistes- und Literaturgeschichte und stülpt sie mehr oder weniger passend dem Gegenstand Theater nur über. Der analytische Bezug auf besondere Funktionen und Erlebnisqualitäten des Theaters ermöglicht es demgegenüber, medienspezifische Entwicklungsabschnitte zu markieren und medienspezifische Periodisierungen vorzunehmen. Zweitens 'arbeitet' eine Funktionsgeschichte nicht mit einem überhistorischen Theaterbegriff, wie es etwa die literaturzentrierte Theatergeschichtsschreibung tut, sondern sieht ihre Aufgabe gerade darin, das für die jeweilige Periode relevante Medienbild zu rekonstruieren. Diese Untersuchungsperspektive verhindert zum einen die 'eindimensionale' Kanonisierung nur bestimmter Theatertypen und -traditionen, die 'ins eigene Konzept' passen; sie erschwert es zum anderen, den literarischen Theaterbegriff des 20. Jahrhunderts in einem enthistorisierenden Kurzschluß auf mediengeschichtliche Phänomene zu deduzieren, die ganz anders strukturiert waren. Die Rekonstruktion historischer Medienfunktionen arbeitet auf der Basis eines offenen, nicht inhaltlich festgelegten Theaterbegriffs; und dieses Verfahren gibt der Geschichtlichkeit der Gegenstände angemesseneren Raum, wie es umgekehrt die eigenen theaterästhetischen und -konzeptionellen Vorstellungen historisiert. Drittens verabschiedet sich die funktionale Theatergeschichte von der Fetischisierung des Werks, sei es nun als Drama oder als Inszenierung gefaßt. Die methodischen Aporien der werkzentrierten Theatergeschichtsschreibung lösen sich damit auf; die für die Kunst- und Kulturwissenschaften insgesamt immer noch verbindliche Orientierung auf einen produktionsfixierten Kunst- bzw. Medienbegriff wird überwunden. Diese Produktions- und Werkfixierung läßt sich zwar theoretisch und ideologiekritisch unschwer als Relikt der Autonomieästhetik und als unangemessen gegenüber dem gegenwärtigen Kunst- und Mediengebrauch decouvrieren, wird aber nach wie vor in den Kunst- und Medienwissenschaften ebenso ungebrochen wie unreflektiert gepflegt - für meine Begriffe der eigentliche Skandal dieser Disziplinen. Weil Medienwissenschaftler vor dem 'glatten Parkett' der Prozesse, Funktionen und Nutzungsformen Angst haben, ziehen sie es vor, sich an einem zwar völlig obsoleten, dafür aber Sicherheit gewährenden Gegenstandskonzept festzuhalten: dem

Werk - und sei es auch in der Realität gar nicht mehr existent.[21] Viertens ist die Funktionsgeschichte, weil sie Nutzungsformen und Erlebnisqualitäten untersucht, näher an den Erfahrungen und Interessen der historischen Subjekte als jedes andere Geschichtsmodell. Sie vermittelt ein höheres Maß an historischer Konkretheit und 'Authentizität', weil sie ständig nach den Erfahrungsmustern und Erlebnisweisen der Subjekte fragt. Sie 'präsentiert' mehr Details, mehr 'Fleisch' unserer eigenen medialen, mentalen und ideologischen Vorgeschichte. Und fünftens ist die funktionszentrierte Theatergeschichte das 'umfassendste' Modell, in das sich ohne Mühe und Schwierigkeiten die Ergebnisse anderer Schulen, Traditionen und Richtungen - etwa die Ergüsse der Dramen- und Aufführungsgeschichte - integrieren lassen. Die Funktionsgeschichte steckt den mit Abstand weitesten Rahmen für Gegenstand und Untersuchungsperspektiven ab, sie ist damit das hegemoniale Konzept, um Kulturgeschichte zu erforschen und darzustellen.

21 Das trifft zum Beispiel auf die 'medienwissenschaftliche' Analyse des Fernsehens bzw. einzelner Programmformen zu. Niemand rezipiert diese Medienprodukte mehr als Werke; man zappt sich vielmehr durch die vielfältige Einfalt der Kanäle, schnuppert hier 20 Sekunden, dort eine Minute etc. Die Medienwissenschaft aber analysiert die Medienprodukte als Einzelwerke oder Werkreihen, ohne auf diesen - viel entscheidenderen - Mediengebrauch Rücksicht zu nehmen: denn dann würde es schwierig.

VIII. Bibliographie

1. Quellen[1]

a) Zeitschriften

Allgemeine deutsche Theaterzeitung. Hrsg. v. Karl Wilhelm Reinhold. 1807 - 1808. Leipzig

Allgemeine Theaterzeitung. Hrsg. v. Johann Gottlieb Rhode. Bd. 1 - 2. 1800. Berlin

Annalen des neuen Königlichen Nationaltheaters zu Berlin und der gesammten deutschen dramatischen Literatur und Kunst. Hrsg. v. Friedrich Eberhard Rambach. Erster und letzter Band. St. 1 - 26. 1802. Berlin

Annalen des Theaters. Hrsg. v. Christian August Bertram. H. 1/1788 - H. 20/1797. Berlin

Berliner Theater-Journal für das Jahr 1782. Über die Berliner Schaubühne. Hrsg. v. Bonin. Sechs Stücke. 1783. Berlin

Berlinische Dramaturgie. Von Johann Michael Friedrich Schulz. Bd. I - II. 1799. Berlin

Berlinisches Archiv der Zeit und ihres Geschmacks. Hrsg. v. F. L. W. Meyer u. F. E. Rambach (bis Juni 1997) bzw. v. F. E. Rambach u. Feßler (ab Juli 1997). 1. Jg./1795 - 6. Jg./1800. Berlin

Brennus. Eine Zeitschrift für das nördliche Deutschland. Bd. 1 u. 2/1802 - Bd. 3 u. 4/1803. Berlin

Dramaturgische Blätter. Hrsg. v. Aloys Wilhelm Schreiber. Bd. I/Qu. 1 - 3 bis Bd. II/Qu. 1 - 3 (Sechs Quartalsbände). 1788 - 89. Frankfurt/Main

Dramaturgische Zeitschrift. Von Gustav Friedrich Wilhelm Großmann. St. 1 - 24. 1793. Hannover

Dramaturgischer Beobachter. Hrsg. v. Karl Bernard. 1. Jg./1813 (Nummern 1 - 48) - 2. Jg./1814 (Nummern. 1 - 36). Wien

Dramaturgisches Wochenblatt für Berlin und Deutschland. Von Johann Gottfried Lucas Hagemeister. St. 1 - 11. 1792. Berlin

Dramaturgisches Wochenblatt, in nächster Beziehung auf die Königlichen Schauspiele zu Berlin. Von Jakob Andreas Konrad Levezow. 1815 - 1817. Berlin

Ephemeriden der Litteratur und des Theaters. Hrsg. v. Christian August Bertram. 1. Jg./1785 - 3. Jg./1787. Berlin

Der Freimüthige, oder Berlinische Zeitung für gebildete und unbefangene Leser (Forts. u. d. Titel: Der Freimüthige, oder Ernst und Scherz. Ein Unterhaltungsblatt (1804 - 1806); Forts. u. d. Titel: der Freimüthige oder (Berlinisches) Unterhaltungsblatt für gebildete und unbefangene Leser (1808 - 1829)). Hrsg. v. August von Kotzebue u. Garlieb Merkel (1804 - 1806) bzw. v. August von Kotzebue u. August Kuhn (seit 1807). 1. Jg./1803 - 26. Jg./1829. Berlin

Journal des Luxus und der Moden. Hrsg. v. Friedrich Justin Bertuch u. Georg Melchior Kraus. 1. Jg./1786 - 27. Jg./1812. Gotha (ab 1790 Weimar)

---

1 Sofern ich nicht aus den Erstausgaben zitiere, ist in den Klammern nach dem Titel das Erstveröffentlichungsjahr angegeben. Bei nachgelassenen Schriften wird der Entstehungszeitraum genannt, soweit sich das feststellen ließ.

Journal für Theater und andere schöne Künste. Hrsg. v. Heinrich Gottlieb Schmieder. 1797 - 98. Hamburg
Literarisches Wochenblatt. Hrsg. v. August von Kotzebue. 1. Jg./1818 - 2. Jg./1819. Weimar
Litteratur- und Theater-Zeitung. Hrsg. v. Christian August Bertram. 1. Jg./1778 - 7. Jg./1784. Berlin
Neues Journal für Theater und andere schöne Künste. Hrsg. v. Heinrich Gottlieb Schmieder. 1799 - 1800. Hamburg
Rheinische Musen. Zeitung für Theater und andere schöne Künste. Hrsg. v. Heinrich Gottlieb Schmieder. Bd. 1 - 7. 1794 - 1797. Mannheim
Tagebuch der Mainzer Schaubühne. Hrsg. v. Aloys Wilhelm Schreiber. Nr. 1 - 13. 1788. Frankfurt/M.
Theater-Journal für Deutschland. Hrsg. v. Heinrich August Ottokar Reichard. St. 1 - 22. 1777 - 1784. Gotha
[Gothaer] Theaterkalender, auf das Jahr ... (auch u. d. Titel: Taschenbuch für die Schaubühne: auf das Jahr ...). Hrsg. v. Heinrich August Ottokar Reichard. 1775 - 1800 (Ausgabe 1795 nicht erschienen). Gotha.
Theater-Zeitung für Deutschland. Hrsg. v. Christian August Bertram. St. 1 - 26. 1789. Berlin
Zeitung für die elegante Welt. Hrsg. v. Karl Spazier (1801 - 1805) bzw. v. August Mahlmann (1806 - 1816). 1. Jg./1801 - 16. Jg./1816. Leipzig (später Erfurt)

b) Schriften

Anonymus [d. i. Karl Wilhelm Reinhold]: Saat von Goethe gesäet dem Tage der Garben zu reifen. Ein Handbuch für Ästhetiker und junge Schauspieler. Weimar u. Leipzig 1808
Anonymus: Eine Stimme wider die Theaterlust nebst den Zeugnissen der theuren Männer Gottes dagegen, des seligen Ph. Speners und des sel. A. H. Francke. Berlin 1824
Arnim, Achim von u. Clemens Brentano: Briefe über das neue Theater (1818). In: Clemens Brentano: Werke. Bd. II. Hrsg. v. Friedhelm Kemp. München 1963, S. 1154 - 1171
Bernhardi, August Ferdinand: Ueber Ifflands mimische Darstellungen. In: Berlinisches Archiv der Zeit und ihres Geschmacks. 5. Jg./1799. Jenner 1799, S. 18 - 34
Böttiger, Carl August: Entwickelung des Ifflandischen Spiels in vierzehn Darstellungen auf dem Weimarischen Hoftheater im Aprilmonath 1796. Leipzig 1796
Böttiger, Carl August: Literarische Zustände und Zeitgenossen. 2 Bände. Leipzig 1838
Boissy, Charles Desprez de: Ueber die Sittlichkeit des Theaters [...]. Halle 1780
Brandes, Johann Christian: Meine Lebensgeschichte (1799 - 1800). Hrsg. v. Willibald Franke. München 1923
Brentano, Clemens: Theaterrezensionen (1813/14). In: Ders.: Werke. Bd. II. Hrsg. von Friedhelm Kemp. München 1963, S. 1055 - 1127
Brentano, Clemens: Zur Aufführung der Valeria (1814). In: Ders.: Sämtliche Werke und Briefe (Frankfurter Brentano-Ausgabe). Bd. 12: Dramen I. Stuttgart u.a. 1982, S. 930 - 955
Brentano, Clemens: Über das moderne Theaterwesen im größten Theile von Europa, vielleicht überall. Bei Gelegenheit des Achilles von Paër und Über die auf der modernen Europäischen Schaubühne zur Hauptsache gewordenen Nebensachen Kostüme und Dekoration in Gegenwirkung mit Poesie und Schauspielkunst (1815). In: Ders.: Werke. Bd. II. Hrsg v. Friedhelm Kemp. München 1963, S. 1127 - 1139
Brühl, Karl Graf von: Neue Kostüme auf den beiden Kgl. Theatern in Berlin unter der General-Intendantur des Herrn Grafen von Brühl. Berlin 1819

Christ, Joseph Anton: Schauspielerleben im 18. Jahrhundert. Erinnerungen von Joseph Anton Christ. Zum ersten Male veröffentlicht von Rudolf Schirmer. Ebershausen, München u. Leipzpg 1912

Costenoble, Karl Eduard: Tagebücher aus seiner Jugend bis zu seiner Übersiedlung nach Wien (1818). Hrsg. v. Alexander von Weilen. 2 Bände. Berlin 1912 (Schriften der Gesellschaft für Theatergeschichte Bde. 18 u. 19)

Deyer, H. N.: Aufruf an meine Mitbürgerinnen (1792). In: Träger, Claus (Hg.): Mainz zwischen Rot und Schwarz. Die Mainzer Revolution 1792 - 1793 in Schriften, Reden und Briefen. Berlin/DDR 1963, S. 364 - 374

Diderot, Denis: Paradox über den Schauspieler (1778). Frankfurt/Main 1964

Dramaturgische Schriften des 18. Jahrhunderts. Hg. v. Klaus Hammer. Berlin/DDR 1968

Dramaturgische Schriften des 19. Jahrhunderts. Hg. v. Klaus Hammer. 2 Bände. Berlin/DDR 1987

Eckermann, Johann Peter: Gespräche mit Goethe in den letzten Jahren seines Lebens. In: Goethe, Johann Wolfgang: Sämtliche Werke nach Epochen seines Schaffens (Münchner Ausgabe). Bd. 19. München 1986

Einsiedel, August von: Grundlinien zu einer Theorie der Schauspielkunst, nebst der Analyse einer komischen und tragischen Rolle, Falstaff und Hamlet von Shakespeare. Leipzig 1797

Engel, Johann Jakob: Über Handlung, Gespräch und Erzählung (1774). Hrsg. v. Ernst Theodor Voss. Stuttgart 1964

Engel, Johann Jakob: Ideen zu einer Mimik. Zwei Theile. Berlin 1785/86 (Reprint Darmstadt 1968)

Fambach, Oskar (Hg.): Ein Jahrhundert deutscher Literaturkritik. Bd. 4: Das große Jahrzehnt (1796 - 1805). Berlin/DDR 1958

Gellert, Christian Fürchtegott: Briefe, nebst einer Praktischen Abhandlung von dem guten Geschmacke, in Briefen. Leipzig 1751 (Reprint Stuttgart 1971)

Gellert, Christian Fürchtegott: Abhandlung für das rührende Lustspiel (1754). In: Dramaturgische Schriften des 18. Jahrhunderts. A.a.O., S. 112 - 126

Genast, Eduard: Aus Weimars klassischer und nachklassischer Zeit. Erinnerungen eines alten Schauspielers. Hrsg. v. R. Kohlrauch. Stuttgart o. J.

Goethe, Johann Wolfgang: Zum Schäkespears-Tag (1771). In: Ders.: Sämtliche Werke nach Epochen seines Schaffens (Münchner Ausgabe). Bd. 1.2. München 1987, S. 411 - 414

Goethe, Johann Wolfgang: Wilhelm Meisters theatralische Sendung (1777 - 1785). Frankfurt/M. 1984

Goethe, Johann Wolfgang: Wilhelm Meisters Lehrjahre (1795/96). München 1977 (dtv Klassik)

Goethe, Johann Wolfgang u. Friedrich Schiller: Über epische und dramatische Dichtung (1797). In: Ders.: Sämtliche Werke nach Epochen seines Schaffens (Münchner Ausgabe). Bd. 4.2. München 1986, S. 126 - 128

Goethe, Johann Wolfgang: Weimarisches Hoftheater (1802). In: Ders.: Sämtliche Werke nach Epochen seines Schaffens (Münchner Ausgabe). Bd. 6.2. München 1988, S. 692 - 703

Goethe, Johann Wolfgang: Regeln für Schauspieler (1803). In: Ders.: Sämtliche Werke nach Epochen seines Schaffens (Münchner Ausgabe). Bd. 6.2. München 1988, S. 703 - 745

Goethe, Johann Wolfgang: Deutsches Theater (1813). In: Ders.: Sämtliche Werke nach Epochen seines Schaffens (Münchner Ausgabe). Bd. 9. München 1987, S. 618 - 620

Goethe, Johann Wolfgang: Über das deutsche Theater (1815). In: Ders.: Goethes Werke (Sophien-Ausgabe). Abt. 1. Bd. 40. Weimar 1901, S. 86 - 105

Goethe, Johann Wolfgang: Shakespeare und kein Ende (1815). In: Ders.: Goethes Werke (Sophien-Ausgabe). Abt. 1. Bd. 41/1. Weimar 1902, S. 52 - 71

[Goethe, Johann Wolfgang:] Briefwechsel zwischen Schiller und Goethe in den Jahren 1794 - 1805. In: Ders.: Sämtliche Werke nach Epochen seines Schaffens (Münchner Ausgabe). Bd. 8.1 (Text). München 1990

[Goethe, Johann Wolfgang:] Briefwechsel zwischen Goethe und Zelter in den Jahren 1799 - 1832. Hrsg. v. Ludwig Geiger. 2 Bände. Berlin 1902/03

Goeze, Johann Melchior: Theologische Untersuchung der Sittlichkeit der heutigen deutschen Schaubühne. Hamburg 1770

Gottsched, Johann Christoph: Die Schauspiele und besonders die Tragödien sind aus einer wohlbestellten Republik nicht zu verbannen (1729/1736). In: Dramaturgische Schriften des 18. Jahrhunderts. A.a.O., S. 14 - 20

Gottsched, Johann Christoph: Versuch einer critischen Dichtkunst. Unveränd. reprograph. Nachdruck d. 4., verm. Auflage, Leipzig 1751. Darmstadt 1982

Großmann, Gustav Friedrich Wilhelm: Lessings Denkmal. Hannover 1791

Grüner, Siegmund: Ist der Staat verbunden dem Schauspielerstande eine bürgerliche Existenz und Würde zu verleihen, oder sich für die Sache selbst zu interessiren? Ein Fragment. In: Theaterkalender, auf das Jahr 1793, S. 31 - 47

Grüner, Siegmund: Bemerkungen über Schauspielwesen, als Fortsetzung des Fragments: ist der Staat verbunden ec im vorjährigen Taschenbuche. In: Theaterkalender, auf das Jahr 1794, S. 40 - 62

Hoffmann, Ernst Theodor Amadeus: Über die Aufführung der Schauspiele des Calderon de la Barca auf dem Theater in Bamberg (1812). In: Ders.: Gesammelte Werke in Einzelausgaben. Bd. 8. Berlin/DDR 1983, S. 539 - 545

Hoffmann, Ernst Theodor Amadeus: Der Opernalmanach des Herrn A. v. Kotzebue (1814). In: Ders.: Schriften zur Musik - Nachlese. Hrsg. v. Friedrich Schnapp. Darmstadt 1966, S. 258 - 268

Hoffmann, Ernst Theodor Amadeus: Einige Bemerkungen zu den Worten, die der königliche Kammersänger Hr. Fischer in Nr. 32 des 'Gesellschafters' über das Verhältnis des Künstlers zum Publikum ausgesprochen hat (1818). In: Ders.: Schriften zur Musik - Nachlese. Hrsg. v. Friedrich Schnapp. Darmstadt 1966, S. 319 - 324

Hoffmann, Ernst Theodor Amadeus: Seltsame Leiden eines Theaterdirektors (1818). In: Ders.: Gesammelte Werke in Einzelausgaben. Bd. 3. Berlin/DDR 1977, S. 353 - 473

Humboldt, Wilhelm von: Ueber die gegenwärtige französische tragische Bühne. In: Propyläen. Hg. v. J. W. v. Goethe. Bd. III. St. 1 (1800), S. 66 - 109

Iffland, August Wilhelm: Fragmente über Menschendarstellung auf den deutschen Bühnen. Gotha 1785

Iffland, August Wilhelm: Meine theatralische Laufbahn (1798). Hrsg. v. Oskar Fambach. Stuttgart 1976

Iffland, August Wilhelm: Schillers 'Piccolomini' auf dem Kgl. National-Theater in Berlin. Ifflands Regiebuch zur Erstaufführung am 18. Februar 1799 (Faksimile). Hrsg. v. Julius Petersen. Berlin 1941 (Schriften der Gesellschaft für Theatergeschichte Bd. 53)

Iffland, August Wilhelm: Almanach fürs Theater und Theaterfreunde. Sechs Bände. Berlin 1807 - 1812

Iffland, August Wilhelm: Die Mannheimer Bühne betreffend. In: Iffland in seinen Schriften als Künstler, Lehrer und Direktor der Berliner Bühne. Hrsg. v. Carl Duncker. Berlin 1859, S. 79 - 110

Iffland, August Wilhelm: Circular an die Mitglieder der Berliner Bühne. In: Iffland in seinen Schriften als Künstler, Lehrer und Direktor der Berliner Bühne. Hrsg. v. Carl Duncker. Berlin 1859, S. 111 - 128

[Iffland, August Wilhelm:] Ifflands Briefe. Hrsg. v. Ludwig Geiger. 2 Bände. Berlin 1904/05 (Schriften der Gesellschaft für Theatergeschichte Bde. 5 u. 6)

[Iffland, August Wilhelm:] Briefwechsel mit Schiller, Goethe, Kleist, Tieck und anderen Dramatikern. Leipzig o. J.

Ifflands Mimische Darstellungen für Schauspieler und Zeichner. Während der Vorstellung gezeichnet in Berlin in den Jahren 1808 bis 1811, verfertigt und herausgegeben von den Gebrüdern Henschel. Berlin 1811

Jagemann, Karoline: Die Erinnerungen der Karoline Jagemann. Nebst zahlreichen unveröffentlichten Dokumenten aus der Goethezeit. Hg. v. Eduard von Bamberg. Dresden 1926

Klingemann, August: Was für Grundsätze müssen eine Theaterdirektion bei der Auswahl der aufzuführenden Stücke leiten? Leipzig 1802

Klingemann, August: Ideen über Theater, dessen Zweck und Einrichtung. Berlin 1816

Klingemann, August: Vorlesungen für Schauspieler. Helmstedt 1818

Knigge, Adolph Freiherr: Ueber den Umgang mit Menschen. Reprograph. Nachdruck der Originalausgabe Hannover 1788. Darmstadt 1967

Knigge, Adolph Freiherr: Dramaturgische Blätter. 1. - 36. Stück. Hannover 1788/89

Knigge, Adolph Freiherr: Die Reise nach Braunschweig. Ein comischer Roman (1792). Kassel 1972

Knigge, Adolph Freiherr: Ueber Schriftsteller und Schriftstellerey. Hannover 1793

Kotzebue, August von: Mein literärischer Lebenslauf (1796). In: Ders.: Ausgewählte prosaische Schriften. Bd. 26. Wien 1843, S. 101 - 186

Kotzebue, August von: Fragmente über Recensenten-Unfug. Eine Beylage zu der Jenaer Literaturzeitung. Leipzig 1797

Kotzebue, August von: Der hyperboreeische Esel oder Die heutige Bildung. Ein drastisches Drama, und philosophisches Lustspiel für Jünglinge, in Einem Akt. Leipzig 1799

Kotzebue, August von: August von Kotzebue's politische Ansichten, Gedanken und Meinungen. Berlin u. Königsberg 1813

Kotzebue, August von: Schauspiele. Mit einer Einführung von Benno von Wiese. Hrsg. u. kommentiert v. Jörg Mathes. Frakfurt/M. 1972

[Kotzebue, August von:] Der Briefwechsel zwischen August von Kotzebue und Carl August Böttiger. Hrsg. v. Bernd Maurach. Bern u.a. 1987

Laclos, Choderlos de: Gefährliche Liebschaften (1782). Übers. und hrsg. v. Walter Widmer. Gütersloh o. J.

Lenz, Jakob Michael Reinhold: Anmerkungen übers Theater (1774). In: Ders.: Werke und Schriften. Bd. I. Stuttgart 1966, S. 329 - 362

Lessing, Gotthold Ephraim: Vorrede zu "Beiträge zur Historie und Aufnahme des Theaters" (1749). In: Dramaturgische Schriften des 18. Jahrhunderts. A.a.O., S. 127 - 133

Lessing, Gotthold Ephraim: Lessings Kommentar zu den "Abhandlungen von dem weinerlichen oder rührenden Lustspiele" in der "Theatralischen Bibliothek" (1754). In: Dramaturgische Schriften des 18. Jahrhunderts. A.a.O., S. 133 - 139

Lessing, Gotthold Ephraim: Vorrede zu "Des Herrn Jokob Thomson sämtliche Trauerspiele" (1756). In: Dramaturgische Schriften des 18. Jahrhunderts. A.a.O., S. 141 - 145

Lessing, Gotthold Ephraim: Briefe, die neueste Literatur betreffend (1759 - 1765). Hg. u. komm. v. Wolfgang Bender. Stuttgart 1979

Lessing, Gotthold Ephraim: Hamburgische Dramaturgie (1767 - 1769). In: Ders.: Werke in fünf Bänden. Bd. 4. Berlin u. Weimar 1978

Lessing, Gotthold Ephraim, Moses Mendelssohn u. Friedrich Nicolai: Briefwechsel über das Trauerspiel. Hg. u. komm. v. Jochen Schulte-Sasse. München 1972

Löwen, Johann Friedrich: Geschichte des deutschen Theaters (1766) und Flugschriften über das Hamburger Nationaltheater (1766/1767). Hrsg. v. Heinrich Stümcke. Berlin 1905

Löwen, Johann Friedrich: Vorläufige Nachricht von der auf Ostern 1767 vorzunehmenden Veränderung des Hamburgischen Theaters (1766). In: Ders.: Geschichte des deutschen Theaters. Hg. v. Heinrich Stümcke. Berlin 1905, S. 83 - 90

Mercier, Louis-Sébastien: Neuer Versuch über die Schauspielkunst. Übers. v. Heinrich Leopold Wagner. Mit einem Anhang: Aus Goethes Brieftasche. Faksimile-Druck nach der Ausgabe Leipzig 1776. Heidelberg 1967

Meyer, Friedrich Ludwig Wilhelm: Briefe über Schauspielkunst, Theater und Theaterwesen in Deutschland. Altona 1798

Meyer, Friedrich Ludwig Wilhelm: Friedrich Ludwig Schröder. Beitrag zur Kunde des Menschen und des Künstlers. 2 Bände. Hamburg 1819

Moritz, Karl Philipp: Anton Reiser. Ein psychologischer Roman (1785 - 1790). Frankfurt/M. 1979

Moritz, Karl Philipp: Schriften zur Ästhetik und Poetik. Hrsg. v. Hans Joachim Schrimpf. Tübingen 1962

Müller, Adam: Über die dramatische Kunst. Vorlesungen gehalten zu Dresden 1806 (1808). In: Ders.: Kritische, ästhetische und philosophische Schriften. Hrsg. v. W. Schroeder u. W. Siebert. Neuwied/Berlin 1967. Bd. I, S. 139 - 231

Mylius, Christlob: Eine Abhandlung, worinnen erwiesen wird: Daß die Wahrscheinlichkeit der Vorstellung, bey den Schauspielen eben so nöthig ist, als die innere Wahrscheinlichkeit derselben. In: Beyträge zur Critischen Historie der deutschen Sprache, Poesie und Beredsamkeit. 30. St. Leipzig 1743, S. 297 - 322

Mylius, Christlob: Versuch eines Beweises, daß die Schauspielkunst eine freye Kunst sey. In: Beyträge zur Historie und Aufnahme des Theaters. Stuttgart 1750. Erstes Stück, S. 1 - 13

Die Protokolle des Mannheimer Nationaltheaters unter Dalberg aus den Jahren 1781 - 1789. Hrsg. v. Max Martersteig. Mannheim 1890 (Reprint als Schriften der Dramaturgischen Gesellschaft Nr. 14/1980)

Reichard, Heinrich August Ottokar: Seine Selbstbiographie. Überarbeitet und hrsg. v. Hermann Uhde. Stuttgart 1877

Riccoboni, Antoine-François: L'Art du Théâtre (1750). Dt.: Die Schauspielkunst. In: Beyträge zur Historie und Aufnahme des Theaters. Stuttgart 1750. Viertes Stück, S. 483 - 544

Rousseau, Jean-Jaques: Brief an Herrn d'Alembert über seinen Artikel "Genf" im VII. Band der Enzyklopädie und insbesondere über den Plan, ein Schauspielhaus in dieser Stadt zu errichten (1758). In: Ders.: Schriften. Bd. 1. Hrsg. v. Henning Ritter. München/Wien 1978, S. 333 - 474

Schiller, Friedrich: Ueber das gegenwärtige deutsche Theater (1782). In: Ders.: Werke (Nationalausgabe). Bd. 20. Weimar 1962, S. 79 - 86

Schiller, Friedrich: Was kann eine gute stehende Schaubühne eigentlich wirken? (1784) In: Ders.: Werke (Nationalausgabe). Bd. 20. Weimar 1962, S. 87 - 100

Schiller, Friedrich: Ueber den Grund des Vergnügens an tragischen Gegenständen (1792). In: Ders.: Werke (Nationalausgabe). Bd. 20. Weimar 1962, S. 133 - 147

Schiller, Friedrich: Ueber die tragische Kunst (1792). In: Ders.: Werke (Nationalausgabe). Bd. 20. Weimar 1962, S. 148 - 170

Schiller, Friedrich: Ueber das Pathetische (1793). In: Ders.: Werke (Nationalausgabe). Bd. 20. Weimar 1962, S. 196 - 221

Schiller, Friedrich: Ueber die ästhetische Erziehung des Menschen in einer Reihe von Briefen (1793 - 1794). In: Ders.: Werke (Nationalausgabe). Bd. 20. Weimar 1962, S. 304 - 412

Schiller, Friedrich: Vorrede zur 'Braut von Messina': Ueber den Gebrauch des Chors in der Tragödie (1803). In: Ders.: Werke (Nationalausgabe). Bd. 10. Weimar 1980, S. 7 - 15

Schiller, Friedrich: Theater und Schauspielkunst. In: Ders.: Werke (Nationalausgabe). Bd. 22. Weimar 1958, S. 309 - 330

[Schiller, Friedrich:] Schillers Briefe 1772 - 1785. In: Ders.: Werke (Nationalausgabe). Bd. 23. Weimar 1956

Schink, Johann Friedrich: Ueber Brockmanns Hamlet. Berlin 1778

Schink, Johann Friedrich: Dramaturgische Fragmente. Drei Bände. Graz 1781/82

Schink, Johann Friedrich: Dramaturgische Monate. Vier Bände. Schwerin 1790/91

Schinkel, Karl Friedrich: Dekorationen auf den beiden Kgl. Theatern unter der General-Intendantur des Herrn Grafen Brühl. Berlin 1819

Schlegel, August Wilhelm: Etwas über William Shakespeare bei Gelegenheit Wilhelm Meisters (1796). In: Ders.: Kritische Schriften und Briefe. Bd. I. Hrsg. v. Edgar Lohner. Stuttgart 1962, S. 88 - 122

Schlegel, August Wilhelm: Ueber Shakespeares Romeo und Julie (1797). In: Ders.: Kritische Schriften und Briefe. Bd. I. Hrsg. v. Edgar Lohner. Stuttgart 1962, S. 123 - 140

Schlegel, August Wilhelm: Ehrenpforte und Triumphbogen für den Theater-Präsidenten von Kotzebue bey seiner Gehofften Rückkehr ins Vaterland. Mit Musik. Gedruckt zu Anfange des neuen Jahrhunderts (1800). In: Ders.: Sämtliche Werke. Bd. II. Hrsg. v. Eduard Böcking. Leipzig 1846, S. 260 - 342

Schlegel, August Wilhelm: Theaterkritiken aus der Zeitung für die elegante Welt (1802/03). In: Ders.: Sämtliche Werke. Bd. IX. Hrsg. v. Eduard Böcking. Leipzig 1846, S. 180 - 230

Schlegel, August Wilhelm: Über das spanische Theater. In: Europa. Hrsg. v. Friedrich Schlegel. Frankfurt/M. 1803. I. Bd., 2. St., S. 72 - 87

Schlegel, August Wilhelm: Über einige tragische Rollen von Frau von Staël dargestellt (1807). In: Ders.: Sämtliche Werke. Bd. IX. Hrsg. v. Eduard Böcking. Leipzig 1846, S. 267 - 281

Schlegel, August Wilhelm: Vorlesungen über dramatische Kunst und Literatur (1809 - 1811). Hrsg. v. Edgar Lohner. 2 Bände. Suttgart u.a. 1966

Schlegel, Friedrich: Vom ästhetischen Werte der griechischen Komödie (1794). In: Ders.: Kritische Friedrich Schlegel Ausgabe. Bd. 1: Studien des klassischen Altertums. Hrsg. v. Ernst Behler. Paderborn u.a. 1979, S. 19 - 33

Schlegel, Friedrich: Theaterrezensionen (1810/11). In: Ders.: Kritische Friedrich Schlegel Ausgabe. Bd. 3: Charakteristiken und Kritiken II (1802 - 1829). Hrsg. v. Hans Eichner. München u. a. 1975, S. 166 - 219

Schlegel, Johann Elias: Schreiben von Errichtung eines Theaters in Kopenhagen (1746). In: Ders.: Werke. Bd. 3. Hg. v. Johann Heinrich Schlegeln. Kopenhagen u. Leipzig 1764, S. 251 - 258

Schlegel, Johann Elias: Gedanken zur Aufnahme des dänischen Theaters (1747). In: Dramaturgische Schriften des 18. Jahrhunderts. A.a.O., S. 87 - 111

Schmid, Christ. Heinrich: Ueber die Fortschritte der dramatischen Dichtkunst in Teutschland seit Gottsched. In: Theaterkalender, auf das Jahr 1783, S. 82 - 102

Schmidt, Friedrich Ludwig: Denkwürdigkeiten des Schauspielers, Schauspieldichters und Schauspieldirectors F. L. Schmidt (1772 - 1841). Nach hinterlassenen Entwürfen zusammengestellt und herausgegeben v. Hermann Uhde. Hamburg 1875

Schütze, Johann Friedrich: Hamburgische Theatergeschichte. Hamburg u. Leipzig 1794

Schütze, Johann Friedrich: Satyrisch-ästhetisches Hand- und Taschenwörterbuch für Schauspieler beides Geschlechts. Nebst einem lehr- und scherzreichen Anhange. Hamburg 1800

Schulze, Karoline: Ein fahrendes Frauenzimmer. Die Lebenserinnerungen der Komödiantin Karoline Schulze-Kummerfeld 1745 - 1815. Hg. v. Inge Buck. Berlin 1988

Sonnenfels, Joseph von: Briefe über die Wienerische Schaubühne. Repr. d. Ausgabe Wien 1768. Hg. v. Hilde Haider-Pregler. Graz 1988

Sturz, Helfrich Peter: Brief über das deutsche Theater an die Freunde und Beschützer desselben in Hamburg (1767). In: Dramaturgische Schriften des 18. Jahrhunderts. A.a.O., S. 149 - 162

Sulzer, Johann Georg: Von der Kraft (Energie) in den Werken der schönen Künste. In: Ders.: Vermischte philosophische Schriften. Erster Theil. Leipzig 1782, S. 124 - 147

Sulzer, Johann Georg: Allgemeine Theorie der schönen Künste. Neue vermehrte zweyte Auflage. Leipzig 1794

Theater und Aufklärung. Dokumentation zur Ästhetik des französischen Theaters im 18. Jahrhundert. Hrsg. v. Renate Petermann und Peter-Volker Springborn. Berlin/DDR 1979

Tieck, Ludwig: Shakspeares Behandlung des Wunderbaren (1796). In: Ders.: Kritische Schriften. Bd. I. Leipzig 1848, S. 35 - 74

Tieck, Ludwig: Denkwürdige Geschichtschronik der Schildbürger in zwanzig lesenswürdigen Kapiteln (1797). In: Ders.: Schriften. Bd. 9: Arabesken. Berlin 1828, S. 1 - 82

Tieck, Ludwig: Der gestiefelte Kater. Kindermärchen in drei Akten mit Zwischenspielen, einem Prologe und Epiloge (1797). Hrsg. v. Helmut Kreuzer. Stuttgart 1964

Tieck, Ludwig: Briefe über Shakspeare (1800). In: Ders.: Kritische Schriften. Bd. I. Leipzig 1848, S. 133 - 184

Tieck, Ludwig: Das altengliche Theater (1811, 1823, 1829)[2]. In: Ders.: Kritische Schriften. Bd. I. Leipzig 1848, S. 215 - 322

Tieck, Ludwig: Die Anfänge des deutschen Theaters (1817). In: Ders.: Kritische Schriften. Bd. I. Leipzig 1848, S. 323 - 388

Tieck, Ludwig: Dramaturgische Blätter. Zum ersten Mal vollständig gesammelt. Erster und zweiter Theil (1826)[3] = Ders.: Kritische Schriften. Bde. III u. IV. Leipzig 1852

2 Dieser Aufsatz setzt sich zusammen aus der Vorrede des 1811 herausgegebenen Bandes "Alt Englisches Theater" und aus den Vorreden der 1823 und 1829 herausgegebenen beiden Bände von "Shakespeare's Vorschule".

Tieck, Ludwig: Die geschichtliche Entwicklung der neueren Bühne und Friedrich Ludwig Schröder (1831). In: Ders.: Kritische Schriften. Bd. II. Leipzig 1848, S. 313 - 374
[Tieck, Ludwig und die Brüder Schlegel:] Briefe. Hrsg. v. Edgar Lohner. München 1972
Wezel, Johann Carl: Herrmann und Ulrike (1780). Hrsg. v. Carl Georg von Maassen. Zwei Bände. München 1919

2. Forschungsliteratur

Alt, Heinrich: Theater und Kirche in ihrem gegenseitigen Verhältnis. Berlin 1846
Asper, Helmut G.: Hanswurst. Studien zum Lustigmacher auf der Berufsschauspielerbühne in Deutschland im 17. und 18. Jahrhundert. Emsdetten 1980
Bachtin, Michail: Literatur und Karneval. Zur Romantheorie und Lachkultur. Frankfurt/M. 1990
Balet, Leo u. E. Gerhard: Die Verbürgerlichung der deutschen Kunst, Literatur und Musik im 18. Jahrhundert. Hg. v. G. Mattenklott. Frankfurt/M., Berlin u. Wien 1979
Bayerdörfer, Hans-Peter: Probleme der Theatergeschichtsschreibung. In: Möhrmann, R. (Hg.): Theaterwissenschaft heute. Berlin 1990, S. 41 - 63
Bender, Wolfgang F.: 'Mit Feuer und Kälte' und - 'Für die Augen symbolisch'. Zur Ästhetik der Schauspielkunst von Lessing bis Goethe. In: Deutsche Vierteljahrsschrift für Literaturwissenschaft und Geistesgeschichte. 62. Jg./1988, S. 60 - 98
Bender, Wolfgang F. (Hg.): Schauspielkunst im 18. Jahrhundert. Stuttgart 1992
Benjamin, Walter: Der Erzähler. In: Ders.: Gesammelte Schriften. Bd. II/2. Hg. v. R. Tiedemann. Frankfurt/M. 1980, S. 438 - 465
Berg, Jan: Werktreue: eine Kategorie geht fremd. Über Klassikeraufführungen. In: TheaterZeitSchrift. H. 1/1982, S. 93 - 100
Berg, Jan: Das Autonomie-Mißverständnis der Theaterwissenschaft. In: TheaterZeitSchrift. H. 8/1984, S. 35 - 43
Berg, Jan: Deutsches Theater im 18. Jahrhundert. In: Berg, J. u. H. Rischbieter: Welttheater. Braunschweig 1985 a, S. 124 - 161
Berg, Jan: Zur Theorie und Geschichte des spektatorischen Ereignisses. Berlin 1985 b (Unveröffentlichte Habilitationsschrift. Titeländerung 1987)
Berghahn, Klaus L.: "Das Pathetischerhabene". Schillers Dramentheorie. In: Grimm, R. (Hrsg.): Deutsche Dramentheorien. Bd. 1. Wiesbaden 1971, S. 197 - 222
Bitterling, Richard: Johann Friedrich Schink. Ein Schüler Diderots und Lessings. Leipzig u. Hamburg 1911 (Theatergeschichtliche Forschungen Bd. 23)
Böhme, Helmut: Prolegomena zu einer Sozial- und Wirtschaftsgeschichte Deutschlands im 19. und 20. Jahrhundert. Frankfurt/M. 1968
Borchmeyer, Dieter: Tragödie und Öffentlichkeit - Schillers Dramaturgie. München 1973
Borchmeyer, Dieter: "...dem Naturalismus in der Kunst offen und ehrlich den Krieg zu erklären...". Zu Goethes und Schillers Bühnenreform. In: Barner, W., E. Lämmert u. N. Oellers (Hg.): Unser Commercium. Goethes und Schillers Literaturpolitik. Stuttgart 1984, S. 351 - 370

---

3 Die Ausgabe von 1852 ist gegenüber der Buchausgabe von 1826 erweitert. Das betrifft den zweiten Band der "Dramaturgischen Blätter" (also den vierten Band der "Kritischen Schriften"), S. 108 - 316.

Brachvogel, Albert Emil: Geschichte des Königlichen Theaters zu Berlin. 2 Bde. Berlin 1877 u. 1878

Brinckmann, Christine: Drama und Öffentlichkeit in der englischen Romantik. Eine Untersuchung zum Verhältnis von Theater und Lesedrama. Frankfurt/M. 1977

Bruford, Walter Horace: Theatre, drama and audience in Goethe's Germany. London 1957

Brunkhorst, Martin: "This piece of phantasy": Shelley und das Dilemma des romantischen Dramas. In: Bauer, R. (Hg.): Der theatralische Neoklassizismus um 1800. Ein europäisches Phänomen? Bern 1986, S. 237 - 256

Bürger, Christa: Der Ursprung der bürgerlichen Institution Kunst. Literatursoziologische Untersuchungen zum klassischen Goethe. Frankfurt/M. 1977

Bürger, Christa, Peter Bürger u. Jochen Schulte-Sasse (Hg.): Zur Dichotomisierung von hoher und niederer Literatur. Frankfurt/M. 1982

Bürger, Peter: Theorie der Avantgarde. Frankfurt/M. 1974

Carlson, Marvin: Goethe and the Weimar theater. Ithaca/London 1978

Catholy, Eckehard: Das Fastnachtspiel des Spätmittelalters. Gestalt und Funktion. Tübingen 1961

Catholy, Eckehard: Karl Philipp Moritz und die Ursprünge der deutschen Theaterleidenschaft. Tübingen 1962

Dahnke, Hans-Dietrich u. Bernd Leistner: Debatten und Kontroversen. Literarische Auseinandersetzungen in Deutschland am Ende des 18. Jahrhunderts. Berlin/DDR u. Weimar 1989

Dann, Otto: Gruppenbildung und gesellschaftliche Organisierung in der Epoche der deutschen Romantik. In: Brinkmann, R. (Hg.): Romantik in Deutschland. Ein interdisziplinäres Symposium. Stuttgart 1978, S. 115 - 131

Dann, Otto: Politische Voraussetzungen und gesellschaftliche Grundlagen der deutschen Literatur zwischen Französischer Revolution und Wiener Kongreß. In: Neues Handbuch der Literaturwissenschaft. Bd. 14: Europäische Romantik I. Hg. v. K. R. Mandelkow. Wiesbaden 1982, S. 27 - 48

Devrient, Eduard: Geschichte der deutschen Schauspielkunst. 2 Bde. Hg. v. K. Hammer, R. Kabel u. Ch. Trilse. Berlin/DDR 1967

Dülmen, Richard van: Die Gesellschaft der Aufklärer. Frankfurt/M. 1986

Ebert, Gerhard: Der Schauspieler. Geschichte eines Berufes. Berlin 1991

Elias, Norbert: Über den Prozeß der Zivilisation. Soziogenetische und psychogenetische Untersuchungen. 2 Bde. Frankfurt/M. 1978

Fiebach, Joachim: Zur Spezifik und Funktion der Theaterkunst. In: Weimarer Beiträge. 18. Jg./1972. H. 7, S. 50 - 77

Fiebach, Joachim u. Rudolf Münz: Thesen zu theoretisch-methodischen Fragen der Theatergeschichtsschreibung. In: Theaterwissenschaft im deutschsprachigen Raum. Texte zum Selbstverständnis. Hrsg. v. H. Klier. Darmstadt 1981, S. 310 - 326

Fiebach, Joachim: Zur Geschichtlichkeit der Dinge und Perspektiven: Bewegungen des historisch-materialistischen Blicks. In: Möhrmann, R. (Hg.): Theaterwissenschaft heute. Berlin 1990, S. 371 - 388

Fischer-Lichte, Erika: Semiotik des Theaters. 3 Bde. Tübingen 1983

Fischer-Lichte, Erika: Das deutsche Drama und Theater. In: Neues Handbuch der Literaturwissenschaft. Bd. 16: Europäische Romantik III. Hg. v. N. Altenhofer und A. Estermann. Wiesbaden 1986, S. 153 - 192

Fischer-Lichte, Erika: Kurze Geschichte des deutschen Theaters. Tübingen u. Basel 1993

Flemming, Willi: Goethe und das Theater seiner Zeit. Stuttgart 1968

Fontius, Martin: Produktivkraftentwicklung und Autonomie der Kunst. Zur Ablösung ständischer Voraussetzungen in der Literaturtheorie. In: Klotz, G., W. Schröder u. P. Weber (Hg.): Literatur im Epochenumbruch. Funktionen europäischer Literaturen im 18. und beginnenden 19. Jahrhundert. Berlin/DDR u. Weimar 1977, S. 409 - 529

Fontius, Martin: Theaterdebatten in der französischen Aufklärung. In: Theater und Aufklärung. Dokumentation zur Ästhetik des französischen Theaters im 18. Jahrhundert. Hg. v. R. Petermann und P.-V. Springborn. Berlin/DDR 1979, S. 7 - 39

Foucault, Michel: Überwachen und Strafen. Die Geburt des Gefängnisses. Frankfurt/M. 1977

Foucault, Michel: Das Leben des infamen Menschen. In: Tumult. H. 4/1982, S. 41 - 57

Foucault, Michel: Sexualität und Wahrheit I: Der Wille zum Wissen. Frankfurt/M. 1983

Foucault, Michel: Schriften zur Literatur. Frankfurt/M. 1988

Frels, Onno: Die Entstehung einer bürgerlichen Unterhaltungskultur und das Problem der Vermittlung von Literatur und Öffentlichkeit um 1800. In: Bürger, Ch., P. Bürger u. J. Schulte-Sasse (Hg.): Aufklärung und literarische Öffentlichkeit. Frankfurt/M. 1980, S. 213 - 237

Frenzel, Herbert A.: Geschichte des Theaters. Daten und Dokumente 1470 - 1890. München 1984

Freud, Sigmund: Das Unbehagen in der Kultur. In: Ders.: Studienausgabe. Frankfurt/M. 1974. Bd. 9, S. 191 - 279

Freydank, Ruth: Theater in Berlin. Von den Anfängen bis 1945. Berlin 1988

Fuchs, Eduard: Illustrierte Sittengeschichte. Vom Mittelalter bis zur Gegenwart. Bd. 2: Die galante Zeit. München 1910

Gerth, Hans: Bürgerliche Intelligenz um 1800. Zur Soziologie des Frühliberalismus. Hg. v. U. Herrmann. Göttingen 1976

Geschichte der Deutschen Literatur. Bd. 6: Vom Ausgang des 17. Jahrhunderts bis 1789. Berlin/DDR 1979

Geschichte der Deutschen Literatur. Bd. 7: 1789 bis 1830. Berlin/DDR 1978

Glaser, Horst Albert: Das bürgerliche Rührstück. Analekten zum Zusammenhang von Sentimentalität und Autorität in der trivialen Dramatik Schröders, Ifflands, Kotzebues und anderer Autoren am Ende des 18. Jahrhunderts. Stuttgart 1969

Graf, Ruedi: Das Theater in der wohlbestellten Republik. Zur Herausbildung eines literarischen Theaters in Deutschland. In: Der innere Staat des Bürgertums. Berlin 1987, S. 41 - 61 (Argument-Sonderband 111)

Greisenegger, Wolfgang: Schauspiel- und Ausstattungskunst im Zeitalter der Romantik in Deutschland. In: Maske und Kothurn. 19. Jg./1973, S. 281 - 303

Groß, Edgar: Die ältere Romantik und das Theater. Hamburg u. Leipzig 1910 (Theatergeschichtliche Forschungen Bd. 22)

Groß, Edgar: Wege und Ziele der Theatergeschichte. In: Theaterwissenschaft im deutschsprachigen Raum. Texte zum Selbstverständnis. Hrsg. v. Helmar Klier. Darmstadt 1981, S. 40 - 50

Guthke, Karl S.: Die Ausnahme als Regel. Bürgerliches Drama in der Goethezeit. In: Ders.: Das Abenteuer der Literatur. Studien zum literarischen Leben der deutschsprachigen Länder von der Aufklärung bis zum Exil. Bern u. München 1981, S. 187 - 209

Haarmann, Hermann: Theaterwissenschaft und ihr Verhältnis zur Geschichte. In: Theaterwissenschaft im deutschsprachigen Raum. Texte zum Selbstverständnis. Hrsg. v. H. Klier. Darmstadt 1981, S. 290 - 309

Habermas, Jürgen: Strukturwandel der Öffentlichkeit. Darmstadt u. Neuwied 1962

Haferkorn, Hans J.: Zur Entstehung der bürgerlich-literarischen Intelligenz und des Schriftstellers in Deutschland zwischen 1750 und 1800. In: Literaturwissenschaft und Sozialwissenschaften 3. Hg. v. Bernd Lutz. Stuttgart 1974, S. 113 - 278

Hahn, Alois: Zur Soziologie der Beichte und anderer Formen institutionalisierter Bekenntnisse: Selbstthematisierung und Zivilisationsprozeß. In: Kölner Zeitschrift für Soziologie und Sozialpsychologie. 34. Jg./1982, S. 407 - 434

Haider-Pregler, Hilde: Theorien der Schauspielkunst im Hinblick auf ihre Publikumsbezogenheit. In: Das Theater und sein Publikum. Referate der Internationalen theaterwissenschaftlichen Dozentenkonferenz in Venedig 1975 und Wien 1976. Wien 1977, S. 89 - 100

Haider-Pregler, Hilde: Des sittlichen Bürgers Abendschule. Bildungsanspruch und Bildungsauftrag des Berufstheaters im 18. Jahrhundert. München u. Wien 1980

Hammer, Klaus: Nachwort. In: Dramaturgische Schriften des 18. Jahrhunderts. Hg. v. K. Hammer. Berlin/DDR 1968, S. 483 - 550

Hammer, Klaus: Vorwort. In: Dramaturgische Schriften des 19. Jahrhunderts. Hg. v. K. Hammer. Berlin/DDR 1987. Bd. I, S. 9 - 24

Hauser, Arnold: Sozialgeschichte der Kunst und Literatur. München 1953/1969

Heise, Wolfgang: Weltanschauliche Aspekte der Frühromantik. In: Weimarer Beiträge. H. 4/1978, S. 22 - 47

Heise, Wolfgang: Probleme deutscher Frühromantik. In: Brandt, H. u. M. Beyer (Hg.): Ansichten der deutschen Klassik. Berlin/DDR 1981, S. 382 - 412

Hermsdorf, Klaus: Literarisches Leben in Berlin. Aufklärer und Romantiker. Berlin/DDR 1987

Hill, Wilhelm: Die deutschen Theaterzeitschriften des 18. Jahrhunderts. Weimar 1915

Hinck, Walter: Goethe - Mann des Theaters. Göttingen 1982

Hoffmeier, Dieter: Die Einbürgerung Shakespeares auf dem Theater des Sturm und Drang. In: Schriften zur Theaterwissenschaft. Bd. 3/II. Hg. v. R. Rohmer. Berlin/DDR 1964, S. 9 - 263

Hofmann, Jürgen: Kritisches Handbuch des westdeutschen Theaters. Berlin 1981

Holzkamp, Klaus: "Persönlichkeit" - Zur Funktionskritik eines Begriffs. In: Forum Kritische Psychologie. Nr. 22/1988, S. 123 - 137

Huyssen, Andreas: Drama des Sturm und Drang. Kommentar zu einer Epoche. München 1980

Jäger, Hans-Wolf: Wanderbühne, Hof- und Nationaltheater. In: Glaser, H. A. (Hg.): Deutsche Literatur. Eine Sozialgeschichte. Bd. 4: Zwischen Absolutismus und Aufklärung: Rationalismus, Empfindsamkeit, Sturm und Drang (1740 - 1786). Reinbek 1980, S. 261 - 276

Jaumann, Herbert: Emanzipation als Positionsverlust. Ein sozialgeschichtlicher Versuch über die Situation des Autors im 18. Jahrhundert. In: Literaturwissenschaft und Linguistik (LiLi). H. 42/1981, S. 46 - 72

Jehle, Peter: Zur Herausbildung des Staatstheaters in Frankreich. In: Der innere Staat des Bürgertums. Berlin 1987, S. 7 - 40 (Argument-Sonderband 111)

Jehle, Peter: Zur Genese des Theaterautors. In: TheaterZeitSchrift. H. 29/1989, S. 5 - 13

Jergius, Holger: Versuch über den Charakter. Ein Beitrag zur Begriffsgeschichte der Poetik des 18. Jahrhunderts. In: Jahrbuch der Jean-Paul-Gesellschaft. 6. Jg./1971, S. 7 - 45

Kaeding, Peter: August von Kotzebue. Auch ein deutsches Dichterleben. Berlin/DDR 1985

Kaiser, Wolf u. Gert Mattenklott: Ästhetik als Geschichtsphilosophie. Die Theorie der Kunstautonomie in den Schriften Karl Philipp Moritzens. In: Mattenklott, G. u. K. R. Scherpe (Hg.): Westberliner Projekt: Grundkurs 18. Jahrhundert. Bd. 1. Kronberg 1976, S. 243 - 271

Kemme, Hans-Martin: Ludwig Tiecks Bühnenreformpläne und -versuche und ihre Wirkung auf die Entwicklung des deutschen Theaters im 19. und 20. Jahrhundert. Ein Beitrag zur Form- und Ideengeschichte der Bühnengestaltung. Diss. FU Berlin 1971

Kindermann, Heinz: Theatergeschichte Europas. Bd. IV: Von der Aufklärung zur Romantik (1. Teil). Salzburg 1961

Kindermann, Heinz: Theatergeschichte Europas. Bd. V: Von der Aufklärung zur Romantik (2. Teil). Salzburg 1962

Kirchner, Thomas: Raumerfahrung im geistlichen Spiel des Mittelalters. Frankfurt/M., Bern u. New York 1985

Kirchner, Thomas: Loca und Platea. Zur Bildlichkeit des mittelalterlichen Spiels. In: TheaterZeitSchrift. H. 20/1987, S. 33 - 42

Kittler, Friedrich A.: Aufschreibesysteme. 1800/1900. München 1987

Klara, Winfried: Schauspielkostüm und Schauspieldarstellung. Entwicklungsfragen des deutschen Theaters im 18. Jahrhundert. Berlin 1931 (Schriften d. Gesellschaft für Theatergeschichte Bd. 43)

Klier, Helmar (Hg.): Theaterwissenschaft im deutschsprachigen Raum. Texte zum Selbstverständnis. Darmstadt 1981

Kliewer, Erwin: A. W. Iffland. Ein Wegbereiter in der deutschen Schauspielkunst. Berlin 1937

Klingenberg, Karl-Heinz: Iffland und Kotzebue als Dramatiker. Weimar 1962 (Beiträge zur deutschen Klassik Bd. 15)

Koebner, Thomas: Zum Streit für und wider die Schaubühne im 18. Jahrhundert. In: Festschrift für Rainer Gruenter. Hg. v. B. Fabian. Heidelberg 1978, S. 26 - 57

Kopitzsch, Franklin: Einleitung: Die Sozialgeschichte der deutschen Aufklärung als Forschungsaufgabe. In: Ders. (Hg.): Aufklärung, Absolutismus und Bürgertum in Deutschland. Zwölf Aufsätze. München 1976, S. 11 - 169

Koselleck, Reinhart: Staat und Gesellschaft in Preußen, 1815 - 1848. In: Wehler, H.-U. (Hg.): Moderne deutsche Sozialgeschichte. Köln u. Berlin 1970, S. 55 - 84

Koselleck, Reinhart: Kritik und Krise. Eine Studie zur Pathogenese der bürgerlichen Welt. Frankfurt/M. 1973

Krause, Markus: Das Trivialdrama der Goethezeit 1780 - 1805. Produktion und Rezeption. Bonn 1982

Kreidt, Dietrich: Über die Möglichkeit und Notwendigkeit einer materialistischen Geschichtsbetrachtung in der Theaterwissenschaft. Thesen. Berlin 1971 (Unveröffentlichtes hektograph. Manuskript)

Kuczynski, Jürgen: Die Geschichte der Lage der Arbeiter unter dem Kapitalismus. Teil 1, Bd. 1: Darstellung der Lage der Arbeiter in Deutschland von 1789 bis 1849. Berlin/DDR 1961

Lea, H. C.: Die Inquisition. Nördlingen 1985

Linder, Jutta: Ästhetische Erziehung. Goethe und das Weimarer Hoftheater. Bonn 1990

Lohmeier, Dieter: Klassisches Drama. In: Neues Handbuch der Literaturwissenschaft. Bd. 14: Europäische Romantik I. Hg. v. K. R. Mandelkow. Wiesbaden 1982, S. 113 - 140

Mandelkow, Karl Robert: Kunst- und Literaturtheorie der Klassik und Romantik. In: Neues Handbuch der Literaturwissenschaft. Bd. 14: Europäische Romantik I. Hg. v. K. R. Mandelkow. Wiesbaden 1982, S. 49 - 82

Martersteig, Max: Das deutsche Theater im 19. Jahrhundert, eine kulturgeschichtliche Darstellung. Leipzig 1924

Marx, Karl: Grundrisse der Kritik der politischen Ökonomie. Berlin/DDR 1974

Marx, Karl: Das Kapital. 3 Bde. Berlin/DDR 1982

Mattenklott, Gert u. Helmut Peitsch: Das 'Allgemeinmenschliche' im Konzept des bürgerlichen Nationaltheaters. Gotthold Ephraim Lessings Mitleidstheorie. In: Mattenklott, G. u. K. R. Scherpe (Hg.): Westberliner Projekt: Grundkurs 18. Jahrhundert. Bd. 1. Kronberg 1976, S. 147 - 188

Maurer, Doris: August von Kotzebue: Ursachen seines Erfolges. Konstante Elemente der unterhaltenden Dramatik. Bonn 1979

Maurer-Schmoock, Sybille: Deutsches Theater im 18. Jahrhundert. Tübingen 1982

Meyer, Reinhart: Von der Wanderbühne zum Hof- und Nationaltheater. In: Hansers Sozialgeschichte der deutschen Literatur. Bd. 3: Deutsche Aufklärung bis zur Französischen Revolution 1680 - 1789. Hg. v. R. Grimminger. München 1980, S. 186 - 216

Meyer, Reinhart: Deutsches Theater im 18. Jahrhundert. Neuerscheinungen der Forschungsliteratur. Eine sozialgeschichtliche Problemskizze. In: Das achtzehnte Jahrhundert. Mitteilungen der Deutschen Gesellschaft für die Erforschung des 18. Jahrhunderts. 5. Jg./1981. H. 1, S. 25 - 51 und H. 2, S. 123 - 143

Meyer, Reinhart: Die exotischen Handlungsräume im Drama des ausgehenden 18. Jahrhunderts. In: Griep, W. u. H.-W. Jäger (Hg.): Reise und soziale Realität am Ende des 18. Jahrhunderts. Heidelberg 1983, S. 320 - 351

Meyer, Reinhart: Limitierte Aufklärung. Untersuchungen zum bürgerlichen Kulturbewußtsein im ausgehenden 18. und beginnenden 19. Jahrhundert. In: Bödeker, E. H. u. U. Herrmann (Hg.): Über den Prozeß der Aufklärung in Deutschland. Personen, Institutionen und Medien. Göttingen 1987, S. 139 - 200

Mottek, Hans: Wirtschaftsgeschichte Deutschlands. Bd. 2: Von der Französischen Revolution bis zur Bismarckschen Reichsgründung. Berlin/DDR 1969

Müller, Eggo u. Rainer Ruppert: Unmittelbare Unterhaltung. In: TheaterZeitSchrift. H. 16/1986, S. 94 - 113

Müller, Joachim: Goethes Dramentheorie. In: Grimm, R. (Hg.): Deutsche Dramentheorien. Bd. 1. Wiesbaden 1971, S. 157 - 196

Müller-Sachse, Karl H.: Unterhaltungssyndrom. Massenmediale Praxis und medientheoretische Diskurse. Frankfurt/M. u. New York 1981

Neumann, Thomas: Der Künstler in der bürgerlichen Gesellschaft. Entwurf einer Kunstsoziologie am Beispiel der Künstlerästhetik Friedrich Schillers. Stuttgart 1968

Nivelle, Armand: Literaturästhetik. In: Neues Handbuch der Literaturwissenschaft. Bd. 11: Europäische Aufklärung I. Hrsg. v. W. Hinck. Frankfurt/M. 1974, S. 15 - 56

Obermeit, Werner: "Das unsichtbare Ding, das Seele heißt". Die Entdeckung der Psyche im bürgerlichen Zeitalter. Frankfurt/M. 1980

Oellers, Norbert: Hof-, Stadt- und Nationaltheater. In: Glaser, H. A. (Hg.): Deutsche Literatur. Eine Sozialgeschichte. Bd. 5: Zwischen Revolution und Restauration: Klassik, Romantik (1786 - 1815). Reinbek 1980, S. 255 - 275

Paul, Arno: Aggressive Tendenzen des Theaterpublikums. Eine struktural-funktionale Untersuchung über den sog. Theaterskandal anhand der Sozialverhältnisse der Goethezeit. Diss. FU Berlin 1969

Paulin, Roger: The drama. In: The Romantic period in Germany. Ed. by S. Prawer. London 1970, S. 173 - 203

Paulin, Roger: Ludwig Tieck. Stuttgart 1987 (Sammlung Metzler Bd. 185)

Peters, Günter: Das tägliche Brot der Literatur. Friedrich Schlegel und die Situation des Schriftstellers in der Frühromantik. In: Jahrbuch der Deutschen Schillergesellschaft. 27. Jg./1983, S. 235 - 282

Prutz, Robert E.: Vorlesungen über die Geschichte des deutschen Theaters. Berlin 1847

Reichard, Georg: August Wilhelm Schlegels "Ion". Das Schauspiel und die Aufführungen unter der Leitung von Goethe und Iffland. Bonn 1987

Rieck, Werner: Johann Christoph Gottsched. Eine kritische Würdigung seines Werks. Berlin 1972

Satori-Neumann, Bruno Th.: Die Frühzeit des Weimarischen Hoftheaters unter Goethes Leitung (1791 - 1798). Berlin 1922 (Schriften der Gesellschaft für Theatergeschichte Bd. 31)

Schings, Hans-Jürgen: Der mitleidigste Mensch ist der beste Mensch. Poetik des Mitleids von Lessing bis Büchner. München 1980

Schmidt, Gunter: Das große Der Die Das. Über das Sexuelle. Reinbek 1988

Schmidt, Peter: Romantisches Drama. Zur Theorie eines Paradoxons. In: Grimm, R. (Hg.): Deutsche Dramentheorien. Bd. 1. Frankfurt/M. 1971, S. 223 - 242

Schmidt, Peter: Buchmarkt, Verlagswesen und Zeitschriften. In: Glaser, H. A. (Hg.): Deutsche Literatur. Eine Sozialgeschichte. Bd. 5: Zwischen Revolution und Restauration: Klassik, Romantik (1786 - 1815). Reinbek 1980, S. 74 - 92

Schmitt-Sasse, Joachim: Thesen über die Ungleichzeitigkeit des Theaters. In: TheaterZeit-Schrift. H. 14/1985, S. 15 - 23

Schulte-Sasse, Jochen: Drama. In: Hansers Sozialgeschichte der deutschen Literatur. Bd. 3: Deutsche Aufklärung bis zur Französischen Revolution 1680 - 1789. Hg. v. R. Grimminger. München 1980, S. 423 - 499

Schulte-Sasse, Jochen: Der Begriff der Literaturkritik in der Romantik. In: Hohendahl, P. U. (Hg.): Geschichte der deutschen Literaturkritik. Stuttgart 1985, S. 76 - 128

Selbmann, Rolf: Theater im Roman. Studien zum Strukturwandel des deutschen Bildungsromans. München 1981

Sennett, Richard: Verfall und Ende des öffentlichen Lebens. Die Tyrannei der Intimität. Frankfurt/M. 1986

Sonntag, Michael: Die Seele als Politikum. Psychologie und die Produktion des Individuums. Berlin 1988

Sonntag, Michael: Die Erzeugung von Innenräumen. Machtwirkungen in der Genese abendländischer Individualität. In: Psychologie und Geschichte. H. 1/1989, S. 36 - 45

Steiner, Gerhard: Jakobinerschauspiel und Jakobinertheater. Stuttgart 1973

Stellmacher, Wolfgang: Drama und Theater beim klassischen Goethe. In: Weimarer Beiträge. 29. Jg./1983. H. 7, S. 1232 - 1246

Stephan, Ulrike: Gefühlsschauspieler, Verstandesschauspieler. Ein theatertheoretisches Problem des 18. Jahrhunderts. In: Körner, H. (Hg.): Empfindung und Reflexion. Ein Problem des 18. Jahrhunderts. Hildesheim 1986, S. 99 - 116

Szondi, Peter: Die Theorie des bürgerlichen Trauerspiels im 18. Jahrhundert. Hg. v. G. Mattenklott. Frankfurt/M. 1973

Ungern-Sternberg, Wolfgang von: Schriftsteller und literarischer Markt. In: Hansers Sozialgeschichte der deutschen Literatur. Bd. 3: Deutsche Aufklärung bis zur Französischen Revolution 1680 - 1789. Hg. v. R. Grimminger. München 1980, S. 133 - 185

Vierhaus, Rudolf: Deutschland im 18. Jahrhundert. Soziales Gefüge, politische Verfassung, geistige Bewegung. In: Kopitzsch, F. (Hg.): Aufklärung, Absolutismus und Bürgertum in Deutschland. Zwölf Aufsätze. München 1976, S. 173 - 191

Walach, Dagmar: Der aufrechte Bürger, seine Welt und sein Theater. Zum bürgerlichen Trauerspiel im 18. Jahrhundert. München 1980

Weber, Max: Die protestantische Ethik. Eine Aufsatzsammlung. München u. Hamburg 1973

Weber, Peter: Das Menschenbild des bürgerlichen Trauerspiels. Berlin/DDR 1976

Weber, Peter: Einleitung: "Kunstperiode" als literarhistorischer Begriff. In: Kunstperiode. Studien zur deutschen Literatur des ausgehenden 18. Jahrhunderts. Berlin/DDR 1982 a, S. 7 - 30

Weber, Peter: Politik und Poesie. Literarische Öffentlichkeit im Übergang zur Kunstperiode. In: Kunstperiode. Studien zur deutschen Literatur des ausgehenden 18. Jahrhunderts. Berlin/DDR 1982 b, S. 31 - 72

Weil, Rudolf: Das Berliner Theaterpublikum unter A. W. Ifflands Direktion, 1796 - 1814. Berlin 1932 (Schriften der Gesellschaft für Theatergeschichte Bd. 44)

Weimann, Robert: Shakespeare und die Tradition des Volkstheaters. Berlin/DDR 1967

Weimarer Republik. Hg. v. Kunstamt Kreuzberg u. dem Institut für Theaterwissenschaft der Universität Köln. Berlin u. Hamburg 1977

Weisker, Hans-Jürgen: Das wirtschaftliche Verhältnis zwischen Autor und Theater. 1790 - 1857. Diss. Universität München 1935

Weiß, Wolfgang: Tendenzen der Literarisierung im englischen Theater des 18. Jahrhunderts. In: Bauer, R. u. J. Wertheimer (Hg.): Das Ende des Stegreifspiels - Die Geburt des Nationaltheaters. Ein Wendepunkt in der Geschichte des europäischen Dramas. München 1983, S. 69 - 75

Wierlacher, Alois: Das bürgerliche Drama. In: Neues Handbuch der Literaturwissenschaft. Bd. 11: Europäische Aufklärung I. Hrsg. v. W. Hinck. Frankfurt/M. 1974, S. 137 - 160

Wild, Rainer: Stadtkultur, Bildungswesen und Aufklärungsgesellschaften. In: Hansers Sozialgeschichte der deutschen Literatur. Bd. 3: Deutsche Aufklärung bis zur Französischen Revolution 1680 - 1789. Hg. v. R. Grimminger. München 1980, S. 103 - 132

Williams, Raymond: Culture and Society 1780 - 1950. London 1958

Williams, Raymond: Über den Prozeßcharakter von Literatur und Kultur. Hg. u. übers. v. H. G. Klaus. Frankfurt/M. 1983

Williams, Simon: German actors of the 18th and 19th centuries. Idealism, Romanticism, and Realism. Westport 1985

Winckler, Lutz: Zur Entstehung und Funktion des literarischen Marktes. In: Ders.: Kulturwarenproduktion. Frankfurt/M. 1973, S. 12 - 75

Winckler, Lutz: Autor - Markt - Publikum. Zur Geschichte der Literaturproduktion in Deutschland. Berlin 1986 (Argument Sonderband 138)

Wölfel, Kurt: Moralische Anstalt. Zur Dramaturgie von Gottsched bis Lessing. In: Grimm, R. (Hg.): Deutsche Dramentheorien. Bd. 1. Frankfurt/M. 1971, S. 45 - 122